Deighton, Bell and co.

Full Collation Of The Codex Sinaiticus With New Testament

Deighton, Bell and co.

Full Collation Of The Codex Sinaiticus With New Testament

ISBN/EAN: 9783741167867

Manufactured in Europe, USA, Canada, Australia, Japa

Cover: Foto ©Lupo / pixelio.de

Manufactured and distributed by brebook publishing software
(www.brebook.com)

Deighton, Bell and co.

Full Collation Of The Codex Sinaiticus With New Testament

Pl.1.

(1)

ΤΩΫΔΑΤΙΜΟΝΟΝ
ΑΛΛΕΝΤΩΫΔΑΤΙ
ΚΑΙΤΩΑΙΜΑΤΙΚΝ
ΤΟΠΝΑΕϹΤΙΝΤΟ
ΜΑΡΤΥΡΟΥΝΟΤΙΤ°
ΠΝΑΕϹΤΙΝΗΑΛΗ
ΘΕΙΑΟΤΙΟΙΤΡΕΙϲ
ϹΙΝΟΙΜΑΡΤΥΡΟΥ
ΤΕϹΤΟΠΝΑΚΑΙΤΟΥ
ΔΩΡΚΑΙΤΟΑΙΜΑ
ΚΑΙΟΙΤΡΕΙϹΕΙϹΤ°
ΕΝΕΙϹΙΝΕΙΤΗΝΜΑ
ΤΥΡΙΑΝΤΟΥΘΥΛΑΜ

(2)

ΗϹΕΝϹΗΜΕΙΟΝελ
ΓΟΝ·ΟΥΤΟϹΕϹΤΙΝ
ΑΛΗΘΩϹΟΠΡΟΦΗ
ΤΗϹΟΕΙϹΤΟΝΚ°ελλο
ΕΡΧΟΜΕΝΟϹ·
ΙϹΟΥΝΓΝΟΥϹΟΤΙ
ΜΕΛΛΟΥϹΙΝΕΡΧε
ϹΘΑΙΚΑΙΑΡΠΑΖΕΙΝ
ΑΥΤΟΝΚΑΙΑΝΑ ϊναποιη
ΝΑ ΚΝΥΝΑΪΒΑϹΙΛΕΑ ϲωϲιν
Δ ΦΕΥΓΕΙΠΑΛΙΝΕΙΤ°
ΟΡΟϹΜΟΝΟϹΑΥΤ°ος

Pl. 2.

(3)

ΘΟΥСΚΑΙΒΡΕΧΙΕΠΙ ΔΙΚΟΥС
ΑΔΙΚΟΥС

(4)

ΓΖ΄ ΟΕΥΡΩΝΤΗΝΨΥΧΗΝΑΥΤΟΥΑΠΟΛΕCΙΔΥΤΗΝ

(5)

ΑΛΛΑΑΥΤΟΙΕΝΕΑΥ
ΕΝ·ΤΟΥС
ΤΟΙСΜΕΤΡΟΥΝΤΕС

(6)

ΚΑΙΑΜΑΡΤΩΛΟΙ ΕΛΘΟΝΤΕΟ

(7)

ΜΑΝΝΗС ΤΟΥΟΔΕΑΙΕ

(8)

ΚΑΝΕΦΕΡΕΤΟΒΙСΤΟΝΟΥΝΟΝ

(9)

ΛΙΜΑΤΟСΖΑΧΑΡΙΟΥΥΟΥΒΑΡΑΧΙΟΥ

(10)

(11)

ΙΙς ϭϤΗΝΚΕΙ Ο ΑΓΓΕΛΟ С

(12)

ΚΑΤΩ ΕΜΒΛΕΘΟΝ ΤΑΙ С

(13)

ΤΟΤΗСΕΥСΕΒΕΙΑС
ΜΥСΤΗΡΙΟΝ·ΟСΕ

(14)

ΓΟΝΤΕСΕΙΕΖΕСΤΙΟΝ

(15)

A

FULL COLLATION
OF THE CODEX SINAITICUS
WITH THE RECEIVED TEXT OF
THE NEW TESTAMENT:

TO WHICH IS PREFIXED A CRITICAL INTRODUCTION

BY

FREDERICK H. SCRIVENER, M.A.
RECTOR OF ST. GERRANS, CORNWALL.

CAMBRIDGE: DEIGHTON, BELL, AND CO.
LONDON: BELL AND DALDY.
1864.

LONDON :
GILBERT AND RIVINGTON, PRINTERS,
ST. JOHN'S SQUARE.

ADVERTISEMENT.

THE following pages comprise a collation, as full and exact as my best pains could make it, of the text of Stephens' Greek Testament of 1550, as reprinted in the series of "Cambridge Texts" (1862), with Tischendorf's larger and smaller editions of the Codex Sinaiticus, compared with each other and with his *Notitia Editionis Cod. Bibl. Sinait.* It is hoped that this manual will not only prove a good substitute for Tischendorf's publications to students who may not possess them, but will be found of some use to those who do. I am enabled to produce it in the present form by the considerate liberality of the Rev. Christopher Wordsworth, D.D., Canon of Westminster; who, being aware that I had been hindered from undertaking it by prudential considerations, first engaged my services to collate the Codex Sinaiticus for his forthcoming new edition of the Greek Testament, and afterwards allowed me to take stereotyped plates of the printed pages for my own purpose. I gladly avail myself of this opportunity of thanking him for this and other acts of kindness, which I have been privileged to receive from him during a long course of years.

September 29, 1863.

INTRODUCTION.

ABOUT four years ago, when the textual criticism of Holy
Scripture was fast regaining its proper rank as a branch of
theological study, the general attention of the learned was
directed to it by the unexpected announcement that Tischen-
dorf had found at Mount Sinai a Greek manuscript of the
whole New Testament and a portion of the Old, at least as
ancient as any yet known to us. Nor has the public in-
terest in this important subject in any way diminished as the
details of Tischendorf's discovery, the external appearance of
the Codex Sinaiticus as a palaeographic record, and its in-
ternal character as a witness to the sacred text, have become
gradually and at length completely known to us: while the
strange attempt of Dr. Simonides to establish his claim to be
the actual writer of a document pronounced by competent
judges to be fifteen hundred years old has arrested the
curiosity of many who, but for his adventurous boldness,
would never have been led to think about Biblical manu-
scripts at all, much less to regard them, as what in truth
they are, *the very title-deeds of our Christian inheritance.*

It is the design of this little volume to represent, in a
convenient and accessible form, every variation, however
minute or insignificant, of the Codex Sinaiticus from the
commonly received or standard text of the Greek Testament.

(Stephens' of 1550); distinguishing by an arbitrary mark (✓) mere errors of the scribe or peculiarities in the spelling, from other changes which more or less affect the sense of the sacred authors. This method seems at once the simplest and the best for enabling students of the original to estimate, each one for himself, the extent and value of the contributions made by this manuscript, now first brought to light, to the previously existing fund of materials for amending or confirming the text as usually printed. In the course of this Introduction the editor will offer some suggestions bearing on that point which have occurred to him in the prosecution of his work, and as clear and full a description of the Codex Sinaiticus and its history as the limits within which he is confined may allow.

CHAPTER I.

ON THE DISCOVERY AND PUBLICATION OF THE CODEX SINAITICUS.

THE services rendered to this department of Biblical literature by Aen. F. Constantine Tischendorf of Leipsic far exceed in extent, and probably in importance, those of any man now living. While he was travelling in 1844 in search of ancient manuscripts, under the patronage of his own sovereign, King Frederick Augustus of Saxony, he was so fortunate as to pick out of a basket of *papers*, destined to light the stove in the convent of S. Catherine on Mount Sinai, forty-three *vellum* leaves containing portions of the Septuagint version, chiefly from 1 Chronicles and Jeremiah, with Nehemiah and Esther complete, bearing every mark of extreme antiquity, *in* oblong folio, written with four columns on each page.

How these precious fragments came into such a place is not easily understood, the rather since we have been recently assured that the manuscript of which they formed a part had long been in the library of the monastery, and inserted in the old catalogues[1]. The forty-three leaves thus rescued he of course easily got for asking; but on finding that further portions of the same work (containing Isaiah and 1. 4 Maccabees) yet survived, he told the monks that their probable date was as remote as the *fourth* century, and thereupon they were immediately withdrawn from his view: he was only permitted to copy one leaf, comprising the last page of Isaiah and the first of Jeremiah. Thus baulked for a while, he brought to Europe the portion he had secured, which he published in 1846 as the *Codex Frederico-Augustanus*. It has since been noticed that he gave at the time no account of the manner in which the leaves had been obtained; but such information he has withheld in several other instances[2], and in this case he could scarcely have afforded it without frustrating his hope of getting the rest of the volume on some future visit. When at S. Catherine's for the second time in 1853, he could gain no tidings of the leaves he had left behind, and concluded that they had been carried off by some richer or more favoured collector: accordingly, in mere despair, he published in his *Monumenta Sacra Inedita*, vol. i. 1855, his transcript of the two pages he had copied in 1844. At the beginning of 1859, however, he went for the third time into the East, being on this occasion under the protection of the Emperor of Russia, the great champion of the Eastern Church. He had been for five days the guest of

---

[1] See Callinicos of Sinai's letter to Mr. J. S. Davies, in the *Guardian* of May 27, 1863.

[2] E. g. Evan. ΓΘΛ and Act. loᵈ.

the convent, and was on the eve of departure on the 4th of February, when on their return from a walk, during which the conversation had turned on the Greek text of the Old Testament, the Steward (οἰκόνομος) brought out to him from a corner of his own cell a manuscript of Scripture written on loose leaves and wrapped in a red cloth, such as the Orientals usually employ for that purpose. To Tischendorf's deep joy and astonishment, he had now before him the treasure he had so long been searching for; and that night there was no sleep for him:—*quippe dormire nefas videbatur*. It was found to contain much more than he had thought or hoped for:—a further portion of the Septuagint version (but this had become a secondary matter); the New Testament absolutely entire; the Epistle ascribed to the Apostle Barnabas, and certainly written not much later than his age, now for the first time found in the original Greek throughout; a large fragment of the Shepherd of Hermas also in Greek; these two books having been publicly read in the congregation before the canon of Scripture was finally settled, towards the close of the fourth century. Barnabas he transcribed that same night, and soon obtained a letter from Cyril the librarian to the superiors of the monastery at S. Catherine's in Cairo, which procured for him permission to copy the manuscript in the latter place, to which it was brought for that purpose on February 24. Two months were devoted by Tischendorf to this task, the book being doled out to him by quaternions, or eight leaves at a time, his assistants being two natives, a doctor of medicine and a druggist. As might have been expected from so much haste and such helpers, the result of their labours proved but loose and unsatisfactory, especially as regards the numerous changes in the original writing made by various hands at different periods.

By this time, however, Tischendorf had devised a more

promising scheme. He had persuaded the brethren that such a monument of ancient piety and learning would be a fit present for their patron the Emperor Alexander II.; and although the proper arrangements for completing the gift could not be made while the see of Sinai was vacant by reason of the death of its archbishop, the ex-patriarch Constantius, he was provisionally entrusted with the Codex Sinaiticus at Cairo on the 28th of September (though not without some opposition, as he tells us), at least for the purpose of preparing a correct edition of its contents. He submitted it early in November at St. Petersburg to the Emperor of Russia, who liberally undertook to defray the cost of a splendid edition of 300 copies, which should appear in 1862 as a memorial of the thousandth anniversary of his kingdom. With the exception of a few leaves left at St. Petersburg for the purpose of making *facsimiles*, Tischendorf took the manuscript to Leipsic in May, 1860, where his edition, for which special type had now been cast, was commenced forthwith. The codex was studied at Leipsic by at least two English scholars in the summer of 1862, and we believe that it has since been given up to the Emperor of Russia, and remains in his possession at St. Petersburg. The reader will perhaps see hereafter that our narrative of the foregoing events, though particular, is not unnecessarily prolix or irrelevant.

Before quitting this part of our subject, it is right to state that the manuscript must have been inspected by two persons at Mount Sinai during the interval between its being first seen by Tischendorf in 1844 and its removal from the convent in 1859. In 1845 or 1846 the Russian Archimandrite Porphyrius examined it, observed that the New Testament formed a part of it, and published a tolerable account of its contents and the character of its text at St. Petersburg in 1856. This book, being written in the Russian language, was unknown to Tischendorf until it was shown to him at Constantinople in August 1859, by Prince Lobanow, the Russian embassador there. It subsequently appeared that Porphyrius brought with him from Sinai some fragments of the Codex Sinaiticus itself, containing portions of Genesis and of Numbers v.—vii., which had been applied long before to the binding of some other books. Again, a little later than Porphyrius, Major Macdonald glanced at what seems to be the same copy:—it was kept wrapped up in a cloth : there were several columns on each page (three at least, perhaps four), and it was affirmed by the monks that the manuscript, which opened at some part of the New Testament, was of the fourth century, the very date which Tischendorf in 1844 had taught them to assign to it. Of these two witnesses in confirmation of Tischendorf's narrative, perfectly independent of him and of each other, Porphyrius, who is by far the more explicit, is the rather entitled to regard, inasmuch as he has since become involved in a controversy with Tischendorf, on his part angry and unintelligent enough, as to the merits of the text of this manuscript, which would certainly render him unwilling to lend his adversary support, any further than truth and the exigency of the case might compel.

To satisfy the reasonable curiosity excited among Biblical students by the report of his great discovery, Tischendorf put forth at Leipsic, about the end of 1860, his *Notitia Editionis Codicis Bibliorum Sinaitici;* but of its 124 pages only 44 relate to that manuscript, the rest being devoted to a description of other precious documents which he had brought to Europe, chiefly to enrich the imperial library of St. Petersburg. He afforded us some notion of what we might expect from the publication of the whole, as well by means of a *facsimile* of a portion of one page (Luke xxiv. 24—53), as from a transcript of eighteen pages in ordinary Greek type (nine of them taken from the New Testament), and less safely from a loose *sylva lectionum* culled almost at random from the other parts of the New Testament. By the end of 1862 his splendid *editio major* of the whole manuscript in four thin folio volumes was ready, and was first seen in England early in January, 1863. Of the 300 copies of which it is composed, 200 seem to have been absorbed as presents from the Emperor to various ·public bodies (chiefly in his own dominions) and to a few learned men. The rest were given up to Tischendorf for sale, their price being fixed by him at 230 thalers, or 34*l*. 10*s*. Those beyond whose reach such a work is placed, must yet needs confess that it is one of the most magnificent ever given to the world. The 345½ leaves of the original (199 of them containing portions of the Septuagint version) comprise three volumes (ii.—iv.) printed on paper at once thick and fine, the ink being made to resemble that of the original in colour, and the type being greatly varied, so as to imitate the various shapes and sizes of the letters employed by the scribe : the very spaces too between the letters have been carefully measured and represented with all faithfulness. The first volume contains (1) the Dedication to Alexander II. : (2) Prolegomena (13½ leaves), which through pressure of time are neither so full nor so elaborate as Tischendorf could easily have rendered them : (3) a Commentary or body of notes on the text exhibited in the other three volumes (45½ leaves), describing 15,000 changes made by contemporary or later hands, and other such matters : (4) twenty-one admirable *facsimile* plates, seventeen comprising whole pages of the manuscript [3],

---

[3] Those who use our collation may wish to know what pages are given in *facsimile*, the rather as we have employed them to check and correct the readings of the printed editions : they are Tobit ix. 2—x. 12. Isa. lxii. 11—lxiv. 6. Ps. cxviii. 169—

two containing numerous characteristic specimens of changes
by later hands (a novel and most interesting feature of this
edition), and the other two plates being covered with *fac-
simile* specimens of other chief manuscripts, for comparison
with the style of the Codex Sinaiticus. Finally, in April
1863, was published a cheap manual or popular edition, con-
taining the New Testament, Barnabas and Hermas alone, in
ordinary Greek type, with the Prolegomena and notes per-
taining to the New Testament, &c., somewhat altered and
slightly improved, accompanied by one *facsimile* plate (Heb.
xii. 27—xiii. 25). This handsome volume, for all practical
purposes, is amply sufficient for the use of those who have
access to the larger edition as a book of reference. It is to
be regretted, however, that the text of the smaller work, and
more especially the notes of both, are rather inaccurately
printed. Such errors as we have detected are placed at the
end of this Volume, and that in no carping spirit as
directed against Tischendorf, whose merits indeed are beyond
all praise, but purely as a matter of necessity and duty to
the reader [4].

cxxiii. 2. Cant. viii. 8.—Sapient. i. 11. Matth. v. 22—vi. 4:
x. 17—xi. 5. Marc. xvi. 2—Luc. i. 56. Johann. v. 37—vi. 23.
Gal. iv. 12—Eph. i. 9. Hebr. xii. 27—xiii. 25. Act. ii. 28—
iii. 9. 1 Johann. v. 5—2 Johann. 7. Apoc. vii. 12—ix. 5: xxii.
19—Barnab. 2. Pastor Vision. 1. We have also been allowed
to use Tregelles' collation of the Catholic Epistles with the Codex
Sinaiticus itself, made at Leipsic in June, 1862 (see above, p. ix),
and have carefully indicated the places in which Tregelles and
Tischendorf differ.

[4] A fuller account of the circumstances attending the dis-
covery of Cod. Sinaiticus is given in Tischendorf's "Aus dem
heiligen Lande" (Leipzig, 1862).

CHAPTER II.

PALÆOGRAPHICAL DESCRIPTION OF THE MANUSCRIPT.

THE Codex Sinaiticus consists, as we have before stated, of 345½ leaves of very fine and beautiful vellum, probably fabricated from the skins of antelopes or asses, each leaf being even at present as large as 13½ inches in length by 14⅞ inches high, although marginal notes have sometimes been partially cut off by the ancient binder. The volume was originally arranged by quaternions, each consisting of four sheets or eight leaves, one animal contributing only a single sheet or two leaves of such unusual size. The writing on each page is distributed into four columns, an arrangement quite unique so far as we know, each column containing 48 lines of from 12 to 14 letters each, the characters being *uncial* or capitals, formed separately and unconnected with each other, without spaces between the words or breathings (except ἁ Gal. v. 21), or accents, or the iota *ascript* or *postscript;* the marks of punctuation also being exceedingly few. Our *Facsimiles* (1) and (2)[1] will convey some notion

[1] It may help some readers if we print these passages in common type: (1) is the celebrated passage 1 John v. 6—9 : τω ὕδατι μονον|αλλ εν τω ὕδατι|και τω αιματι και|το πνα εστιν το|μαρτυρουν οτι το|πνα εστιν η αλη|θεια οτι οι τρεισ ει|σιν οι μαρτυρου|τεσ το πνα και το ϋ|δωρ και το αιμα|και οι τρεισ εισ το|εν εισιν ει την μαρ|τυριαν του θῡ λαμ|. Here we see the familiar abridgement πνα for πνευμα in two places, ‾ over υ at the end of l. 8 stands for ν : των ανων (i. e. ανθρωπων), for του θῡ (i. e. θεου), is a later correction, about which we shall speak hereafter.

(2) is John vi. 14, 15 : ησεν σημειον ελε|γον· ουτοσ εστιν| αληθωσ ο προφη|τησ ο εισ τον κοσμο|ερχομενοσ·|ισ ουν γνουσ οτι|

of the square, plain, yet noble style of the hand-writing,
which bears the closest resemblance in shape to that of the
Herculanean papyri, none of which can be dated below A.D.
79; although the letters in the Sinai manuscript (while they
vary in size on different pages) are always decidedly the
larger and more bold. The scribe is never careful to end a
word at the close of a line, since even εν, επ, απ, and ου|κ or
ου|χ are habitually found divided : yet he scarcely ever places
any other letter at the end of a line than one of the vowels
or liquids, or σ, or gamma when it stands before another con-
sonant ², except very rarely in the case of proper names, as
φιλιπ|πος, Acts viii. 5. 30: ιοπ|πην, xi. 13: αγριπ|πα, xxv.
26; xxvi. 19: ατ|ταλιαν, xiv. 25. Where lists of names or an

μελλουσιν ερχε|σθαι και αρπαζειν|αυτον και αναδι|κνυναι βασιλεα|
φευγει παλιν εισ το|οροσ μονοσ αυτοσ. Here we find three stops,
one in the middle (l. 2), one upper (l. 5), one lower (l. 12), all by
the first hand : ⁻ again stands for ν at the end of the line (l. 4) :
all the changes are by a later hand, except probably N̄A and Δ in
the right margin, which are in red ink in the original MS. Of
these N̄A (51) is the proper number of the Ammonian section,
Δ (4) the corresponding Eusebian Canon. (Scrivener's *Plain
Introduction*, pp. 50—53.)

² See *Journal of Sacred Literature for April*, 1863, No. V.,
p. 8. We may note a few such cases as εχ|θροι, Matt. x. 36;
κλανθ|μος, *ibid.* xxii. 13; Luke xiii. 28; σαβ|βατων, Acts xvi.
13; αριθ|μον, Apoc. ix. 16. It has also been remarked that no
line in the Cod. Sinaiticus begins with any combination of letters
which might not commence a Greek word, unless it be θμ in
Matt. viii. 12; xxv. 30; John vi. 10; Acts xxi. 35; Apoc. vii. 4.
Inasmuch as θμ is found at the beginning of *Coptic* words (Herod.
ii. 166, &c.), it has been ingeniously suggested that this apparent
exception to the scribe's general practice is a proof that he copied
line for line from an *Egyptian* papyrus, to the writer of which
such forms would be familiar.

enumeration of several particulars occurs, each member mostly forms a separate line, *versus*, or στίχος proper (e. g. Luke iii. 24—38; Rom. viii. 35. 38, 39; Gal. v. 19—23; Acts vi. 5; Apoc. xviii. 13), determined by the sense. There are no letters larger than the rest at the beginning of sentences, though the continuity of the text is much broken by a line being left incomplete (sometimes it will contain only two or three letters), in which case the first letter in the next line mostly stands out of the range of the column, encroaching on the margin (*see Facsimile* 2, *ll.* 5, 6). This manuscript must have been derived from one more ancient, in which the lines were similarly divided, since the writer occasionally omits just the number of letters which would suffice to fill a line, and that to the utter ruin of the sense; as if his eye had heedlessly wandered to the line immediately below. Instances of this want of care will be found Luke xxi. 8; xxii. 25, perhaps John iv. 45; xii. 25, where complete lines are omitted: John xix. 26; Heb. xiii. 18 (partly corrected); Apoc. xviii. 16; xix. 12; xxii. 2, where the copyist passed in the middle of a line to the corresponding portion of the line below. It must be confessed, indeed, that the Codex Sinaiticus abounds with similar errors of the eye and pen, to an extent not unparalleled, but happily rather unusual in documents of first-rate importance; so that Tregelles has freely pronounced that "the state of the text, as proceeding from the first scribe, may be regarded as *very rough*" (N. T. Part ii. p. 2). Letters and words, even whole sentences, are frequently written twice over, or begun and immediately cancelled: while that gross blunder technically known as Homoeoteleuton (ὁμοιοτέλευτον), whereby a clause is omitted because it happens to end in the same words as the clause preceding, occurs no less than 115 times in the N. T., though the defect is often supplied by a more recent hand. We have thought it right to record all such clerical errors in their proper place for the reader's information; but while they must be admitted to deform the face of this exquisite relique of the primitive ages of our faith, they need not be held to detract materially from its intrinsic value, much less ought they to militate against our conviction of its very high antiquity.

In the deliberate judgment of Tischendorf, who has of course the best right to be heard on such a point, no less than four different hands were employed on the Codex Sinaiticus. He believes that the scribe by him called A wrote the fragment of Chronicles, 1 Maccabees, the last 4½ leaves of 4 Maccabees, Barnabas' Epistle, and the whole N. T. excepting about six leaves. To B he ascribes the Prophetical Books and Hermas' Shepherd: to C the Poetical Books of the Old Testament, written in στίχοι or verses clause by clause, according to the sense, with but two columns on a page, just as in the great Codex Vaticanus, which in all other parts has three columns, but in the Poetical Books only two. To D he gives Tobit, Judith, the first 3½ leaves of 4 Maccabees, and in the N. T. leaves 10 (Matt. xvi. 9—xviii. 12), 15 (*ibid.* xxiv. 36—xxvi. 6), 28, 29 (Mark xiv. 54—Luke i. 56), 88 (1 Thess. ii. 14—v. 28), 91 (Heb. iv. 16—viii. 1), and possibly the first 32 lines of the Apocalypse (i. 1—5 to $\overline{\iota\upsilon}$ $\overline{\chi\upsilon}$, fol. 126*), the last mainly upon grounds expressly assigned, which we shall speak of hereafter. He further states that A and B much resemble each other, as also do C and D. On the other hand Tregelles, who by Tischendorf's permission examined the manuscript for three whole days in 1862, has observed no such diversity in the writing as would necessarily lead us to refer the several portions to different scribes; and we know that Woide has suspected the same change of hands in the portion of the Codex Alexandrinus which he edited, and others too, with still greater show of probability, in the case of Codex Augiensis; though there is little doubt that each of these is the work of but one penman, whose hand would naturally vary a little with the quality of his materials, and as he became familiar with or weary of his task [3].

Those who have not inspected the manuscript for themselves are scarcely entitled to express an opinion on a matter like this. We may venture, however, to say, that the published *Facsimile* plates (for the moveable type of the larger edition can hardly be relied upon in a question so delicate) show no such diversity as would have suggested to us Tischendorf's conclusions. Notice, however, the peculiar shape of *omega*, with its tall central stroke, represented in our *Facsimile* (7). This form occurs in none of Tischendorf's plates, by him assigned to C or D, or in those portions of the N. T. in moveable type which are imputed to D, but eight times in the two he ascribes to B (II. XVII.), six times in one of A's (V), only once in A's other nine, always towards the end of lines, mostly reduced in size, and except on Plate V. mixed up with the more familiar ω [4]. We must add too, that the

[3] A writer in the *Christian Remembrancer*, April, 1863, No. cxx. p. 399, otherwise well-informed, can have had no practical experience on this head when he said, " If it be decided that Professor Tischendorf is mistaken, this must of course diminish our confidence in his judgment." Why so ? The formal style maintained in uncial codices admits of much less *individuality* of character than the free running-hand which the ancients as well as ourselves used in common life ; yet in our law courts persons who have made the subject their special study, and whose honesty is beyond suspicion, perpetually give the most contradictory evidence about hand-writing, and that in cases where men's honour and liberty, almost their lives, are at stake.

[4] It is quite worthy of notice, that although > is sometimes placed in the margin of the New Testament to point out quotations from the Old, and that too by the first hand, e. g. Acts

b

few leaves of the N. T. ascribed by Tischendorf to D are much freer from *itacisms*, or instances of false spelling, than those on either side of them: the transition is quite remarkable from leaf 9 of A to leaf 10 (Matt. xvi. 9—xviii. 12) of D, and then back again to leaf 11 of A, as the reader may see for himself by consulting our collation. These remarks, so far as they extend, would seem to suggest *two* scribes, A being identical with B, and possibly C with D; the members of which pairs Tischendorf declares to be much alike; but whether the actual penmen be one, or two, or four, is of the less importance, as (in the N. T. certainly, and most probably in the Old) the whole work was clearly executed at the same time, and transcribed from the same older copy.

Nearly all Biblical manuscripts abound in changes brought

xxvi. 23; though more frequently by later scribes, as in Matth. i. 23; ii. 6, &c.: this mark is never met with in the N. T. at the end of a line for the mere purpose of filling up a blank space (which is its usual office in the Old Testament portion of Cod. Sinaiticus and in some other manuscripts), except in the leaves assigned to D, *on every one of which it repeatedly occurs*, viz. 219 times in the other six leaves, four times in Apoc. i. 1—5 (*see* p. xvi). Elsewhere > is found in only four places which have suffered correction (Matth. vi. 28; xxii. 9; Luke xi. 36; xii. 58), being used, like — in 1 Cor. xv. 22, merely to cover erasures. Moreover, the apostrophus, though frequently employed in the Old Testament to divide syllables in the *middle* of a word, is never so used throughout the N. T. itself; while in the Shepherd of Hermas, which closes the volume, and is referred by Tischendorf to the scribe B, we read αγ'γελια, αγ'γελον, αλ'λα thrice, μελ'λοντεσ, πολ'λουσ, ελατ'τονι, εχ'μαλωτισμον, &c., and > several times at the end of lines. These minute points, insignificant as they may seem, go far to support Tischendorf's notion that the manuscript is the work of several distinct hands. See also p. xxxii, note 7.

by more recent critics into the text, varying widely in age and value, all which an editor is bound to record and discriminate with his utmost care. Speaking generally, the most venerable documents, as having passed through many hands during a long course of ages, may be expected to cost the greatest labour in this particular: Codd. Bezae and Claromontanus, for example (in the latter Tischendorf detects nine different emendators), are full of corrections, which again will often be withdrawn by yet later scribes; so that much patience and fixed attention are needed to discover the original reading, and to trace the successive changes the text has undergone. It is no slight proof of the early date of Codex Sinaiticus, that it is covered with such alterations, brought in by *at least* ten different revisers, some of them systematically spread over every page, others occasional or limited to separate portions of the manuscript, many of them being contemporaneous with the first writer, far the greater part belonging to the sixth or seventh century, a few being as recent as the twelfth. A glance at our collation will show both the extent and character of these emendations, and that the reader may the more easily judge of their relative weight and importance, we shall give some account of each class separately, illustrating our description by the annexed *Facsimiles* (Nos. 3 to 15).

(1) Corrections by the original scribe, *primâ manu* (*p. m.*) as they are termed, can hardly be deemed various readings. The penman, proceeding with his monotonous task rapidly and perhaps a little heedlessly, falls into some clerical error, which he immediately discovers and proceeds to set right; in a few manuscripts (e. g. Codex Bezae) by washing out the writing fluid, which was rather a kind of paint than ink, so that what he first copied can only just be perceived under his amended reading: in others, as in Codex Sinaiticus, by

placing points or some such marks (e. g. ' ') over the letters
or words he wishes to revoke. To give one instance out of
thousands. In Act. iv. 3, the text being την αυριον ην γαρ,
while he was writing the first ην, the copyist allowed his
eye to wander over αυριον to the second ην, and so he be-
gins to write γαρ: finding out his mistake as soon as γ is
finished, he simply places a point over that letter to cancel
it, and proceeds with αυριον ην γαρ as if no error had been
made. We have expressly recorded all these lapses, trifling
as they are.

(2) The next class of corrections is far more important.
When a manuscript was completely written, it seems to have
been subjected to two several kinds of revision. It was col-
lated with the copy from which it was derived, in order to
eliminate whatever mere clerical blunders had not been noted
at the time of writing; the person who executed this office was
named the *comparer* (ὁ ἀντιβάλλων), being usually the scribe
himself. The second process was that of the διορθωτὴς or
corrector, seldom the same person as the comparer, whose
business was to revise the text, often by the aid of a second
manuscript varying a little from that first employed[5]. From
a careful examination of the hand-writing and reddish-brown
colour of the ink, Tischendorf is led to believe that the duty
of *corrector*, at least in the N. T. portion of Cod. Sinaiticus,
was performed by the scribe D[6], who wrote those six or
seven leaves of the N. T. text itself (see p. xvi), and he

---

[5] See Tischendorf, *Cod. Sin. Prolegomena*, fol. 9, edit. maj.;
Tregelles' *Horne's Introd.* vol. iv. p. 85; Scrivener's *Plain In-
troduction*, pp. 46-7, 388.

[6] Chiefly it should seem from Tobit v. 6, Tab. XIX., which he
judges to have been written by D, and where he considers the
marginal εισ γαρρασ κ.τ.λ. as p. m.

assigns to him *as corrector* the symbol A^a7, as being con-
temporaneous and the most authoritative of them all. Our
Facsimile (3) θουσ και βρεχι επι δικαιουσ και αδικουσ (η for
και twice), Matt. v. 45, affords a fair specimen of A^a in all
but the shade of the ink; θουσ alone is by the first scribe,
yet but for the smaller writing in the margin, και βρεχι επι
would hardly be distinguished from it. The line placed
under θ is intended to mark the close of an Ammonian
section, and is probably by a later pen. The most important
addition ascribed to A^a is John xxi. 25, which (as Tischen-
dorf holds) was omitted in the original draught. If the
Homoeoteleuton supplied in 1 Cor. xiii. 1, 2 be truly referred
to the same corrector, he must have done his work before
the running titles were added at the head of each page, inas-
much as προσ κορινθιουσ a is much displaced by it: but this
note contains (if we may trust the type of the larger edition)
no less than four examples of that form of ω which is not
found in the *Facsimiles* of D (see p. xvii).

(3) The corrector indicated simply by A, though separate
(as it would seem) from A^a, is described by Tischendorf as
" ei formis et atramento primam manum tantum non
adaequans " (N. T. *note* 14—18 on fol. 48*) : his writing is
hardly less ancient or elegant, and occurs throughout the
whole N. T. except the Apocalypse (and only four times in
the Catholic Epistles), chiefly to amend gross and obvious
mistakes, or to supply words and clauses omitted, whether
through Homoeoteleuton or otherwise. Occasionally his
changes are made over the original text itself, in letters of
the same size, and very like it in appearance (e. g. John

---

¹ This is the ultimate designation given to him by Tischen-
dorf: in some places however (e. g. Matth. v. 45; 1 Cor. xiii.
1, 2) he is merely called A.

ii. 3), but far more frequently they are found in the margin, or at the top or bottom of the columns (referred to their proper places by the words ανω or κατω), in minute and very neat characters. Our specimen *Facsimile* (4), ο ευρων την ψυχην αυτου απολεσι (i. e. -σει) αυτην, Matt. x. 39, stands at the foot of a column, the anchor-shaped obelus to the left referring to a similar mark in the margin of that part of the column where the words are to be inserted, the numerals *in red ink* Cϛ (97) and γ (3) being respectively the proper Ammonian section and Eusebian canon, also referred to their right place by ·/.

(4) A obliq. is represented in *Facsimile* (5) by εαυτουσ between αλλα αυτοι εν εαυ and τοισ μετρουντεσ, 2 Cor. x. 12. The letters are oblique, leaning slightly to the right, and are somewhat inferior to those of A proper both in elegance and date.. Only fifteen instances of A obliq. are met with, all in St. Paul's Epistles, from fol. 77 to fol. 89.

(5) The corrector B is a full age below A, and may be conjecturely placed at the end of the sixth century. From *Facsimile* (6) Matt. ix. 10 (where he supplies ελθοντεσ in the margin after και αμαρτωλοι of the scribe) it will be seen that the strokes of B are thicker, more firm, but less neat than those of A. Occasionally B's writing is much larger than in our *Facsimile*, e. g. απηλθον added to the *text*, John vi. 22. This corrector has only touched the Gospels, and especially the early chapters of St. Matthew. Indeed, he has much deformed the first leaves of the N. T. by adding breathings, accents, stops, and apostrophi, till after a few pages he gradually got tired of his useless labour.

(6) B^a is employed to indicate an ancient scholar-like hand, met with only in the early pages of St. Matthew, which fluctuates in appearance between A and B, and is

probably different from each of them. In *Facsimile* (7),
Matt. iii. 13, 14, ιωαννησ in the margin, with the ω shaped
as described above (p. xvii) is referred by the marks ⁓ ⸱/⸱
to its place in the original text τον ὁ δε διε, where the aspi-
rate was added by B.

(7) Far the greater part of the changes throughout the
whole manuscript belong to C, of about the seventh century,
before breathings and accents became habitual[a]. The fre-
quent repetition of the note (C *cum* Steph.) in the ensuing
collation will prove that one object of this corrector was to
assimilate the Codex to manuscripts more in vogue in his
time, and approaching far nearer to our modern Textus
Receptus. For his style of writing (not at all remarkable
for its beauty) see our *Facsimile* (8), Luke xxiv. 51, ꞉ (*i. e.*
και) ανεφερετο εις τον ο͞υν͞ον (*i. e.* ουρανον), which stands at
the head of a column, and is referred to its proper place by the
sign ∠. Moreover, the later alterations seen in *Facsimiles*
(1) (2) are all the work of C, viz. the faint interlinear ων ανων
(*i. e.* ανθρωπων), 1 John v. 9, and the marginal ινα ποιησωσιν,
the interlinear ανεχωρησεν, and the dots over the words he
rejects in John vi. 15.

The following hands C⁵, Cᵉ, Cᶜ⁕ are little posterior to C in
date. C⁵ is much used in the Old Testament, occasionally
in the Gospels; Cᵉ in John xiii. 26, and 33 times in the
Apocalypse (wherein C occurs no less than 290 times); Cᶜ⁕
five times in the Apocalypse. In the Gospels and Apocalypse
Tischendorf indicates C by C⁵, by way of distinction, re-
serving C for a few cases, wherein, we presume, he is
doubtful by which member of this class the change was
made.

---

[a] C contains a few of them, e. g. ῇ John ix. 31; 2 John 12; ἰν
John xvii. 22; ὁτι Acts xv. 7: yet even the first hand has ἀ Gal.
v. 21, and *possibly* Aᵃ in John xxi. 25.

(8) *Facsimile* (9), Matt. xxiii. 35, supplies an example of the style of C^b, where to the reading of the text αιματοσ ζαχαριου is appended in the margin υιου βαραχιου. This person's hand is easily known by his appending to ρτυφ and sometimes to ι, tails which make with the vertical lines of the letters at their bottom an obtuse angle to the left. He often recalls a reading of the original scribe, which C^a had banished, so that he had before him a text somewhat different from C^a's, to which he corrected the manuscript.

(9) C^c seems to have had familiar access to the Codex Sinaiticus for many years, as specimens of his hand-writing (somewhat like that of C^b) are scattered over its pages in inks of various shades. He would now and then place the abridgment ωρ for ωραιον, " beautiful," in the margin of passages he piously admired. See *Facsimile* (10).

(10) C^{c*} is rude, but, like the rest of its class, is without breathings or accents. See *Facsimile* (11), Apoc. xi. 1 margin : ·/. ϗ (i. e. και) εστηκει ο αγγελοσ [λεγων not in Facsim.]. C^{c*} occurs also in Apoc. xi. 3; 8; xii. 6; xviii. 11, and he probably wrote τελοσ at the end of the Church lesson, Act. x. 16.

By this time the primitive writing, especially on the smooth side of the vellum which had been nearest the animal's body, became so much faded through age, that (as in the case of the great Codex Vaticanus and others) it was thought necessary to retrace the original strokes, which seems to have been done carefully and faithfully, if not with all possible regard for neatness. The renovator now and then introduces, perhaps by mere accident, some slight change into the text, whether correcting an error of the scribe (e. g. Act. iv. 15 κελευσαντεσ), or bringing in one of his own (e. g. Mark i. 7 ειμη for ειμι ι). This retracing of the lines of the text must have been accomplished about the eighth century ;

for while the work of all the correctors we have yet enume-
rated is occasionally covered by the operation, it never
touches the notes of the reviser we shall next name (if indeed
he is not the same person), whose style bespeaks the 8th or
9th century.

(11) D much resembles in manner Cod. Y of the Gospels,
and Cod. B of the Apocalypse. His corrections are not
found in the N. T., but (if the hand be the same in all
places) twenty times in the Shepherd of Hermas (the first
sixteen lines of which he has defaced by coarse breathings
and accents), and in the Old Testament. *Facsimile* (12) ·/.
κάτω ἐμβλέψονται ἐ is from Isaiah viii. 22. To him (Dᵃ) may
be ascribed some Arabic scrawl spread over the manuscript,
earlier than the elegant note in that language at the foot of
the three columns containing Apoc. vii. 12—viii. 12.

(12) The last corrector E appears but three times in the
N. T., and seems full as late as the twelfth century. Besides
his placing θὲ above οσ in the great text 1 Tim. iii. 16, *Fac-
simile* (13) το τησ ευσεβειασ μυστηριον οσ (θεὸσ E) ε, this
critic puts ανῳ (*i. e.* ἀνθρώπῳ *with* ι *subscript*) after γοντεσ
ει εξεστι (*i. e.* εξεστιν) in *Facsimile* (14) Matth. xix. 3, and
probably supplies παίδα in Act. iii. 13.

It will readily be imagined how vastly the labour and
anxiety of a critical editor must be enhanced by so extensive
a mass of alterations, many of them being corrections of cor-
rections, in such different hands and spread over the course
of many centuries. Patient toil, nice tact, and ripe expe-
rience have enabled Tischendorf to decide with reasonable
confidence on the date and character of the great majority of
these changes: but he is occasionally obliged to confess his
doubts and perplexity, or even to change in the larger

edition the decision he had given in the *Notitia,* in the smaller edition (which we have followed), the verdict of the larger. Meanwhile we are thus presented with a kind of history of the sacred text and of the changes it underwent from time to time; not to mention that the occurrence of so many hands, in such various shades of ink, and so diversified in style, forms a powerful argument for the high antiquity of the copy to which these annotations are appended.

Tischendorf affords us specimens of about four other persons' writing, scattered throughout the margin of this manuscript, but having no bearing upon the criticism of the text. Such are our Arabic notes appended to the Apocalypse, less rude in style than D^a (p. xxv), and not earlier than the tenth century, and several subscriptions of about the twelfth century; one by a monk named Dionysius (vol. ii. fol. 16), given in our *Facsimile* (15)^o, a signature by one Hilarion (vol. ii. fol. 41*), and three by one Theophylact (vol. ii. fol. 42; vol. iii. foll. 73*; 112*). Tischendorf conjectures that these three were brethren of the Convent of St. Catherine, whither the Codex may have been brought on its foundation by the Emperor Justinian, about A.D. 530.

If we turn from the earliest of these second-hand emendations to the original manuscript, the contrast is great enough to impress the least instructed reader. There is a primitive simplicity about its whole appearance which is very striking [1],

---

^o This subscription is full of those abridgments, which by the twelfth century had become habitual. It runs μνήσθητι κύριε τὴν ψυχὴν τοῦ ἁμαρτωλοῦ διονυσίου μοναχοῦ ὅταν ἔλθησ ἐν τῇ βασιλείᾳ σου. We find a with χ over it thus used for μοναχου in Act. loⁱⁱ. (Brit. Mus. Add. 20,003) fol. 57a, and elsewhere.

[1] As in Cod. Bezae, and most other of our old documents, the

and when we come to scrutinize each letter separately, the result is much the same. Such testing characters as *Alpha*, *Delta*, *Epsilon*, *Pi*, *Sigma* are as unadorned as possible, without flourishes, knobs, or thickened points at their extremities [2]. The only apparent exceptions which can be alleged is the less usual shape of *omega* mentioned above (pp. xvii, xxi, xxiii) as peculiar to Tischendorf's scribes A and B (though even this occurs in the Codex Vaticanus, *see* Cod. Sinait. Tab. XX.), and that form of *mu* frequent through the Cod. Sinaiticus (*though only at or near the end of a line*) which is represented in our *Facsimile* (2), line 4. Something approximate to this *mu* may be seen at times in the running hand of Mr. Babington's papyri of Hyperides, and it is quite ordinary in Cod. Z of the Gospels, whose date is the sixth century. So far as we know (for who will venture to answer for the Codex Vaticanus?) our copy is the oldest which exhibits it, and that only towards the end of lines, in which place all known scribes are prone to quit the conventional hand prevailing in formal documents, for the more familiar manner of common life; being naturally led to that practice by the use of those smaller letters, employed in all the uncial copies at the close of some lines, in order to economize the space [3]. Both the *mu* and *omega* of this shape are frequent in the titles and sub-

regularity of the writing is maintained by means of lines previously ruled on one side of the blank leaf, and easily seen through the vellum, the spaces having been accurately measured and noted with a needle or bodkin (*acus*).

[2] *Sigma*, however, has the knob at the lower curve of the second C in αναστασεωσ Act. ii. 31, Tischendorf's Tab. XIII.: see also our *Facsimiles* (2), (9); and a few other such cases occur.

[3] Thus some codices which have a very primitive look are

scriptions to Codd. Sin. and Vatic., but these in Cod. Vat. are doubtless a little later than the text.

As regards the extreme scarcity of marks of punctuation, also, the two manuscripts are near akin. In the Hyperides papyri are no stops at all, in the Herculanean very few: the labours of so many renovators and correctors render the question more difficult as regards Codd. Sin. and Vatic., yet some in both copies are certainly by the first hand, though oftentimes a blank space will be found without any. In our *Facsimile* (2) the upper, middle, and lower single point, all occur, where the middle point seems to have the least power, though this distinction is far from constant. Occasionally, especially at the end of books, two points (:) will be found, as is represented by our collation in αμην: Apoc. vii. 12; xxii. 21. In all later codices the stops are much more numerous and their system more complicated and regular.

We have already referred to the use of > both for noting Scripture quotations in the margin and as a flourish at the end of lines to fill up a blank space (*see* p. xvii, note 4): it is used for the latter purpose in the Hyperides, the Herculanean rolls, in the Sarravian Octateuch of the fourth century [4], and in a few codices of later date, as the Coislin Pentateuch of the sixth century, Codd. Augiensis, Sangallensis and its con-

detected as bearing a later date than would at first sight be imagined, by the cramped and more modern shape of the small final letters of a line. Tregelles (*Horne's Introd.* vol. iv. p. 202) notes this of Cod. U of the Gospels: but, except in the possible case of *mu*, no suspicion of the sort attaches to Cod. Sinaiticus.

[4] This precious manuscript is unfortunately scattered among different libraries, one leaf of Judges being at St. Petersburg, some leaves at Paris, the rest at Leyden. A fine *Facsimile* is given by Silvestre, *Paléographie Universelle*, No. 61; another by Tischendorf, Cod. Sin. Tab. XX.

tinuation Cod. Boernerianus of the ninth, Cod. M. Paul. of the
tenth. The employment of the apostrophus also, to which
we have before alluded (p. xviii, note 4), forms no objection
to its early date, although it is sometimes added by a later
hand. We often find it, as in Cod. Bezae, at the end of a
proper name, though not very frequently *primâ manu :* Codd.
Sinaiticus and Alexandrinus, &c., employ it besides at the end
of words ending with *rho* (e. g. Cod. Sin. Mark xvi. 8); in
certain portions of the former it is used to divide syllables,
as it also appears in Cod. Claromontanus (e. g. απ᾽ ορφα-
νισθεντεσ 1 Thess. ii. 17); instances such as τουτο᾽ (fol. 145,
col. 4) and οραματα᾽ (fol. 146*, col. 3), both in the " Shep-
herd," are more peculiar, if we may not say unprecedented.

The shape of the characters, the simplicity of the punctua-
tion, and the employment of the marks just described, all
tend to make us believe that the Codex Sinaiticus is coeval
with its rival in the Vatican, and consequently a record of
the fourth century of the Christian aera. The same infer-
ence may be fairly drawn from the absence of letters larger
than the rest, employed, like our *capitals*, at the beginning
of clauses or paragraphs. As early as the opening of the
fifth century they were used by the writer of Codex Alexan-
drinus at the commencement of each Ammonian section, and
elsewhere. Just as freely do they occur in Cod. Ephraemi,
which is almost contemporary with Cod. Alex., and oftener
still in later manuscripts. They are wanting only in Codd.
Sinaiticus and Vaticanus; apparently in the Vatican Dion
Cassius and in a fragment referred to the fourth century,
containing some sixteen verses of St. John (Evan. Nᵇ) under-
lying two several pieces of Syriac writing in the British
Museum (Addl. MSS. 17,136); and certainly in the cele-
brated Sarravian Octateuch, which accord in this particular
with the Herculanean and early Egyptian *papyri.*

Still more striking is the likeness which Cod. Sinaiticus
bears to these records of the first century in respect to its
outward form and arrangement. The latter are composed of
narrow slips of the papyrus, the writing on which is seldom
more than 2 or 2½ inches broad, glued together in parallel
columns, and kept in scrolls which were unrolled at one end
for the purpose of reading, and when read rolled up at the
other. This fashion still prevails in the most venerated
copies of the Old Testament on skins preserved in Jewish
Synagogues; and the appearance of the Sinai manuscript,
with its eight narrow columns (seldom exceeding two inches
in breadth) exhibited on each open leaf, suggests at once the
notion that it was transcribed line for line from some pri-
mitive papyrus, whether written in Egypt or elsewhere[*]. If
high antiquity has been plausibly claimed for the great
Vatican Bible because that, in common with the Vatican Dion
Cassius and a few other books, it has *three* columns on the
page, the argument is far more cogent when applied to the
Sinai volume, which stands alone in containing *four*.

Nor, in estimating its date, must we forget the quality of
the material on which it is written, or its present look and
condition. The vellum leaves, now almost yellow in colour,
are not only the largest, but among the finest and smoothest
yet known; if not quite so thin as those of the Codex Claro-
montanus of St. Paul's Epistles, the skins of none but the
very oldest documents can be compared to them in beauty
The original ink, which varies in hue according as it was im-
pressed on the rough or smooth side of the skin, where it has
not been covered by the strokes of the renovator (*see* p. xxiv),
is for the most part of a yellowish brown, occasionally of an

---

[*] The reader will please to weigh what has been alleged on
this head above, pp. xiv, xv, and note 2.

ashy tinge ; the emendations of A⁸ (*see* p. xx) are of a reddish
cast ; the shades of ink observable in the countless corrections
of different scribes through a period of several centuries, are
beyond the reach of language to discriminate : those indi-
cated by D and E look very black, as in Tischendorf's *Fac-
similes.* Many pages, especially on the inner and smoother
side of the vellum, have suffered much from age, and yet
scarce a single word is absolutely illegible. Hence, though
the general semblance of the whole work is somewhat less
worn than that of Cod. Vaticanus (whose extensive hiatus
prove how carelessly it has been kept), when it comes to be
contrasted with such a manuscript as the illustrated Dios-
corides at Vienna (whose age is fixed by internal evidence at
about A.D. 500), that interesting and valuable manuscript
looks comparatively quite fresh and modern⁶.

The contents also of the Cod. Sinaiticus lend further credi-
bility to our persuasion of its early date. Out of its 345½
leaves, 199, or reckoning as we ought the 43 leaves of the
Cod. Frederico-Augustanus (*see* p. vii) 242, are taken up by
the Septuagint version of the Old Testament, and comprise
(we name them in the order wherein they stand) portions of
the books of Chronicles, Ezra, Nehemiah, Esther, Tobit, and
Judith, the first and fourth books of the Maccabees, Isaiah,
Jeremiah, Joel, Obadiah, Jonah, Nahum, Habakkuk, Zepha-
niah, Haggai, Zechariah, Malachi. Then follow the poetical
books, written in στίχοι, *versus*, or parallel clauses, regulated
by the sense (*see* p. xiv), with but two columns on a page
(herein also resembling the Codex Vaticanus), and that as a

---

⁶ For this, and some other statements in my Introduction, I
rest on the evidence of Dr. Tregelles, who bore testimony to
them as an eye-witness on the occasion of a lecture I gave on the
Codex Sinaiticus to the Plymouth Institution, Oct. 8, 1863.

matter of necessity by reason of the length of the στίχοι. These books are the Psalms, Proverbs, Ecclesiastes, Canticles, Wisdom, Ecclesiasticus, and Job. That the earlier portion of the Old Testament was once contained in this manuscript appears as well from the small fragment of the Pentateuch possessed by Porphyrius (*see* p. x), as from the numerals set in the outer margin at the head of the quaternions, which, though the work of a later hand, have evidently been substituted for others cut off in the binding[7]. The first extant leaf is the last of the thirty-fourth quaternion, so that 271 leaves must have perished before it, if each *quaternion* consisted of eight, which is not always the case[6]. The last numeral is 92, on the first page of the Shepherd, of which but seven leaves survive, thus making the number of leaves down to the place where Hermas breaks off 724 at the utmost.

[7] In Cod. Bezae and many other copies these numerals stand at the foot of the *last* page of a quaternion. Besides these more recent numbers in very black ink, in parts of the Old Testament and after the Gospels in the New, an older set (elsewhere cut off), in red ink, of the eighth or ninth century, occur at the top of the inner margin, each number being greater by unity than the corresponding one in black ink (e. g. 82 for 81 &c.); a difference which is probably accidental. In connexion with these quaternions we obtain another argument for the six leaves assigned to D (*see* pp. xvi, xviii, note 4) being written by another hand from the rest of the manuscript. *Each neighbouring pair of these leaves comprises one skin or sheet:* viz. foll. 10 and 15 the 2nd sheet of quaternion 74; foll. 28 and 29 the 4th sheet of quaternion 76; foll. 88 and 91 the 3rd sheet of quaternion 84. This cannot be the result of chance.

[6] E. g. the 78th consisted of but seven leaves, the 91st of two, the 80th and 90th of but six, and were more properly called *ternions.* Eusebius recognizes both arrangements (τρισσὰ καὶ τετρασσὰ *Vit. Const.* iv. 37).

But our main concern is with the N. T., which this precious record alone contains entire among all manuscripts possessing any real claim to antiquity. The four Gospels stand in their usual order, then follow St. Paul's Epistles,—that to the Hebrews preceding the four Pastoral Letters, then the Acts and Catholic Epistles in their usual order, then the Apocalypse. In postponing the Acts to the Pauline Epistles, our manuscript is only followed by four comparatively modern copies [*]; but this position of the Hebrews is found in all other codices of the first rank excepting the Claromontanus:—such are the great uncial Codd. Alexandrinus, Vaticanus, Ephraemi, and (according to Tischendorf) Coislin. 202 (ABCH), not to insist on at least nine later MSS. written in cursive letters. Since Epiphanius, who flourished towards the end of the third century, testifies that the Epistle to the Hebrews stood before the first to Timothy in some copies extant in his time, we cannot but regard this order as one presumption the more in favour of the remote antiquity of the Codex Sinaiticus, the rather as it is therein countenanced by the oldest and best authorities hitherto known.

A yet stronger argument to the same effect may be drawn from the supplementary matter appended in this copy to the N. T., so as indeed to form an integral portion of it. It is well known that down to as late a period as the middle of the fourth century the canon of Scripture, *in respect to a few books more or less*, was rather unsettled [1], nor was it until

---

[*] Yet three of these exhibit a very remarkable text :—the Leicester (Evan. 69), Montfort's (Evan. 61), and Faber's (Evan. 90) : the fourth (Bodl. Canon. 34) is uncollated, except in the Apocalypse (k^scr).

[1] Eusebius, *Eccles. Hist.* iii. 25, is the well-known leading passage on this subject. He divides the books into four classes,

the decrees of the Council of Laodicea (364 or 366), and of two or three yet later (e. g. Carthage 397), became generally received, that the Church laid aside the primitive custom of reading publicly in the congregation certain works which had never been regarded quite in the same light as Holy Scripture itself. Hence it is reasonable to infer, that manuscripts which contain compositions of such doubtful authority were written before the close of the fourth century, by which time they would have become mere cumbersome additions to a volume already large. It is one considerable proof of the venerable age of the Codex Alexandrinus that it contains the only known copy of Clement of Rome's celebrated Epistle to the Corinthians, though the force of the argument may be a little impaired by its being followed by part of a second Epistle which can hardly be genuine. Codex Sinaiticus exhibits to us moderns for the first time in full, commencing on the same page as the Apocalypse ends, the original Greek of the Epistle attributed to the Apostle Barnabas, and placed before the Apocalypse and the Acts in the curious and very ancient catalogue (doubtless drawn up some centuries before), still preserved in the Cod. Claromontanus of the sixth century. This same catalogue ends with " the

with the last of which, mere heretical works, ἄτοπα καὶ δυσσεβῆ, we have no concern. His first class comprises the *acknowledged*, ὁμολογούμενα, the Gospels, Acts, St. Paul's Epistles, 1 John, 1 Pet.: his second the *disputed*, ἀντιλεγόμενα, James, Jude, 2 Pet.; 2, 3 John: his third the *spurious*, νόθα, Acts of Paul, the Shepherd, Revelation of Peter, Barnabas, Apostolic Institutions. Clement is not named: the Apocalypse is placed with an expression of doubt both in the first and third class. In the third division (*also* termed by him that of the ἀντιλεγόμενα) some place the Gospel to the Hebrews. These ἀντιλεγόμενα however were read in churches (iii. 31), and "approved by most," γνώριμα τοῖς πολλοῖς.

Shepherd, the Acts of Paul, the Revelation of Peter :" while, in remarkable correspondence with it, Codex Sinaiticus closes with a fragment of Hermas' Shepherd, much of which we could previously read only in an old Latin translation. Add to this, that between the end of Barnabas and the beginning of Hermas are lost the last six leaves of quaternion 90, which might have contained either of the other books named in the Claromontane list, though the space would not suffice for Clement's Epistle, which does not appear in it.

Nothing can be more brief than the Titles and Subscriptions to the sacred books (all written by a contemporary of the scribe: see p. xxi), as found in Cod. Sinaiticus, and if they did not proceed from the original writers, they must yet needs be more ancient than the longer inscriptions we read elsewhere². Thus the Gospels are headed only by ΚΑΤΑ ΜΑΘΘΑΙΟΝ, ΚΑΤΑ ΜΑΡΚΟΝ &c. in the Codd. Sin. and Vat., instead of ΕΥΑΓΓΕΛΙΟΝ ΚΑΤΑ Μ. of Codd. Alex. Ephraemi and the rest: the end is just as simple, and in St. Matthew Cod. Sin. has no subscription whatever. In the Acts the title of Cod. Sin. is merely ΠΡΑΞΕΙC, as contrasted with πραξεισ (Cod. Bez. πραξισ) αποστολων even of Codd. Vatic. and Bezae. The Epistles (as our collation will show) have only ΠΡΟC ΡΩΜΑΙΟΥC &c., like the other oldest manuscripts, in the room of the elaborate titles and full subscriptions attributed to Euthalius (A.D. 458), and seen in more recent copies. To ten of St. Paul's Epistles (as our collation will show) are appended notes expressing the number of στίχοι they respectively contain, and to Philemon στιχων only without numerals; but these annotations are all by a second though almost as ancient hand³; and although

² The titles at the heads of the pages in Cod. Sin. are often neglected through oversight.

³ Of about the same date, secundâ manu yet early, are the

the numbers somewhat resemble those reckoned by Euthalius in the fifth century, they precisely coincide but in one case (Ephesians 312), and must have been derived from some earlier system (for such no doubt existed) which Euthalius may have modified to form his own.

Those larger chapters (κεφάλαια majora) with their corresponding τίτλοι, or summaries of contents, which appear in all the copies of the Gospels written from the fifth century downwards (including Codd. Alexandrinus and Ephraemi), are wanting in Codd. Sinaiticus and Vaticanus alone, from which defect also we infer their higher date.

Nor will the conclusions to which we are thus led on, step by step, be at all weakened by the fact that Cod. Sinaiticus, in this particular disagreeing with Cod. Vaticanus, exhibits the Ammonian sections and Eusebian canons in red ink in the margin (see Facsimile 2, and p. xiv, note 1), of which Cod. Alexandrinus had hitherto supplied the earliest example. These numerals are very possibly by the hand of the original scribe, but must have been added by a contemporary, perhaps by the διορθωτής or corrector (see p. xx), since to the eye they look quite as old, and here and there the arrangements of the manuscript in respect to breaks and initial letters (see p. xv) are plainly adapted to them [4]. Nor

---

lemmata or short summaries of contents (in no wise resembling those of Euthalius) which stand at the head of columns in 25 places throughout the Acts. Tischendorf's Tab. XIII. over Acts iii. 1 contains one specimen in very small and elegant letters: τα περι του πετρον εξ ιωαννην εξ του εκ κοιλιασ χωλου (sic). They are all found in Tischendorf's Annotationes.

[4] Notice, however, that except from Ammonian section 40 to 49 of St. Matthew, the numeral employed throughout is invariably shaped like the mu in Facsimile (2), line 4 (see p. xxvii); that is, if we may trust the moveable type of the larger edition.

will it make at all for the early or late origin of these rubric
numerals, that after ρε (105) Luke ix. 57 they disappear
altogether until St. John's Gospel begins [s]. There are many
well-known cases in which the first hand has thus left the
sections and canons unfinished; while in Cod. Bezae, where
a decidedly more recent scribe has inserted the sections with-
out the canons, they end at Mark xv. 16 σζ (207), and are
not carried on to the end of SS. Matthew and John. One
inference we may safely draw from the presence of these
contemporaneous marginal numerals, that since Eusebius,
who constructed his harmonical canons on the earlier sec-
tions of Ammonius, died A.D. 340, Codex Sinaiticus ought
not to be dated before the middle of the fourth century : nor
on the other hand need it be placed later. Caesarius (d. A.D.
368) and Epiphanius (writing A.D. 374) testify that his in-
genious scheme was already well known in their time.
Jerome, addressing Pope Damasus (A.D. 384), would fain
have introduced it into his revised Latin version ; not to
add that the suspicion, not altogether unjust, in which
Eusebius' memory was held, would have hindered his canons
from obtaining the general acceptance with which they were
honoured, had they not been favourably received when he
was in the flower of life and reputation. The coincidence of
this manuscript with certain readings known to have been
approved by Eusebius (of which we shall speak in the next
chapter) renders it very credible that Codex Sinaiticus was
one of the fifty volumes of Holy Scripture, written " on
skins in ternions and quaternions" (see p. xxxii, note 8),

---

[s] The two leaves 10 and 15, forming one sheet, and written by
the scribe D (see pp. xvi—xviii and p. xxxii, note 7), are also void
of their proper sections and canons : but these appear in leaves
28, 29, which were also written by D.

which he prepared A.D. 331 by Constantine's direction for the use of the new capital; and these would naturally contain the canons he cherished with so much honest pride.

The Gospels in Cod. Vaticanus are divided into chapters on an entirely different principle, and since nothing of the kind had been met with elsewhere, they were at one time urged in proof of the pre-eminent antiquity of that manuscript; nor need the argument be much impaired by Tregelles' recent discovery of the same divisions in the margin of Codex Zacynthius (Evan. 𝔈), a fragment of St. Luke, edited by him, and assigned to the eighth century. Now in the Acts of the Apostles Cod. Vatican. has two independent sets of 36 and 69 chapters respectively, the marginal numerals indicating the larger number being considered as somewhat later than the others. These smaller chapters up to 42 are found in the margin of Cod. Sinaiticus, written by a very old hand, and together with their slight variations from the sister manuscript are recorded at the end of our collation of the Acts. Since no traces of these chapters have been discovered elsewhere, this remarkable coincidence not only powerfully strengthens our judgment, derived from internal evidence (*below* Chap. III.), of a real, though perhaps indirect connexion between the two codices, but affords some presumption that they are not unlike in their age or critical value.

We would close our palaeographical description of this manuscript by a few miscellaneous statements, having no very obvious bearing on its date, to determine which our attention has hitherto been chiefly addressed.

Iota and *upsilon*, when used alone, and *upsilon*, when the first vowel of the diphthong υι, often have over them two points as a mark of *dialysis*, and that by the first hand: yet it is often far from easy, as well in this manuscript as in

Cod. Bezae and others, to distinguish such original points
from those subsequently added. Instead of the two points a
short straight line is sometimes promiscuously substituted in
Cod. Sinaiticus (compare our *Facsimile* (1), lines 1 and 2),
as in the N. T. portion of Cod. Ephraemi, but scarcely in any
other known copies[6].

The ordinary abridgements usual in the earliest Biblical
manuscripts appear here with some slight variations. We
read $\overline{\delta\sigma}$, $\overline{\kappa\sigma}$, $\overline{\iota\sigma}$, $\overline{\chi\sigma}$, $\overline{\pi\nu\alpha}$ and its compounds in all their
cases invariably: $\overline{\iota\upsilon}$ and $\overline{\iota\eta\upsilon}$ in consecutive lines of Apoc.
xxii. 20, 21: $\overline{\chi\rho\upsilon}$ Rom. vii. 4, but mostly $\overline{\chi\upsilon}$: sometimes
$\overline{\upsilon\sigma}$, $\overline{\pi\eta\rho}$, $\overline{\mu\eta\rho}$, $\overline{\sigma\rho\sigma}$ (i. e. σωτηροσ), $\overline{\sigma\tau\rho\sigma}$ (i. e. σταυροσ),
$\overline{\alpha\nu\sigma\sigma}$ (i. e. ανθρωποσ), $\overline{\sigma\upsilon\nu\sigma\sigma}$ (i. e. ουρανοσ), $\overline{\delta\alpha\delta}$ (*vel* δανειδ),
sometimes the words at full length. There occur quite in-
discriminately $\iota\epsilon\rho\sigma\upsilon\sigma\alpha\lambda\eta\mu$, $\overline{\iota\eta\lambda\mu}$ and $\overline{\iota\epsilon\lambda\mu}$ (this last not in the
N. T.); $\iota\sigma\rho\alpha\eta\lambda$, $\overline{\iota\eta\lambda}$, $\overline{\iota\sigma\lambda}$, $\iota\sigma\eta\lambda$, each of them with or without
the dialysis and final apostrophus. At the end of a line
— over the last letter denotes *nu*; a similar line is mostly
set over letters employed as numerals. Other *compendia
scribendi* are ϗ for και perpetually: in the Septuagint alone
ϡ ϥ for -ται and -θαι. Two other forms placed at the
end of lines, found too in the Herculanean rolls, should also
be noticed, viz. ϛ for μου 29 times in the N. T., and very
seldom (*never* in the N. T.) ϧ for προσ or προ[7]. As in Cod.
Bezae and nearly all uncial codices, μ ν and π often coalesce
with η and with each other, as in our *Facsimile* (4) of the
corrector A.

[6] In a Lectionary, at Christ Church, of the eleventh century
(Wake 12), we remark that the two dots in the dialysis often
glide into one straight line.

[7] This symbol seems to have been more common in earlier
books, and to have been the source of the various reading προσ-
ελθων for προελθων Matth. xxvi. 39; Mark xiv. 35; Acts xx. 5; 13.

Lastly, short straight lines are frequently put over the
first letters of a line at the commencement of an Ammonian
section (*see Facsimile* 3) or of a paragraph, *secundâ manu*
as it would seem*, for Tischendorf mostly omits them in his
printed text. Occasionally however they are retained (e. g.
John i. 21; 25; iv. 10; James ii. 23), as if in his judgment
they were by the first hand. Such original marks occur as
well in other places (Rom. viii. 5; 1 Cor. xii. 29—31, &c.),
as ten times in the Acts, in one place (x. 23, 24) apparently
for the purpose of mutual reference. The slight neat ara-
besques (sometimes touched with the red paint) at the end
of each book also seem the work of the first scribes, as in
Codd. Vatican., Alexandrin., Bezae, &c.

CHAPTER III.

ON THE INTERNAL CHARACTER OF THE TEXT OF CODEX SINAITICUS.

WE have tried to lay before the reader as full a description
as possible of the palaeographic appearances presented by our
manuscript, but any thing approaching to a complete view of
its internal character as a witness to the sacred text would
carry us far beyond the limits assigned to the present In-
troduction, and indeed would introduce us to enquiries as
difficult as they are involved and obscure. We must there-

---

* In John i. 9; xiv. 25 $\mathcal{T}$ is set in the margin in red to the
right of the numerals of the section and canon; in the latter
place : in red stands in the text before the first word of the sec-
tion by way of reference, as also in John xix. 40; xx. 2, and con-
stantly in Cod. Bezae, *s.m.*

fore content ourselves with stating a few of the leading facts
of the case, from which the student will readily gather both
the *independent* value of Codex Sinaiticus as a critical record,
and the *extreme antiquity* of the readings it preserves, even
where we may not on the whole be inclined to adopt them
as the genuine words of the inspired penmen.

I. We will first ascertain whether it be an independent
document, that is, one which exhibits a text not immediately
drawn from any other still extant.

As soon as Tischendorf published his *Notitia Cod. Sin.*
we minutely compared the passages of the Gospels he therein
gave in full[9], and which may be presumed to be fair spe-
cimens of the whole, selected to favour no individual pre-
judices, with the corresponding parts of the other four great
manuscripts, Cod. Alexandrin. (A), Cod. Vatican. (B), Cod.
Ephraemi (C, but sadly mutilated throughout), and Cod.
Bezae (D), and that with the following result. Of the 312
variations from the common text noted therein, Cod. Si-
naiticus (‫א‬)[1] stands alone in 45, in 8 agrees with A B C D
united, with A B C together 31 times, with A B D 14, with
A B 13, with D alone 10, with B alone but once (Mark i. 27),
with C alone once: with several authorities against A B 39
times, with A against B 52, with B against A 98. So far as
this investigation goes Cod. B is not much upheld by Cod. ‫א‬
in its peculiar and characteristic readings, while the mutual

---

[9] They are in all four pages, containing Matth. xxvii. 64—
Mark i. 35; John xxi. 1—25; Luke xxiv. 24—53, this last in-
complete.

[1] Thus Tischendorf in the exercise of his undoubted right has
been pleased to indicate this MS., whether by way of asserting
its pre-eminence, or in allusion to the place of its discovery: but
it has been found very inconvenient to break the range of type
by a Hebrew letter.

divergencies of the very oldest authorities become more
visible and perplexing than ever.

Much the same consequences would ensue from an analysis
of the various readings in the Apocalypse, wherein the di-
vergency from our printed text is very considerable through-
out every known manuscript. Here we have Codd. A C as
before; that now denoted Cod. B is no longer the great
Vatican copy, but another in the same library, some four
centuries younger. Besides these and Cod. Sinaiticus no
other uncial copy contains this book, except one of the eighth
or ninth century, just found at St. Petersburg by the inde-
fatigable Tischendorf, and as yet unpublished. All the varia-
tions, whether from the Textus Receptus or each other, which
occur in Cod. א when compared with Codd. A B C throughout
the 239 verses wherein Cod. C is extant, are 993 in number.
Out of these 310 are peculiar to א, 188 are in all four, in
64 א A B agree, in 170 א A C, in 96 א B C, in 24 א A, in
89 א B, in 52 א C. The *lectiones singulares* of A B C we
did not note, but in most of its 310 Cod. א was countenanced
by cursive manuscripts, often in considerable numbers, some-
times by only a few, or even one or two of the best (e. g.
i. 16; 17; iii. 16; vi. 9; vii. 1; 14; x. 3; 4; 8; 9; xi. 4;
8, &c.), such as Codd. 38 and 95 (g^scr at Parham). As a ge-
neral result Cod. א leans more towards C than B, though it
contains fewer of C's peculiar readings : it separates most
from A, and is manifestly independent of them all.

Let us now take the Epistle to the Colossians, the only
one of St. Paul which is found nearly complete [1] in all the
five great uncials, Codd. א A B C D,—D being no longer
Cod. Bezae, but its younger contemporary of the sixth cen-

---

[1] Cod. C alone is deficient in chap. i. vv. 1, 2 partly, where we
have past over the readings of Cod. א.

tury, Cod. Claromontanus. On examining the 126 varia-
tions set down in the following pages (we do not meddle
with clerical errors, &c. denoted by √, or with changes by later
hands), it appears that A B C D all unite with ℵ 26 times,
while ℵ differs from the other four 23 times: ℵ accords with
A B C 10 times, with A B D 5, with B C D 3, with A C D
14, with A B only 4, with A C 15, with B C 6, with B D
and C D twice each, with A D never; with A alone 6 times
(e. g. I. 23; 25), with B alone five (e. g. II. 2 παν πλουτος;
13; IV. 12 σταθητε), with C alone thrice, with D alone twice
(II. 10; III. 14). Of the whole 126 places B is with ℵ 61
times (in the Epistle to the Romans we have calculated the
higher proportion of 176 out of 325), A in 80, C in 79, D
in but 54. Speaking generally, no two of these authorities
of the first order so far resemble each other as to enable us to
dispense with the rest, or with all other available sources
of information; yet Cod. ℵ approximates nearer to A or C,
or A C united, than it does to B.

II. When from this wider survey we come to scrutinize
individual passages, it must not be dissembled that the
affinity of Codd. ℵ and B is closer than would have been at
first sight anticipated. The connexion between the two, in-
direct perhaps yet not imaginary, which the identity of the
chapters in the Acts had previously suggested (see p. xxxviii),
is sufficiently proved by their coincidence in peculiar readings,
and those of much importance, for which the two together
comprise the principal, sometimes (notwithstanding the
seeming abundance of our critical materials) the only *positive*
evidence. Now these readings are cleared from all suspicion
of being mere arbitrary changes, unduly foisted into the two
manuscripts, by the evidence of Christian authors that lived
in or before the times when they were written, who tell us
that those self-same readings were actually found in some or

in most of the copies to which they had access. It is plain that such accordant testimony, proceeding as it sometimes does from widely different sources, is a powerful corroboration both of the antiquity of the text exhibited in these venerable codices, and of their general value as instruments of criticism.

The two chief places, out of many that might be cited, wherein the united testimony of Codd. ℵ and B is supported by the weighty authority of contemporary writers, are Mark xvi. 9—16 and Ephes. i. 1. For the omission of the whole paragraph containing the last twelve verses of the second Gospel we have indeed no other direct manuscript evidence than theirs, and even the scribe of Cod. B betrays a certain consciousness of an omission by leaving blank the column immediately following the end of St. Mark, this being the only perfectly vacant column throughout the whole volume. Cod. ℵ presents no such peculiarity; but Cod. L (Paris 62, of the eighth century) exhibits the passage in such a shape as plainly shows that its writer regarded vv. 9—20 as of very questionable authenticity. About thirty of the later or *cursive* manuscripts, though they contain the whole passage, either mark it with an asterisk, or append scholia which throw more or less doubt upon it, as an integral part of the Gospel. In fact, after having been cited as genuine by the Fathers of the second and third centuries, from Irenaeus downwards, the difficulty of harmonising their narrative with the other Gospels (a circumstance which ought to plead in their favour) brought suspicion upon these verses, and caused their omission in some copies seen by Eusebius (*Quaestiones ad Marinum*), whose influence over the Scripture codices of his age we have seen to be very considerable (see p. xxxvii).

The omission of ἐν ἐφέσῳ in Eph. i. 1 after τοῖσ οὖσιν is

another point in which Codd. ℵ B (attended by the margin of Cod. 67, B's close ally) stand alone among manuscripts, and in both the words are added by later hands: in Cod. ℵ the corrector is C, of the seventh century. This shorter reading was in the manuscripts used by Origen, who resorts to a mystical interpretation of the expression τοῖσ οὖσιν, and very possibly in those of the heretic Marcion a century earlier: it was known and approved by Basil in the middle of the fourth century, both from tradition, and as found by him in the oldest copies (ἐν τοῖς παλαιοῖς τῶν ἀντιγράφων): Jerome, as usual, repeats Origen to the echo. The truth is that this Epistle, so singularly void of personal allusions or salutations (in that respect contrasting with its sister letter to the Colossians) was a *circular* addressed to other Asiatic cities besides the capital Ephesus,—to Laodicea perhaps among the rest (Col. iv. 16); and that while some codices may have contained the name of Ephesus in the first verse, others may have had another city substituted, or the space after τοῖσ οὖσιν left utterly void (*see* Bp. Middleton on the *Greek Article* in loc.).

To these celebrated texts we annex a few others, less known, yet very instructive, in which Codd. ℵ B agree together against the mass of critical authorities: some of their coincidences (e. g. Matth. x. 25; 1 Cor. xiii. 3; James i. 17) can hardly have been accidental. It will be borne in mind that no opinion is implied respecting the probable genuineness of any of the readings cited below for the purpose of exhibiting the character of Codex ℵ, unless that opinion be expressly stated.

Matth. i. 25 αυτησ τον πρωτοτοκον is omitted by Codd. ℵ B Z (sixth century, at Dublin), two first-rate cursives (1. 33), Cureton's Syriac, the Egyptian (πρωτοτοκον only), some Old Latin versions, and (after them) twice by Ambrose.

Ibid. vi. 1 δικαιοσυνην for ελεημοσυνην is in Codd. א B D (though an early hand changed א's reading into the poor gloss δοσειν, i. e. δοσιν), three cursives (including Cod. 1), the scholia of two others, the Vulgate and Old Latin versions, the Peshito [2] and Philoxenian Syriac, Origen, Isidore of Pelusium, Hilary, and Jerome ("justitiam, hoc est, eleemosynam vestram"). Internal evidence pleads strongly in its favour.

Ibid. x. 25 βεεζεβουλ Codd. א B *only:* so xii. 24; 27 (not Mark iii. 22 in א); Luke xi. 15; 18; 19.

Ibid. xi. 19 εργων for τεκνων is here read by Codd. א B *p.m.* and the valuable cursive 124, by copies known to Jerome, the Peshito and Philoxenian *in the text* (but not Cureton's Syriac), the Memphitic, Aethiopic, and Armenian MSS. But in the parallel place Luke vii. 35 Cod. א stands alone in maintaining εργων, though Ambrose in his Commentary on Luke states that "plerique Graeci" thus read it here.

Ibid. xiv. 30 ισχυρον is wanting only in Codd. א B *p.m.* 33 and the Memphitic version. We shall recur to this passage in Chap. IV.

Ibid. xxvii. 49. At the end of this verse the wretched scholium from John xix. 34 αλλος δε λαβων λογχην ενυξεν αυτου την πλευραν και εξηλθεν υδωρ και αιμα, though as certainly spurious as the latter portion of Matth. xxvii. 35 drawn from the same source (John xix. 24), is found in substance in Codd. א B C L (*see* p. xliv) U (*see* p. xxvii, note 3),

---

[2] I once said (*Supplement to the Authorised Version*, p. 153, 1845) that "the Peshito is of necessity neutral, since ‎ؤٍ‎ would very well answer to either Greek word," but the subsequent discovery of Cureton's Syriac makes it pretty certain that the Peshito read δικαιοσυνην, since wishing to render ελεημοσυνην Cureton's version gives ‎ﻼﺻﺪﻗﻮ‎.

five cursives, the Aethiopic, Jerusalem Syriac, and two MSS.
of the Latin Vulgate, and Fathers named by the scholiast
in Cod. 72. To the same purpose Chrysostom (Hom. in
Matth. 88, tom. ii. p. 526, Field) speaks expressly, and
others after him : but this interpolation, which would re-
present the Saviour as pierced while yet living, is a good
example of the fact that some of our highest authorities
may combine in attesting a reading unquestionably false.

Mark vi. 20 ηπορει for εποιει is found only in Codd. א B L
and the Memphitic version.

Ibid. xiv. 30; 68; 72. Here we have a set of passages
which bear clear marks of wilful and critical correction,
thoroughly carried out in Cod. א, and only partially in Cod. B
and some of its compeers, the object being so far to assimilate
the narrative of Peter's denials with those of the other Evan-
gelists, as to suppress the fact, vouched for by St. Mark
only, that the cock crowed twice. In Cod. א δισ is omitted
in vv. 30, 72, and και αλεκτωρ εφωνησε in v. 68. The last
change is countenanced by Codd. B L, one Lectionary, one
Old Latin copy (c), and the Memphitic version : the former
δισ is rejected by C (*p.m.*) D, one Moscow cursive copy,
several of the Old Latin and Vulgate, by the Armenian and
Aethiopic : the latter by fewer still, perhaps by C *p.m.*, by
two later MSS. (Δ. 251), the Aethiopic, and some Old Latin
copies.

Luke iii. 32 ιωβηλ for ιωβηδ is found in א, and in B also
according to Mai's larger edition, which in many places is
known to be more accurate than the second and smaller one.
In D ωβηλ is the reading of the first hand.

Ibid. vi. 1. The perplexing δευτεροπρωτω, which they
could not understand, is consequently omitted by Codd. א B
L, seven cursives (including 1. 33. 69), by some Lectionaries
(but these last usually omit such notes of time at the begin-

ning of a lesson), and by some versions, including the Peshito Syriac, some Old Latin copies, the Memphitic and Aethiopic, and the margin of the Philoxenian.

Ibid. xi. 4 αλλα ρυσαι ημασ απο του πονηρου is omitted by Codd. א B. 1, and above eight other cursives, by scholia in six more, by the Armenian, the Vulgate, Jerome, Cyril, perhaps Tertullian, and very expressly by Origen and Augustine.

John i. 18. The minute but weighty variation θ̄σ̄ (i. e. θεοσ) for ῡσ̄ (i. e. υιοσ) is supported by Codd. א B C (*p.m.*) L. 33, the Peshito and margin of the Philoxenian, the Memphitic, Roman Aethiopic, and a host of Fathers.

Ibid. iii. 13 ο ων εν τω ουρανω is omitted in Codd. א B L. 33, the Roman Aethiopic, a Memphitic MS., by Origen, and apparently by Eusebius.

Acts i. 5 εν πνι βαπτισθησεσθε (-αι א) αγιω is the order in Codd. א B and 10^u (*see* p. xxvi, note 9) alone of all known copies.

Ibid. i. 19 ιδια is omitted in א B (*p.m.*) D, the Vulgate, Thebaic, and Armenian (if versions can be trusted), and in Augustine.

Ibid. iii. 6 εγειραι και omitted in Codd. א B D and the Thebaic version alone.

Rom. iv. 8 ου for ᾧ appears only in Codd. א B D (Claromontan.) *p.m.* G (but not in its sister manuscript F, or its own Latin version), and the margin of 67 (*see* p. xlv).

1 Cor. xiii. 3. The very strange reading καυχησωμαι for καυθησωμαι or καυθησομαι is found in Codd. א A B, one cursive (17, the important Evan. 33), some Greek copies known to Jerome, one MS. of the Memphitic, Ephraem, and possibly the Aethiopic: it may be presumed by way of moderating our estimate of the critical worth of the consent of our very best codices.

James i. 17 αποσκιασματοσ for ἀποσκίασμα seems to make

utter nonsense of the passage, yet such is the reading of Codd. א B. This single instance goes a good way to prove a connexion, real if not direct, between the two oldest documents.

Cod. Bezae (D) has been found in company with Codd. א B several times in the preceding list. We subjoin a few passages out of many in which א and D stand together, with no other ally among the great uncials: yet it must be added that א is perfectly free from the bold interpolations of D, especially those which abound throughout the Acts.

Matth. ix. 9 ηκολουθει (for -θησεν) Codd. א D. 1, and two other cursives; *ibid.* xv. 36 και is prefixed to ευχαριστησασ in א D. 1. 13. 33? 72. 124. 346? and (*me teste*) Wake 34 [4] at Christ Church, together with the Latin, Syriac, and Memphitic versions; Mark iii. 11 λεγοντεσ for λεγοντα Codd. א D K 69 (*not* 61 in Dobbin) and two Lectionaries; John i. 4 εστιν for the first ην is found only in Codd. א D, Greek MSS. known to Origen, six copies of the Old Latin, Cureton's Syriac, the Thebaic, Irenaeus, Cyprian, Hilary, and one or two others; *ibid.* xii. 32 παντα for παντασ Codd. א D, one cursive, the Gothic, the Latin versions with Augustine expressly ("omnia"), Ambrose, and Jerome, possibly other versions if παντα be singular (Peshito ܟܠܢܫ: and thus perhaps the Memphitic, Thebaic, Aethiopic). In Col. ii. 10 Cod. א favours a very peculiar reading of D of St. Paul and its transcript E, εκκλησιασ for αρχησ και εξουσιασ: א however retains αρχησ, and the Latin versions of D E have the common reading. In Heb. ix. 17 τοτε for ποτε is found only in Codd. א D *p.m.*, but Isidore of Pelusium (about A.D. 412) speaks of it as the reading of *old* copies.

---

[4] Wake 34, hitherto unknown except in the Apocalypse (27), in the fragment of the Gospels it contains (ending Luke vi. 42) strikingly resembles Codd. B D Z, and especially 1.

c

A or C or some others also frequently side with Cod. ℵ against nearly all the rest: Matth. xxv. 33 αυτου omitted after δεξιων by Cod. A, one Lectionary, perhaps two other copies, with the Aethiopic and Cyprian (ℵ alone adds αυτου at the end of the verse); Mark viii. 25 δηλαυγωσ in C L Δ (at St. Gall, IXth century) for τηλαυγωσ (δηλωσ of Cod. 33 is the connecting link); *ibid.* xv. 1 ετοιμασαντεσ for ποιησαντεσ also in C L only; Luke vi. 35 μηδενα for μηδεν only in Cod. Ξ of Tregelles, Scrivener's w, and the Syriac versions (ܠܐ Peshito); *ibid.* xxiv. 13 εκατον stands before εξηκοντα in two early (11 N) and one later (K) uncial, the margin of one cursive (34), some Latin and Syriac MSS., in Jerome and in Eusebius, who so often resembles Cod. ℵ. Sometimes, as in the case of Cod. B, these copies accord with ℵ in reading what is palpably untrue: e. g. Acts vi. 5 ανδρα πληρησ ℵ A C D E H &c.; in 1 Pet. i. 23 too notice the absurd φθορασ φθαρτησ for σπορασ φθ., through the mere wandering of the eye from σπ to φθ in ℵ A C. Just the same kind of blunder, πεπτωκαν or -κασιν for πεπωκυσι, is found in all the uncials of the Apocalypse xviii. 3 (ℵ A B C) and in many cursives.

. Most interesting of all are the cases wherein Cod. ℵ follows readings which ancient writers or versions testify to have been found in their copies, though they have quite disappeared from those at present extant: instances like these much enhance our estimate of the value of the text which preserves them. With this part of the subject Tischendorf has taken unusual pains, and from his Prolegomena (with some modifications) are derived the following examples: Matth. vii. 13 η πυλη omitted by Clement and Origen often, by Eusebius, seven Latin copies and Latin Fathers; *ibid.* xviii. 24 πολλων for μυριων with Origen four or six times, Juvencus, and both Egyptian versions; Mark i. 15 και λεγων omitted by Origen and two Latin copies (c. mt.); ibid. vii. 3 πυκνα for πυγμη, with four Old Latin MSS., the Vulgate ("crebro"), the Memphitic, Gothic, the Philoxenian text, and Aethiopic; John ii. 2 the original reading of Cod. א in this place is supported only by three Old Latin copies, the Philoxenian Syriac margin, and the Aethiopic; ibid. vi. 51, the omission of ην εγω δωσω is supported by many, but the transfer of η σαρξ μου εστιν to the end of the verse is peculiar to Cod. א, Tertullian, and m of the Old Latin, the well-known Speculum of the 6th century published by Mai; ibid. xiii. 10 ουκ εχει χρειαν νιψασθαι omitting η τουσ ποδασ with Origen six times, Tertullian, and four MSS. of the Latin Vulgate; ibid. xvii. 7 εγνων for εγνωκαν, a variation noticed but repudiated by Chrysostom; ibid. xix. 38 ηλθον ουν και ηραν with only five copies of the Old Latin, the Thebaic, Jerusalem Syriac, and best Armenian edition; Rom. v. 7 μογισ for μολισ with Origen only; 2 Pet. i. 4 την εν τω κοσμω επιθυμιαν φθορασ with Jerome only.

For many readings Cod. א has no support; some of these may possibly be arbitrary alterations: Mark x. 42 μεγαλοι αυτων is changed into βασιλεισ; ibid. xiv. 58 ειπεν is substituted for ημεισ ηκουσαμεν αυτου λεγοντοσ; Luke i. 26 ιουδαιασ stands for γαλιλαιασ, and a Moscow cursive (255) has ιουδα; ibid. ii. 37 εβδομηκοντα τεσσαρων; ibid. iii. 5 τροχιαι for τραχειαι by the first hand; John viii. 57 εωρακεν σε for εωρακασ; Acts viii. 5 καισαρειασ for σαμαρειασ (on account of viii. 40 and xxi. 8); ibid. xi. 20 ευαγγελισtασ for ελληνιστασ; ibid. xiv. 9 ουκ inserted before ηκουσεν; Heb. ii. 4 θερισμοισ for μερισμοισ; ibid. iii. 8 πιρασμω for παραπικρασμω; 1 Pet. iv. 1 αποθανοντοσ for παθοντοσ, to correspond with ii. 21, where a few, and to iii. 18, where even A C read απεθανεν.

Lastly: as the reviser of a manuscript often had another

copy before him, by whose aid he corrected the text (*see*
p. xx), so it would sometimes seem as if the original scribe
mingled together two separate readings, both of which were
found in the documents to which he had access: thus in
1 John iv. 17, where the alternative forms μεθ ημων and εν
ημιν are both retained: so in Apoc. iv. 11, while some copies
have κε, some ο κσ και θσ ημων, Cod. א gives the latter after
the former. Tischendorf cites to the same purpose as our
examples Tit. iii. 2; 1 Pet. ii. 12; 2 Pet. ii. 15.

With regard to those *itacisms*, or substitutions of one
vowel or diphthong for another, which prevail more or less
in all manuscripts, whatever be their date, it will be seen
from the following collation (in which they are all registered
and indicated by the symbol √) that Cod. Sinaiticus abounds
in them as much as any known copy. Since they are in fact
nothing better than instances of mis-spelling, or accommo-
dation of the orthography to the sound, it is not surprising
that their frequency should vary in different parts of the
same copy, especially where (as is surely the case with this
manuscript) more than one person has been engaged on the
task (*see* pp. xvi, xvii, and especially note 4). The Epistle of
Barnabas, and yet more the Shepherd of Hermas, which is
in other respects more inaccurately written than the N. T.,
are full of the harshest and most unusual itacisms (e. g. τεσ
for ταισ, αιαν for εάν, ανδραισ for άνδρεσ). Elsewhere in
Cod. Sinaiticus the most ordinary interchange is between ι
and ει, which is indeed perpetual in Codd. Alexandrinus and
Ephraemi, and we should probably add in Cod. Vaticanus
also if we knew its contents more minutely. Next to ι and
ει we find ε substituted for αι and *vice versâ* in all the four

codices; in some parts of Cod. א more frequently than in others. In such words as ηνοιγη, σοι &c. the diphthong οι is often turned into υ: some of the other changes observable in later copies (e. g. between η and ει or ι [a], η and ε) are more rare in ours, though υ and η are transmuted about 12 times, chiefly in the plural of personal pronouns; ου and ω 20 times in the termination of verbs; even ο and ω 68 times, which last may tend to illustrate the readings in Rom. v. 1; 1 Cor. xv. 49.

The most ancient manuscripts of the N. T. hitherto known depart from the common grammatical inflections, and are assimilated to those forms which pertain to the Alexandrine modification of the Hellenistic, or debased dialect of the Greek current among Jewish converts in the first century. It is not necessary to infer from this peculiarity that all the oldest codices were written at Alexandria (a supposition not very likely in the case of such as have parallel Latin versions, e. g. Cod. Bezae), but rather that they approximate to the primitive orthography of the sacred penmen, whose style would naturally be moulded on that of the Septuagint version; while later scribes have gradually softened down its harshness and brought it into closer conformity with the usage of their own times. Hence the prevalence of these Alexandrine terminations in a manuscript has been reasonably held a presumptive proof (valid so far as it goes) of its high antiquity: and it will appear from the ensuing summary that no document is more fully entitled than Cod. א to the benefit of such an argument. Our observations are limited to the N. T. portion of the manuscript (though the Old Testament precisely resembles it in character), and we take no notice of

---

[a] Yet Cod. א has χρηστιανοσ in all the three places, Acts xi. 26; xxvi. 28; 1 Pet. iv. 16, but changed s.m.

the corrections brought in by later hands, chiefly by C
(*see* p. xxiii).

(1) The oldest copies of Scripture so constantly exhibit
the appended ν before a consonant in the third person sin-
gular of verbs ending in -ε, and in the dative plural of nouns
and adjectives in -ι, that modern editors have somewhat
hastily regarded this ν ἐφελκυστικόν (as it is termed) the
normal form, proper to be represented throughout their
printed text of the N. T. Now Cod. ℵ (as will be seen by
the perpetual use of the symbol √ in our collation) is found
to retain the ν as a general rule: the exceptions (which also
we have duly noted) do not exceed 208 for the whole N. T.
(in about three of which an hiatus is caused by the omission
of ν), whereof 134 occur with verbs, 29 with nouns, 45 with
adjectives (chiefly πασι) or participles.

(2) In the same way the weak σ is retained in οντωσ
before a consonant: Cod. ℵ has οντω but 14 times in the
N. T.

(3) The accusative of the third declension often ends in
-αν for -α: Matt. ii. 2; 10; xii. 49; John iv. 46; xx. 25;
xxi. 18; Acts xxi. 7; xxii. 23; 1 Pet. v. 6; Apoc. vi. 9;
ix. 4; in Barnabas and Hermas each seven times: also in
-ην for -η from adjectives in -ησ, John v. 11; Rom. iv. 5.

(4) The second person plural of the second aorist may
terminate in -ατε: Matth. vii. 13; xi. 7; 8; 9; xxv. 36;
xxvi. 55; Mark xiv. 48 (-αται, so Luke vii. 24; 25; 26);
Luke xi. 52; Acts ii. 23; Col. i. 7; Apoc. xviii. 4 (-αται).
Sometimes the first person sing. middle second aorist is in
-αμην, Acts xxiii. 27; the third in -ατο, Acts vii. 10; 21;
xii. 11; 2 Thess. ii. 13. Thus also the first pers. pl. act. in
-αμεν, Luke xvii. 10 (*imperf.*); Acts iv. 20; xxvii. 5; xxviii.
14; and the participle in -αμενοσ Luke xxii. 44.

(5) Also the third person in -αν for -ον: ειπαν 68 times in

the N. T., and other verbs in Matth. v. 1; vii. 27; xiii. 17;
xvii. 6; Mark vi. 40; 50; viii. 7 (*imperf.*); xiv. 46; Luke
v. 7; ix. 32; x. 24; xxii. 63 (*imperf.*, so κατεκοπταν in
Hermas *vis.* 3); John iv. 27; 46; vi. 10; ix. 10 (*imperf.*);
12; x. 20; xi. 36; 47; 56; xviii. 6 *bis*; Acts viii. 10; ix.
18; x. 24; 39; 45; xii. 7; 10; xiv. 19; xvi. 40; xxi. 27;
xxvii. 36; xxviii. 2; 15; Rom. xv. 3; 1 Cor. x. 8; Apoc.
v. 4; ix. 8; xxi. 1: also in -αν for -ασι in the perfect tense,
Acts xvi. 36; Rom. xvi. 7; Col. ii. 1; Barnabas once. So
we read ειπα Matth. xxviii. 7; Mark ix. 18; Acts xxii. 8;
επεσα Acts xxii. 7; Apoc. xix. 10; ειδα *ibid.* xvii. 6; and -οσαν
for -ον, imperfect or second aorist: John xv. 22; 24; 2 Thess.
iii. 6; Apoc. iv. 8.

(6) In the imperative second aorist -ατω stands for
-ετω: Matth. vi. 10; x. 13; xxvi. 39; Mark xiii. 15; Luke
xi. 2.

(7) The augment is used for the reduplication: John
xv. 18; xviii. 30; Acts viii. 16; xxvii. 41 (?); 1 John v. 10
bis (so εποιηκασ Hermas *vis.* 2): or a double augment is put
Matth. xii. 13; Mark iii. 5; viii. 25; Luke vi. 10: the aug-
ment is wholly neglected Matth. xiii. 17; Luke iv. 4; v. 3;
x. 24; John ii. 20; Acts ii. 25; vii. 10; 17; x. 39; xviii.
14 (?); xxvii. 36; Col. ii. 20; James ii. 22 (?); 1 Pet. ii.
25: or the preposition is augmented Matth. vii. 22; xi. 13;
xv. 7; Mark vii. 6; Luke i. 67; John xi. 51; Acts xix. 6.

(8) Verbs in -εω used instead of -αω: Matth. xv. 23;
Mark iv. 10; xiv. 5; John xi. 38: and *vice versâ* Acts xx.
37; xxviii. 6; Philem. 18; Jude 22; 23.

(9) For ουκ is put ουχ and *vice versâ*: Matth. xx. 13;
Luke vi. 2; xxiv. 3; John vii. 25; viii. 44; Acts ii. 7; iii.
6; xii. 18; xiv. 28; xix. 23; 24; 1 Cor. xiv. 2; James ii.
5; 1 Pet. iii. 3; 1 John i. 10 (*see* our collation, Acts xiv. 28).

(10) In λαμβανω and its compounds and derivatives μ is

always inserted before ψ, e. g. λημψομαι, προσωπολημψια.
Ιωασησ and μωσησ are found much less often than ιωαννησ
and μωυσησ. We read δεδωκασ με for μοι John xvii. 4.
Other unusual or anomalous forms are εφιορκησεισ Matth. v.
33; εφ ελπιδι Acts ii. 26; Rom. viii. 21; καθ ιδιαν Matth.
xxiv. 3; εξεδετο Matth. xxi. 33; Mark xii. 1; Luke xx. 9;
εξεκρεμετο ibid. xix. 48; διεδιδετο Acts iv. 35; ηδυνασθη
Mark vii. 24; διελεγχθησαν ibid. ix. 34; εκεκραξα Acts xxiv.
21; αφεονται Luke vii. 47; 48; 1 John ii. 12; φιμοιν 1 Pet.
ii. 15; καταπιν 1 Pet. v. 8, so πιν often; επαναπαησεται Luke
x. 6 (so παηναι Hermas vis. 1); αναπεσε ibid. xiv. 10; xvii.
7; εραυναω John v. 39; vii. 52; Rom. viii. 27; 1 Cor. ii.
10; 1 Pet. i. 10; 11 (not Apoc. ii. 23); συλλαβουμενοι Acts
xxvi. 21; εμελλεν (for εμελεν) ibid. xviii. 17; εορακ. 1 Cor.
ix. 1; Col. ii. 1; 18; αποδοι 1 Thess. v. 15; ρ for ρρ 2 Cor.
xi. 25; 2 Tim. iv. 17; Heb. ii. 1; ix. 19; 21; 1 Pet. v. 7;
αλα for ἁλασ Matth. v. 13 bis; Mark ix. 50 bis; Luke xiv.
34 bis; κραβακτον always, except Acts v. 15 κραβαττων;
λαιλαψ masc. Mark iv. 37; λιμοσ fem. Luke xv. 14; Acts xi.
28; πλουτοσ neut. Phil. iv. 19; Col. ii. 2; μαχαιρησ Heb. xi.
34; 37; Apoc. xiii. 14; μαχαιρη dat. Matth. xxvi. 52; Luke
xxii. 49; Acts xii. 2; τετρααρχ. Matth. xiv. 1; Luke iii. 1;
19; Acts xiii. 1; τεσσερεσ mostly; δρακυον Apoc. vii. 17;
δρακυ ibid. xxi. 4; μετοξυ Luke xi. 51, and Barnabas once:
nor is the final consonant in εν, παλιν, συν often changed
before another consonant in composition.

The present chapter may close with a slight notice of two
or three out of a multitude of interesting questions which the
study of this manuscript suggests to a thoughtful reader.

(1) In Matth. xiii. 35 Cod. ℵ is upheld by five of the best
cursive MSS. (1. 13. 33. 124. 253) in putting ησαιου between
δια and του προφητου, and Eusebius testifies that in his time
some copies, but not the best (τοῖσ ἀκριβέσιν) inserted that

prophet's name, which is also found in the Clementine Homilies attributed to the second century. The true reference is beyond doubt Psalm lxxviii. 2, though Isaiah xlviii. 3 has also been cited by some. Porphyry the philosopher, the most acute and formidable adversary our faith encountered in ancient times (d. 304), alleges this misquotation (if such it be) as an instance of St. Matthew's ignorance, and is met by Jerome in language which proves that ἠσαίου was not read in the copies before him; for he conjectures that the original word before τοῦ προφήτου was *Asaph* (the reputed author of Psalm lxxviii. according to the Hebrew title), that *Asaph* was changed into *Isaiah* through a misapprehension of the copyists who knew nothing of Asaph, and that Isaiah had been subsequently withdrawn " a prudentibus viris," who became aware of the error. Since Cod. א retains two other readings (Mark i. 2 τω ησαια τω προφητη; John vii. 8 ουκ αναβαινω) which Jerome tells had been harassed by the "bark" of Porphyry, an intelligent writer has urged the three readings taken together as a strong proof that our manuscript was written before Porphyry's time, in the course of the *third* century. "It is scarcely conceivable," he remarks, "that any one forging a manuscript in the design to pass it off as of very early date, would thus forfeit for it the credit of conformity with the most venerable uncials, and at the same time expose it to the assaults of an early heathen writer[e]." I cannot profess to understand the

---

[e] I quote a little pamphlet, to which are appended the initials D. W. The writer also lays some stress on the fact that the Evangelist describes the citation as " spoken" (ρηθὲν), not " written " by the prophet, as if it were some verbal message, like that alluded to in 2 Kings xiv. 25, and retained by tradition. But ρηθὲν is thus used *habitually* by St. Matthew, at least nine times in this Gospel.

force of this argument. The readings of Cod. א in Mark i. 1,
and (in a less degree) in John vii. 8, are too well supported
by other authorities, most venerable uncials too, to warrant
any such inference as has been drawn from them; and Matth.
xiii. 35 only shows that the fourth century penman faithfully
transcribed the older model before him, in which ησαιου
occurs, without regarding or perhaps without having heard
of the cavils of Porphyry.

. (2) In Matth. xxiii. 35 Cod. א accords with the parallel
passage Luke xi. 51 in rejecting του βαραχιου after ζαχαριου,
though it was subsequently added by C⁵ (see Facsimile 9
and p. xxiv) some centuries later. Only three Lectionaries
(6. 13. zᵖᶜʳ) of the tenth or eleventh centuries, and Eusebius
(whose correspondence with the readings of Cod. א we have
noticed several times before, pp. xxxvii, xliv, xlviii, 1 bis,
lvi) by his silence, countenance the omission of the words,
which are found in every other known manuscript, and were
known even to Irenaeus in the second century, to Origen in
the third: in the fourth they perplexed Jerome, as well they
might, but he has no better solution than the statement
that for "Barachiah" the apocryphal Gospel used by the
Nazarenes substituted "Joiada." That our Saviour refers
to the well-known Zechariah son of Jehoiada the High
Priest, whose murder in the court of the Lord's house, and
whose dying words are recorded 2 Chron. xxiv. 20—22, can-
not be seriously doubted; but the father of the prophet
Zechariah (respecting whose death nothing is known) being
named Berechiah, "the name of the father has been since
added, or changed, by some one, who took it from the title
of the prophecy, which happened to be better known to him
than the history in the Chronicles" (Paley, Evidences, Pt.
ii. Ch. vi.). The fancy that the Baptist's father is the person
meant is idle enough; and as our Lord's words clearly relate

to something past, they cannot be supposed to foretell the
slaughter of Zacharias the son of Baruch, an eminent private
citizen, killed by the zealots near forty years afterwards
(A. D. 68), and singularly enough, within the precincts of the
Temple (Joseph. *Bell. Jud.* iv. 5). Here therefore, for once,
Cod. א with a very small minority of copies must preserve
the Evangelist's genuine reading.

(3) John xxi. 25 has been regarded by Tischendorf as a
subsequent appendage made to the Gospel by the contem-
porary reviser A⁴, whom he believes to be the original scribe
D (*see* p. xx) : the ink he considers to resemble that of the
addition in Matth. v. 45 in its reddish tinge, the characters
to be more slender than in the context. The latter pecu-
liarity is quite observable in Tischendorf's *Facsimile* (Tab.
XIX.); but we cannot much rely on *Facsimiles* for a point
so delicate. Tregelles, to whom the German critic showed
the original passage, is convinced that the hand-writing is
the same as that in the rest of the chapter, only that the
scribe, when he had completed v. 24, dipped his pen afresh
into the fluid, which afterwards flowed more freely. No ex-
tant manuscript favours the omission of v. 25 [7], although the

---

[7] Tischendorf cites for the omission Cod. 63, a tenth century
MS. at Trin. Coll. Dublin (A. 1. 8). Aware that his only autho-
rity must be Mill's note " versum hunc omittit Usser. 1," I wrote
to Dublin to ascertain whether the last leaf of the MS., which
once contained John xxi. 25, might not have been lost. The
Assistant Librarian Dr. Lottner favoured me with a reply which
proves the truth of my suspicion. The text on the last extant
page ends with ἡ μαρτυρία αὐτοῦ· v. 24, the stop being only a
colon, not (:—) as at the end of the other Gospels in this MS.
Then, after a small space, comes the following fragment of a
commentary, which can only relate to v. 25 τοῦτο φησίν· ἐκ
μυρίων γὰρ θαυμάτων τὰ μόνα πρὸς πίστιν καὶ ἀρετὴν . . . . The

hyperbole it contains caused it to be suspected by some, as
we learn from the Scholia to Codd. 36. 237 and others. But
it is quoted without the least misgiving by a long array of
Patristic writers from Origen (who alleges it five times over)
and Pamphilus downwards; and it is exactly in St. John's
simple manner to assert broadly that which cannot be true to
the letter, leaving its necessary limitation to the common
sense of the reader (*see* John vii. 39; 1 John iii. 9).

CHAPTER IV.

WAS THE CODEX SINAITICUS WRITTEN BY CONSTANTINE SIMONIDES?

The first impression conveyed to Tischendorf by the loose
leaves of the Codex Friderico-Augustanus was the assurance
that their date must be referred to the fourth century; and
after a prolonged and intimate acquaintance with the whole
manuscript, the investigations of himself and other com-
petent judges by no means prejudiced in his favour, have led
them, with little or no hesitation or wavering, to the same
deliberate conclusion. The singularly fine quality and vene-
rable appearance of the vellum—the fact that it is the only
known manuscript containing eight columns on the open
leaf, as if in imitation of the older *rolled* books :—the very
simple, yet graceful shape of the uncial characters, the rare
occurrence even of a single point for a stop, the total lack of
capital letters, all these particulars closely resembling the
Herculanean papyri :—the brevity of the titles and subscrip-

last leaf, of course, contained v. 25 and the rest of the com-
mentary upon it.

tions, and some of these too by a second hand :—the absence
of the larger chapters and their titles of contents; the pre-
sence, on the other hand, of the Ammonian sections and
Eusebian canons in the Gospels and of the Vatican chapters
in the Acts :—the unusual order of the books of the N. T.,
especially of the Epistle to the Hebrews :—the presence of
the works of Barnabas and Hermas, as a portion of canonical
Scripture :—the various corrections the primitive text has
undergone from ten or more different hands, with inks of
many various shades, in different ages, yet nearly all before
breathings and accents came into common use :—above all,
the peculiar character of the original text itself, which is of
the most ancient type, thoroughly independent in its general
current, often standing quite alone; often countenanced only
by Cod. Vaticanus or Cod. Bezae, or perhaps by a single later
or cursive copy; or by one very old version; or by a single
Greek or Latin Father, Eusebius, Basil, or Chrysostom;
Ambrose, Jerome, or Augustine :—all these facts, true beyond
dispute, every one of them of some weight, several of them of
great importance, when taken all together, *with nothing con-
siderable to set in the opposite scale*, persuade us by their
accumulated influence that our manuscript is inferior to no
copy yet known (hardly excepting the Cod. Vaticanus itself),
whether in age or in critical value.

In the face of reasoning thus strong, and to our mind
quite irresistible, Constantine Simonides asserts that he
wrote the Codex Sinaiticus with his own hands twenty-four
years ago, without the wish, or design, or indeed the smallest
expectation, of misleading the most ignorant and unwary as
to the true character of his work. This strange and start-
ling claim had been whispered about for some time before,
but was first publicly asserted in a letter to the *Guardian*
newspaper, which appeared Sept. 3, 1862. The name of Dr.

Simonides was already well known to the literary world.
According to a Biography of this ingenious person, written
by Mr. Charles Steuart of Brighton, but distributed among
his friends with his own hands, he is a Greek native of the
isle of Syme, on the coast of Asia Minor, born about the
hour of sunrise November 11th, 1824. For full ten years
he has been well known as the discoverer of some and the
possessor of other documents, Biblical, Patristic, Historical,
Hieroglyphical, and Archaeological, bearing a semblance of
antiquity which the learned in general have not been willing
to allow to them. We will here mention only two of the
most remarkable of Simonides' treasures, the *palimpsest* [a] of
Uranius and the Liverpool papyrus fragments of St. Mat-
thew. The History of the Kings of Egypt from the remotest
ages to the reign of Ptolemy Lagus, by Uranius of Alex-
andria, son of Anaximenes, a perfectly novel work on a
subject of deep interest, was offered by Simonides to the
celebrated Professor Lepsius in or about 1855 ; and though
for the moment accepted by him and Professor Dindorf, was
soon rejected as spurious by them both and all other Ger-
man scholars : some of those who have since examined the
palimpsest by the microscope profess to trace the faint out-
lines of Uranius' history *above* the writing which ought to
be more modern. The Biblical fragments were found by
Simonides in 1860 when engaged in unrolling masses of
papyri (supposed to have come from Egypt) in the Museum
of Mr. Mayer, a Liverpool merchant. One of these papyri,

---

[a] In times when vellum was scarce, it was usual to wash out
an original work in order to substitute in its room something
later and more popular: the primitive writing being left just
legible *under* that of the later hand. Such *palimpsests* are Codd.
C and N[b] (*see* pp. xxix, xli).

in the subscription to St. Matthew's Gospel, proclaims itself
to be the very copy dictated by the Evangelist himself to
the deacon Nicolas (Acts vi. 5) his scribe, in the fifteenth
year after the Lord's Ascension. Among other marvellous
facts which may serve to modify our wonder at such a dis-
covery of the very autograph of the earliest Gospel, our author
assures us that he has seen a transcript of this same Gospel,
in the monastery of Mount Sinai, "with the inscription of
the date of publication extremely clear," which purports to
be one out of fourteen copies written by Hermodorus, a dis-
ciple of the Lord, sixty-five years after the Ascension, and
fifteen after the Evangelist's death. Of this papyrus Si-
monides has afforded us one exquisite *Facsimile*, and promises
the whole Gospel in due time[9]. We are not aware that the
Mayer papyri have as yet found a Lepsius sanguine enough
to accord to them even a provisional assent. By most scholars
they have been held to be condemned by the very extra-
vagance of their claims on our belief, and those who have
felt it their duty to scrutinize them patiently have certainly
seen no cause to vary from the verdict which first im-
pressions would suggest.

Such is a brief outline of the previous career of the extra-
ordinary man who on being shown Tischendorf's *Facsimile*
of the Codex Sinaiticus (it could have been none other than
the portion of Luke xxiv., *see* p. x) annexed to the *Notitia*,

[9] We derive these facts respecting Codd. Nicolai et Hermo-
dori from Dr. Simonides' "Facsimiles of certain portions of the
Gospel of St. Matthew and the Epistles of SS. James and Jude,
written on papyrus in the first century, and preserved in the
Egyptian Museum of Joseph Mayer, Esq., Liverpool," by Con-
stantine Simonides, Ph. D., 1862. No one who has not studied
this book can form any adequate notion of the writer and his
labours.

which appeared late in 1860, at once pronounced it the work
of his own hands. How it was that he had not long ago
put in the same claim to be the scribe of Codex Friderico-
Augustanus, a part of the self-same copy, which was edited
in 1846 (*see* p. vii), especially since he might have seen the
original leaves when at Leipsic some years before, is one of
the most perplexing parts of his case. Even after he had
asserted that Cod. Sinaiticus was his work, he allowed " two
years " to elapse before the appearance of his public letter of
Sept. 3, 1862.

Simonides' account of the origin of the manuscript is, in
substance, the following:—About the end of 1839, when he
was living with his uncle Benedict, head of the monastery of
Panteleemon on Mount Athos, that venerable dignitary was
anxious to send to the Emperor Nicholas of Russia some gift,
in dutiful acknowledgment of the benefits he had conferred,
from time to time, on that society. Not possessing any thing
he deemed acceptable, Benedict resolved to provide a copy of
the Old and New Testaments in vellum, in uncial letters of
the ancient form. As Dionysius, the professed calligrapher
of the monastery, was afraid to undertake the task[1],
Simonides commenced it at the request of his uncle, who
provided him with that edition of the Greek Bible which the
brothers Zosimas, wealthy Russian merchants, had defrayed
the cost of publishing at Moscow. This Moscow Bible, after
having been collated with three ancient manuscripts and the
printed edition of the Codex Alexandrinus, so as to be cleared
from many errors (the old spelling however remaining un-
altered), was given to Simonides to transcribe. He obtained
the vellum from an old book in the convent library, which

---

[1] As he very well might be, if the scrawl in our *Facsimile* (15)
were his veritable hand-writing.

was almost blank, the material being very clean and beautifully finished. He thus copied out both the Old and New Testaments, the Epistle of Barnabas, and the first part of Hermas; he would have completed the whole of the Apostolic Fathers, but that the parchment was now exhausted and Benedict dead. He therefore ended his task by simply writing Σιμωνιδου το ολον εργον, gave it over to the binder, and retaining the dedication to the Emperor at the beginning of the book, he sought for another patron who might be disposed to value it.

This patron was found in Constantius, ex-Patriarch of Constantinople and Archbishop of Sinai, at whose residence in the isle of Antigonus, the Patriarch being absent, he left the volume in 1841. Constantius accepted the gift in a gracious and fatherly letter, with which he sent 25,000 piastres (about £1300 we believe [2]) and his benediction. It may well be presumed that the prelate whose benediction to a young scholar amounted to something approaching the fee-simple of his bishopric is now in the number of the blest: he was already dead, as Tischendorf tells us, early in 1859 (see p. ix); but in 1844 Simonides heard from his own lips that he had long ago sent the Codex to Sinai, and there accordingly its writer found it (though now imperfect and with an older appearance than it ought to have had) on the occasion of two visits he made there in 1844 and 1852: in 1852 he vainly questioned the librarian about its history.

This strange narrative naturally excited great curiosity, and was subjected to searching criticism. On one leading point, his visits to Sinai, he has been met with a direct contradiction: Callinicos, a monk of Sinai, in a letter dated from that

---

[2] We can find no authority for putting the Turkish or any piastre at a lower value than between 12 and 13 pence.

convent April 13, 1863, addressed to the late British chaplain
at Alexandria, and forwarded through his successor, declares
in the name of the brotherhood, including him who held the
office of librarian from 1841 to 1858, that no such person as
Simonides was ever known there[3]. It was, moreover, soon
observed, that if Mr. Steuart's Biography might be trusted,
his hero could have been only just fifteen years old when he
undertook this very considerable task; and that as barely
nine months elapsed between his arrival at Athos in Novem-
ber 1839 and the death of Benedict in August 1840, even
had he begun his work immediately on his arrival, he must
have proceeded at the rate of 20,000 uncial letters daily, to
have advanced thus far in so short a time. To these objec-
tions Simonides rejoined that he laboured on some time after
his uncle's decease; and that, as regards his age, he was
nineteen years old in 1839, having been born, not (as Mr.
Steuart alleges) "about the hour of sunrise, Nov. 11, 1824"
—that was the birthday of his brother Photius—but on Nov.
5, 1820, the sixth hour before noon. This last correction he
supports by publishing a letter to Mr. Steuart[4], complaining
of the error, dated as far back as Jan. 16, 1860.

One most serious defect in Dr. Simonides' case is his utter
lack of living witnesses, except indeed Mr. Steuart, and that
only for the authenticity of the letter dated Jan. 1860. Con-
stantius the Patriarch, whose evidence would have been very
important, is unquestionably dead:—of the several persons
incidentally mentioned in his narrative, not one has pre-
sented himself to corroborate his statements. One person,

---

[3] His rude but vigorous Greek admits of no mistake: ὅτι
δηλονότι οὐδέποτε Σιμωνίδης τις ἐφάνη εἰς τὸ Μοναστήριον τοῦτο.

[4] In the *Literary Churchman*, Sept. 1, 1863. We have thought
it due to Dr. Simonides to regard this, his last published state-
ment, as his version of the whole transaction.

indeed, respecting whom Simonides had hitherto said nothing, Callinicos, a Greek priest of Alexandria, has borne testimony by letter most strongly and explicitly in his favour; but all attempts to trace his existence in the city whence his letters were dated, and in the community (alas! a small and per-secuted flock) of which he is represented to be a distinguished ornament, have hitherto proved unavailing. Until their writer is produced, his letters must go for nothing.

One single circumstance, not hitherto dwelt upon so far as we know, but which seems to tell somewhat in favour of Simonides, ought not to be suppressed, even though we may not think it of any great weight. Hermas, whose treatise closes the Codex Sinaiticus, well as he was known and esteemed in the ancient Church, has attracted comparatively little notice in modern times. Now it certainly is remark-able that Simonides, some years since, brought to Leipsic from Mount Athos, together with the palimpsest of Uranius, one genuine fragment of the Shepherd in Greek, and the transcript of a second made by him from a manuscript in the same place, both which materially assisted Tischendorf in his edition of the Patres Apostolici. It is true that Simonides has been accused of unfair dealings even with regard to these manuscripts of Hermas (see Prolegom. Cod. Sin. pp. xl—i, edit. min.), but we do not purpose to enter on that debate, though it has undoubtedly embittered the relations between him and Tischendorf. We merely wish to point out, as a curious coincidence, his having brought from Athos, about 1855, genuine codices of that self-same early treatise, which he now alleges that he copied at Athos in 1840 as an integral part of the Codex Sinaiticus.

We have submitted to the reader a summary of the state-ments of Dr. Simonides, and of the chief objections which have been urged against their truthfulness: every one will form his own judgment on the facts here placed before him, as we would fain hope, with no undue bias or prepossession. If on the whole it shall be thought that we are under no logical necessity to deny that he wrote in 1839-40 some such manuscript as he has described, one thing appears quite certain, that the manuscript he may have then written neither is nor can be the Codex Sinaiticus.

We consider this last point fully established by the following arguments, each of which we trust will be found to have some force when considered separately, and two or three to prove our conclusion beyond all possibility of doubt.

I. Simonides inscribed on his work when completed Σιμωνιδου το ολον εργον, and these words were read on it (whether in 1844 or 1859) by *his* correspondent, the Alexandrian Callinicos. Indeed his whole narrative is grounded on the assertion that he was the only scribe engaged, although Benedict and Dionysius made a few marks or notes in several places. Now even though Tischendorf may be wrong in supposing that so many as four different hands were employed upon Cod. Sinaiticus (*see* p. xvi), it is nearly impossible to maintain, in the face of the internal proofs we have accumulated (*see* p. xvii and note 4, p. xxxii note 7, p. xxxvii note 5), that the whole is the labour of one scribe. Hence the Cod. Simonsidos, as its author calls it, cannot be identical with Cod. Sinaiticus.

II. Again, Simonides transcribed from a Moscow Bible, whose text Benedict had altered by means of his three manuscripts and the printed Cod. Alexandrinus. Cod. Sinaiticus, on the contrary, must have been derived from a model whose lines were similarly divided with its own, that is, in a manner totally unlike what any printed Bible would represent. This is evident from the not unfrequent instances wherein its scribe suffers his eye to wander over a line, or

from one line to another, to the utter destruction of the
sense. The reader will perceive our meaning if he examines
narrowly the examples cited above, p. xv.

III. Yet further, how could *itacisms*, which are nothing
better than mere blunders in the spelling, find their place in
the transcript of a printed book? Codex Sinaiticus is so full
of them, those too of the oldest type (*see* p. lii), that the bulk
of our collation is materially increased thereby. Certainly
we are told in the letter of Sept. 3 "that the old spelling
remained unaltered" when the learned Benedict, by means
of his manuscripts, cleared his printed text from errors: but
is it likely that he, or any sane person, would have delibe-
rately and systematically changed the true spelling of the
Moscow Bible into the false fashion prevailing in the oldest
manuscripts? Yet he must have undertaken such a pre-
posterous task if Cod. Simoneidos and Cod. Sinaiticus are
one document. The same observations apply, though with
less force, to the grammatical peculiarities enumerated in
pp. liii—lvi.

IV. Benedict had before him the Codex Alexandrinus, and
right glad we are to be told that so ripe a work of western
scholarship has penetrated the recesses of the Greek monas-
teries. How came he then to adopt the Ammonian sections
and Eusebian canons of that manuscript, while he rejected
the notation of the larger κεφάλαια and the titles or headings
it also contains; the rather since all known manuscripts
except Codd. Sinaiticus, Vaticanus, and Bezae are believed
to exhibit them? Then again, as to capital letters larger
than the rest: only four documents on *vellum* besides Cod.
Sinaiticus are known to be void of them: why not have fol-
lowed Cod. Alexandrinus and all later manuscripts in this
respect also? Why conform to the contrary practice, which
had long since become obsolete, when capitals would have so

much better enabled Simonides to exhibit his exquisite skill as a calligrapher?

V. From what source too did Benedict derive those divisions in the Acts which are peculiar to Codd. Sinaiticus and Vaticanus alone among all extant copies? Simonides never intimates that either his uncle or he had taken the trouble to ascertain the readings of Cod. B, nor have we seen one word in his subsequent works which would make us think that he even knew of its existence. Add to this that the chapters in Cod. Sinaiticus, though evidently the same in substance as those of the sister manuscript, differ from it (as may be seen by the note appended to our collation of the Acts) sufficiently to prove that the connexion between them is too remote for one to have been derived immediately from the other.

VI. Let us now recall to mind the numerous marks of extreme antiquity on the face of the Cod. Sinaiticus, which have persuaded every competent scholar who has examined it, or received its description on the word of others, that it is a genuine relique of the primitive ages of the Church. It would be very difficult for the most skilful palaeographer living to fabricate a manuscript of but a few leaves in extent, so perfectly like an ancient document in respect to material, and form, and shape of the letters, and the various shades of inks, of different ages and from different hands, as seriously to perplex competent and careful judges: to palm on them a forgery of any considerable length we hold to be quite impracticable. But even were this not the case, such an attempt would necessarily imply experience, adroitness, special information, in a word, *design* and fraudulent intention on the part of the writer of the document. That a boy of fifteen, or a youth of nineteen, who many years afterwards has exhibited surprising ignorance of much which even sciolists are presumed to know, should have executed within the compass of a few months a volume of 1400 pages, comprising nearly four millions of uncial letters; and that too in such a fashion that WITHOUT THE SMALLEST INTENTION TO DECEIVE, or to pass off his performance as an ancient work, he has actually misled the best critics in Europe: —this proposition we must confess to be so unlikely and indeed incredible, that we could not receive it on any evidence whatever.

VII. Finally, the text afforded by the Codex Sinaiticus can never have been derived from the meagre sources described by Simonides, though they might amply suffice for the very limited purpose Benedict had in view. About the character of his three manuscripts used at Athos he is silent, but nothing has ever been brought from the Holy Mountain which much exceeds a thousand years old. To Codex Alexandrinus also that of Sinai approximates less than to most of the same rank, especially in the Gospels and Apocalypse (see pp. xli, xlii). But in truth, its text is manifestly derived from an original of the highest interest and authority. Had Benedict been the most acute and accomplished Biblical scholar in Christendom he could not have anticipated in 1839 the results of the discoveries of the last twenty years; no one who in his time sat down to construct an ancient text, which should resemble that of the earliest manuscripts, versions, and ecclesiastical writers, could possibly have been led to the results embodied in the Cod. Sinaiticus; not even though to their deep and comprehensive learning be added the fortunate daring of a Bentley, the tact and ripe judgment of a Griesbach. One example will illustrate our meaning as well as a thousand, which the student may readily find for himself in the following collation. In Matth. xiv. 30 Cod. Sinaiticus omits ισχυρον after ανεμον: in 1839 no other document, manuscript, version⁵, or Father was known to countenance such a variation: it has no such inherent probability as to have suggested itself to Benedict, or to any one else. When Rulotta's revised collation of the Cod. Vaticanus was brought to light again in 1855, it first became known that that venerable authority contains the word *only in a later hand;* in 1857 Tregelles published his collation of the important cursive Cod. 33, made seven years before: this copy also omits ισχυρον. Thus, were we now engaged in forming a text that should seem ancient, here is just such a various reading as we should adopt for our purpose; it could not have been so employed twenty-four years ago, since the omission in any one codex was completely unknown, and would not have been conjectured.

———

Such are the grounds of our firm conviction that Codex Sinaiticus is a monument of the Biblical scholarship and pious skill of the fourth century of our aera. On its happy discovery we congratulate the Christian world, and respectfully thank Professor Tischendorf for the care and diligence he has bestowed upon editing it.

⁵ Mill, indeed, in the Appendix to his N. T. (1707), observes "omittit ισχυρον Copt.;" but this, like so many of his best readings, was neglected by the later editors, Wetstein, Griesbach, and Scholz: no one will think that Benedict borrowed the hint from Mill's note.

COLLATION

OF

THE CODEX SINAITICUS

WITH SCRIVENER'S REPRINT (1862) OF STEPHENS' TEXT OF THE NEW TESTAMENT (1550).

N.B. + placed before a reading denotes that it is an addition to Stephens' text.

    — placed before a reading denotes that a portion of Stephens' text is wanting in Cod. Sin.

    √ is placed after all readings which are only itacisms, instances of ν εφελκυστικον and σ appended, or mere errors of the scribe.

    [ ] Doubtful readings in which Stephens' text and Cod. Sin. agree are placed within these brackets.

p.m. indicates readings of the original scribe:

l.m. those of later correctors: viz. A⁴, A, A obliq., B, Bª, C (Cª, Cᵇ, Cᶜ), D, E.

κατα μαθθαιον.

CAP. I. 1. δαδ *feré passim* √.   2. εγεννησεν *ter* (*sic passim* vv. 3. 4. 5. 6. 7. 8. 9. 10. 11. 12. 13. 14. 15. 16)√. ισακ *bis* (ισαακ' B).—δε *prim.* (*habet* B).   4. [αμιναδαβ *prim.*]. αμιναδαμ *secund.* 5. βοεσ *bis.* ιωβηδ *bis.*   6. δαυειδ *secund.*√. — ο βασιλευσ. σα- λομων (*pro* σολομωντα: σαλωμωνα B). [σολομων: *at* σαλωμων B]. 7. αβιασ *secund.* (B *cum* Steph.). ασαφ' *bis.*   9. οζειαν (B *cum* Steph.)√. [οζιασ]. [αχαζ *prim.*: *at* αχασ A *vel* B]. αχασ *secund.* [εζεκιαν].   10. [εζεκιασ]. (μανασση *pro* μανασσησ B). αμωσ *bis.* ιωσειαν (-σιαν B)√.   11. ιωσειασ√ (*caetera cum* Steph.).   13. αβιουτ: *prim.* (-ουδ B *bis*).   14. σαδωχ *bis* (B *cum* Steph.). (αχιμ *bis* B).   14, 15. ελιουτ (-ουδ B).   15. [ματθαν *bis*, ματ'θαν B].   17. ιδ *ter.*   18. [ιυ χυ]. γενεσισ. μνησστευθισησ *sic in textu*; μνηστ. *in annotationibus* (-εισησ B)√.—γαρ. συνελθιν√. 19. παραδιγματισαι (δειγματισαι B). απολυσεν√.   20. ιωσηφ'√.   21. — αυτου *prim.*, *ut videtur* (αυτου ιν αυτοσ rescripsit A). σωσιν√. 22. — του *prim.* (ησαιου *adnotat* B, *citationis signis* > > *additis*: *sic* ii. 6).   23. εξιν√. τεξετεν√. (τεξεται B). καλεσουσιν√.— αυτου

1

B

(cf. v. 21: αυτου εμ'μα *rescripsit* A). εστιν√. [ο θσ]. 24. εγερθεισ.—ο *prim.* παρελαβεν√ (*addidit* μαριαμ Cᵃ? *sed prorsus erasum est*). γυνεκα (γυναικα B)√. *fin.* (εαυτου B). 25. ετεκεν υιον (—τον).—αυτησ τον πρωτοτοκον. εκαλεσεν√.

II. 1. ημερεσ (-αισ Cᵃ?)√. (του *improbat* B, *restituit* C). ισ (εισ C)√. 2. ιδομεν (ειδ. B, *non* C)√. αστεραν (—εν) *p.m.*, *ut videtur* (A *vel* B *cum* Steph.). 3. ο βασιλευσ ηρωδησ. 4. (αρχιιερεισ B). γεννατε (-ται B)√. 5. ειπαν (—αυτω B? *non* C). ουτωσ√. 6. εξου (*pro* εκ σου)√.—γαρ (*habet* B). ποιμανι (-ει B). 7. ηκριβωσεν√. 8. ειπεν√. εξετασατε ακριβωσ. πεδιουν√. απαγγιλατεν√. 9. ιδον (ειδον B)√. προηγον *primò* (-εν *forsan p.m.*). εσταθη. 10. αστεραν (ν *etas.* B?). 11. ιδον (*pro* ευρον: ειδον B). 12. την εαυτων χωραν (την χωραν αυτων B). 13. [φαινεται κατ οναρ]. ζητιν το πεδιον√. απολεσεν√. 14. [παρελαβε, *sic* v. 21]. πεδιον√. εκιν√. 15. —του *prim.* (εν αριθμοισ *adnotat* B, *additis signis*). 16. ενεπεχθην√. λειαν (λιαν B)√. αποστιλασ ανειλεν√. [πασι]. ηκριβωσεν√. 17. δια (*pro* υπο: Bᵃ *cum* Steph.). 18. —θρηνοσ και. ηθελεν√. εισιν√. 19. φαινεται κατ οναρ. 20. τεθνηκασιν√. πεδιουσ√. 21. εγερθισ√. εισηλθεν. 22. —επι. του πρσ αυτου ηρωδου. 23. [ναζαρετ]. (υπο Bᵃ *pro* δια).

III. 1. ημερεσ√. παραγεινεται (-γιν- B)√. [ιωαννησ *passim*]. ιουδεασ√. 2. *init.*—και. ηγγικεν√. βασιλια (-εια B)√. 3. ρηθισ√. δια (*pro* υπο). ευθιασ√. ποιειται (-ειτε B)√. 4. ειχεν√. ην αυτου. 5. ιουδεα (-δαια B). και πασα η *rescript. p.m.*? 6. [-οντο εν]. + ποταμω (*post* ιορδανη).—υπ αυτου (*habet* Bᵃ). 7. —αυτου (*habet* Bᵃ). φυγιν√. 8. καρπον αξιον. 9. λεγιν√. εγιραι (-ειραι B)√. 10. —και *prim.* 11. +γαρ (*post* μεν). υμασ βαπτιζω (*at* B *habet* εν υδ. *ante* βαπτ.). βαπτισιν√. 12. [-κην το δε]. κατακαυσιν√. 14. —ιωαννησ (*habet* Bᵃ). χριαν (χρει- B)√. βαπτισθηνε (-ναι B)√. 15. ειπεν√. [προσ αυτον]. [ουτω, *at* -ωσ B]. ημασ (*pro* ημιν: B Cᵃ *cum* Steph.). 16. βαπτισθεισ δε (— και). ευθυσ ανεβη. [ανεωχθησαν].—αυτω (*habet* Bᵃ). ειδεν√. πνα θυ (—το *et* του).—και *ult.* (*habet* Cᵃ). 17. ηυδοκησα (ευδ- B, *non* C).

IV. 1. [ο ισ]. υπο του πνσ εισ την ερημον. πιρασθηναι (πειρ- B)√. 2. ημ. τεσσερακοντα και τεσσερακοντα νυκτασ. επινασεν√. 3. -θων ο πιραζων ειπεν αυτω. (ειπον ινα B). 4. (ο δ B). ειπεν√. γεγραπτε (-ται B)√. +ο (*ante* ανοσ). [επι]. 5. παραλαμβανι√. εστησεν. 6. (ειπεν *pro* λεγει B: Cᵃ *cum p.m.*). εντελιτε (-λειτε B Cᵃ)√. αρουσιν (-ρουσι B)√. 7. εκπιρασεισ√. 8. δικνυει. βα-

2

σιλιασ√. 9. ειπεν (pro λεγει). σοι παντα. 10. λεγιν√. [Ὑπαγε
σατ.]. προσκυνησησ. λατρευσισ√. 12. —ο ισ. ιωαννησ οτι (οτι
ιωανν. Α Β). 13. ναζαρεθ (ναζαρα Β). καφαρναουμ. παρα θα-
λασσαν (-σιαν p.m. vel Β). 16. σκοτι (-τια Β)√. φωσ ιδεν (φ.
ειδεν Β). ανετιλενν√. 17. κηρυσσιν (-σειν Β)√. λεγιν√. ηγγικενν√.
βασιλια (-λεια Β)√. 18. —ο ισ. ειδενν√. (καλουμενον pro λεγο-
μενον Β). αλεεισ (αλιεισ Β Cᵃ). 19. [αυτοισ δευτε]. αλεεισ (γε-
νεσθαι αλιεισ Β). 21. ιδενν√. (εαυτου Α, αυτου Β). 22. +αυτων
(post πλοιον: delet Β). 23. ο ισ εν τη γαλιλαια (—ολην: ο ισ
ολην την γ. Β). +αυτουσ (post διδασκων: improbat Β). βα-
σιλιασ√. 24. εξηλθεν (pro απηλθεν). πασαν (pro ολην). βασανουσ
(-οισ Α vel Β). [και] δεμονιαζομενουσ (δ et μο rescript.: forsan σ
λη p.m. quasi vellet σεληνιαζομενουσ, δεμο Α vel Β, δαιμο Cᵃ)√.

V. 1. προσηλθαν (-ηλθον Β) [αυτω]. 3. βασιλια (-εια Β)√.
4, 5. [ordo cum Steph.]. 4. (+νυν post πενθουντεσ Β). 5. κλη-
ρονομησουσιν√. 6. τινωντεσ√. 8. καρδια (ρ rescript. p.m.)√.
9. ιρηνοποιοιν√.—αντοι. 10. βασιλια (-εια Β)√. 11. διωξουσιν√.
ειπωσιν π. πον. καθ υμ. (—ρημα). [ψευδομενοι]. 12. χαιρεταιν√.
οντωσ (sic vv. 16. 19)√. 13. θμισ√. αλα prim. (σ addit C, at
eras.). αλα secund. βληθεν εξω καταπατισθε (—και). 14. εσταιν√.
15. κεουσιν√. λαμπιν√. πασιν√. 16. δοξασωσιν√. τον super ras.
p.m., bisν√. 18. (κερεαν√ Β). 19. κληθησετεν√. βασιλιαν√.—οσ δ
αν ποιηση ad fin. vers. ob ὁμοιοτελευτον (supplet Α). 20. ὑμων η δι-
καιοσυνη. πλεον (πλιον Β, at Cᵇ? cum Steph.). εισελθηται (-τε Β)√.
βασιλιαν√. 21. οτι ερρεθη τοισ ap in rasura rescript. ab Α?√.
22. (οτι improbat Β).— εικη (habet Cᵇ). εστε prim. et tert.√
ραχα (-κα Β). 23. [κακει]. εχιν√. 24. εκιν√. 25. μετ αυτου εν
τη οδω.—σε παραδω secund. 26. εκιθενν√. 27. [ερρεθη: sic
vv. 21. 31. 33. 38. 43].—τοισ αρχαιοισ. μοιχευσισ√. 28. επι-
θυμησεν√.—αυτησ (habet Βᵃ). fin. [αυτον]. 29. σκανδαλιζι (sic
v. 30)√. συμφερι (sic v. 30)√. 30. η (pro και μη: Β cum
Steph.). εισ γεενναν απελθη (pro βληθη εισ γ.). 31. —δε (habent
Β C).—οτι. 32. πασ ο απολυων (pro οσ αν απολυση). πορ-
νιασ√. μοιχευθηναι. οσ αν (εαν Β) απολελυμενην γαμηση. μοιχατε
(-ται Β)√. 33. εφιορκησεισ. αποδωσισ√. 34. εστιν (sic v. 35
bis)√. 36. (μηδε Β, μητε p.m. et C). τριχαν (Β cum Steph.).
λευκην ποιησαι η μελαιναν. 37. [εστω]. 39. αντισταθηναι. ρα-
πιζιν√. εισ (pro επι: Cᵃ cum Steph.).—σου. 40. λαβιν√. τουτω
(pro αυτω: Β? Cᵃ cum Steph.). fin. +σου. 41. εαν εγγαρευση (pro
αγγαρευσει). 42. σοι (pro σε: Β cum Steph.). δοσ. δανισασθαιν√.

44. — ευλογειτε *usque ad* μισουντασ υμασ. προσευχεσθαι√.— επηρεαζοντων υμασ και. 45. ανατελλι√.— και βρεχ. *ad fin. vers.* (ομοιοτ.): *habet* A, *legens* βρεχι√. 46. — ουχι (*habet* Bᵃ). [το αυτο]. ποιουσι√. 47. ποιειται√. εθνικοι το αυτο (*pro* τελωναι ουτω). 48. υμισ τελιοι√. ωσ (*pro* ωσπερ). ουρανιοσ (*pro* εν τοισ ουρανοισ). τελιοσ εστι√.

VI. 1. + δε (*post* προσεχετε). δικαιοσυνην (*pro* ελεημοσυνην: δοσειν A, *at* B *cum* p.m.). θεαθηνε√.— τοισ (*habet* Cᵃ). 2. ποιησισ *forsan* p.m. τεσ συναγωγεσ (Cᵃ *cum* Steph.)√. αμην *bis legit* p.m. (*improbat alterum* Cᵃ). απεχουσι√. 3. ελαιημοσυνην√. 4. ελεημοσυνη η (*pro* η ελεημ.: B *cum* Steph.).— αυτοσ. αποδωσι (*sic* vv. 6. 18)√.— εν τω φανερω (*sic* vv. 6. 18). 5. [προσευχη p.m.]. ουκ εσεσθε (*at* ουκ εσεσθε ω p.m. *rescript.*, *quae sequuntur* σ οι *spatium occupantibus antea vacuum*, ο *in* ουκ *pro* σ *reposito: hinc constat* προσευχησθε *primò scriptum fuisse:* Cᵃ *habet* προσευχησθαι). ωσ (*pro* ωσπερ). πλατιων√. προσευχεσθε (*pro* -θαι)√. — αν. φανωσι√.— οτι. [απεχουσι]. 6. προσευχησ (σ *eras.*)√. ταμιον. κλισασ√. σου προσευξε *rescript.* p.m.√. — εν τω φανερω. 7. βατταλογησηται. εθνικοι (θ *rescript.*)√. δοκουσι√. 8. οιδεν√. + ι οσ (*post* γαρ), *at eras.* χριαν√. 9. προσευχεσθαι√. °εν (ο p.m.). 10. ελθατω. βασιλια√.— τησ. 12. οφιληματα√. ημισ√. αφηκαμεν (Cᵃ *cum* Steph.). οφιλεταισ√. 13. πιρασμον√.— οτι σου κ.τ.λ. *ad finem versús.* 14. αφηται√. αυτων (*a supplet* A)√. αφησι (*sic* v. 15)√. 15. — τα παραπτωματα αυτων. υμιν (*pro* υμων *prim.*). 16. *init.* + και (*improbat* A *vel* B). ωσ (*pro* ωσπερ).— οι (*habet* Cᵃ). [αφανιζουσι]. το προσωπον (Cᵃ *cum* Steph.). [αυτων *prim.*]. [φανωσι]. + γαρ (*post* αμην: *improbat* Cᵃ).— οτι. απεχουσι√. 17. αλιψε√. 18. [τοισ ανοισ νησ.]. κρυφαιω (*pro* κρυπτω *prim.*). — σου *secund.* (*habet* Bᵃ). κρυφεω (B -αιω, *pro* κρυπτω *secund.*). — εν τω φανερω. 19. διορυσσουσιν√. κλεπτουσιν√. 20. διορυσσουσι και (*pro* -ουσιν υυδε). 21. σου (*pro* υμων) *bis.* εκι√. [και]. 22. [-μοσ εαν].— ουν. η ο οφθαλμοσ σου απλουσ. φωτινον εστε√. 23. η ο οφθαλμοσ σου πονηροσ (B *cum* Steph.). σκοτινον√. εστιν√. 24. [δυσι]. ει (*pro* η *prim.*). μισησι√. αγαπησι (-ει B)√. ανθεξετε√. μαμωνα. 25. μεριμναται√. φαγηται√.— και τι πιητε (ομοιοτ.).— υμων *secund.* (*habet* Bᵃ). [εστι]. 26. εμβλεψαται√. πετινα√. σπιρουσιν√. (+ τασ *ante* αποθηκασ). τρεφι√. διαφερεται√. 28. μεριμναται√. καταμαθεται√. αυξανουσιν. κοπιωσιν. νηθουσιν· (*ab* αγρου *ad fin. vers. rescript.* p.m., *salvâ lectione*). 30. ι (*pro* ει)√. 32. ταυτα γαρ παντα. επιζητουσιν.

4

οιδεν√. +ο θσ (post γαρ: δε pro γαρ Cᵃ, qui improbat ο θσ̄) cf.
v. 8. —ο ουρανιοσ. 33. — του θῡ [την β. και την δ.]. 34. με-
ριμνησι√.— τα.

VII. 1. κρινεται√. 2. κριθησεσθαι√. μετριται μετρηθησεται.
3. βλεπισ√. την δε δοκον την εν τω σω οφθαλμω (Cᵃ cum Steph.).
4. λεγισ (pro ερεισ: Β Cᵃ ερισ). +αδελφε (ante αφεσ). εκ (pro
απο). 5. εκ του οφθαλμου σου την δοκον. διαβλεψισ√. εκβαλλειν.
6. κυσιν√. [καταπατησωσιν]. 7. κρουεται√. 8. [ανοιγησεται].
9. στιν in εστιν p.m. rescript.√.— εαν (habet Β). αιτησει. επι-
δωσι (non v. 10)√. 10. init. η και ιχθυν αιτησι. 11. υμισ√.
υιδαται√. 12. — ουν (habet Β). εαν (pro αν). θεληται√. υμειν
(ει p.m. in rasura)√. ουτωσ√. υμισ ποιειται√. 13. εισελθατε.
πλατια√.— η πυλη (habet Β). απωλιαν√.— εισιν (habet Β).
(Cᵃ pro εισερχομενοι legere voluit πορευομαινοι? at revocavit).
14. init. [οτι: at τι Β ? Cᵃ]. [η πυλη]. 15. προσεχεται√.— δε.
[ενδυμασι]. εισιν√. 16. σταφυλασ. 17. [ουτω]. 18. ποιειν
prim. rescript. p.m., lectione non mutata. ενεγκειν (pro ποιειν
secund.: Β Cᵃ cum Steph.). 19. [παν δενδ.]. 20. [απο]. επι-
γνωσεσθαι√. 21. βασιλιαν√. τα θεληματα (Β cum Steph.). +τοισ
(ante ουνοισ̄). 22. ερουσιν √. επροφητευσαμεν. δεμονια πολλα
(Β improbat πολλα). εξεβαλλομεν (-αλομεν Cᵃ). δυναμισ√. 24.
[τουτουσ]. ομοιωθησεται (pro ομ. αυτον). ωκοδομησεν√. αυτου
την οικιαν. 25. [ηλθον]. προσεπεσεν (-σαν Β). εκινη (sic v. 27)√.
επεσεν (sic v. 27)√. fin. +και πασ p.m. at erasit, sequente και
(v. 26) in rasura scripto√. 26. ωκοδομησεν αυτου την οικιαν.
(fin. ψαμμον Cᵃ? at ψ erasum). 27. ηλθαν.— και επνευσαν οι
ανεμοι (ομοιοτ.: supplet Α). [προσεκοψαν]. 28. ετελεσεν. εξ-
επληττοντο (-σσοντο Β). επι τη διδαχη αυτου οι οχλοι (Β Cᵃ cum
Steph.). 29. fin. +αυτων tantum.

VIII. 1. [-βαντι δε αυτω: at -βαντοσ δε αυτου Β]. 2. προσ-
ελθων. 3. εκτινασ√. +αυτου (post χειρα: improbat Β, non C).
—ο ισ̄. — ευθεωσ (habet Β). [εκαθ.]. 4. ειπεν (pro λεγει: Cᵃ
λεγι). αλλα διξον√. [προσενεγκε]. προσεταξεν√. μωϋσησ. 5.
εισελθοντοσ δε αυτου (— τω ιῡ). καφαρναουμ. εκατονταρχησ (-χοσ
Β). 6. — κυριε (habet Β). δινωσ√. 7. [και]. λεγιν√.— ο ισ̄.
+ ακολονθι μοι (ante εγω: improbat Cᵃ). 8. αποκριθεισ δε (—και:
Β C cum Steph.). εκατονταρχησ (-χοσ Β). ειπεν (pro εφη: Β
cum Steph.). λογω. 9. +τασσομενοσ (post εξουσιαν). πορευετε√.
ερχετε√. 10. εθαυμασεν√. ειπεν√. [caetera cum Steph.]. 11.
ηξουσιν√. ισακ. 12. εξελευσονται ut videtur p.m. (Α cum Steph.

5

εκβλη.). εστεν√. 13. εκατονταρχη (-χω B).— και *secund.*— αυτου.
[εν τ. ω. ε.]. *fin.* + και ὑποστρεψασ ο εκατονταρχοσ εισ τον οικον
αυτου εν αυτη τη ωρα ευρεν τον παιδα ὑγιαινοντα (*uncis improbat* B,
sed rursus unci eraduntur). 14. ειδεν√. 15. χιροσ√. ⁿεγερθη ᴎ
διηκονι (ⁿ *etiam* η ᴎ *per* B: εγερθισα *p.m.*, *ut videtur*). *fin.* αυτω
(-οισ B). 16. εξεβαλεν√. 17. ασθενιασ√. ελαβεν√. 18. — πολ-
λουσ (*habet* Cª, *fortasse pro* οχλουσ). 20. εχουσιν√. πετινα√.
κατασκηνωσισ√. εχι√. 21. — αυτου. θαψε (*sic* τ. 22)√. 22. —ισ.
λεγι (*pro* ειπεν). ακολουθι√. 23. [το: *improbat* B, *restituit* C].
μαθητε√. 24. σισμοσ√. [το]. καλυπτεσθε√. εκαθευδεν√. 25.
— οι μαθηται αυτου. ηγιραν√.— ημασ. 26. λεγι√. διλοι√. εγερθισ
επετιμησεν√. τω ανεμω (B *cum* Steph.). θαλλασση√. 27. [και
prim.]. αυτω ὑπακουουσιν. 28. ελθοντων αυτων (ελθοντοσ αυτου
B). γαζαρηνων (*pro* γεργεσηνων: Cª *cum* Steph.). δεμονιζομενοι
(δαιμ. Cª)√. μνημιων√. εκινησ√. 29. — ιησου. ὑιε *rescript.*
per B? (ὑε *p.m.* ?)√. ημασ απολεσαι προ καιρου (ημασ βασανισαι
ημασ προ κ. B). 31. εκβαλλισ√. αποστιλον ημασ (*pro* επιτρεψον
ημιν απελθειν). 32. [αυτοισ ὑπ.]. απηλθον εισ τουσ χοιρουσ
(— την αγελην). ωρμησεν√.— των χοιρων *secund.* (απεθαναν B).
33. απηγγιλαν√. 34. ὑπαντησιν του ιυ. ειδοντεσ√. [οπωσ].

IX. 1. — το. διεπερασεν√. 2. [προσεφερον]. ειδων√. ειπεν√.
αφιερται. σου (*pro* σοι). *fin.*— σου. 3. [ειπον]. 4. [ιδων].
— υμεισ. καρδιεσ (-ιαισ Cª)√. 5. αφιονται (αφιενται Cª). σου
(*pro* σοι). εγειρε.— και (*habet* B). περιπατι√. 6. εχι√. [εγερ-
θεισ). πορευου (*pro* υπαγε: Cª *cum* Steph.). 8. εφοβηθησαν (*pro*
εθαυμασαν). 9. — εκειθεν (εκιθεν B). (+ εκι Cª *ante* καθημενον:
sed erasum). μαθθαιον.— και *secund.* (*habet* B). λεγι√. ακολουθι√.
ηκολουθει (*pro* -θησεν). 10. — εγενετο αυτου. ανακειμενων (*at*
και εγενετο ανακιμενου αυτου Cª).— και *secund.* τελωνε (-ναι Cª)√.
— ελθοντεσ (*habet* B). συνανεκιντο√. μαθητεσ√. 11. ελεγον (*pro*
ειπον). 12. — ιησουσ.— αυτοισ. χριαν√. ιατρων. [αλλ]. 13.
μαθεται√. ελεοσ. αλλα.— εισ μετανοιαν. 14. ημισ√.— πολλα (*habet*
C, *at* πυκνα A *vel* B). νηστευουσιν√. 15. — ελευσονται δε *usque*
ad νυμφιοσ (ὁμοιοτ.: *supplet* A, *legens* νυμφειοσ). 16. παλεων√.
αιρι√.— αυτου (*habet* B). γεινεται√. 17. εκχειται (κ *forsan a* B *sup-*
pletum)√. απολλυνται. αλλ οινον νεον εισ ασκουσ καινουσ βλητεον.
αμφοτεροι. 18. αρχων προσελθων (+ εισ *post* αρχων B Cª: ελθων
Cª). προσεκυνι√.— οτι. 19. ηκολουθει. 20. αιμαροουσα (αιμορο-
ουσα Cª). 21. ελεγεν√.— μονον (*habet* B). 22. — ιησουσ (*habet*

Β). στραφεισ. ειπεν θαρσιν√. [θυγατερ]. σεσωκενν√. εκινησ√. 24.
ελεγεν (— αυτοισ). αναχωριτεν√. απεθανεν prim.√. fin. + ειδοτεσ
οτι απεθανεν (improbat C^a). 25. εκρατησενν√. χιροσν√. 26. αυτησ
(pro αυτη). 27. [αυτω]. κραυγαζοντεσ. [υἷε]. 28. init. εισ-
ελθοντι δε αυτω (ελθοντι δε αυτ. C^a). [προσηλθον]. + δυο (ante
τυφλοι : improbat C^a).— ο (habet C^a : at p.m. etiam ιο omisit
primò). + ὑμιν (ante τουτο ποιησαι : A C^a improbant, B habet). 30.
[ανεωχθησαν].— αυτων (habet C^a). ενεβριμηθη. μηδισ√. 31. — ολη
(habet B). 32. — ανθρωπον. 33. — οτι. 34. — εν (habet B). δε-
μονιαν√. 35. πολισ√.— και tert. (habet B). [εν τω λαω : delet B].
fin. + και ηκολουθησαν αυτω (delet B). 36. εσκυλμενοι (pro εκ-
λελυμενοι). εριμμενοι. [ωσει]. 37. λεγιν√. μαθητεσ√. εργατε√.

Χ. 1. ιβ̄ (sic vv. 2. 5)√. εκβαλλιν√. 2. εστιν√. + και (ante
ἱακωβοσ : at eras.). 3. βαρθολομεοσ√. μαθθεοσ.— και λεββαιοσ ο
επικληθεισ (και tantum habet B). 4. [κανανιτησ]. ο ιουδασ ο
ἱσκαριωτησ (B cum Steph.). (παραδιδουσ B : at δι eras.). 5. απ-
εστιλενν√. παραγγιλασ√.— λεγων (habet B).— εθνων (habet B).
απελθηται√. σαμαριτων√. εισελθηται√. 7. βασιλιαν√. 8. νεκρουσ
εγειρεται λεπρουσ καθαριζεται (literae νεκ p.m., at in rasurâ
scriptae, fortasse λεπ primò : νεκρ. εγ. improbat A vel B ; postea
restitut.). 9. κτησησθαιν√.— μηδε αργυρον (ὁμοιοτ. : habet B).
10. [ῥαβδον]. fin. — εστιν. 11. εισελθηται εξετασαταιν√. εν αυτη
τισ. εστινν√. μινατε√. εξελθηται√. 12. fin. + λεγοντεσ ειρηνη
τω οικω τουτω (improbant B? C ; postea restitut.). 13. ελθατω.
ἱρηνη bis in versu√. εφ (pro προσ). 14. αν (pro εαν). + εξω (ante
τησ οικιασ).— τησ secund. + η κωμησ (post πολεωσ). εκινησ√. + εκ
(ante των ποδων). 15. + γη (ante γομορρων). πολι εκινην√. 16.
ο οφισ (οι οφισ C^a). ακαιρεοι√. 17. παραδωσουσιν√. 18. βα-
σιλισ√. αχθησεσθαιν√. 19. παραδωσιν. εκινην√. fin. λαλησητε.
20. ὑμισ√. 21. παραδωσι√. αδελφοσ (pro αδελφον : ν C?)√.
γονισ√. 22. υπομινασ√. 23. πολιν√. φευγεται√. ετεραν (pro αλ-
λην : nihil additum). πολισ√. [του].— αν (at ου C^a). 24. εστιν√.
+ αυτου (post διδασκαλον). 25. [τον οικοδ.]. βεεζεβουλ. επεκα-
λεσαντο (επεκαλεσαν C^a). [τουσ οικιακ.]. 26. εστιν√. αποκ-
καλυφθησετε√. γνωσθησετε√. 28. φοβισθε (pro φοβηθητε) bis
in vers. : sic v. 31. αποκτεννοντων. αποκτιναι√. και ψυχην και το
σωμα (την ψυχ. Β). απολεσε√. 29. πωλειτε√. πεσιται√. 30.
ηριθμημενε εισιν√. 31. φοβισθε. διαφερεται ὑμισ√. 32. ομο-
λογησι√. [εν ουρ. : sic v. 33]. 33. [δ αν]. αρνησομε√. καγω
αυτον. 34. νομισηται√. ἱρηνην βαλιν prim. βαλιν ἱρηνην secund.

7

37. εστιν *bis in versu (sic* v. 38)√. 38. ου λαμβανι. ακολουθι. 39. — ο ευρων *usque ad και inclusum (supplet* A, *legens* απολεσιν√). ευρησιν√. 40. δεχετε *bis in vers.*√. ο δε (*pro* και ο: C² *cum* Steph.). αποστιλαντα√. 41. λημψετε *bis in vers.* δικεου *secund.*√. 42. [εαν].

XI. 1. ιβ√. διδασκιν√. κηρυσσιν√. 2. δια (*pro* δυο). 4. αποκριθισ√. (ο ισ⁰: *sic* Tischend., *at deest annotatio: nec lucem affert facsimil.* Tab. VI.). απαγγιλατε√. +τω (*ante* ιωαννη: *improbat* B). 5. αναβλεπουσιν και. περιπατουσιν√. καθαριζοντε και. ακουουσιν√. +και (*ante* νεκροι). εγιροντε και. ευαγγελιζοντε√. 6. [εαν]. 7. λεγιν√. εξηλθατε (*sic ferè* vv. 8. 9). θεασασθε√. 8. εξηλθαται. αυον ιδιν (ιδιν ανδν B). — ιματιοισ. [βασιλεων]. — εισιν (*habet* C²). 9. εξηλθατε. προφητην ιδιν (ιδ. πρ. C). 10. — γαρ. εστιν√. [εγω]. [οσ]. κατασκευασιν√. 11. εγηγερτε√. γυνεκων√. μιζων *bis in versu*. βασιλια (*sic* v. 12)√. [αυτου εστιν]. 12. βιαζετε√. βιαζστε (*primò* βιαζετε: B? ζε *in* ζσ *mutat*)√. 13. επροφητευσαν. 14. δεξασθε√. ερχεσθε√. 15. [ακουειν]. 16. εστιν√. παιδιοισ καθημενοισ εν τεσ αγορεσ (ταισ αγοραισ C²) α προσ‑ φωνουντα τοισ ετεροισ λεγουσιν (— αυτων και). 17. — υμιν *secund.* 18. ηλθεν√. λεγουσιν√. δεμονιον (δαιμ. C²)√. 19. φιλοσ τελωνων. εδικεωθη√. εργων (*pro* τεκνων). 20. ονιδιζειν√. πλι‑ σταιν. δυναμισ (*sic* v. 21)√. 21. χοραζειν√. βηδσαιδαν (ν *eras.*). (ει η εν B, *at ipse delet* η)√. +καθημενοι (*ante* μετενοησαν). 22. εστε√. 23. καφαρναουμ μη εωσ ουνου υψωθηση. [καταβιβασ‑ θηση]. εγενηθησαν (*pro* εγενοντο). δυναμισ√. [αι γενομεναι εν σοι: *at* σοι *ab* A *super rasuram scriptum:* υμιν p.m., *ut videtur*]. εμεινεν. 24. — οτι (*habet* B, *at eras.*). ανεκτστερον εστε γη σο‑ δομων. 25. εκινω√. αποκριθισ√. εκρυψασ. 26. ευδοκια εγενετο. 27. — μου (*habet* B?). ουδισ√. επιγινωσκι *bis in versu*√. βουλητε ο υσ αποκαλυψε. 29. — απ εμου (*habet* A). πραυσ. ταπινοσ√. ψυχεσ√. 30. · [χρηστοσ].

XII. 1. εκινων. σαββασιν√. μαθητε√. επινασαν√. τιλλιν√. 2. ειπαν. εξεστιν (*sic* vv. 10. 12)√. 3. εποιησεν√. δαδ (*sic* v. 23)√. επινασεν√. — αυτοσ. 4. εφαγον. [ουσ]. φαγιν√. ιερευσιν√. 5. ιερισ√. βεβηλουσιν√. εισιν√. 6. μιζον. 7. ελεοσ. 8. εστιν√. — και. 9. εκιθεν√. 10. — ην την. χιρα√. σαββασιν (*sic* v. 12)√. θεραπευσε. 11. [εσται]. εξιν√. πεση (ευπ. B). κρατησασ εγερει αυτο (— και). 12. διαφερι√. 13. λεγι√. εκτινον σου την χειρα (+σου C, *at eras.*). εξετινεν√. απεκατεσταθη. — ωσ η αλλη. 14.

8

εξελθοντεσ δε οι φαρισεοι συμβουλιον ελαβον κατ αυτου. 15. εκιθεν√.—οχλοι. 16. [φαν. αυτ.]. 17. ἰνα (pro οπωσ). 18. —εισ (habet B). ηὐδοκησεν. 19. τεσ (ταισ Cᵃ) πλατιαισ√. 20. σβεσιν. 21. —εν. ελπιουσιν√. 22. [προσηνεχθη]. [δαιμονιζομενοσ τυφλοσ και κωφοσ]. αυτουσ (pro αυτον : Cᵃ cum Steph.).—τυφλον και. —και (ante λαλειν : habet Cᵃ). βλεπιν√. 24. εκβαλλι (sic v. 26)√. βεεζεβουλ (sic v. 27). δεμονιων (δαι- Cᵃ)√. 25. ἰδωσ (ν eras. super σ : ν per B?).—ο ιησουσ. βασιλια (sic vv. 26. 28)√. μερισθισα bis in versu√. 26. σταθησετε√. 27. εκβαλλουσιν√. κριται εσονται ὑμων. 28. εν π̅ν̅ι θ̅υ̅ εγω. δεμονια (δαι-Cᵃ)√. 29. εισελθιν√. [διαρπασαι]. fin. διαρπαση. 30. εστιν√. σκορπιζιν√. fin. ＋με. 31. αφεθησετε bis in versu (sic v. 32 bis)√.—τοισ ανθρωποισ secund. 32. εαν (pro αν prim.). ου μη (pro ουκ : B? C cum Steph.). [εν τουτω τω]. 33. ποιησαται prim.√. αγαθον forsan primò, at καλον secund. p.m. γινωσκετε√. 34. γεννημαᵗᵃ (τα p.m.?). λαλιν√. 35. —τησ καρδιασ. [τα]. 36. λαλησουσιν (—εαν). αποδωσουσιν (απο improbat B?, sed postea restitui.). 37. δικεωθηση√.—σου secund. 38. ＋αυτω (ante τιvεσ). φαρισεων√. σημιον ιδιν√. 39. αποκριθισ√. σημιον ter in versu√. επιζητιν√. βοθησετε√. 40. τρισ ter, γ̅ semel. εστε√. 41. νινενειτε√. αναστησοντε√. κρισι (non v. 42)√. 42. εγερθησετε√. κατακρινι√. ακουσε√. σολομωνοσ bis in versu. 43. διερχετε√. ((ζητουν : ω A vel B : sed deletum). 44. λεγι√. εισ τον οικον μου επιστρεψω.—ελθον (habet A). ＋και (ante σεσαρ.). 45. πορευετε√. ταραλαμβανι√. [επτα ετερα]. κατοικι εκι√. γινετε√. εκινου χιρονα√. εστε√. 46. —δε. (αυτου secund. punctis notat., sed restitui.). ἰστηκισαν√.—ζητουντεσ usque ad fin. versûs sequentis (supplet A, legens v. 47 ειπεν δε τισ των μαθητων αυτου ἰδου η μ̅η̅ρ σου και οι αδελφοι σου εξω ζητουσιν σε : cf. Marc. iii. 32). 48. ειπεν√. λεγοντι (pro ειποντι). 49. εκτιvασ√. χιραν p.m., ut videtur.—αυτου prim. (habet A). 50. [ποιηση].

XIII. 1. —δε. εκινη√. εκ (pro απο). 2. —το. καθησθε√. ἰστηκιν√. 3. σπιρων. σπιρε√. 4. σπιριν√. επεσεν√. ηλθεν τα πετιvα και. 5. ειχεν√. εξανετιλεν√. εχιν (non v. 6)√. [βαθοσ γησ]. 6. αvατιλαντοσ√. 7. επνιξαν. 8. fin. λ̅√. 9. —ακουειν (habet Cᵃ). 10. μαθηται ειπαν. αυτοισ λαλεισ (B cum Steph.). 11. —αυτοισ. γνωνε√. βασιλικσ√. εκινοισ√. 12. δοθησετε√. περισσευθησετ̅√. εχι prim.√. αρθησετε√. 13. παραβολεσ (-αισ Cᵃ)√. βλεπουσιν√. συνιουσιν. 14. —επ. προφητια√. βλεψητε. 15. ωσιν αυτων prim. ἰδωσιν. (＋αυτων post ωσιν secund. B). ακου-

σωσιν√. συνωσιν√. επιστρεψωσιν√. ιασομε√. 16. βλεπουσιν√.
[ὑμων secund.]. ακουουσιν√. 17. — γαρ. προφητε√. δικεοι (-αιοι
Cᵃ)√. ιδιν√. ιδαν. ακουσε√. 18. υμισ√. σπιραντοσ (-ροντοσ Cᵃ).
19. βασιλιασ√. ερχετε√. αρπαζιν√. σπαρισ (sic vv. 20. 23, non
22)√. 21. εχιν√. εστιν√. 22. — τουτου (habet B?). συνπνιγει.
γινετε√. 23. την καλην γην. συνιεισ. καρποφορι√. ρ̅. ξ̅. λ̅√.
24. βασιλια (sic v. 31, non 33)√. σπιραντι. 25. καθευδιν√. επ-
εσπαρκεν (επεσπειρεν B). 26. εποιησεν√. 27. εσπιρασ√. εχι τα
ϛ. (B delet τα). 28. δουλοι λεγουσιν αυτω (— ειπον). θελισ√.
29. φησιν (pro εφη). 30. συναυξανεσθε√. αχρι (μεχρι B? sed
αχρι restitut.). [τω καιρω: τω delet B? sed restitut.]. θεριστεσ√.
[εισ δ.]. κατακαυσε√. [συναγαγετε]. 31. εσπιρεν√. 32. εστιν
bis in versu√. (αυξηση C? sed restitut.). γινετε√. [κατασκηνουν].
33. + λεγων (ante ομοια). 34. ουδεν ελαλησεν (at ουκ ελαλι Cᵃ).
35. + ησαιου (post δια: delet B). παραβολεσ (pro -αισ)√.
[κοσμου: delet C, sed restitut.]. 36. αφισ√. εισηλθεν√.— ο ιησαυσ.
προσηλθον p.m., at -εν primò. μαθητε√. διασαφησον (pro φρασον:
Cᵃ cum Steph.). 37. — αυτοισ. σπιρων√. 38. βασιλιασ (sic
v. 41)√. 39. ο σπιρασ αυτα εστιν. — θερισμοσ usque ad οι δε
(ὁμοιοτ.: supplet A, του omisso ante αιωνοσ, quod supplet Cᵃ)√.
40. συλλεγετε√. [κατακαιεται]. εστε√. συντελια√.— τουτου. 41.
αποστελιν√.— αυτου prim. 42. βαλλουσιν (λ prius eras.). εκιν√.
εστε (εσται B?)√. 43. δικεοι (δικαιοι B?)√.— ακουειν (habet Cᵃ).
44. — παλιν. (+ δε post ομοια B). βασιλια (-λεια B)√.— εν τω
αγρω (ὁμοιοτ.: supplet A). εκρυψεν√. ὑπαγιν. πωλι παντα οσα
εχιν√. εκινουν√. 45. βασιλια (sic v. 47)√.— ανθρωπω (habet B).
46. ευρων δε (— οσ). πετρακεν√. ειχεν√. 47. βληθιση√. 48. [επι
τον αιγιαλον και: at και επι τ. αι. B? sed prior lectio restitut.].
αγγη. εβαλλον (εβαλον B?). 49. εστε (sic v. 50)√. συντελια√.
εξελευσοντε√. [αφοριουσι]. 50. βαλλουσιν (βαλουσιν B?). 51.
— λεγει αυτοισ ο ισ̅.— κυριε. 52. [ειπεν]. μαθητευθισ τη βα-
σιλια (— εισ). ομοια (ομοιοσ A vel B, itemque C)√. 53. εκιθεν√.
54. αντιπατριδα (πατριδα A vel B). εκπλησσεσθε. δυναμισ√. 55.
ουχ (pro ουχι). λεγετε√. ιωσηφ (-σηφ A in rasura: ιωαννησ
p.m., ut videtur). 56. εισιν√. [ταυτα παντα]. 57. — ιησους.
εστιν√. ιδια πατριδι (— αυτου). 58. εκιν√. δυναμισ√.

XIV. 1. ηκουσεν ηρωδησ εν εκινω τω καιρω (ᵝ ᵃ ᐟ B vel forsan
p.m.). τετρααρχησ. ειπεν√. 2. δυναμισ√. 3. — αυτον (habet A).
και εν φυλακη απεθετο (εν τη φ. και απ. Cᵃ). [φιλιππου]. 4.
ελεγεν√.— αυτω (habet Cᵃ post ιωαννησ).— ο. εξεστιν√. εχιν√.

5. αποκτιναι√. 6. γενεσιοισ δε γενομενοισ (pro γενεσιαν δε αγ.).
ηρεσεν√. 7. μετα. [εαν]. 8. προβιβασθισα√. (Post αυτησ
forsan scripsit B ειπεν, at rursus eras.) 9. [ελυπηθη]. [δε].
συναρακιμενουσ√. εκελευσεν√. 10. απεκεφαλισεν (— τον: habet
Cᵃ). 11. ηνεγκεν√. 12. πτωμα αυτου (pro σωμα: αυτου dele-
tum, et restitutum). αυτον (pro αυτο: B? cum Steph.). απηγ-
γιλαν√. 13. ακουσασ δε (— και). εκιθεν√. τεζοι. 14. — ο ισ.
ειδεν√. εν αυτοισ. εθεραπευσεν√. 15. [προσηλθον]. μαθητε√.
— αυτου. παρηλθεν ηδη. + ουν (post απολυσον). χωρασ (pro κωμασ:
Cᵃ cum Steph.). 16. — ισ (habet Cᵃ). χριαν√. απελθιν√. υμισ
φαγιν√. 17. αρτουσ ει μη πεντε (Cᵃ cum Steph.). 18. ειπεν√.
ωδε αυτουσ. 19. εκελευσεν. του χορτου. [και λαβων]. ε et β√.
ευλογησεν√. εδωκεν√. 21. ωσι (ωσει B? Cᵃ)√. [γ. και π.]. 22.
— ευθεωσ (habet B). ηναγκασεν (— ο ισ). — αυτου. εμβηνεν√. [το].
προαγιν√. 23. — απολυσασ τουσ οχλουσ (ομοιοτ.: supplet A).
προσευξασθε√. 24. [μεσον τησ θ. ην]. 25. ηλθεν. — ο ισ. την
θαλασσαν. 26. ιδοντεσ δε αυτον (— και ει οι μαθηται: at οι δε μαθ.
ιδον. αυτ. A). τησ θαλασσησ. εστιν√. 27. ευθυσ. [αυτοισ]. — ο ισ
(post ελαλησεν ponit A). θαρσιτε√. φοβισθε√. 28. αποκριθισ√.
[αυτ. ο πετ.] ειπεν. ει συ ει κε, ελθιν προσ σε. 29. — ο secund.
ελθιν ηλθεν ουν (pro ελθειν: ηλθεν ουν improbat C). 30. — ισχυρον
(Cod. B. in marg.). καταποντιζεσθε εκραξεν√. 31. ευθυσ. εκτι-
νασ√. 32. αναβαντων. 33. — ελθοντεσ. 34. επι (pro εισ). + εισ
(ante γεννησαρετ). 35. απεστιλαν√. εκινην√. 36. εσωθησαν.

XV. 1. προσερχοντε√. — οι. φαρισαιοι και γραμματεισ. 2. μα-
θητε√. παραβενουσιν. χιρασ (χειρ. B). — αυτων. 3. — και (habet
C). παραβενετε√. 4. ενετιλατο λεγων (Cᵃ ειπεν: at ενετ. λ. res-
titut.). — σου. 5. υμισ√. ουδεν εστιν (pro και: improbat ουδ. εσ.
A vel B). [τιμηση]. — η την μητερα αυτου. 6. τον νομον (pro
την εντολην: Cᵃ τον λογον, at νομ. restitutum). 7. επροφητευ-
σεν√. 8. — εγγιζει μοι. — τω στοματι αυτων και. χιλεσιν√. 11.
+ τουτο (ante κοινοι prim.: improbat Cᵃ). 12. — αντω. ειπαν.
13. αποκριθισ ειπεν√. φυτιαν√. εκριζωθησετε√. 14. οδηγοι εισιν
τυφλοι (— τυφλων: at Cᵃ τυφλοι εισιν οδ. τυφλων, sed prior
lectio restituitur). πεσουντε primô, at -ται p.m.?√. 15. — ταυ-
την. 16. — ισ. υμισ√. 17. [ουτω]. νοιτε√. χωρι√. + τον (ante
αφεδρωνα). εκβαλλετε√. 18, 19. — εξερχεται usque ad καρδιασ
(ομοιοτ.: supplet A). 19. πορνιαι√. 20. εστιν√. χερσιν φαγιν√.
21. εκιθεν√. 22. εκινων√. εκραξεν (pro εκραυγασεν: Cᵃ εκραζεν).

—αυτω. [υιε δαδ]. δαιμονιζετε√. 23. ηρωτουν. 24. αποκριθισ
(non vv. 26. 28)√. 25. προσεκυνι√ (C προσεκυνησεν). βοηθι√.
26. εστιν καλον. λαβιν√. βαλιν√. 27. ειπεν√. 28. θελισ√.
εκινησ√. 29. εκιθεν√. ηλθεν√. 30. κυλλουσ κωφουσ. εριψαν.
αυτου (pro του ιυ). 31. τον οχλον. θαυμασε√.—κυλλουσ υγιεισ.
+ και (ante χωλουσ). εδοξαζον. 32. —αυτου. (+αυτοισ post
ειπεν A). σπλαγχνιζομε√. [ημερασ γ προσμενουσι]. εχουσιν√.
φαγωσιν√. απολυσε√. νηστισ√. μη (pro μηποτε). 33. —αυτου.
χορτασε√. 34. λεγι√. ειπαν. 35. παραγγιλασ τω οχλω (pro
εκελευσε τοισ οχλοισ). αναπεσιν√. 36. init.—και. ελαβεν. + δυο
(ante ιχθυασ : improbat Cª). + και (post ιχθυασ). εκλασεν√.
εδιδου. μαθητεσ (-ταισ A?)√.—αυτου. μαθητε (-ται A?)√. τοισ
οχλοισ. 37. [ηρ. το π. των κλ.]. πληρισ√. 38. ανδρεσ ωσι
τετρακισχιλιοι. πεδιων και γυνεκων. 39. [ενεβη]. μαγαδαν (μα-
γεδαν Cª).

XVI. 1. (+οι ante σαδδ. Cª). πιραζοντεσ√. (ηρωτησαν Cª, sed
prior lectio restituitur). σημιον√. επιδιξε√. 2. —οψιασ γενο-
μενησ usque ad finem v. 3. 4. σημιον ter in versu.√. δοθησετε√.
—του προφητου. απηλθεν√. 5. —αυτου. 6. —αυτοισ (sic v. 8). 8.
—αυτοισ. εχετε (pro ελαβετε). 9. —ουδε μνημονευετε (ομοιοτ. :
habet Cª, at -εταιν). 10. ζ√. [σπυριδασ]. 11. αρτων. προσεχετε
δε (pro προσεχειν). φαρεισαιων hic√. 12. Rescript. p.m. usque
ad τησ ζ. ειπεν√. των φαρεισαιων και σαδδουκαιων (pro του αρτου :
at των αρτων corrigit Cª). αλλα. διδασκαλιασ (pro διδαχησ : Cª
cum Steph.). φαρεισαιων secund.√. 13. καισαριασ√. οι ανοι ειναι
λεγουσιν (—με : at λεγ. ειν. Cª). 14. [ειπον]. ιωανην. [αλλοι].
15. [αυτοισ υμεισ]. 16. ειπεν√. 17. αποκριθεισ δε (—και).
απεκαλυψεν√. αλλα. [τοισ]. 19. init.—και. κλιδασ (κλισ Cª).
[ο εαν bis in versu]. την γην prim. (τησ γησ Cª). [δεδεμενον]. 20.
[διεστειλατο].—αυτοισ.—ισ (habet Cª). 21. ισ χσ (—ο : improbat
utrumque Cª : ο ισ Cᵇ?). δικνυειν√. εισ ιεροσολυμα απελθειν.
22. [επιτιμαν αυτω]. ειλεωσ√. 23. ειπεν (sic v. 24)√. ει εμου
(ει μου C). 25. εαν (pro αν prim.). 26. ωφεληθησεται. (οταν
pro εαν Cª : at εαν restitut.). [λλ]. 27. τα εργα (pro την πραξιν :
Cª cum Steph.). 28. +οτι (ante εισιν√). [των ωδε]. εστωτων.
[γευσωνται]. ιδωσιν√. (pro βασιλεια Cª habet δοξη του πρσ).

XVII. 1. τον ιακωβον και ιωανην. 2. ελαμψεν√. 3. ωφθη.
μωυσησ. ηλειασ. συνλαλουντεσ μετ αυτου. 4. ειπεν√. ποιησω.
μωϋσει. ηλεια μιαν. 5. [ευδ.]. ακουετε αυτου. 6. επεσαν. 7.

12

προσηλθεν. και αψαμενοσ (pro ηψατο).— και (ante ειπεν). 8. — τον
(ante ιν). +αυτον (ante μονον). 9. εκ (pro απο). [αναστη]. 10.
*πηρ. (ε p.m.)√.— αυτου. ηλειαν. 11. — ισ. [αυτοισ]. +οτι (ante
ηλειασ).— πρωτον. 12. ηλειασ. ηλθεν√. [αλλ].— εν. ουτωσ√.
13. ιωανου. 14. — αυτων. αυτον (pro αυτω). 15. — κυριε. εχει
(pro πασχει). 17. ο δε αποκριθεισ (— ισ: al Cᵃ τοτε αποκρ.
ο ισ). +αυτοισ (post ειπεν). μεθ υμων εσομαι. 18. — ο παισ.
19. ειπαν. 20. — ισ. λεγει (pro ειπεν). ολιγοπιστιαν. μεταβα.
ενθεν (pro εντευθεν). 21. Deest versus (habet Cᵇ, legens εκβαλ-
λεται pro εκπορευεται). 22. συστρεφομενων. γαλειλαιαν. 23.
[εγερθησεται]. 24. καφαρναουμ. [-χμα bis in versu]. (ειπαν Cᵃ).
— τα secund. (habet Cᵃ). 25. εισελθοντα (pro οτε εισηλθεν:
sic Cᵇ? al ελθοντα Cᵃ?). λαμβανουσιν√. 26. ο δε εφη (pro λεγει
αυτω ο πετροσ). +ειποντοσ δε απο των αλλοτριων (post αλλο-
τριων). 27. σκανδαλιζωμεν.— την. [αναβαντα].

XVIII. 1. [ωρα]. 2. — ο ισ. 3. εισελθηε (τ p.m.)√. 4. τα-
πινωσει. 5. [εαν]. παιδιον εν τοιουτο. 6. μεικρων (sic v. 10)√.
περι (pro επι). πελαγιν√. 7. [εστιν].— εκεινω. 8. εξελε (pro
εκκοψον: Cᵃ cum Steph.). αυτον (pro αυτα): cf. v. 9. κυλλον η
χωλον. 9. εστιν√. 10. [εν ουρανοισ prim.]. [βλεπουσι]. 11.
Deest versus. 12. αφισ√. ενενηκονταεννεα (sic v. 13).— επι τα
ορη (habet A). ζητι√. 13. ευριν√. χαιριν√. 14. εστιν√.— εμ-
προσθεν. [υμων]. εν (pro εισ). 15. — εισ σε.— και prim. 16. μετα
σεαυτου ετι. δυο η τριων μαρτυρων. 17. ειπον. 18. οσ εαν prim.
(ᵃ p.m.?).— να εν prim. rescript. ab A vel forsan p.m. δεδεμενον,
ut videtur, primò. τοισ ουρανοισ prim.— και (habet C). αν (pro εαν
secund.: B C cum Steph.). λυσηται√.— τω secund. 19. [παλιν
(sine αμην)]. συμφωνησουσιν εξ υμων. αυτοισ γενησεται. 20.
(στου pro ου B?: C et p.m. ου). εισιν√.— η (habet B). γ√. 21.
— αυτω (habet Cᵃ). ο πετροσ ειπεν√. αμαρτησιν√. 22. λεγιν√.
[αλλ]. 23. βασιλια√. βασιλι√. ηθελησεν√. 24. συναιριν√.
[προσηνεχθη]. εισ αυτω (Cᵃ cum Steph.). οφιλετησ√. πολλων
(pro μυριων: Cᵃ cum Steph.). 25. αποδουνε√.— αυτου secund.
πραθηνε (-ναι Cᵃ)√. γυνεκα (-αικα Cᵃ)√.— αυτου tert. πεδια (pro
τεκνα). ειχεν√. αποδοθηνε√. 26. +εκινοσ (post δουλοσ). προσ-
εκυνιν√. [κε]. [επ εμοι: sic v. 29]. αποδωσω σοι. 27. σπλαγ-
χνισθισ√. εκινου√. δανιον√. 28. εκινοσ√. ωφιλεν√. επνιγεν√.
— μοι. ει τι οφιλισ. 29. — εισ τουσ ποδασ αυτου. παρεκαλιν√.

13

—ταντα (habet Cᵃ). 30. και (pro αλλα : Cᵃ cum Steph.).—ου.
ατοδη (ατοδω Cᵃ). οφιλομενον (sic v. 34)√. 31. ουν (pro δε : Cᵃ
cum Steph., at ουν restituitur). [οι συνδ. αυτ.]. (γεινομενα prim.
Cᵃ, at ι eras.). οι δε (pro και). εαυτων. 32. λεγι√. οφιλην εκι-
νην√. επι√. 33. ελεησε√. καγω. 34. οργισθισ√. [εωσ ου].
(αυτω improbatur et rursus restituitur). 35. ουτωσ√. ουρανιοσ.
ποιησι√.—τα παραπτωματα αυτων.

XIX. 1. [τησ γ.]. και ηλθεν bis script. prius notatum ' '√.
Ἰουδεασ (-δαιασ Cᵃ)√. 2. εκι√. 3. φαρισεοι πιραζοντεσ√.—αυτω
secund.—ανθρωπω (E habet ανῳ). απολυσε√. γυνεκα√. 4. —αυ-
τοισ. [ποιησασ]. 5. ενεκα. καταλιψι√. προσκολληθησετε√. γυ-
νεκι (-αικι Cᵃ)√. εσοντε√. 6. εισιν√. μια σαρξ. 7. [μωσησ : at
B C μωυσησ]. ενετιλατο√. δουνε√. απολυσε (non v. 8)√.—αυτην.
8. λεγι√. +ο ισ (ante οτι). μωυσησ. ουτωσ (sic v. 12)√. 9. [οτι].
γυνεκα (-αικα Cᵃ)√.—ει. πορνια√. μοιχατε prim.√.—και ο απολελ.
ad fin. vers. (ὁμοιστ.). 10. —αυτω (habet Cᵃ).—αυτου.— ει
(habent C, anteriores). γυνεκοσ (-αικοσ Cᵃ)√. συμφερι√. 11.
[χωρουσι]. [τουτον]. δεδοτε√. 12. εισιν (—γαρ : habet Cᵃ).
χωριν χωριτω√. 13. προσηνεχθησαν. πεδια (sic v. 14)√. χιρασ√.
προσευξητε√. μαθητε√. 14. +αυτοισ (post ειπεν). ελθιν√. εμε.
βασιλια√. 15. επιθισ τασ χιρασ επ αυτουσ. 16. αυτω ειπεν.
—αγαθε. ποιησασ ζωην αιωνιον κληρονομησω (— ινα). 17. τι με
ερωτασ περι του αγαθου εισ εστιν ο αγαθοσ (pro τι με λεγεισ usque
ad θσ). θελισ√. εισ την ζωην εισελθιν. [τηρησον]. 18. ποιασ
φησιν (pro λεγει αυτω ποιασ). ειπεν√. φονευσισ√.—οι μοιχευσεισ
ου κλεψεισ (ὁμοιοτ.: supplet A, legens μοιχευσισ√). ψευδομαρτυ-
ρησισ√. 19. —σου prim. 20. λεγι√. [παν. ταυ.]. εφυλαξα.—εκ
νεοτητοσ μου (habet Cᵇ). 21. [εφη]. θελισ τελιοσ√. γενεσθε
(pro ειναι : Cᵃ cum Steph.). [δοσ πτ.]. [ουνω]. ακολουθι√.
22. —τον λογον. απηλθεν√. 23. ειπεν√. πλουσιοσ δυσκολωσ.
εισελευσετε√. βασιλιαν (sic v. 24)√. 24. + οτι (post υμιν).
εστιν√. [καμηλον]. τρηματοσ (pro τρυπηματοσ: habet Cᵃ). εισελθιν
(pro διελθειν). [του θυ]. fin.—εισελθειν. 25. —δε (habent A C).
—αυτου. δυνατε σωθηνε√. 26. —παρα ανθρωποισ (habet A). εστιν
prim.√. δυνατα παντα. fin.—εστι secund. 27. ημισ√. 28. ὑμισ
prim.√. παλινγενεσια. καθησεσθε. αυτοι (pro υμεισ secund.). ιβ̄
bis√. 29. οστισ (pro οσ).—οικιασ η. [η π̄ρα η μ̄ρα η γυναικα].
(+η οικιασ post αγρουσ A). ενεκα του εμου ονοματοσ. [εκατοντα-

14

πλασιονα]. λημψετε√. κληρονομησι√. 30. εσοντε√. εσχατοι πρωτοι και πρωτοι εσχατοι.

ΧΧ. 1. βασιλια√. μισθωσασθε√. 2. απεστιλεν√. 3. —την. 4. και εκεινοισ. ϋμισ√. +μου (post αμπελωνα). δικεοσ (-καιον Cᵃ)√. 5. +δε (post παλιν). ενατην. 6. —ωραν. εξηλθεν primò (εξελθων p.m. vel potius Α).—αργουσ. 7. ουδισ√.—ημασ (habet Α). ϋμισ√. Post αμπελωνα caetera in versu desunt. 8. λεγι√.—αυτοισ. 9. [και ελθοντεσ]. 10. [ελθοντεσ δε]. πλιονα√. λημψονται. το ανα δηναριον και αυτοι. 12. —οτι. (εισουσ Cᵃ, e rursus deleto)√. αντουσ ημιν. [βαστασασι]. 13. ενι αυτων ειπεν. ετερε√. ουχ (pro ουκ). 14. ᵀω εσχ. (τ p.m. vel Α). συ (pro σοι)√. 15. init. [η]. εξεστιν√. ο θελω ποιησε. η (pro ει). 16. εσοντε√. — πολλοι γαρ ad fin. vers. 17. αναβενων√. ισ (εισ Cᵃ)√. παρελαβεν√. ιβ√.—μαθητασ. και εν τη οδω ειπ. 18. αναβενομεν√. ισ (εισ Cᵃ)√. παραδοθησετε√. αρχιερευσιν√. γραμματευσιν√. fin. εισ θανατον. 19. εμπεξε√. μαστιγωσε (-σαι Cᵃ)√. σταυρωσε√.—και quart. (supplet Α vel forte p.m.). εγερθησετε (pro αναστησεται). 20. [παρ]. 21. θελισ√. λεγι√. [ουτοι].—σου prim. +σου (post ευωνυμων). βασιλια√. 22. αποκριθισ√. αιτισθε√. τινιν√.—και το βαπτισμα usque ad βαπτισθηναι. 23. init.—και. λεγι√.—και το βαπτισμα usque ad βαπτισθησεσθε.—μου iert. εμον δουνε. 24. [και ακουσαντεσ: at Cᵃ ακ. δε]. ηρξαντο αγανακτιν (pro ηγανακτησαν). 25. —δε. εστε prim.√. [εαν]. γενεσθε√. εστε (pro εστω: Cᵃ cum Steph.). 27. αν (pro εαν). εστε (pro εστω). 28. ηλθεν√. διακονησε√. δουνε√. 29. [Ἱεριχω].—αυτω (habent Α? C). 30. οᵗⁱ (τι C, forsan etiam vetustiores). ελεησον ημασ ιυ ϋῖε δαδ (—κυριε). 31. [σιωπησωσιν]. πολλω μαλλον (pro μειζον). εκραξαν. κε ελεησον ημασ ϋυ δαδ (at ϋε etiam ante Cᵃ correctum). 32. ειπεν√. (Cᵃ habet ἱνα post θελετε). 33. αννγωσιν οι οφθαλμοι ϋμων (at ημων Cᵃ). 34. [οφθαλμων]. αυτου (pro αυτων prim.: Α cum Steph.).—αυτων οι οφθαλμοι secund.

ΧΧΙ. 1. ισ ιερ- (εισ ἱερ- Cᵃ)√. ηλθεν (ηλθον Cᵃ). [βηθφαγη προσ]. ελεων√. ο ισ απεστιλεν β. 2. πορευεσθε. κατεναντει. ευθυσ. [αγαγετε]. 3. αυτου (pro αυτων). χριαν√. ευθυσ. αποστελι√. 4. —ολον. 5. ερχετε√. [πραϋσ και]. +επι (ante πωλον). (ϋιον improbat Α vel Β: sed restituitur). 6. [προσεταξεν]. 7. init. (+και Α?: sed rursus extinctum). επ (pro επανω prim.).—αυτων secund. (habet Α). εκαθισαν (pro επεκαθισεν: Cᵃ επεκαθισαν). +επ (post επανω secund.: at αυτον[?] sine επ Cᵃ).

8. πλιστοσ√. εστρωσαν (pro εστρωννον: Cᵃ cum Steph.). 9. +αυτον (post προαγοντεσ). υυω βαδ√. 10. ελθοντοσ (εισελ. Cᵃ). ισ√. εσισθη√. 11. ο προφητησ ισ. ναζαρεθ. γαλιλεασ√. 12. —ο (habet corrector, sed rursus eras.).—του θυ. εξεβαλεν√. [λλ]. κατεστρεψεν√. 13. λεγιν√. κληθησετεν√. υμισ√. ποιειτε. σπηλεον√. 14. προσελθοντεσ (προσηλθον s.m.)√. 15. αρχιερισ√. γραμματισ√. εποιησεν√. +τουσ (ante κραζοντασ). 16. ειπαν. λεγιν√. —οτι. fin. ενον (Cᵃ αινον)√. 17. —εξω τησ πολεωσ (habet A). 18. πρωι δε επαναγαγων (Cᵃ cum Steph.). επινασεν√. 19. —ευρεν (habet A?). [αυτη μηκετι]. γενοιτο. 20. μαθητε√. 21. οριν√. γενησετεν√. 22. [αν]. λημψεσθε√. 23. ελθοντοσ αυτου. εδωκεν√. 24. [δε]. και εγω bis in vers. 25. +το (ante ιωαννου). η (pro ην: Cᵃ cum Steph.). [παρ]. 26. ωσ προφητην εχουσι τον ιωαννην. 27. ειπαν. ο ισ (pro και αυτοσ). 28. αυοσ ειχεν τεκνα β̄. —και (habet Cᵃ). ειπεν√.—μου. 29. —δε secund. (habet Cᵃ). μεταμεληθισ απηλθεν√. 30. προσελθων δε (—και). ετερω (pro δευτερω: Cᵃ cum Steph.).—ο δε αποκριθεισ ειπεν (habet Cᵃ, sed αποκριθισ√). απηλθεν√. 31. β̄ εποιησεν√.—αυτω. [πρωτοσ]. λεγιν√.—οτι (habet Cᵃ). τελωνε (-ναι Cᵃ)√. βασιλιαν√. 32. ηλθεν√. ιωαννησ προσ υμασ. δικεοσυνησ (δικαι- Cᵃ)√. τελωνε√. υμισ√. ειδοντεσ√. [ου]. 33. —τισ. περιεθηκεν√.—εν (habet Cᵃ). ωκοδομησεν√. εξεδετο (-δοτο Cᵃ). 34. απεστιλεν√. και λαβον primò, ut videtur, e v. 35 (pro λαβειν p.m.)√. 35. εδιραν√. απεκτιναν (sic v. 39)√. 36. init. +και (improbat Cᵃ). απεστιλεν (sic v. 37)√. πλιονασ√. 38. αποκτινωμεν√. σχωμεν√. 39. εβαλον. 40. ποιησιν√. εκινοισ√. 41. απολεσιν√. εκδωσετεν√. 42. τεσ γραφεσ (Cᵃ ταισ -φαισ)√. κω (κυ Cᵃ cum Steph.). εστιν√. 43. —οτι. αρθησετεν√. βασιλιαν. δοθησετε εθνιν√. fin. αυτου (pro αυτησ: Cᵃ cum Steph.). 44. συνθλασθησετεν√. λικμησιν√. 45. ακουσαντεσ δε (—και). αρχιερισ√. φαρισεοι (-σαιοι Cᵃ)√. 46. τον οχλον (τουσ οχλουσ Cᵃ cum Steph.). επι (pro επειδη). εισ (pro ωσ).

XXII. 1. παραβολαισ αυτοισ (—εν: habent A? Cᵃ). 2. βασιλιν√. εποιησεν√. 3. απεστιλεν√. καλεσεν√. ελθιν√. 4. απεστιλεν√. ητοιμακα. 5. [ο μεν at] οσ δε. επι (pro εισ secund.). 6. απεκτιναν√. 7. ο δε βασιλευσ (—ακουσασ). απωλεσεν√. φονισ εκινουσ√. ενεπρησεν√. 8. λεγιν√. 9. ο>δ in οδων rescripsit p.m. vel A: ψ .., λτ primò??). εαν (pro αν). 10. εκινοι√. ουσ (pro οσουσ). νυμφων (pro γαμοσ). ανακιμενων√. 11. θεασασθε√. ανακιμενουσ√.—εκει (habet Cᵃ). 12. λεγιν√. 13. ο βασιλευσ

16

ειπεν. χιρασ√.—αρατε αυτον και. +αυτον (*post* εκβαλετε). εκι
εστε√. 14. εισιν√. 15. φαρισεοιν√.—ελαβον (*habet* Cᵃ).—εν
λογω (*habet* Cᵃ). 16. λεγοντασ. ι (*pro* ει : C ει)√. αληθιαν√. μελιν√.
βλεπισ√. 17. [ειπε]. δοκι εξεστιν√. 18. ειπεν√. πιραζετε√.
επιδιξατε√. 20. λεγι (*sic* v. 21)√. [αυτοισ τινοσ]. ικων√. [αυτ.
και η επιγρ.]. 21. λεγουσι (—αυτω). κεσαροσ *bis in vers*. [*at*
καισαρι]√. 22. [απηλθον]. 23. *init.* +και (*improbat* Cᵃ). εκινη√.
—αυτω (*habet* Cᵃ).—οι (*habet* Cᵃ). 24. [μωσησ]. τεκνα επι-
γαμβρευσιν√. γυνεκα (-αικα Cᵃ) *sic* v. 25√. αναστησιν√. 25. γημασ.
ετελευτησεν√. αφηκεν√. 27. απεθανεν (—και). 28. αναστασι
ουν. εστε√. 29. και αποκριθισ (—δε)√. πλανασθαι√. ιδοτεσ√. 30.
αναστασι√. γαμουσι. γαμιζονται.—του. +τω (*ante* ουνω). εισιν√.
32. —ο *secund.*, *tert.*, *et quart.* ισακ (ισαακ Cᵃ).—θσ *quart.* 34.
φαρισεοι (-σαιοι (Cᵃ)√. [εφιμωσε]. σαδδουκεουσ√. 35. πιραζων√.
—και λεγων. 37. —ισ. εφη (*pro* ειπεν). αγαπησισ (*sic* v. 39)√.
—τη *prim.* (*habet* Cᵃ). 38. εστιν η μεγαλη και πρωτη. 39. —δε
(*habet* Cᵃ). 40. ταυτεσ τεσ (-ταισ ταισ Cᵃ)√. εντολεσ (-λαισ
Cᵃ).—ολοσ (*habet* Cᵃ). κρεμαται και οι προφητε (-ται Cᵃ). 41.
φαρισεων√. 42. δοκι√. εστιν√. —του *secund.* δαδ *passim*√. 43.
λεγιν√. καλι κν αυτον. 44. —ο. υποκατω (*pro* υποποδιον). 45.
καλιν√. εστιν√. 46. αποκριθηνε (-ναι Cᵃ) αυτω. ετολμησεν√. εκι-
νησ√. επερωτησεν√.

XXIII. 1. [ο]. ελαλησεν√. μαθητεσ (-ταισ Cᵃ)√. 2. μωυσεωσ.

φαρισεοι√. 3. εαν (*pro* αν).—τηρειν τηρειτε και. ποιησατε (*pro*
ποιειτε *prim.* : Cᵃ *addit* και τηρειτε). λεγουσιν√. ποιουσιν√. 4.
δεσμευουσιν√. δε (*pro* γαρ). +μεγαλα (*ante* βαρεα).—και δυσ-
βαστακτα. αυτοι δε τω (*pro* τω δε). θελουσιν κινησεν√. 5. ποι-
ουσιν√. θεαθηνε√. [πλατυνουσι]. γαρ (*pro* δε *secund.*). [μεγα-
λυνουσι].—των ιματιων αυτων. 6. [φιλουσι]. δε (*pro* τε). (τασ
πρωτοκλισιασ Cᵃ). διπνοισ√. τεσ συναγωγεσ (ταισ -γαισ Cᵃ, *at*
-γεσ *restitutum*)√. 7. τεσ αγορεσ (ταισ αγοραισ Cᵃ)√. καλεισθε√.
7, 8.—ραββι ραββι υμεισ δε μη κληθητε (*δμοιοτ.* : *supplet* Δ υμεισ
δε μη κληθητε ραββει). 8. ραββει√. [καθηγητησ : Cᵃ διδασκαλοσ,
sed καθηγ. *restituitur*].—ο χσ. υμισ√. 9. υμων ο πηρ. ουρανιοσ
(*pro* εν τοισ ουρανοισ). 10. εισ γαρ εστιν υμων ο καθ. 11. μιζων√.
—υμων *secund.* 12. ταπινωθησετε√. ταπινωσειν√. υψωθησετε√.
Deest v. 13. 14. (+δε *post* ουαι Α?). γραμματισ (*sic* v. 15)√.
υποκριτε (*non* v. 15)√. κλιετε√. βασιλιαν√. αγνω (ανων C)√.
ισερχεσθε (εισερχ. C)√. 15. ποιησε√. γενητε√. 16. +οι (*ante*

ΚΑΤΑ ΜΑΘΘΑΙΟΝ. Κεφ. XXIV.

τυφλοι: οι *eras.*). χρυσω του ναου *rescript. ab* Δ. οφιλειν̌. 17.
[τισ]. μιζων̌. αγιασασ. 18. αν (*pro eas*). οφιλιν̌. 19. —*μωροι*
και. μιζον̌. 20. ομνυϊ (*sic* v. 22, non v. 21)̌. [πασι]. 21.
[κατοικουντι]. 23. γραμματισ (*sic* vv. 25. 27. 29)̌. υποκριτε
(*sic* vv. 25. 27. 29)̌. το ελεοσ. [ταυτα εδει] ποιησε κακινα μη
αφινεν̌. 24. [οι: *eras. ante* C: *et rursus restitut.*]. 25. φαρισεοι
(*sic* v. 27)̌. κε (*pro* και *secund.*). [εξ]. κε (*pro* και *tert.*: Cᵃ και)
cf. vv. 26. 27. 28̌. [ακρασιασ]. 26. [και τησ παρ.]. κε το
εντοσ αυτων (Cᵃ *cum* Steph. και το εκτοσ αυτων). 27. κε *bis in
vers.* (και B?)̌. [παρομοι.]. —οιτινεσ (*habet* Cᵃ). φενοντε ωρεοιν̌.
28. ουτωσ κε (και Cᵃ) υμισν̌. φενεσθεν̌. δικεοι (Cᵃ δικαιοι)̌. εστε
μεστοι. κε (*pro* και *secund.*)̌. 29. φαρισεοι (-σαιοι Cᵃ)̌. κοσ-
μιτεν̌. μνημιαν̌. δικεων (-καιων Cᵃ)̌. 30. λεγεταιν̌. ημεθα (*pro*
ημεν *bis in vers.*). τεσ ημερεσ (ταισ -ραισ Cᵃ)̌. [κοινωνοι αυτων].
31. μαρτυριτεν̌. 32. υμισν̌. 33. οφισν̌. 34. γραμματισν̌. —και
tert. αποκτενιτεν̌. εξ αυτων και (*ante* μαστιγωσετε: Cᵃ *cum*
Steph.). τεσ συναγωγεσ (ταισ *tantum* Cᵃ)̌. 35. (+αν *post*
οπωσ: Cᵃ). —παν (*habet* Cᵃ). δικεον (-καιον Cᵃ)̌. εκχυννομενον.
— υιον βαραχιου (*habet* Cᵇ). 36. ηξιν̌. [τ. π.]. 37. —η. τουσ
προφητασ αποκτενουσα (η αποκ. τουσ προφ. Cᵃ Cᵇ). επισυναγειν
(Cᵃ *cum* Steph.). ορνισ επισυναγι (-γει Cᵃ). αυτησ (*pro* εαυτησ:
Cᵃ *cum* Steph.). [πτερυγασ και]. 38. [ερημοσ].

XXIV. 1. απο του ιερου επορευετο. μαθητεν̌. επιδιξεν̌. 2.
αποκριθεισ (*pro* ισ). ταυτα παντα, *at* — παντα *p.m.*? (*addidit* Α?).
—μη *secund.* 3. ελεων̌. μαθηται καθ ιδιαν. εστεν̌. σημιον̌.—τησ
secund. συντελιασ̌. 5. ελευσοντεν̌. πλανησουσιν̌. 6. δι (*pro*
δει)̌.—παντα. εστινν̌. 7. εγερθησετεν̌. επ εθνοσ. βασιλιαν̌. βα-
σιλιαν̌. εσοντε σισμοι και λιμοι (—και λοιμοι). 9. —παντων
(*habet* Cᵃ). [των]. 10. +εισ θλιψιν (*post* παραδωσουσιν).—και
μισησουσιν αλληλουσ. 11. πολλουσ πλανησουσι. 12. πληθυνθηνε
(-ναι Cᵃ)̌. ψυγησετεν̌. 13. υπομινασ̌. σωθησετεν̌. 14. κηρυχ-
θησετεν̌. βασιλιασν̌. εισ ολην την οικουμενην. [πασι]. εθνεσιν̌.
ηξιν̌. 15. (δε *pro* ουν Cᵃ). δανιηλ (δαν Α, *at super sex feré
literas erasas*)̌. [εστοσ]. 16. ιουδεα (-δαια Cᵃ)̌. [επι]. 17.
καταβατω (-βητω Cᵃ? *at rursus emendatum*). το (*pro* τι: Cᵃ τα).
18. αρε (αραι Cᵃ)̌. το ιματιον̌. 19. εχουσεσ (-σαισ Cᵃ)̌. θη-
λαζουσεσ (-σαισ Cᵃ)̌. εκινεσ (-ναισ Cᵃ) ταισ ημερεσ (-ραισ Cᵃ)̌.
20. χιμωνοσ̌.—εν. 21. εστεν̌. ουκ εγενετο. γενητεν̌. 22. εκι-
ναι *bis in vers.*̌. εκολοβωθησαν (*pro* κολοβωθησονται: Cᵃ *cum*
Steph.). 23. [πιστευσητε]. 24. ι ψευδοχριστοι (ι *improbat*

18

p.m.)√. ψευδοπροφητε√. δωσουσιν σημια√. πλανηθηναι. 26. —ουν (habet Cᵇ). εστιν√. ταμιοισ√. 27. εξερχετε√. φαινετε√. εστε√. —και secund. 28. του (pro οπου: ο prim. supplevit corrector jam ante C).—γαρ. σωμα (pro πτωμα: Cᵃ cum Steph.). εκι συναχθησοντε√. 29. εκινων√. σκοτισθησετε√. δωσιν√. εκ (pro απο). δυναμισ√. 30. φανησετε√. σημιον√.—τω.—τοτε secund. (habet Cᵃ). κοψοντε√. πασε ε φυλαι (-σαι αι φ. Cᵃ)√. οψοντε√. 31. αποστελιν√.—φωνησ. επισυναξι (αι -ξουσιν Cᵃ). δ√. [εωσ ακρ.]. 32. γενητε√. ᵗᵃ φυλλα (τα p.m. vel A). 33. ουτωσ√. υμισ√. ταυτα παντα. 34. [υμιν ου μη].—αν. γενητε√. 35. Deest versus (supplet Cᵃ, legens [παρελευσονται] et παρελθωσιν√). 36. —τησ secund. +ουδε> ο υιοσ (ante ει μη: delei Cᵃ? sed restituitur). —μου. 37. [δε].—και.—του υιον (habet Cᵃ) ομοιοτ. 38. ωσ (pro ωσπερ). [ημεραισ ταισ προ]. πεινοντεσ√. (+και ante γαμουντεσ Cᵃ). γαμιζοντεσ. εισηλθεν√. 39. ο εωσ (ο notat. p.m.)√. [και η παρ.]. 40. εσονται δυο (Cᵃ cum Steph.).—ο bis. παραλαμβανετε (non v. 41)√. αφιετε (non v. 41)√. 41. μυλω. 42. ημερα (pro ωρα). 43. ειασεν√. διορυχθηναι. 44. ου δοκειτε ωρα. 45. καταστησει (cf. v. 47).—αυτου prim. οικιασ (pro θεραπειασ). δουναι. 46. ουτωσ ποιουντα. 47. πασιν√. 48. —εκεινοσ (εκινοσ√ Cᵃ). εαυτου (pro αυτου). μου ο κσ.—ελθειν. 49. + εαυτου (post συνδουλουσ). εσθιη. πιη.

XXV. 1. [αυτων]. υπαντησιν. 2. πεντε δε εξ αυτων ησαν μωραι και πεντε φρονιμοι. 3. αι γαρ (pro αιτινεσ).—εαυτων. 4. αγγιοισ√. —αυτων prim. fin. εαυτων. 6. —ερχεται.—αυτου. 7. εαυτων. 8. [ειπον]. 9. [ουκ αρκεση]. υμιν και ημιν.—δε secund. 10. εκλισθη√. 11. [και]. 13. —εν η ο νσ ad fin. vers. 14. εκαλεσεν√. 15. εδωκεν√. 16. —δε (habet Cᵃ). ᵗαλαντα prim. (ᵗ p.m.)√. ηργασατο (ειργ. Cᵃ). (εκερδησεν pro εποιησεν Cᵃ et Cᵇ). [ταλαντα secund.]. 17. —και prim. (habet Cᵃ). εκερδησεν (—και αυτοσ). 18. [εν λαβ.]. γην (pro εν τη γη). εκρυψεν. 19. πολυν χρονον. λογον μετ αυτων. 20. —ταλαντα prim. [habet quart.]. —εκ αυτοισ (sic v. 22). 21. —δε. 22. —δε (habet Cᵃ). [λαβων]. ειπεν (sic v. 24)√.—κυριε. 24. ανθρωποσ αυστηροσ ει (pro σκλ. ει ανθ.). 26. [πονηρε δουλε]. 27. σε ουν. τα αργυρια (Cᵃ cum Steph.). τραπεζειταισ√. 29. του δε (—απο). 30. αχριον√. εκβαλετε. 31. —αγιοι. 32. συναχθησονται. αφορισει (pro -ριει: -ριει C). 33. —αυτου (post δεξ.). fin. +αυτου. 35. επινασα (sic v. 42)√. 36. ηλθατε προσ εμε. 37. [ειδομεν]. 39. [ασθενη].

40. [των αδ. μου]. 41. ὑπαγετε (pro πορευεσθε). — οι. 43.
— γυμνοσ και ου περιεβαλετε με (ὁμοιοτ.: habet C, legens περι-
εβαλεται√ sine με). 44. αυτωοι (sic p.m. pro αυτω και αυτοι: και
αυτοι Cᵃ sine αυτω). πινωντα (non v. 37)√. ουκ ηδικηκονησαμεν
(pro ου διηκ.)√.

XXVI. 1. ειπεν (sic vv. 15. 25. 26. 49)√. 3. — και οι γραμ-
ματεισ. 4. δολω κρατησωσιν. 7. εχουσα αλαβαστρον μυρου πολυ-
τιμου. τησ κεφαλησ. ανακιμενου√. 8. — αυτου. απωλιαν√. 9.
εδυνατο.— το μυρον. [-ναι πτωχ.]. 10. γυνεκι (-ναικ- Cᵃ).— γαρ
(notat. et restitut.). ηργασατο (ειργ. Cᵃ) cf. xxv. 16. 11. [cum
Steph.]. 13. λαληθησετε√. 14. πορευθισ√. ιβ√. αρχιερισ√. 15.
ι (pro τι) p.m. τ s.m.√. θελεται√. δωνε√. και εγω. λ√. 16. εξητι
ευκεριαν√. 17. — αυτω. θελισ√. [-σωμεν]. φαγιν√. 18. διναν√.
εστιν√. 20. ανεκιτον√. fin. ιβ μαθητων. 21. λεγι (pro ειπεν).
παραδωσι (non v. 23)√. 22. λεγιν√. εισ εκαστοσ (— αυτων). 23.
αποκριθισ (sic v. 25)√. την χιρα εν τω τρυβλιω. 24. ὑπαγιν√.
εκινοσ√. 25. ραββειν√. +ο ισ (ante συ). 26. — τον. εκλασεν√.

εδιδου⁵ (··· et σ A vel C: εδιδου p.m., δουσ s.m., ut videtur).
μαθητεσ (-ταισ Cᵃ)√. — και tert. εστιν (sic vv. 28. 39. 48.
66)√. 27. — το. [και ευχαρ.]. 28. — το secund. — καινησ. εκ-
χυννομενον. 29. — οτι.— του (habet Cᵃ). γενηματοσ. εκινησ√.
κενον√. 31. λεγι (sic vv. 35. 36. 40. 45)√. ὑμισ√. σκανδαλισθη-
σεσθαι√. διασκορπισθησοντε (-νται Cᵃ)√. 32. εγερθηνεν√. 33.
— ει και (habet Cᵃ). [εγω ουδετ.]. σκανδαλισθησομε (-μαι Cᵃ) √.
34. με απαρνηση (Cᵃ cum Steph.). 35. αποθανιν√. [ομοιωσ και].
36. γεθσημανι. + αυτου (post μαθηταισ).— αυτου (ante εωσ).— ου
(ante απελθων). εκι προσευξωμεν√. 37. ζεβεδεου√. λυπισθεν√. αδη-
μονιν√. 38. [αυτοισ περιλ.]. μινατε√. γρηγοριτε (non v. 41)√.
39. προσελθων. [μου]. παρελθατω. 40. ερχετεν√. ευρισκιν√. γρη-
γορησεν√. 41. εισελθηται√. πιρασμον√. 42. (A vel B addit ο ισ
ante λεγων, sed rursus eras.). δυνατεν√.— το ποτηριον. παρελθιν√.
— απ εμου. 43. παλιν ευρεν αυτουσ. 44. αφισ√. παλιν απελθων√.
τον αυτον εκ τριτου (Cᵃ cum Steph.). + παλιν iterum (post ειπων).
45. ερχετεν√.—αυτου. [το λ.]. χιρασ√. 46. παραδιδων (-δουσ Cᵃ),
non v. 48. 47. ιβ ηλθεν√. μαχερων√. 48. σημιον√. εαν (pro
αν). κρατησαται√. 49. ραββει√. 50. — ισ. ο (pro ω). χιρασ√.
51. εκτινασ√. χιραν√. [απεσπασε]. αφιλεν√. 52. την μαχαιραν
σου. μαχαιρη. απολουντε (-νται Cᵃ)√. 53. — αρτι. παρακαλεσε√.

ωδε αρτι πλειω (pro πλειουσ: αρτι πλειουσ Cᵃ).—η secund. λε-
γιωνων (-γαι- Cᵃ). (αγγελων p.m. et Cᵃ: at -ουσ in rasura Δ,
potius quam p.m.). 54. γραφε (-αι Cᵃ) sic v. 56√. ουτωσ√. δι
(δει Cᵃ)√. γενεσθε√. 55. εξηλθατε.— προσ υμασ εν τω ιερω
εκαθεζομην διδασκων. 56. πληρωθοσιν? p.m. (-ωσιν Α vel Β)√.
[-ται παντ.]. 57. γραμματισ√. 58. ηκολουθι√.—απο. 59. οι δε
αρχιερισ.—και οι πρεσβυτεροι. θανατωσωσιν√. 60. —και secund.
προσελθοντων ψευδομαρτυρων.— ουχ ευρον secund. β̄√.—ψευδο-
μαρτυρεσ. 61. ειπαν. καταλυσε√. αυτον οικοδομησαι. 62, 63.
—ουδεν αποκρ. usque ad ειπεν αυτω (ὁμοιστ.: supplet Α vel Β jam
ante C, at eras.: habet C, sed αποκριθεισ v. 63 omisso). 65.— ο
(habet Β?). διερρηξεν√. και λεγει ἴδε (pro λεγων οτι: Cᵃ λεγων
tantum). εβλασφημησεν√. χριαν√. μαρτυριων.— αυτου secund.
66. ειπαν (-τον Cᵃ). 67. εραπισαν. 69. εκαθητο εξω. γαλιλεου√.
70. [-θεν παντ.]. 71. — αυτον prim. [λεγει τοισ εκει].— και
secund. 72. μετα.— οτι. 74. καταθεματιζειν. [ευθεωσ]. εφω-
νησεν√. 75. — του secund.— αυτω. εκλαυσεν√.

XXVII. 1. αρχιερισ√. 2. —αυτον ποντιω. 3. [παραδιδουσ].
μετεμεληθη και εστρεψεν (μεταμεληθισ εστρεψεν Cᵃ). λ̄ (sic v. 9)√.
[αρχιερευσι].—τοισ secund. 4. [αθωσν]. [ειπον: sic vv. 6. 21].
οψη. 5. +λ̄ (ante αργυρια). εισ τον ναον. ανεχωρησεν√. 6. εξ-
εστιν βαλιν√. [κορβαναν]. επιν√. εστιν√. 8. εκινοσ√. 9. και
(pro τοτε: Cᵃ cum Steph.). [Ιερεμιου του πρ.]. 10. εδωκα. συν-
εταξεν√. 11. εσταθη. ° ηγεμων (ο C et jam antea).— αυτω. λεγισ√.
12. κατηγορισθεν√.— των secund. 13. λεγι (sic v. 22)√. κατα-
μαρτυρουσιν√. 14. θαυμαζιν√. 15. παρητουντο (pro ηθελον: Cᵃ
cum Steph.). 16. τουτε (pro τοτε: ν improbat p.m.?)√. [βα-
ραββαν passim]. 17. ο p.m. at in rasura scriptum. 18. ηδιν√.
19. απεστιλεν√. εκινω√. 20. αρχιερισ√. επισαν√. 21. β̄√. +τον
(ante βαραββαν). 22. λεγουσιν (— αυτω). 23. — ηγεμων. πε-
ρισσω (Cᵃ cum Steph.). 24. ωφελιν√. γεινεται√. χιρασ√. [απ-
εναντι]. [αθωοσ]. [του δικαιου]. + δε (ante οψεσθαι√: improbat
δε Cᵃ). 25. αποκριθισ√. ειπεν√. 26. [φραγελλ.]. (+ αυτοισ
ante ἱνα Cᵃ, at erasum). 27. στιφαν√. 28. (εκδυσ. p.m. at ν pro
κ Cᵃ: κ restituit Cᵇ vel forsan Cᵃ: cf. Cod. Β). χλαμυδα κοκκινην
περιεθηκαν αυτω. 29. τησ κεφαλησ. εν τη δεξια. ενεπεξαν√. [ο
βασιλευσ]. 31. ενεπεξαν. εκδυσαντεσ.—και secund. 32. κυρη-
νεον√. 33.— λεγομενον (habet Cᵃ). ο εστιν κρανιου τοπος λεγο-
μενος (Cᵃ notat λεγομενοσ: sed restituitur). 34. πιν (πιειν Cᵃ)

21

bis in versu. οινον (*pro* οξοσ). ηθελησεν (ηθελεν√ C᷂ : *at* -ησεν *restituitur*). 35. βαλοντεσ. — ινα πληρωθη *ad fin. vers.* 37. ιουδεων√. 38. ληστε (-ται C᷂)√. 40. [ει του θῡ]. + και (*ante* καταβηθι: *improbat* C᷂). 41. — δε και. αρχιερισ√. εμπεζοντεσ√. των πρεσβυτερων και γραμματαιων. 42. — ει. εστιν√. *fin.* πιστευσωμεν επ αυτον. 43. [τον θῡ]. — αυτον *prim.* θελιν√. ειπεν√. 44. συνσταυρωθεντεσ συν αυτ. *fin.* αυτον. 45. — επι πασαν την γην (*habet* Δ εφ ολην την γην). ενατησ. 46. ενατην. [ανεβοησεν]. ελωι ελωι λεμα σαβαχθανει. τουτεστιν√. [εγκατελιπεσ]. 47. εστηκοτων. — οτι. φωνι√. 48. — εξ αντων. 49. [ελεγον]. σωσαι (*pro* σωσων: C᷂ *cum* Steph.). *fin.* + αλλοσ δε λαβων λογχην ενυξεν αυτου την πλευραν και εξηλθεν υδωρ και αιμα. *Sic* Cod. B. 50. αφηκεν√. 51. [εισ δυο]. — απο. εσισθη√. 52. — και τα μνημεια ανεωχθησαν (*ὁμοιοτ.*: *habet* C᷂, *legens* μνημιαν√). ηγερθησαν. 53. μνημιων√. — εισηλθον. — και *secund.* 54. εκατονταρχησ. σισμον√. [γενορενα]. ῡσ ην του θῡ (C᷂ *cum* Steph.). 55. κακει (*pro* εκει). 56. — μαρια η μαγδαληνη και (*habet* C᷂). η μαρια η ιωσηφ (*pro* ιωση μητηρ: C᷂ *habet* η ιωσ. μητηρ). μαρια η (*pro* μητηρ *secund.*: C᷂ *cum* Steph.). ζεβεδεου√. 57. εμαθητευθη. 58. αποδοθηνε (-ναι C᷂). — το σωμα *secund.* 59. [αυτο σινδ.]. 60. — αυτο. μνημιων√. [μεγαν τη θ.]. μνημιουν√. 61. μαριαμ (*pro* μαρια *prim.*). καθημενε (-ναι C᷂)√. 62. εστιν√. 63. εκινοσ√. τρισ√. εγιρομαι√. 64. — αυτου. — νυκτοσ. κλεψουσιν. ειπωσιν√. χειρον√. 65. [δε]. ασφαλισασθαι√.

XXVIII. 1. ηλθεν√. μαριαμ (*pro* μαρια *prim.*) *cf.* xxvii. 61. 2. σισμοσ√. + και (*ante* προσελθων). [απεκυλισε]. — απο τησ θυρασ. 3. — ην δε η ιδεα αυτου (*ὁμοιοτ.*: *habet* Δ, *legens* ειδεα)√. ωσ (*pro* ωσει: *at* ωσ η C᷂). 4. εσισθησαν√. εγενηθησαν ωσ (*pro* εγενοντο ωσει). 5. ειπεν√. — ταισ γυναιξι (*habent* Δ? C᷂, *at* γυναιξιν√). φοβηθηται (C᷂ φοβισθαι). υμισ√. 6. ειπεν√. ειδετε√. — ο κσ̄. 7. πορευθισαι√. οψεσθαι√. ειπα (*pro* ειπον: C᷂ *cum* Steph.). 8. απελθουσαι (*pro* εξελθουσαι). μνημιουν√. απαγγιλαι√. 9. — ωσ δε επορ. απαγγ. τοισ μαθηταισ αυτου. — ο. υπηντησεν (απηντησεν C᷂ *cum* Steph.). 10. υπαγεται απαγγιλατε√. — μου (*habet* C᷂). ελθωσιν (απελθωσιν C᷂ *cum* Steph.). και εκει. 11. αντηγγιλαν. 12. εποιησαν (*pro* λαβοντεσ: *addit* Δ και λαβοντεσ: C᷂ *improbat* εποιησαν και, *sed rursus restituuntur*). 13. οτι ειπατε (*pro* ειπατε οτι). 14. [επι]. — αυτον. ποιησωμεν. 15. — τα (*habet* C). (καθωσ *pro* ωσ C᷂). εφημισθη. εωσ (*pro* μεχρι: C᷂ *cum* Steph.). 17. — αυτω. 18. — αυτοισ (*habet* C᷂). [επι γησ].

19. — ουν. [βαπτιζοντεσ]. 20. τηριν√. ενετιλαμην√. ειμι μεθ υμων.—αμην.

Deest subscriptio.

κατα μαρκον.

Cap. I. 1. — υιον του θ̄ῡ (ὁμοιοτ.: A *supplet* ῡῡ θ̄ῡ). 2. καθωσ (*pro* ωσ). τω ησαια τω προφητη (*pro* τοισ προφηταισ). [εγω]. αποστελω. ἦν. ∸ εμπροσθεν σου. 3. ενθιασ√. 4. *init.* + και (*improbat* C²). + ο (*ante* βαπτιζων). [και κηρ.]. 5. Ἱεροσολυμειτε (C² -ται)√. παντεσ εβαπτιζοντο (— και *tert.*: C² *habet post* παντεσ). Ὑπ αυτου εν τω ιορδανη ποταμω. 6. και ην (*pro* ην δε). + ο (*ante* ιωαννησ). εσθων (εσθιων C²?). 7. εκηρυσσεν√. (*Pro* ειμι ι[κανοσ] p.m., *instaurator habet* ει μη[κανοσ]√). [κυψασ]. 8.—μεν. — εν *prim.*— υμασ *secund.* (*habet* C²). [εν *secund.*]. 9. *init.* [και εγεν.]. [ναζαρετ]. εισ τον ιορδανη ὑπο ιωαννου. 10. ευθυσ. αναβενων√. εκ (*pro* απο). ειδεν√. ωσ (*pro* ωσει). + και μενον (*ante* επ). 11. — εγενετο (*habet* C²). σοι (*pro* ω). [ευδ.]. 12. [ευθυσ]. 13. — εκει. μ̄ ημερασ. πιραζομενοσ√. 14. [δε]. [ο ῑσ̄].— τησ βασιλειασ. 15. — και λεγων (λεγων *habet* A?). ηγγεικεν√. βασιλιαν√. πιστευεται√. 16. και παραγων (*pro* περιπατων δε). ειδεν (ιδεν C)√. σιμωνοσ (*pro* αυτου). αμφιβαλλοντασ.— αμφιβλης τρον. 17. γενεσθεν√. αλεεισ (*non* v. 16). 18. ευθυσ.— αυτων. 19. [εκειθεν].— ολιγον (*post* προβασ *habet* C²). ιδεν√. ζεβεδεου√. 20. ευθυσ. ζεβεδεον√. 21. καφαρναουμ. ευθυσ. εδιδαξεν εισ την συναγωγην (— εισελθων: *at* εδιδασκεν C²). 22. [*cum* Steph.]. 23. + ευθυσ (*ante* ην). [— εν *secund.*, *teste* Tischendorf. Notitia Ed. Cod. Sin. p. 31: *habent* εν *editt. mai. et minor*]. ανεκραξεν√. 24. — εα (*habet* C²). απολεσε (-σαι C²)√. οιδαμεν. 25. — λεγων (*habet* A). 26. φωνησαν (*pro* κραξαν). [εξ]. 27. απαντεσ. συνζητων√.— προσ. [αυτουσ]. εστιν√. διδαχη καινη (*pro* τισ η διδ. η καιν. αυτη οτι). [πνασι]. επιτασσι√. 28. και εξηλθεν (— δε). — ευθυσ (C² ευθυσ πανταχη *habet*). ιουδαιασ (*pro* γαλιλαιασ: C² *cum* Steph.). 29. ευθυσ (*at* C² p-ο και ευθυσ *habet* ευθυσ πανταχη και, *et ante* εισ ολην v. 28 *transponit: postea vero* και ευθυσ v. 29 *restituit*). [εξελθοντεσ ηλθον]. 30. ευθυσ. 31. χιροσ√.— αυτησ. — ευθεωσ. 32. [εδυ]. 32—34. — και τουσ δαιμονιζομενουσ *usque* ad ποικιλαισ νοσοισ (ὁμοιοτ. οὐ κακωσ εχοντασ: *supplet* C², *legens* ην ολη η πολισ επισυνηγμενη *et* εθεραπευσεν√). 34. εξεβαλλεν. [ηφιε: *at* ηφιεν√ Cᵃ]. λαλιν√. ηδισαν√. *fin.* (+ τον χ̄ν̄ ειναι Cᵃ). 35. εννυχα. λειαν√. εξηλθεν√. κακι√. 36. κατεδιωξεν. — ο. 37. ευρον αυτον και (*pro* ευροντεσ αυτον). ζητουσιν σε. 38. αγομεν. + αλλαχου (*post* αγομεν). κωμοπολισ√. εξηλθον (*pro* εξεληλυθα). 39. ηλθεν (*pro* ην). κηρυσσιν (κηρυσσων Cᵃ). εισ τασ συναγωγασ. 40. [και γονυπετων]. — αυτον *teri.* — και *teri.* (*habet* Cᵃ). [οτι]. δυνασε (-σαι Cᵃ)√. 41. και (*pro* ο δε ισ̄). εκτινασ√. αυτου ηψατο (*pro* ηψ. αυτ.). — αυτω. 42. — ειποντοσ αυτου. ευθυσ. [εκαθαρισθη]. 43. ευθυσ. 44. — μηδεν. αλλα. σαυτον διξον√. προσεταξεν√. μωϋσησ. 45. κηρυσσιν√. διαφημιζιν√. δυνασθε (-θαι Cᵃ) αυτον (*pro* αυτον δυνασθαι). εισ πολιν φανερωσ εισελθιν. [αλλ]. επ (*pro* εν). [ην]. παντοθεν (*pro* πανταχοθεν).

II. 1. εισελθων παλιν. καφαρναουμ. — και *secund.* εν οικω. εστιν√. 2. — ευθεωσ. χωριν√. 3. φεροντεσ προσ αυτον παραλυτικον. δ√. 4. προσσενεγκαι (*pro* προσεγγισαι) *sic.* [χαλωσι]. κραβακτον. οπου (*pro* εφ ω). 5. και ιδων (— δε). + μου (*post* τεκνον: *improbat* Cᵃ). [αφεωνται]. σου (*pro* σοι). *fin.* — σου. 6. καρδιεσ (*sic* v. 8)√. 7. ουτωσ√. βλασφημει (*pro* βλασφημιασ). 8. ευθυσ ο ισ̄ επιγνουσ. [οτι ουτωσ]. λεγει (*pro* ειπεν). 9. αφιενται. σου (*pro* σοι). εγειρε και. τον κραβακτον σου. υπαγε (*pro* περιπατει). 10. εχιν√. επι τησ γησ αφιεναι. 11. εγειρε σοι λεγω αρον (— και). κραβακτον (*sic* vv. 4. 9. 12). 12. και ευθυσ (*pro* ευθεωσ και). εμπροσθεν (*pro* εναντιον). δοξαζιν√. [λεγοντασ]. ουτωσ ουδεποτε. εφανη εν τω ιηλ̄ (*pro* ειδομεν: Cᵃ *cum* Steph.). 13. εξηλθον (-θεν Cᵃ *cum* Steph.). εισ (*pro* παρα: Cᵃ *cum* Steph.). αυτουσ (*pro* αυτον: Cᵃ *cum* Steph.). 14. ειδεν√. λευει (λευειν Cᵃ). ακολουθιν√. 15. γινεται κατακισθαι (— εν τω). συνανεκιντο√. ηκολουθουν. 16. — οι *prim.* των φαρισαιων (*pro* και οι φ.). + και (*ante* ιδοντεσ). οτι ησθιεν (*pro* αυτον εσθιοντα). [τελ. και αμαρ. *bis in vers.*]. διατι (*pro* τι οτι). — και πινει. *fin.* + ο διδασκαλοσ υμων. 17. χριαν√. [ουκ]. — εισ μετανοιαν. 18. [νν *bis*]. φαρισαιοι (*pro* των φαρ.). + μαθηται (*post* οι *quart.*). μαθηται σου (*pro* σοι μαθ.). νηστευουσιν√. 19. εστιν√. εχουσι τον νυμφιον μετ αυτων. 20. εκεινη τη ημερα. 21. *init.* — και. ουδισ (*non* v. 22)√. [ρακουσ. αγν.]. επιραπτιν√. ιματιον παλαιον. — το *prim.* + απ (*ante* αυτου). γεινεται√. 22. ρηξει. — ο νεοσ. — βλητεον (*habet* A). [*caetera cum* Steph.]. 23. αυτον εν τοισ σαββασιν παραπορευεσθε. οι μαθηται αυτου ηρξαντο. [οδο̄ ποιειν: ⁻ *p.m.*

et C]. 24. — *εν*. [εξεστι]. 25. λεγει (*pro* αυτοσ ελεγεν). εποιησεν δαδ√. χριαν εσχεν√. επιασεν√. 26. [πωσ].— *του secund.* εξεστιν φαγιν√. ιερευσ (*pro* ιερευσι). εδωκεν√. ουσιν√. 27. + και (*ante* ουχ).

III. 1. εισηλθεν√.— την *prim.* [ην]. 2. [παρετηρουν]. ει εν τοισ σαββασι θεραπευει. [-σωσιν]. 3. τω την ξηραν χιρα εχοντι. εγειρε. 4. εξεστιν√. αγαθον ποιησαι. αποκτιναι√. 5. συνλυπουμενοσ. καρδι (ασ *omissum*)√. εκτινον√. χιρα√. [σου]. εξετινεν√. απεκατεσταθη. χιρ√.— υγιησ ωσ η αλλη. 6. ευθυσ. εποιησαν. απολεσωσιν√. 7. μετα των μαθητων αυτου ανεχωρησεν προσ. και απο τησ ιουδαιασ ηκολουθησαν (—αυτω). 8. —και απο τησ ιδουμαιασ (*habet* C^a).— και οι (*ante* περι: και *tantum habet* C^a). ακουοντεσ [οσα εποιει]. 9. ειπεν√. 11. εθεωρουν προσεπιπτον. εκραζον λεγοντεσ. 12. [αυτ. φ.]. ποιησωσιν√. 13. οι δε (*pro* και *ultim.*). 14. εποιησεν√. + ουσ και αποστολουσ ωνομασεν (*post* ιβ̄). [ωσι]. 15. —θεραπευειν τασ νοσουσ και. 16. *init.* και εποιησεν τουσ ιβ̄ και επεθηκεν ονομα τω σιμωνι. 17. βοανηργεσ. 18. ανδραιαν (-ρεαν C^a)√. [ματθαιον *hic*]. καναναιον (*pro* κανανιτην). 19. ισκαριωθ. [παρεδωκεν: *errat* Scrivener]. ερχεται (*pro* ερχονται: C^a *cum* Steph.). 20. (+ ο *ante* οχλοσ C^a). [μητε]. φαγιν√. 24. σταθηνε (-ναι C^a)√. 25. δυνησεται η οικια εκεινη σταθηναι. 26. εμερισθη και (*pro* και μεμερισται: και εμερ. και C^a). στηναι. 27. *init.* αλλ ου δυναται ουδισ εισελθων εισ την οικιαν του ισχυρου τα σκευη αυτ. 28. αφεθησετε τοισ υιοισ των αν̄ω̄ν̄ τα αμαρτηματα (υιοισ *in rasura, p.m.*). και αι βλασφημιαι οσα αν. 29. εχι (*non* v. 30)√. αλλα. εσται (*pro* εστιν). αμαρτηματοσ (*pro* κρισεωσ). 31. *init.* και ερχεται (—ουν) η μη̄ρ αυτου και οι αδελφοι αυτου. σταντεσ. απεστιλαν√. καλουντεσ (*pro* φωνουντεσ). 32. προσ αυτον οχλοσ (περι *pro* προσ C^a). και λεγουσιν (*pro* ειπον δε). [*Deest* και αι αδελφαι σου]. ζητουσιν√. 33. αποκριθεισ αυτοισ λεγει. και οι αδελφοι μου (— η). 34. τουσ περι αυτον κυκλω. ειδεν√. 35. [γαρ].— μου *secund.* εστιν√.

IV. 1. διδασκιν√. συναγεται (*pro* συνηχθη). πλιστοσ (*pro* πολυσ). εισ πλοιον εμβαντα (— το). καθησθε√. *fin.* ησαν. 2. πολλα εν παραβολαισ. 3. σπιρων√.—του (*habet* C^a). 4. σπιρειν√. επεσεν√. ηλθεν√. πετιναν.— του ουρανου. 5. και αλλο (— δε). τα πετρωδη (C^a *cum* Steph.) οπου. ειχεν√. ευθυσ. εξανετιλεν√. εχιν (*sic* v. 6)√. [βαθοσ γησ]. 6. *init.* και οτε ανετιλεν ο ηλιοσ [εκαυματισθη]. 7. αλλοσ (σ *delet* C^a). [εισ]. εδωκεν√. 8. αλλα (αλλο

25

C^a, *sed ipse rursus delevit* o). αυξανομενα. εφερον εισ λ̄ και εισ ξ̄
και εισ ρ̄. 9. —αυτοισ. οσ εχει (ο εχων C^a *cum* Steph.). 10. και
οτε (—δε). ηρωτουν. ιβ̄√. τασ παραβολασ. 11. το μυστηριον
δεδοται (—γνωναι). βασιλιασ√.—τα. γεινεται√. 12. [βλεπωσι.
ιδωσι. ακουωσι: *at* -σιν *ter* C^a]. συνιωσιν√. επιστρεψωσιν√.—τα
αμαρτηματα. 13. γνωσεσθαι√. 14. σπιρων√. σπερει. 15. σπι-
ρεται√. ευθυσ. αρπαζει (*pro* αιρει). εν αυτοισ (*pro* εν τ. κ. αυτ.).
16. ομοιωσ εισιν. σπιρομενοι (*sic* v. 18)√. ακουσωσιν. ευθυσ (*sic*
v. 17). 17. [εχουσι: *at* -σιν C^a]. 18. αλλοι (*pro* ουτοι *prim.*).
επι (*pro* εισ). ακουσαντεσ τον λογον. 19. —τουτου. *Post* πλουν-
τον *legit* συνπνιγει τον λογον και αι παρα (περι C^a) τα λοιπα επιθυ-
μιαι εισπορευομεναι (A *addit* συνπνιγουσιν τον λογον) και ακαρποσ
γεινεται. 20. εκεινοι (*pro* ουτοι). [ακουουσι]. εν λ̄ και εν ξ̄ και εν
ρ̄ (cf. v. 8). 21. [*Deest* οτι]. ερχεται ο λυχνοσ.— ινα *prim.*
(*habet* C^a). τεθηναι (τεθη C^a). υπο (*pro* επι). *fin.* τεθη. 22.
εστιν√ [τι]. εαν μη ινα (—ο). ελθη εισ φανερον. 24. μετριτεν√.
προστεθησετε√.—τοισ ακουουσιν. 25. εχει (*pro* αν εχη). 26.
—εαν. 27. εγειρεται. [βλασταη]. 28. —γαρ.— ειτα σταχυν
(*habet* C^a). ειτεν πληρη σιτον (*at* ειτ' εν C^a, *sic, pro* ειτα *secund.*).
29. παραδοι (C^a *cum* Steph.). ευθυσ. 30. ελεγεν (+ αυτοισ A)√.
πωσ (*pro* τινι). *fin.* εν τινι αυτην παραβολη θωμεν. 31. [κοκκω].
— οσ (*habet* C^a). ο μικροτερον ον (*pro* μικροτεροσ: ο *delet* C).
— εστι. [των ε. τ. γ.]. 32. αναβαινιν√. γεινεται μειζον παντων
των λαχανων. πετιναι√. *fin.* [-νουν]. 33. [ηδυν.]. 34. ιδιοισ
μαθηταισ (—αυτου). επελυεν√. 35. εκιπη√. 36. —δε. πλοια
ησαν (*pro* πλοιαρια ην). 37. γεινεται√. μεγασ (μεγαλη C^a) ανε-
μου. και τα κυματα επεβαλεν (—δε).—ωστε αυτο ηδη γεμιζεσθαι
(A *habet* ωστε ηδη γεμιζεσθαι το πλοιον). 38. αυτοσ ην. εν (*pro*
επι *prim.*). εγιφουσιν. μελιν√. 39. επετιμησεν√. ειπεν√. 40.
(λεγει *pro* ειπεν C^a). ουτω (*pro* ουτω πωσ ουκ). 41. (οι ανεμοι
C^a, *sed restituitur* ο ανεμοσ). αυτω υπακουει (υπ. αυτω C^a *et* C^b).

V. 1. *fin.* γερασηνων (γεργεσηνων C^a). 2. εξελθοντοσ αυτου.
ευθυσ υπηντησεν. μνημιων√. 3. μνημασιν (*pro* μνημειοισ). ουδε (*pro*
ουτε). [αλυσεσιν]. + ουκετι (*ante* ουδεισ). εδυνατο. 4. δι (*pro* δια
το: *at* δια τουτον *pro* δια το αυτον C^a). [αλυσεσι]. αλυσισν√. παι-
δασν√. ουδισ ισχυσεν αυτον (—δαμασαι: *habet* C^a). 5. μνημασιν και
εν τοισ ορεσιν. 6. και ιδων (—δε). εδραμεν√. [αυτω]. 7. λεγει
(*pro* ειπε). 8. και ελεγεν (—γαρ). [εκ]. 9. [επηρωτα]. ονομα σοι.
λεγι αυτω (*pro* απεκριθη λεγων). λεγιων (-γαιων C^a). [μοι οτι]. 10.
[παρεκαλει]. αυτον αποστιλη√. 11. προσ τω ορι (—ορι *p.m.: supplet*

Δ). (βοσκομενων Cᵃ). 12. [παρεκαλεσαν].— ταυτεσ οι δαιμονεσ.
13. — ευθεωσ ο ιϲ.—ησαν δε. 14. και οι (— δε). αυτουσ (pro τουσ
χοιρουσ). απηγγιλον. (Cᵃ ηλθον pro εξηλθον). εστιν√. 15. ηρ-
χοντο (pro ερχονται : Α? Cᵃ cum Steph.). [θεωρουσι].—και iter.
λεγιωνα (-γαιωνα Cᵃ). 16. [και διηγησαντο]. 17. παρακαλιν√.
απελθιν√. 18. εμβαινοντοσ. μετ αυτου η. 19. και (pro ο δε ιϲ).
απαγγειλον. ο κϲ πεποιηκεν σοι. ηλεησεν. 20. απηλθεν (sic
v. 24)√. δεκαπολι√. 21. εισ το περαν παλιν. 22. — ιδου. Ιαιροσ.
πιπτι√. 23. παρακαλει. τασ χιρασ αυτη. ινα (pro σωσ). ζηση.
24. ηκολουθιν√. 25. — τισ. δωδεκα ετη. 26. [εαυτησ]. ωφελη-
θισαν. 27. + τα (ante περι : improbat C). σπιθεν (σπισθεν Δ?
Cᵃ). 28. ελεγεν (sic v. 30)√. οτι εαν αψωμαι καν του ιματιου
αυτου. 29. ευθυσ (sic v. 30). 31. λεγισ√. 33. φοβηθισαν. + και
(post τρεμουσα : improbant Δ? Cᵃ). ιδυιαν.— επ. ηλθεν√. αλη-
θιαν√. 34. [ο δε ειπ.]. [θυγατερ]. σεσωκεν√. ιρηνην√. 35. απ-
εθανεν√. 36. — ευθεωσ. παρακαουσασ (ἁ notatum p.m., παρ impro-
batum a Cᵃ ?, sed rursus restitutum). 37. μετ αυτου (pro αυτω).
[συνακολουθησαι]. + τον (ante πετρον). 38. ερχονται. + και
(ante κλαιοντασ). 39. καθευδι√. 40. αυτοσ δε (pro ο δε).
παντασ.— ανακειμενον. 41. χιροσ√. πεδιουν√. κουμ. εστιν√. εγειρε.
42. ευθυσ. περιεπατι√. + ωσει (ante ετων). ιβ√. + ευθυσ (post
εξεστησαν). εκστασι√. 43. διεστιλατο√. μηδισ√. [γνω]. ειπεν√.
φαγιν√.

VI. 1. εκιθεν (sic v. 10, non v. 11)√. ερχεται (pro ηλθεν). 2.
διδασκειν εν τη συναγωγη. [και πολλ.]. + παντα (post ταυτα).
δοθισαν√. τουτω (pro αυτω).— οτι. + αι (ante δυναμισ√). (αι τοι-
αυται αι Cᵃ). fin. γινομεναι. 3. + τησ (ante μαριασ). και ο αδελφοσ
(— δε). ιωσηφ. 4. και ελεγεν (— δε). εστιν√. εαυτου (pro αυτου
prim.: at ιδια πατριδι αυτου Cᵃ).— τοισ συγγενεσι και εν (ὁμοιοτ. 1
habet Δ τοισ συγγενεσιν και εν). fin. [αυτου]. 5. [ηδυν.]. ποιησαι
ουδεμιαν δυναμιν. χιρασ εθεραπευσεν√. 6. εθαυμασεν. + ο ιϲ
(post περιηγεν). 7. ιβ√. αποστελλιν√. 7, 8. — εξουσιαν usque
ad παρηγγειλεν αυτοισ (ὁμοιοτ.: habent Δ Cᵇ). 8. αρωσιν. μη
αρτον μη πηραν. 9. αλλα. [ενδυσησθε]. 10. [ελεγεν]. [εαν].
μινατε. 11. init. και οσ αν τοποσ μη δεξηται.— αμην λεγω κ.τ.λ.
ad fin. vers. 12. εκηρυξαν αυτοισ (pro εκηρυσσον : αυτοισ im-
probat Δ?). μετανοησωσιν. 14. [ελεγεν]. [νν passim]. εγηγερ-
ται εκ νεκρων. δυναμισ√. 15. + δε (post αλλοι prim.).— ελεγον
secund.— εστιν η. 16. ελεγεν (pro ειπεν).— οτι. ουτοσ ιωαννησ

(*sic etiam* A).— εστιν αυτοσ (—εστιν *tantum* A : Ιωαννην ουτοσ ηγερθη *tantum* Cᵃ).— εκ νεκρων. 17. (ο γαρ ηρωδησ Cᵃ, αυτοσ *omisso, sed recepta lectio restituitur*). αποστιλασ√. [εκρατησε]. —τη. 18. ελεγεν√. εξεστιν√. εχιν√. 19. [ηθελεν]. αποκτιναι√. 20. ηπορει (*pro* εποιει). ηκουεν√. 21. [οτε]. διπνον√. εποιησεν√. 22. ελθουσησ (εισελθ. Cᵃ). αυτου (*pro* αυτησ τησ). ηρεσεν (*pro* και αρεσασησ). ο δε βασιλευσ ειπεν. αιτησαι. 23. — με. 24. και (*pro* η δε *prim.*). ειπεν *bis in versu*√. αιτησωμαι. *fin.* βαπτιζοντοσ (*non* v. 25). 25. ελθουσα (εισελθ. Cᵃ). ευθυσ (*sic* v. 27). εξ αυτησ δωσ μοι. 26 [συναγακειμενουσ]. αθετησαι αυτην. 27. ευθυσ. αποστιλασ√. σπεκουλατορα. ενεγκε. 28. — ο δε απελθων *usque ad* την κεφαλην αυτου (ὁμοιοτ.?). 29. ακου. (σ *pro* a *p.m.*?)√. [ηλθον]. αυτον (*pro* αυτο).— τω. μνημιω√. 30. απηγγιλαν√.— και *tert.*— οσα *secund.* (*habet* Cᵃ). 31. λεγει (*pro* ειπεν). ὑμισ√. (επ *pro* εισ Cᵃ). αναπανεσθαι√. ευκαιρουν. 32. εν πλοιω εισ ερημον τοτον. 33. ιδον√.— οι οχλοι. [επεγνωσαν]. αυτουσ (*pro* αυτον *prim.*).— και συνηλθον προσ αυτον. 34. — ο ισ. οχλον πολυν. αυτουσ (*pro* αυτοισ).— ωσ προβατα (*habet* Cᵃ). διδασκιν√. 35. γινομενησ.— αυτω (*habet* Cᵃ). [αυτου]. ελεγον (*pro* λεγουσιν). 36. βρωματα (*pro* αρτουσ) τι φαγωσιν (— γαρ *et* ουκ εχουσιν). 37. φαγιν *prim.*√. δηναριων διακοσιων. δωσωμεν. 38. [αρτ. εχ.].— και *prim.* ελθοντεσ (*pro* γνοντεσ : Cᵃ cum Steph.). λεγουσιν πεντε. 39. ανακλιθηναι. 40. ανεπεσαν. — πρασιαι *semel.* κατα (*pro* ανα) *bis*. ρ√. 41. ευλογησεν√. κλασασ (*pro* κατεκλασε). — και (*ante* εδιδου : *habet* και Cᵃ).— αυτου. παρατιθωσιν (C cum Steph.). β *secund.*√. εμερισεν πασιν√. 43. κλασματων ιβ κοφινων πληρωματα (— πληρεισ). + δυο (*ante* ιχθυων). 44. — τουσ αρτουσ (*additurus erat* C, *sed delevit*). ωσ (*pro* ωσει). 45. ευθυσ. [ηναγκασε].— το *prim.* απολυει. 48. ιδων (*pro* ειδεν). ελαυνιν√. εναντιοσ ο ανεμοσ.— και *secund.* ηθελεν√. 49. επι τησ θαλασσησ περιπατουντα. οτι φαντασμα εστιν (*pro* φαντ. ειναι). 50. ειδαν. ο δε ευθυσ (— και *secund.*). ελαλησεν√. 51. — εκ περισσου.— και εθαυμαζον. 52. αλλ ην αυτων η καρδια (— γαρ). 53. επι την γην ηλθον εισ γεννησαρετ. προσωρμηθησαν (-μισθησαν Cᵃ). 54. ευθυσ [*nihil additum*]. 55. περιεδραμον. χωραν (*pro* περιχωρον). + και (*ante* ηρξαντο). εν τοισ τοισ κραβακτοισ (*sic* : επι *pro* εν Cᵃ cum Steph. : τοισ *secund.* *improbato*). ηκουσθη.— εκει. εστιν√. 56. εαν (*pro* αν *prim.*). + εισ (*ante* πολισ√ *et* αγρουσ). + η (*post* αγρουσ). ετιθεσαν. ηψαντο (*pro* αν ηπτοντο).

VII. 1. γραμματαιων√. 2. τινεσ (Cᵃ τινασ). + οτι (*ante* κοι-

ναισ). χερσιν√. εσθιουσιν αρτον.— εμεμψαντο. 3. πυκνα (pro
πυγμη). εσθιωσιν. 4. [απο]. ραντισωντε (C^a -νται, pro βαπτι-
σωνται). εσθιουσιν (sic v. 5)√. κρατιν√.— και κλινων (όμοιοτ.).
5. και (pro επειτα). γραμματισ√. ου περιπατουσιν οι μαθηται σου.
κοιναισ (pro ανιπτοισ: C^a cum Steph.). 6. — αποκριθεισ.— οτι in
loco. επροφητευσεν. + οτι (ante ουτοσ ο λ.). χιλεσιν√. 7. σε-
βοντε (C^a -νται)√. 8. — γαρ.— βαπτισμουσ ξεστων κ.τ.λ. ad fin.
vers. 9. αθετιτε√. 10. μωϋσησ. ειπεν√. 11. λεγεται√. εστιν√.
12. — και. αφιεται√. ποιησε (C^a -σαι)√.— αυτου bis. 13. παρα-
δοσιν√. πολλα τοιαυτα. 14. παλιν (pro παντα). [ακουετε].—μου
παντεσ. [συνιετε]. 15. επ (pro εισ: C^a cum Steph.). κοινωται
αυτον. εκ του α͞ν͞ο͞υ εκπορευομενα (— απ αυτου). — εκεινα. εστιν√.

κοιναυντα (^o forsan p.m.: C reposuit super a raso)√. 16. Deest
versus. 17. εισηλθον. + τον (ante οικον). την παραβολην (— περι).
18. [ουτω: at C^a ουτωσ√]. ὑμισ√. ουπω (pro ου). ου κοινοι τον α͞ν͞ο͞ν
(pro εισ τον α͞ν͞ο͞ν κ.τ.λ. ad fin. vers.). 19. εισπορευετε√. εκ-
βαλλετε (pro εκπορευεται). καθαριζων. 20. ελεγεν√. εκινο√. fin.
α͞ν͞ο (C^a α͞ν͞ο͞ν)√. 21, 22. πορνιαι κλοπαι φονοι μοιχιαι. 22.
ασελγια√. 23. κακεινα (pro και). 24. εκειθεν δε (— και). ορια.
[και σιδωνοσ].—την. ηθελησεν. ηδυνασθη. λαλειν (pro λαβειν:
C^a cum Steph.). 25. αλλα ευθυσ ακουσασα (— γαρ). ειχεν√.
— αυτησ. εισελθουσα. προσεπεσεν√. 26. η δε γυνη ην. συροφοι-
νικισσα. γενι√. εκβαλη. 27. και ελεγεν (pro ο δε ι͞σ ειπεν). εστιν
καλον. τοισ κυναριοισ βαλειν. 28. — γαρ. εσθιουσιν αποκατω
(ὑποκ. A, etiam p.m. τ scripsit primò pro κ, sed correxit) τησ
τραπεζησ. 29. εξεληλυθεν εκ τησ θυγατροσ σου το δεμονιον¹³
(¹³ Tischendorf., sed deest annotatio). 30. εαυτησ. ευρεν το
παιδιον βεβλημενον επι την κλινην και το δαιμονιον εξεληλυθοσ.
31. ηλθεν δια σιδωνοσ (pro και σιδ. ηλ.). εισ (pro προσ). 32.
+ και (ante μογιλαλον). fin. τασ χιρασ (C^a την χιραν). 33. κατ
ιδιαν απο του οχλου. ελαβεν (C^a εβαλεν√).— αυτου prim. 34.
εστεναξεν√. (εφφεθα C^a, sed εφφαθα restitutum). εστιν√. δια-
νυχθητι√. 35. — ευθεωσ. ηνυγησαν. + ευθυσ (ante ελυθη). 36.
διεστιλατο√. λεγωσιν (pro ειπωσιν).— αυτοσ. + αυτοι (ante μαλ-
λον). περισσοτερωσ. 37. πεποιηκεν√.— τουσ secund. λαλιν√.

VIII. 1. παλιν πολλου (pro παμπολλου). φαγωσιν√.— ο ι͞σ.
— αυτου. 2. σπλαγχνιζομε√. ημεραι τρισ. [προσμενουσι μοι].
[εχουσι]. φαγωσιν√. 3. νηστισ√. και τινεσ (— γαρ). + απο (ante
μακροθεν). ηκασιν√. 4. — αυτω. + και ειπαν (ante ποθεν). δυνη-

σετε√. 5. ηρωτα. αρτουσ εχετε (ap rescriptum). ειπαν ζ. 6. παρ-
αγγελλι√. τουσο ζ(σ eras.)√. [-τουσ ευχ.]. εκλασεν√. παρατι-
θωσιν√. 7. ειχαν. fin. και ευλογησασ αυτα παρεθηκεν (— ειπεν et
και ultim.: at A pro παρεθηκεν habet ειπεν και ταυτα παρατιθεναι).
8. και εφαγον (— δε). + παντεσ (post εφαγον). + τα (ante περισ-
σευματα). σφυριδασ (non v. 20). 9. — οι φαγοντεσ ωσ. 10.
ευθυσ. [εμβασ εισ]. + ο ισ (post ηλθεν: improbant Cᵃ Cᵇ). 11.
συνζητειν. + ιδιν (post σημιον√). πιραζοντεσ√. 12. ζητι σημιον.
σημιον secund.√. 13. αφισ√. παλιν εμβασ.— εισ το πλοιον. 15.
διετελλετο (Cᵃ διεστ.). [ορατε βλ.]. 16. — λεγοντεσ. [εχομεν].
17. [ο ισ: delet Cᵃ].— ετι. 18. βλεπεται√.— και prim. (habet A).
19. +·και (ante ποσουσ). κλασματων πληρισ. ιβ√. 20. οτε και
(— δε). + αρτουσ (post επτα). και λεγουσιν (pro οι δε ειπον).
21. ιυπω (pro πωσ ου). 22, [ερχεται: at Cᵃ ερχονται]. 23.
εξηνεγκεν (pro εξηγαγεν). χιρασ√. [βλεπει]. 24. ειπεν (pro
ελεγε: Cᵃ ελεγεν√). [caetera cum Steph.]. 25. επεθηκεν√.
χιρασ√. διεβλεψεν (pro εποιη. αυτ. αναβλ.). απεκατεστη. εβλεψεν
δηλαυγωσ (Cᵃ ενεβλεπεν τηλ.). fin. απαντα. 26. απεστιλεν√. εισ
οικον αυτον αυτου (—τον: Cᵃ cum Steph.). μη (pro μηδε prim.:
Cᵃ cum Steph.).— μηδε ειπησ ad fin. vers. 27. καισαριασ√. αυ-
τουσ primò (pro αυτοισ p.m.?; αυτοισ punctis notatum, sed rursus
deleta sunt). 28. ειπαν αυτω λεγοντεσ (pro απεκριθησαν). + οτι
(ante ιωαννην: delet Cᵃ). ηλειαν. οτι εισ (pro ενα). 29. επηρωτα
αυτουσ (pro λεγει αυτοισ). λεγεται εινε (Cᵃ -ναι)√. [αποκρ. δε,
sine και]. fin. + ο υσ του θυ. 30. λεγωσιν√. 31. διδασκιν√.
αποδοκιμασθηνε (Cᵃ -ναι)√. υπο (pro απο). + των (ante αρχιερ.
et γραμμ.). 32. [αυτ. ο πετρ.]. 33. επιστραφισ√. επετιμησεν√.
— τω. και λεγει (pro λεγων). φρονισ√. 34. μαθητεσ (Cᵃ -ταισ)√.
ει τισ (pro οστισ). [ελθειν]. εαυτου (pro αυτου secund.). ακολου-
θιτων√. 35. εαν (pro αν). απολεσει (pro -ση)√. [την ψυχ. αυτ.
secund.].— ουτοσ. 36. ωφελι ανοσ (Cᵃ ανον). κερδησαι (— εαν).
ζημιωθηναι. 37. init. τι γαρ δοι ανοσ (Cᵃ δω). [λλ]. 38. εαν
(pro αν). επαισχυνθησετε√.

IX. 1. εισιν√. των ωδε εστωτων. [γευσωνται]. ιδωσιν√. βασι-
λιαν√. 2. μετα. παραλαμβανι√. [τον ιωαννην]. αναφερι√. + λιαν
(post υψηλον). 3. [εγενετο].— ωσ χιων. [γναφ.]. + ουτωσ (ante
λευκανε√, at Cᵃ -ναι). 4. μωυση. λαλουντεσ (pro συλλ.). 5.
ραββει√. γ σκηνασ. μωυσει. 6. ηδι√. απεκριθη (pro λαληση).
εκφοβοι γαρ εγενοντο (— ησαν). 7. επεισκιαζουσαν√. εγενετο εκ

τησ νεφελησ φωνη (— ηλθε).— λεγουσα. (Post αγαπητοσ A habet
εν ω ευδοκησα). ακουετε αυτου. 8. [εξαπνα]. ει μη (pro αλλα).
9. και καταβαινοντων (— δε). [απο]. διεστιλατο√. α ειδον διηγη-
σωνται.— ει μη (habet Δ). 10. συνζητουντεσ. εστιν√. 11. [επ-
ηρωτων]. [οτι prim.]. + οι φαρισαιοι και (post λεγουσιν). γραμ-
ματισ (non v. 14)√. δι√. 12. εφη (pro αποκριθεισ ειπεν).
[μεν]. (πρωτοσ Cᵃ). αποκαταστανι (Cᵃ αποκαθιστανι). εξουθε-
νωθη. 13. — οτι (habet Cᵃ). εληλυθεν√. (+ εν ante αυτω Cᵃ).
ηθελον. γεγραπτε√. 14. ελθοντεσ (pro ελθων). ειδον. συν-
ζητουντασ. προσ εαυτουσ (pro αυτοισ: Cᵃ προσ αυτουσ). 15.
ευθυσ. ιδοντεσ. εξεθαμβηθησαν. 16. επηρωτησεν αυτουσ (— τουσ
γραμματεισ). συνζητειτε. fin. εαυτουσ (αυτουσ Α?, at ε restitut.).
17. απεκριθη (pro αποκριθεισ). + αυτω (ante εισ). — ειπε. 18.
— αν (Cᵃ habet εαν).— αυτον secund.— αυτου. ειπα. [εκβαλωσι].
19. αυτοισ (pro -ω). fin. εμε. 20. το πνα ευθυσ συνεσπαραξεν.
21. επηρωτησεν√. (εξ ου pro ωσ Cᵃ). ειπεν εκ παιδ. 22. και
εισ πυρ αυτον. εβαλεν√. αλλα. δυνη. 23. δυνη (Cᵃ δυνασαι).
— πιστευσαι. 24. [και]. — ευθεωσ (at ευθυσ pro και Cᵃ).
— μετα δακρυων. ελεγεν√.— κυριε. 25. + ο (ante οχλοσ). επετι-
μησεν√. το αλαλον και κωφον πνα.— εγω (habet Cᵃ). επιτασσω
σοι. [εξ αυτου]. 26. κραξασ. σπαραξασ. (αυτον punctis notatum
rursus erasis). εξηλθεν√. + τουσ (ante πολλουσ). 27. — αυτον
prim., at τησ χιροσ αυτου. 28. εισελθοντοσ αυτου. κατ ιδιαν
επηρωτων αυτον. ημισ√. 29. δυνατεν√.— και νηστεια (habet Cᵇ).
30. κακειθεν. [παρεπ.]. γνοι. 31. εδιδασκεν√. χιρασ√. απο-
κτανθισ√. μετα τρισ ημερασ. 33. ηλθον. καφαρναουμ.— προσ εαυ-
τουσ. 34. διελεγχθησαν [εν τη οδω]. fin. + εστιν. 35. εφωνη-
σεν√. ιβ√. εστε (Cᵃ -ται)√. 36. ειπ εναγκαλ. (••• p.m. et C)√.
37. αν (pro εαυ prim.). παιδιων τουτων (pro τοιουτων παιδ.). δεξητε
prim.√. εμε δεχετε (pro εαν εμε δεξηται). δεχετε (pro -ται
secund.)√. αποστιλανταν√. 38. εφη (pro απεκριθη δε). [ο Ιωαν.].
— λεγων. + εν (post τινα).— οσ ουκ ακουλουθει ημιν. εκωλυομεν. οτι
ουκ ηκολουθι ημιν. 39. ειπεν√. ουδισ√. δυνησετε√. 40. εστιν bis in
versu√. ημων (pro υμων) bis in versu. 41. εαν (pro αν) non v. 42.
— τω. [μου: improbat Cᵃ]. εμον εσται (pro χυ εστε: at Cᵃ χυ pro
εμον). + οτι (ante ου μη). [απολεση]. 42. + τουτων (post μικρων).
[πιστευοντων].— εισ εμε. περικιται√. μυλοσ ονικοσ (pro λιθ.
μυλ.). βεβλητε√. 43. σκανδαλιση. εστιν σε (pro σοι εστιν).
εισελθειν εισ την ζωην. εισελθειν (pro απελθειν: Cᵃ cum Steph.).
(εισ το πυρ το ασβεστον punctis notata a Cᵃ? rursus deletis).

44. *Deest versus.* 45. σκανδαλιζει (non v. 47)√. εστιν σε (*pro* εστι σοι). εισ την ζωην εισελθιν. + κυλλον η (*ante* χωλον). εισ την γεενναν βληθηναι. — εισ το πυρ κ.τ.λ. *usque ad fin.* v. 46. 47. σε εστιν (*pro* σοι εστι). — εισελθειν (C⁸ *habet* εισελθιν√). ζω σιλιαν (βα *pro* ζω C⁸)√. — την *secund.* — του πυροσ. 49. + εν (*ante* πυρι). — και πασα θ. *ad fin. vers.* (ὁμοιοτ. ?). 50. αλα *secund.* et *tert.* (C⁸ αλασ). ιρηνευετε (ειρ. Δ ?)√.

X. 1. και εκειθεν. και (*pro* δια του). συνπορευονται. 2. [οι]. επηρωτων. πιραζοντεσ√. 3. μωϋσησ. 4. ειπαν. επετρεψεν μωϋσησ. 5. ο δε (*pro* και αποκριθεισ ο). 6. — ο θσ. 7. καταλιψι√. αν-θρωπω̄ (*pro* ανσσ)√. — και προσκολληθησεται προσ την γυναικα (αυτου *sequente ad* μρα *juncto*). 8. εισιν√. σαρξ μια. 10. εισ την οικιαν. — αυτου prim. τουτων (*pro* του αυτου). επηρωτων. (αυτον, ν *partim rescriptum*)√. 11. αν (*pro* εαν). μοιχατε (non v. 12)√. 12. αυτη απολυσασα (*pro* γυνη απολ.). γαμηση αλλον (*pro* και γαμηθη αλλω). 13. αυτων αψηται. επετιμησαν. αυτοισ (*pro* τοισ προσφερ.). 14. ηγανακτησεν√. ερχεσθεν. [και μη]. βασιλιαν√. 15. αν (*pro* εαν). δεξητε√. βασιλιαν√. πεδιον (C⁸ παιδ.)√. 16. κατευλογει τιθεισ τασ χιρασ επ αυτα (— αυτα *semel*). 19. — μη μοιχευσησ (*addit* Δ *post* φονευσησ). *fin.* + σου (*improbat* C⁸). 20. εφη (*pro* αποκριθεισ ειπεν). [τ. π. εφυλαξαμην]. 21. ετι εν σε ϋστερι. [τοισ πτωχ.]. ακολουθιν√. — αρασ τον σταυρον. 22. απηλθεν√. 23. ελεγεν (λεγει C⁸ *cum* Steph.). βασιλιαν (*sic* v. 25, non v. 24)√. εισελευσοντεν. 24. [τεκνα]. εστιν. — τουσ πεποιθοτασ επι τοισ χρημασιν. 25. εστιν√. τρηματοσ (*pro* τησ τρυμαλιασ τησ: C⁸ τρυμαλιασ). [εισελθειν prim.]. εισελθιν *secund.*√. 26. αυτον (*pro* εαυτουσ). 27. — δε. ειπεν (*pro* λεγει: C⁸ λεγι). [-ποιο αδυν.]. — τω prim. — εστι. 28. *init.* — και. ηρξατο λεγιν ο πετροσ. ημισ√. [ηκολουθησαμεν]. *fin.* + τι αρα εσται ημιν. 29. εφη αυτω ο ισ (*pro* αποκριθεισ δε ο ισ ειπεν). ουδισ√. [η πατερα η μητερα]. — η γυναικα. — εμου και (*post* αγρουσ *addit* C⁸ ενεκεν εμου και). 30. απολαβη. — οικιασ κ.τ.λ. *usque ad* διωγμων (*habent* Δ C⁸, *legentes* μητερα, *cui addit* C⁸ και πρα: *sed* και αγρουσ μετα διωγμων *omittit* Δ). 31. — οι. 3?. οι δε (*pro* και *tert.*). ιβ√. λεγιν√. συμβαινιν√. 33. αναβενομεν ισ√. [αρχ-ιερευσι]. — και τοισ γραμματευσι (*habet* C⁸, *at* -σιν√). εθνεσιν√. 34. εμπεξουσιν√. και εμπτουσιν (-σουσιν C⁸) αυτω και μαστιγω-σουσιν αυτον. — αυτον *secund.* μετα τρισ ημερασ. 35. παραπορευ-ονται (C⁸ προσ-). [οι]. + αυτω (*post* λεγοντεσ). 35—37. — ο εαν

αιτησωμεν *usque ad* δοσ ημιν ινα (ὁμοιοτ.: *supplet* C⁂, *legens*
αιτησομεν σε ... θελεται με ποιησω .. *at* ποιησαι Cᵇ *vel* C⁂ *cor-*
rector). 37. εισ σου εκ δεξιων. εισ σου εξ ευωνυμων. 38. οιδαται√.
αιτισθε√. δυνασθαι√. η (*pro* και). βαπτιζομε (*sic* v. 39)√. 39.
ειπαν.— μεν. 40. η (*pro* και).— μου *secund. fin.* + ὑπο του πατροσ
μου (*delet. et rursus restitut.*). 41. + και (*ante* περι). 42. και
προσκαλεσαμενοσ αυτουσ ισ (— ο δε: C⁂ *habet* ο ισ). βασιλεισ
(*pro* μεγαλοι αυτων). 43. ουτωσ√. εστιν(*pro* εσται *prim.*). αν
(*pro* εαν). μεγασ γενεσθαι. εστω (*pro* εσται *secund.*). υμων δια-
κονοσ. 44. [αν]. εν υμιν ειναι (*pro* υμων γενεσθαι). 45. ηλθεν√.
46. [ερχονται]. [ιεριχω *prim.*]. ιερειχω *secund.* + ο (*ante* ὑιοσ].— ο
(*ante* τυφλοσ). + και προσαιτησ (*ante* εκαθητο). — προσαιτων. 47.
[ναζωραιοσ]. υιε (*pro* ο υιοσ). δαδ (*sic* v. 48)√. 49. φωνησατε
αυτον (*pro* αυτ. φωνηθηναι). [φωνουσι]. εγειρε. 50. αναπηδησασ
(*pro* αναστασ). ηλθεν√. 51. αυτω ο ισ ειπεν (— λεγει). σοι θελεισ
ποιησω. ραββουνι. 52. (και ο *pro* ο δε C⁂, *sed illud restitutum*).
σεσωκεν√. ευθυσ. ανεβλεψεν√. αυτω (*pro* τω ιυ).

XI. 1. ιεροσολυμα εισ βηθφαγη και εισ βηθανιαν. ελεων√.
[αποστελλει]. 2. λεγιν√.— την κατεναντι υμων (*habet* Cᵇ). ευθυσ.
ουδισ ανθρωπων ουπω εκαθισεν (σεν *in ras., est autem p.m.*). *fin.*
λυσατε αυτον και φερετε. 3. [ποιειτε τουτο]. [οτι]. χριαν√. ευθυσ.
αποστελλει παλιν ωδε. 4. και απηλθον (— δε). [τον]. [την]. 6.
[ειπον]. ειπεν (*pro* ενετειλατο). 7. αγουσιν (*pro* ηγαγον: *at*
φερουσιν C⁂). επιβαλλουσιν. αυτων τα ιματια αυτω (C⁂ αυτω τα
ιμ. εαυτων). *fin.* εκαθισαν επ αυτον. 8. και πολλοι (— δε). [εισ
την οδον *prim.*]. στιβαδασ κοψαντεσ. αγρων (*pro* δενδρων).— και
εστρωννυον *ad fin. vers.* 9. — λεγοντεσ. 10. — εν ονοματι κυ.
δαδ√. 11. ισ (*pro* εισ *prim.*)√.— ο ισ και. οψε. ιβ√. 12.— εκει-
νασε (A? *habet* επινασεν√). 13. + μιαν απο (*post* συκην). τι
ευρησι. φυλλα ο γαρ καιροσ ουκ ην συκων. 14. — ο ισ. εισ τον
αιωνα εκ σου μηδισ. 15. ισ (*pro* εισ *prim.*: C⁂ εισ)√.— ο ισ.
+ τουσ (*ante* αγοραζ.). [λλ]. κατεστρεψεν και τασ καθ. των πωλ.
τασ περιστ. (κατεστρεψεν *post* περιστερασ *ponit* C⁂, *cum* Steph.).
17. εδιδασκεν√. και ελεγεν (*pro* λεγων).— αυτοισ. [οτι]. πασιν√.
[εποι. αυτ.]. 18. οι αρχιερισ και οι γραμματισ. απολεσωσιν.
[αυτον *secund.*]. πασ γαρ (— οτι). εξεπλησσοντο. 19. οταν (*pro*
οτε). [εξεπορευετο]. 20. παρεπορευετο πρωι και ιδον (C⁂ παρα-
πορευομενοι πρωι ιδον). 21. αναμνησθισ√. ραββει ειδε√. 22. + ο
(*ante* ισ). + ει (*ante* εχετε). 23. — γαρ.— οτι. οριν√. πιστευη. ο

λαλει (*pro* α λεγει). εστε (*sic* v. 24)√.— ο εαν ειπη. 24. — αν.
προσευχεσθε και (*pro* προσευχομενοι). αιτισθεν√. ελαβετε. 25.
στητε. αφιεται√. εχεται√. 26. *Deest versus.* 27. ισ (Cᵃ Cᵇ
εισ)√. γραμματισ√. 28. ελεγον (*pro* λεγουσιν). η (*pro* και
secund.). εδωκεν την εξουσιαν ταυτην. 29. — αποκριθεισ. [ὑμασ
καγω]. (καγω Cᵃ *pro* και ante ερω: addiderat υμιν, sed ipse de-
levit). 30. +το (ante ιωαννου). ποθεν ην εξ ουρανου (*pro* εξ ουρ.
ην). 31. προσελογιζοντο (Cᵃ διελογ., sed προσελογ. restituitur).
[ουν]. 32. αλλα (— εαν). οχλον (*pro* λαον). παντεσ (Cᵃ cum
Steph.). [οτι].— οντωσ (habet Cᵃ ante οτι). 33. τω ιυ λεγουσιν.
[ο ισ].— αποκριθεισ. λεγι√.

XII. 1. λαλιν (*pro* λεγειν)√. ανθρωποσ εφυτευσεν. περιεθηκεν√.
ωκοδομησεν√. εξεδετο. απεδημησεν√. 2. απεστιλεν√. λαβοι (Cᵃ
cum Steph.). των καρπων. 3. και (*pro* οι δε). απεστιλαν καινον√.
4. απεστιλεν (*sic* vv. 5. 6)√.— δουλον (habet Cᵃ).— λιθοβολη-
σαντεσ. εκεφαλιωσαν και ητιμασαν (— απεστ. ητιμ.). 5. — παλιν.
απεκτιναν√. ολλουσ (a p.m.?)√. ουσ (*pro* τουσ) bis in versu. απο-
κτεννοντεσ (Cᵃ κτιννυντεσ). 6. — ουν. ειχεν υν. — αυτου. — και.
εσχατον προσ αυτουσ. 7. εκινοι√. προσ εαυτουσ ειπαν. αποκτι-
νωμεν√. εστε√. 8. απεκτιναν αυτον. [-λον εξω]. 9. [ουν].
11. εστιν√. 12. ειπεν√. 13. αποστελλουσιν√. αγρευσωσιν √.
14. και (*pro* οι δε). μελιν√. βλεπισ√. [αλλ]. διδασκισ εξεστιν√.
δουναι κηνσον καισαρι. 15. ιδων (*pro* ειδωσ: Cᵃ ιδωσ). πιραζετε√.
+ ωδε (ante ινα: improbat Cᵃ). fin. ειδω. 16. οι δε ειπαν. 17.
ο δε (*pro* και αποκριθεισ ο). [αυτοισ]. τα καισαροσ αποδοτε. εξ-
εθαυμαζον. 18. επηρωταν. 19. μωϋσησ. καταλιψη. μη αφη τεκνα
(Cᵃ τεκνον, sed να restitut.).— αυτου secund. 20. ζ αδελφοι.
(A habet παρ ημιν post ησαν: improbat C). εισ (*pro* πρωτοσ:
A C cum Steph.). ελαβεν√. αφηκεν√. 21. απεθανεν√. μη κατα-
λιπων (*pro* και ουδε αυτοσ αφηκε). 22. — ελαβον αυτην.— και
secund. αφηκεν (Cᵃ -καν)√. εσχατον. και η γυνη απεθανεν. 23.
— ουν.— οταν αναστωσι. 24. εφη αυτοισ ο ισ (*pro* και αποκρ. ο ισ
ειπ. αυτ.). πλανασθαι√. 25. — ουτε γαμουσιν (supplet A). γαμι-
ζονται.— οι. 26. ανεγνωται√. μωϋσεωσ. του (*pro* τησ). πωσ (*pro*
ωσ). [ο quater in versu]. ισακ (A ισακ', Cᵃ ϊσαακ'). 27. [ο].
— θσ secund.— υμεισ ουν. (Cᵃ πλανασθαι√). 28. συνζητουντων.
ιδων (Cᵃ ιδωσ). απεκριθη αυτοισ. εστιν εντολη πρωτη παντων.
29. απεκριθη ο ισ (— δε).— αυτω. εστιν (*pro* πασων των εντολων).

εστιν√. 30. —αυτη πρωτη εντολη. 31. init.—και. δευτερα αυτη εστιν αγαπησισ (—ομοια). + δε (post μειζων). fin. εστιν√. 32. ειπεσ (Cᵃ -πασ). εστιν prim. (—θεοσ)√. 33. +σου (post καρδιασ). — και εξ ολησ τησ ψυχησ. — τησ (ante ισχυοσ: habet Cᵃ). + σου (post πλησιον: improbat C). σεαυτον. περισσοτερον (pro πλειον). εστιν√. [των θυσ.]. 34. ειδων√.—αυτον.—ει (Α? Cᵇ habent, Cᵃ post ου ponit). βασιλιασ√. ουδισ√. επωρωτησε αυτον (Cᵃ αυτ. επερ.). 35. ελεγεν√. γραμματισ√. δαδ εστιν. 36. —γαρ. δαδ (sic v. 37)√. [ειπεν ο κσ]. [καθου]. [υποποδιον]. 37. —ουν. πωσ (pro ποθεν: Cᵃ cum Steph.). [υσ αυτου] εστιν.—ο. ηκουσεν. 38. εν τη διδαχη αυτου ελεγεν (—αυτοισ). γραμματαιων√. περιπατιν√. 39. διπνοισ√. 40. [κατεσθι.]. λημψονται. 41. —ο ισ. [κατεναντι]. θεωρει (Cᵃ εθεωρ.). +τον (ante χαλκον). εξεβαλλον (pro εβαλλον: Cᵃ cum Steph.). 42. +γυνη (ante χηρα). [εβαλε]. [εστι]. 43. ειπεν (pro λεγει). πλεον. εβαλλεν (Cᵃ εβαλεν: pro βεβληκε). βαλλοντων.

XIII. 1. [εισ των]. 'διδασκαλε' διδασκαλε (' 'Α C improbantes). 2. —αποκριθεισ. βλεπισ√. + ωδε (ante λιθοσ). επι λιθον. ου κατα λυθησετε (—μη secund.: Cᵃ cum Steph.). 3. επηρωτα√. + ο (ante πετροσ). (ιωανησ Α, sed νν postea restitut.). 4. ειπον. σημιον√. μελλη ταυτα συντελισθαι παντα. 5. ηρξατο λεγιν αυτοισ (— αποκριθεισ). 6. — γαρ. 7. [ακουσητε]. +ορατε (ante μη: improbatum sed rursus restitutum). (θροεισθαι√ Cᵃ). — γαρ (habet Cᵇ). 8. εγερθησετε (Cᵃ -ται)√. εκ εθνος.— βασιλεια επι (habet Cᵃ, at -λιαν√). — και secund. σισμοι√. — κατα τοπουσ usque ad και ταραχαι (Cᵇ supplet κατα τοπουσ εσονται λιμοι tantum). αρχη. 9. — εαυτουσ (habet Cᵇ). παραδωσουσιν√. [γαρ]. (σταθησεσθαι√ Cᵃ). 10. προσ τον λαον δει primò, πρωτον δει sine λαον s.m. (Cᵇ &c.), forsan etiam p.m. 11. και οταν αγωσιν (—δε). προμεριμναται√.—μηδε μελετατε. [εαν]. λαλιτε√. υμισ√. 12. και παραδωσει (—δε). γονισ√. 13. υπομινασ√. 14. —το ρηθεν υπο δανιηλ του προφητου. εστηκοτα. δι√. 15. [ο δε].—εισ την οικιαν. εισελθατω. [αραι τι]. 16. —ων.—εισ τα. 18. —η φυγη υμων (habet Cᵇ). χιμωνοσ√. 19. γεγονεν√. ην (pro ησ). 20. εκολοβωσεν κσ. εκολοβωσεν secund.√. 21. ειδε (pro ιδου) bis in versu.—η. πιστευετε. 22. δε (pro γαρ). [ψευδοχριστοι και]. ψευδοπροφητε√. δωσουσιν σημιαν.—και ultim. 23. [ιδου]. 24. αλλα. δωσιν√. 25. εσονται εκ του ουρανου πιπτοντες. 26. [πολλησ και δοξησ]. 27. αποστελλι [αυτου bis in vers.]. 28. ηδη ο κλαδοσ αυτησ.

[γινωσκετε]. 29. ουτωσ√. υμισ√. ιδητε ταυτα. 30. μεχρι (— ου)ι
ταυτα ταυτα. 31. [παρελευσονται prim.]. fin. παρελευσονται
(pro παρελθωσι). 32. [και τησ ωρασ].— οι secund. 33. αγρυπ-
νιτε√. [και προσευχεσθε]. οιδαταιν√. 34. αφισ√.— και secund. εν-
ετιλατο√. 35. γρηγοριτε (non v. 37)√. + η (ante οψε). μεσο-
νυκτιον. 36. εξεφνησ√. 37. ο (pro a). πασιν√.

XIV. 1. αζυμα (a prius p.m., sed in rasurā scriptum)√. αρχ-
ιερισ√. γραμματισ√. αποκτινωσι (sic)√. 2. γαρ (pro δε). εσται
θορυβοσ. 3. — τη (habet Cª). ηλθεν√.— και secund. τον (pro το,
at την Cª).— κατα. 4. αυτουσ (pro εαυτουσ: Cª cum Steph.).
— και λεγοντεσ. απωλια√. 5. το μυρον (pro τουτο). δηναριων
τριακοσιων. δοθηνε√. [τοισ πτ.]. ενεβριμουντο. 6. +γαρ (post
καλον). ηργασατο εν εμοι (Cª ειργ.). 7. δυνασθαι√.— αυτουσ (at
αυτοισ παντοτε Cª). 8. εσχεν.— αυτη. εποιησεν√. προελαβεν√.
το σωμα μου. 9. + δε (post αμην). εαν (pro αν).— τουτο. 10.
— ο prim. et secund. ισκαριωθ (Cª ο ισκαριωθ ο). απηλθεν√. αρχ-
ιερισ√. αυτον παραδω. 11. απηγγιλαντο (επηγγ. Cª et jam ante
eum ?). εζητι√. αυτον ευκαιρωσ [παραδω]. 12. θελισ√.΄ 13.
αυτουσ (pro αυτου: ' p.m.)√. υπαγεται√. απαντησι√. 14. [εαν].
εστιν√. + μου (post καταλυμα). 15. αναγαιον. [ετοιμον]. κακει
(pro εκει). ετοιμασαται√. 16. — αυτου και ηλθον (και ηλθον
habet Cª). 17. γενομενουσ (Cª -νησ)√. 18. ο ισ ειπεν. 19. — οι
δε. λυπισθαι√. λεγιν√. κατα (pro καθ).— και αλλοσ μη τι εγω
(ὁμοιοτ.?). 20. — αποκριθεισ.— εκ. [εμου εισ]. 21. init. + οτι.
υπαγιν√. εκινω√. [ην]. 22. [ο ισ αρτον: at ο ισ delet Α vel
forsan p.m., restituit C ?]. εκλασεν ευλογησασ. ειπεν√.— φαγετε.
εστιν (sic v. 24)√. 23. — το. 24. — το secund.— καινησ. εκ-
χυννομενον υπερ πολλων. 25. — ουκετι. γενηματοσ. 27. σκαν-
δαλισθησεσθαι√.— εν εμοι εν τη νυκτι ταυτη. τα προβατα δια-
σκορπισθησονται. 29. ει και. 30. [οτι σημερον]. ταυτη τη νυκτι
(— εν).— η δισ (cf. vv. 68. 72). με απαρνησει. 31. εκπερισσωσ
ελαλει (— ελεγε μαλλον). με η (δεη με pro με η Cª). συναπο-
θανιν√. απαρνησωμε. ομοιωσ (pro ωσαυτωσ: Cª cum Steph.).
32. [ου το]. γεθσημανει. 33. — τον (ante πετρον: habet Cª).
— τον secund. μετ αυτου. αδημονιν√. 34. μινατε√. 35. [προ-
ελθων]. επιπτεν.— ινα.— εστι (Cª εστιν√). παρελθιν. 36. παρ-
ενεγκαι√. τουτο απ εμου. 37. καθευδισ√. 38. προσευχεσθαι√.
ελθηται (Cª εισελθ.). πιρασμον√. 40. παλιν ελθων (pro υπο-
στρεψασ).—παλιν in loco suo. αυτων οι οφθαλμοι. καταβεβαρημενοι
(Cª καταβαρυνομενοι). ηδισαν√. αποκριθωσιν αυτω. 41. [το λοι-

τον]. χιρασ√. 42. ηγγισεν. 43. ευθυσ. παραγεινεται ιουδασ εισ.
— ων. — πολυσ. — των ultim. (habet A). 44. [παραδιδουσ]. συν-
σημον√. εστιν√. απαγετε. 45. ευθυσ. + και (ante προσελθων:
improbat Cᵃ). ραββει semel, deest semel. 46. επεβαλαν.— ετ
αυτον. τασ χιρασ αυτων (αυτω pro αυτων Cᵃ). 47. —τισ. και
επεσεν (pro επαισε: και improbat Cᵃ). αφιλεν√. ωταριον. 48.
εξηλθαται. συλλαβιν√. 49. εκρατησαται√. 50. εφυγον παντεσ.
51. νεανισκοσ τισ (— εισ). συνηκολουθει.— οι νεανισκοι. 52.
— απ αυτων. 53. — αυτω. αρχιερισ√. [και οι πρ. και οι γρ.].
54. συνκαθημενοσ. [το]. 55. [ευρισκον]. 56. (Cᵃ εισαι, sed res-
titutum ἴσαι). ουκʼ (sic v. 61)√. 58. ειπεν (pro ημεισ ηκουσαμεν
αυτου λεγοντοσ). 60. — το. επηρωτησεν√. 61. + ισ̄ (ante εσι-
ωπα). ουκʼ απεκρινατο ουδεν (pro ουδεν απεκρινατο). θῡ (pro
ευλογητου: Cᵃ Cᵇ cum Steph.). 62. εκ δεξιων καθημενον. 64.
init. + ιδε νυν. [τησ βλ.]. ενοχον ειναι. 65. αυτου το προσωπον.
ελαβον (pro εβαλλον). 66. κατω εν τη αυλη. παιδισκη (pro των
παιδισκων). 67. μετα του ιῡ ησθα του ναζαρηνου. 68. ουτε (pro
ουκ). ουτε (pro ουδε). συ τι.—και αλεκτωρ εφωνησε. 69. ηρξατο
παλιν. παρεστωσιν. 70. — και prim. (habet Cᵃ). μεικρον√. γαλει-
λαιοσ√.— και η λαλια σου ομοιαζει. 71. [ομνυειν]. — τουτον ον
λεγετε. 72. + ευθυσ (post και prim.). — εκ δευτερον. εφωνησεν√.
το ρημα ωσ (pro του ρηματοσ ου).— δισ. τρισ με απαρνηση. fin.
εκλαυσεν (Cᵃ εκλεεν√).

XV. 1. ευθυσ.— επι το. ετοιμασαντεσ (pro ποιησαντεσ). + των
(ante γραμματεων). — τω. πειλατω. 2. πειλατοσ (sic vv. 4. 9.
12. 14. 15. 44). αυτω λεγει (pro ειπεν αυτω). 3. [nihil ad-
ditum]. 4. [επηρωτησεν].— λεγων (habet Cᵃ). fin. κατηγορουσιν.
5. πειλατον (sic v. 43). 6. ον παρητουντο (pro ονπερ ητουντο:
Cᵃ cum Steph.). 7. στασιαστων. στασιν√. + τινα (ante πεποιη-
κεισαν). 8. αναβασ (pro αναβοησασ: Cᵇ cum Steph.).— αει. 10.
εγνωκει (pro εγινωσκε: Cᵃ cum Steph.). [παραδεδ.]. 12. παλιν
αποκριθεισ. ελεγεν (pro ειπεν).— θελετε. [ον λεγετε]. + τον (ante
βασιλεα). 13. [cum Steph.]. 14. — αυτοισ (habet Cᵃ). [κακον
εποιησεν]. περισσωσ. [εκραξαν]. + λεγοντεσ (ante σταυρωσον
plenè). 15. ποιησαι το ἱκανον τω οχλω. παρεδωκεν√. [φραγελ-
λωσασ]. στρθη√. 16. εστιν√. συνκαλουσιν. 17. ενδιδυσκουσιν√.
18. + και λεγειν (ante χαιρε). [βασιλευ]. 20. τα ιδια ιματια
αυτου. [εξαγουσιν]. [σταυρωσωσιν]. fin.— αυτον. 21. εγγαρευουσιν
(Cᵃ αγγαρ.). [caetera cum Steph.]. 22. τον γολγοθαν. — τοπον
(habet Cᵃ). οπερ (pro ο). εστιν (sic v. 42)√. 23. — πιεν. οσ δε

(*pro* ο δε). ελαβεν√. 24. [σταυρωσαντεσ αυτον]. διαμεριζονται. εαυτου (*p.m.* notatum). 27. σταυρουσιν√. 28. *Deest versus.* 29. κεινουντεσ√. [ουα: punctis notat Cᵃ? rursus deletis]. [εν τρ. ημ. οικοδ.]. 30. καταβασ (*pro* και καταβα). 31. — δε. 32. — του. ισραηλ plenè√. [πιστευσωμεν και]. +συν (ante αυτω). 33. και γενομενησ (— δε). ενατησ. 34. τη ενατη ωρα.— λεγων.

[ελωΐ ελωΐ]. λεμα σαβακτανει (Cᵃ σαβαχθανει). εστιν√. εκατελιπεσ με (γ *p.m.*, postea instauratum). 35. παρεστωτων. ιδε ηλειαν. 36. τισ (*pro* εισ). [και].— τε. αφεσ. ηλειασ. 37. εξεπνευσεν√. 38. [απο]. 39. ουτωσ (— κραξασ). ουτοσ ο ανθρωποσ. θυ ην. 40. — ην. η ιακωβου (—του). (Cᵃ habet ιωσητοσ *pro* ιωση). 41. — και prim. γαλειλαια√. 42. οψειασ√. [προσαββατον]. 43. ελθων (*pro* ηλθεν). αρειμαθαιασ (-θιασ Cᵃ?, sed -θαιασ restitutum). — οσ (habet Cᵃ). εισηλθεν√. +τον (ante πειλατον). 44. εθαυμαζεν. τεθνηκεν√. [παλαι]. απεθανεν√. 45. πτωμα (*pro* σωμα). 46. — και secund. ενειλησεν√. εθηκεν. μνηματι (*pro* μνημειω). προσεκυλισεν√. +μεγαν (*post* λιθον). 47. — και μαρια ιωση usque ad η μαγδαληνη xvi. 1 (ὁμοιοτ.: supplet Cᵃ, legens η ιωσητοσ *pro* ιωση . . . τεθιται . . . η μαρια η μαγδαληνη).

XVI. 1. — του (ante ιακωβου: habet Cᵃ). αλιψωσιν√. 2. τη μια των (*pro* τησ μιασ). μνημα (Cᵃ μνημιον√). ανατιλαντοσ√. 3. [εκ]. 4. — οτι. ανακεκυλισμενον τον λιθον. 5. [εισελθουσαι]. [ειδον]. 6. — τον ναζαρηνον (ὁμοιοτ.: supplet Α). 7. αλλα. γαλειλαιαν. 8. — ταχυ. ειχεν√. γαρ (*pro* δε). [ουδεν]. γαρ' √. *Post* γαρ' v. 8 *in quartâ secundae columnae lineâ folii* xxix *explicit Evangelium Marci, cum nullo omissionis* vv. 9—20 *vestigio.*

Subscr. ευαγγελιον κατα μαρκον.

Ad caput tertiae columnae folii **xxix** legitur κατα λουκαν.

Cap. I. 1. επεχειλ primò, at ρ *pro* λ *p.m.* ut videtur√. 3. [εδοξε]. ακρειβωσ√. 4. επιγνοισ (Cᵃ cum Steph.). ασφαλιαν√. 5. — του. γυνη αυτω (*pro* η γυνη αυτου). 6. εναντιον. δικαιωμασιν√. 7. καθ οτι (sic). ην η ελεισαβετ. 8. εναντιον. 9. [ελαχε : Cᵃ -χεν√]. 10. ην του λαου. 13. ειπεν (sic v. 18)√. ελεισαβετ

(sic vv. 24. 36. 40. 41 bis, non v. 5)√. σου (pro σοι) primò, at σοι
p.m. ut videtur. ιωανην. 14. γενεσει. 15. — του. 17. ηλεια
(pro ηλιου). 21. [αυτον εν τω ναω]. εδυνατο. 22. διεμενεν√.
23. λιτουργιασ√. 25. ουτωσ√.—ο. [επειδεν].—το. 26. απο (pro
υπο). ιουδαιασ (C⁴ γαλιλαιασ cum Steph.). [ναζαρετ]. 27. εμνη-
στευμενην (C⁴ μεμν., sed μ prius rursus erasum). +και πατριασ
(ante δαδ). 28. προσ αυτην ο αγγελοσ ειπεν.— ευλογημενη συ εν
γυναιξιν. 29. —ιδουσα. επι τω λογω διεταραχθη (— αυτου). 30.
[αυτη]. μαριαμ' (sic v. 46)√. 31. συλλημψη. 32. δαδ√. 34.
ειπεν (sic vv. 38. 46)√. 35. [γεννωμενον αγιον]. 36. συγγενισ.
συνειληφεν. γηρει. 37. του θυ (τω θω C⁴ cum Steph.). 39.
[μαριαμ]. επορευετο. ορινην√. 41. τον ασπασμον τησ μαριασ η
ελεισαβετ'. +εν αγαλλιασει (post εσκιρτησεν: improbat C⁴).
42. ανεβοησεν (pro ανεφωνησε). [φωνη]. γυναιξιν√. 43. fin. εμε
(C⁴ με). 44. [εν αγαλλ. το βρ.]. 47. ηγαλλιασεν√. 48. ταπι-
νωσιν√. μακαριουσιν√. 49. εποιησεν√. μεγαλα (C⁴ -λια, sed ι
rursus erasum). ελεοσ (pro ονομα: C⁴ cum Steph.). 50. γενεαν
και γενεαν (pro γενεασ γενεων). 51. εποιησεν√. (διανοιασ C⁴,
sed σ ipse delevisse videtur). 52. καθειλεν√. υψωσεν√. 53. εξ-
απεστειλεν√. 55. ελαλησεν√. 56. εμεινεν√. ωσ (pro ωσει).
58. συγγενισ√. εμεγαλυνεν√. 59. τη ημερα τη ογδοη. περιτεμιν√.
60. [ιωαννησ: sic v. 63). 61. ειπαν. ουδισ√. εκ τησ συγγενιασ.
62. καλισθεν√. fin. αυτο. 63. εγραψεν√. εστιν√. [το]. 64. ελαλιν√.
[caetera cum Steph.]. 65. εγενετο δε (—και: C⁴ cum Steph.).
ορινην√. δια (pro διελαλειτο παντα: A cum Steph.). 66. +γαρ
(ante χιρ.√). 67. επροφητευσεν (C⁴ προεφητευσεν√). 68. εποι-
ησεν√. 69. ηγειρεν √. εν (sic p.m.)√.—τω. δαδ√.—του. 70.
ελαλησεν√.— των secund. αυτου προφητων. 73. ωμοσεν√. 74.
δουνε (C⁴ -ναι)√. χιροσ (non v. 71)√.—των.— ημων. 75. [πασασ
τασ ημερασ].— τησ ζωησ. 76. +δε (post συ). ενωπιον (pro προ
προσωπου). 77. αφεσιν√. 78. επισκεψεται (C⁴ cum Steph.). 79.
σκοτι√. ιρηνησ√. 80. ηυξανεν√. εκρατεουτο (non ii. 40)√.

II. 1. εκιναισ εξηλθεν√. αγουστου. απογραφεσθεν√. 2. αυτην
απογραφην (punctis notavit · · p.m. vel potius A: αυτη η απο-
γραφη C⁴). εγενετο πρωτη (C⁴ cum Steph.). [κυρηνιου]. 3.
— παντεσ (habet C⁴). εκαστοσ απογραφεσθε (C⁴ cum Steph.).
εαυτων (pro ιδιαν: C⁴ εαυτου). 4. ναζαρεθ. +την (ante πολιν:
improbat C⁴). δαδ bis in versu (sic v. 11). 5. απογραφεσθαι (C⁴ απο-
γραψασθαι√). εμνηστευμενη (C⁴ μεμν., sed μ prius rursus erasum)

cf. i. 27. — γυναικι. ενκυω. 6. τεκιν√. 7. ετεκεν√. επν φατνη
(— τη : επι primò, at εν etiam p.m.) cf. v. 12. 8. ποιμαινεσ √.
[τη αυτη]. 9. — ιδου. (θυ pro κυ secund. Cᵃ). επελαμψεν αυτοισ
(pro περιελαμψεν αυτουσ : Cᵃ cum Steph.). 10. φοβισθεν. εστιν
(pro εσται : Cᵃ cum Steph.). 11. εστιν√. πολι√. 12. ημιν
(Cᵃ υμιν)√. σημιον√. ευρησεται√. εσσπαργανωμενον επν φατνη
(— κειμενον : at και κειμενον A ante επν, de quo cf. v. 7). 13.
εξεφνησ√. [ουρανιυ]. 14. ιρηνη √. ευδοκιασ (σ notat. et eras.).
15. — και οι ανθρωποι οι (A addit οι post αγγελοι). ποιμαινεσ√.
ελαλουν (pro ειπον). +λεγοντεσ (post αλληλουσ). 16. [ηλθον].
(ανευραν A, ευραν Cᵃ, forsan alii). 17. εγνωρισαν. 19. μαρια
(Cᵃ μαριαμ). συνετηρι√. συνβαλλουσα. fin. εαυτησ (ε p.m. vel A).
20. υπεστρεψαν. ποιμαινεσ√. ιδον√. 21. περιτεμιν√. αυτον (pro
το παιδιον). [και εκλ.]. λεχθεν (κληθεν Cᵃ cum Steph.). συλ-
λημφθηναι. αυτην (pro αυτον ante εν τη κ : αυτον A? Cᵃ). 22.
(επληρωθ. Cᵃ, sed Cᵇ ϛum p.m. et Steph.). [αυτων]. μωυσεωσ.
παραστησεται (Cᵃ -στησαι)√. 23. [εν νομω]. διανοιγων (Cᵃ -γον).
24. +τω (ante νομω). νοσσουσ. 25. ανθρωπος ην. +αυτου (post
ονομα : improbat Cᵃ). ευσεβησ (pro ευλαβησ : Cᵃ cum Steph.).
ην αγιον. 26. ιδιν√. εωσ αν (pro πριν η : Cᵃ πριν η αν). 27. — ιν
(habet Cᵃ). 28. +δε (ante εδεξατο : improbat A). — αυτου. ευλο-
γησεν√. ειπεν (sic vv. 34. 48. 49)√. 29. απολλυεισ (λ prius im-
probat C). 33. ο πατηρ αυτου (pro ιωσηφ). (αυτου post μητηρ
improbat A). 34. ηυλογησεν. — εισ (ante σημιον√ : habet Cᵃ).
35. [δε]. fin. +πονηροι (improbat Cᵃ). 36. (και αυτη Cᵃ, sed και
rursus deletum). +χηρ (ante ζησασα : nempe χηρευσασα primò
ut videtur : correxit ζησασα A vel p.m.). μετα ανδροσ ετη ζ.
37. εωσ (pro ωσ : ε erasum). εβδομηκοντατεσσ. (Cᵃ ογδοηκον-
τατεσσ.). εκ (pro απο : εκ deletum et rursus restitutum). νηστιασ
p.m. (-ιασ A? C). δεησιν p.m., ut videtur (δεησεσιν√ A). 38.
— αυτη prim. ανθωμολογιτο√. θω (pro κω). πασιν√. — εν (ante
ιηλμ). 39. ετελεσεν (Cᵃ -σαν). παντα. — τα. επεστρεψεν (Cᵃ cum
Steph. υπεστρεψαν). — την prim. et secund. (habet Cᵃ). πολιν
εαυτων ναζαρετ'. 40. ηυξανεν√. — πνευματι. (σ in σοφιασ erasum).
41. γονισ√. εθοσ (pro ετοσ : A cum Steph.). ισ (pro εισ : Cᵃ
cum Steph.)√. ιηλμ√. 42. οτων primò (ε correct.). +και (post
ιβ : improbat Cᵃ). αναβαινοντων. — εισ ιεροσυλυμα. 43. τελιω-
σαντων√. — ισ (habet Cᵃ). [ιερουσαλημ plenè : sic v. 45]√. εγνωσαν
οι γονισ (pro εγνω ιωσηφ και η μητηρ). 44. ειναι εν τη συνοδια.

συγγενεσιν√. — και εν τοισ γνωστοισ (habet C^a, εν omisso). 45.
— αυτον prim. ισ (C εισ)√. (αναζητουντεσ C). 46. μετα. εκ-
πρωτωντα (ε pro η C et jam antea)√. 47. συνεσιν√. 48. ειπεν
προσ αυτον η μητηρ αυτου. ζητουμεν (C^a εζητ.). 49. ζητειτε
(C^a εζητ.). δι√. εινε (C^a -ναι)√. 51. [ναζαρετ hic]. διετηρι√.
[ταυτα τα ρημ.].—ταυτα (habet C^a). (+συμβαλλουσα C^a ante εν
τη καρδια). fin. (εαυτησ C^a pro αυτησ). 52. +ο (ante ισ: im-
probat C^a). προεκοπτεν εν τη σοφια και ηλικια. θυ και ανθρωποισ
(— παρα: C^a cum Steph.).

III. 1. ετι√. (δε prim.: puncta imposita sed rursus erasa). [πι-
λατου hic: cf. Marc. xv.]. — τησ ιουδαιασ (habet C^a). τετρααρ-
χουντοσ (C^a τετραρχ.) ter in versu. — και ante τετραχωνιτιδοσ (C^a
και τραχων.). Ab ιτουραιασ usque ad λυσανιου rescripta in rasurā
per Λ. 2. επι αρχιερεωσ. [καιαφα]. [ιωαννην]. — του. 3. [την].
4. — λεγοντοσ. ευθιασ ποιειται√. 5. ταπινωθησετεν√. εστε√. ευ-
θιαν√. τροχιαι (C^a τραχιαι√). λιασ√. 7. ελεγον (C^a ελεγεν).
[νν]. υπεδιξεν√. 9. [καλον]. 10. ποιησωμεν (sic νν. 12. 14).
11. ελεγεν (pro λεγει). 12. [ειπον]. 13. — ειπεν προσ αυτουσ
(habet C^a). 14. τι ποιησωμεν και ημισ. [ειπεν√ προσ αυτουσ].
μηδενα (pro μηδε: C^a cum Steph.). αρκισθαι√. 15. (εαυτων Α).
[νν]. 16. λεγων πασιν (πασ. λεγ. C^a) ο ιωαννησ. [υμασ ερχεται].
ιμιν√. αυτοσ (habent Α C^b?). 17. διακαθαρε (— και: και δια-
καθαριει Α). συναγαγειν (Α συναξαι: C cum Steph.). (αυτου tert.,
puncta imposita sed rursus erasa). κατασβεσι (Α κατακαυσι√).
18. ευηγγελιζε (Α cum Steph.). 19. τετρααρχησ (C^a τετραρχησ),
cf. v. 1. — φιλιππου. — και (habet C^a). παντων των πονηρων
ων εποιησεν (των punctis notatum rursus deletis: ων εποι.
πον. C). 20. προσεθηκεν√. [και prim.]. πασιν√. — και secund.
(habet C^a). κατεκλισεν√. [νν].—τη. 21. παντα. ανεωχθηνε√.
22. ειδι√. ωσ (pro ωσει).—λεγουσαν. ευδοκησα. 23. —ο. αρχο-
μενοσ ωσει ετων λ. ων υιοσ ωσ ενομιζετο ιωσηφ. ηλει. 24. μαθθαθ
(μαεθαθ vel μαθεαθ primò: ambiguè Tischendorf. "θ medium ex
ε"). λευει. μελχει. ιανναι. 25. [ματταθιου: sic v. 26]. εσλει.
26. σεμεειν. ιωσηχ. ιωδα. 27. ιωναν (ιωαναν Α C). νηρει. 28.
μελχει. αδδει. κωσα (κωσαμ C^a). ελμαδαμ. 29. ιησου (pro ιωση).
ελιαζερ (ελιαιζερ C^a). ιωριμ. μαθθααθ (μαθθαθ C^a). λευει. 30.
ιωναμ. 31. μεννα. ναθαμ (ναθαν C^a et forsan anterior). δαδ√. 32.
ιωβηλ (ιωβηδ C^a: -ηλ Cod. D, forsan etiam Cod. B). βαλλσ
(λ secund. p.m. notatum: C^a βοοσ). σαλα (pro σαλμων: C^a cum
Steph.). 33. αδαμ (pro αμιναδαβ: C^a cum Steph.). αδμιν του

ΚΑΤΑ ΛΟΥΚΑΝ. Κεφ. IV. V.

αρνει (*pro* αραμ). [εσρωμ]. 34. ισακ (ισαακ Cᵃ). (θαρρα Cᵃ). 35. σερουχ. [φαλεκ]. 36. καιναμ (καιναμ Cᵃ): *sic* v. 37. 37. ιαρετ. μελελεηλ (μαλελεηλ Cᵃ). καιναμ (καϊ- Cᵃ).

IV. 1. πληρησ πνσ αγιου. —υπεστρεψεν (*habet* A). ηγετο το εν τω πν.√. εν τη ερημω. 2. ημερασ μ̄. ουδεν 'ουδεν' (' ' A)√. συντελεσθισων√. —υστερον. επινασεν√. 3. ειπεν δε (—και). ι (*pro* ει: Cᵃ *cum* Steph.)√. 4. αποκριθη (απεκρ. Cᵃ, *forsan etiam anterior*). προσ αυτον ο ισ.—λεγων. —αλλ επι *ad fin. vers.* 5. —ο διαβολοσ. —εισ οροσ υψηλον (*habet* A). εδιξεν√. βασιλιασ√. 6. πασαν. [εαν]. δωσω (*pro* διδωμι: Cᵃ *cum* Steph.). 7. +μοι (*post* προσκυνησησ: *improbat* Cᵃ). εμου (*pro* μου: Cᵃ *cum* Steph.). εστε√. *fin.* πασα. 8. ο ισ ειπεν αυτω. —υπαγε οπισω μου σατανα. —γαρ. κν τον θν σου προσκυνησεισ. 9. ηγαγεν δε (—και).—αυτον *secund.* —ο. 10. —γαρ (*habent* A? Cᵃ). εντελιται√. 11. αρουσιν√. 12. (οτι: *puncta ab* A *imposita, rursus erasa*). εκπιρασεισ√. 13. πιρασμον√. 14. δυναμι (*sic* v. 36)√. εξηλθεν√. χωρασ (*pro* περιχωρου). 16. —την *prim.* ναζαρα. ανατεθραμμενοσ. εισηλθεν√. 17. του προφητου ησαϊου. [αναπτυξασ]. ευρεν√.—τον. 18. εινεκεν. εχρισεν√. ευαγγελισασθαι. απεσταλκεν√.—ιασασθαι τουσ συντετριμμενουσ την καρδιαν. αποστιλαι√. αφεσι√. 20. εκαθισεν√. οι οφθαλμοι εν τη συναγωγη ησαν. 21. λεγιν√. 22. ουχι υσ εστιν ιωσηφ ουτοσ (—ο). 23. ειπεν (*sic* vv. 24. 43)√. εισ την καφαρναουμ. 24. ονδισ (*sic* v. 27)√. *fin.* εαυτου. 25. αληθιασ√. +οτι (*ante* πολλαι). εκλισθη√. [επι ετη τρια]. 26. ηλειασ. [σαρεπτα τησ] σ'ιδωνιασ. 27. εν τω ιηλ επι ελισαιου του προφητου. [εκαθαρισθη]. ναιμαν. 29. —αυτον *prim.* (*habet* Cᵃ).—τησ *secund.* ωκοδομητο αυτων. εισ το (*pro* ωστε). 31. καφαρναουμ. σαββασιν√. 33. ανεκραξεν√. 34. —λεγων. 35. απ (*pro* εξ). [το *secund.*]. 36. πνασιν√. (*Pro* εξερχονται p.m. *et* Steph., A *in litura scripsit* υπακουουσιν αυτω: Cᵃ *cum* Steph.) 38. απο (*pro* εκ).—η. 39. επετιμησεν√. +ο πυρετοσ (*ante* παραχρημα δε). διηκονι√. 40. επιθεισ τασ χιρασ. [-πευσεν]. 41. εξηρχοντο.—απο. κραζοντων (Cᵃ -ντα). —ο χσ. λαλιν√. ηδισαν√. 42. —τοπον (*habet* A). επεζητουν. 43. [με δει]. το ευαγγελιον (*pro* την βασιλειαν: A *cum* Steph.). επι (*pro* εισ). απεσταλην. 44. *fin.* εισ τασ συναγωγασ τησ ιουδαιασ (*non* γαλιλ.).

V. 1. συναχθηναι τον οχλον (*pro* τον οχλον επικεισθαι αυτω: Cᵃ *cum* Steph.). και (*pro* του *prim.*).—λιμνην (*habet* Cᵃ). γεννησαρετ'√.

42

2. ειδεν√.—δυο (habet Cᵃ). [πλοια]. αλεεισ (Cᵃ αλειεισ). αυτων
αποβαντεσ (—απ: απ αυτων αποβ. Cᵃ). επλυναν. 3. —του. ερω-
τησεν. επαναγαγιν√. καθισασ δε (—και). εν τω πλοιω εδιδασκεν
τουσ οχλουσ. 4. ειπεν√. 5. ειπεν σιμων (—ο et αυτω: σιμ. ειπ.
Cᵃ).—τησ. τα δικτυα. 6. συνεκλισαν√. πληθοσ ιχθυων. διερ-
ρησσετο. τα δικτυα. 7. κατενευσεν (Cᵃ -σαν).—τοισ secund. τουσ
sic (pro του: A C cum Steph.). συνλαμβανεσθε (συνλαβεσθε A C).
ηλθαν. αμφοτεροι primo, ut videtur: -ρα correctio. 8. προσ-
επεσεν. γονασιν ιυ (—του).—κυριε (habet Cᵃ). 9. αυτουσ (pro
αυτου: Cᵃ cum Steph.). [η]. 10. ιακωβοσ και ιωαννησ οι υιοι.
ειπεν√. [ο ισ]. 11. παντα. 12. ιδων δε (—και). 13. εκτινασ√.
τασ χειρασ primo, ut videtur, την χειρα A? ᴸεγων (pro ειπων:
λ p.m. vel A)√. α η λεπρα (· p.m.)√. 14. παρηγγιλεν√. ειπιν√.
—δειξον σεαυτον τω ιερει και (supplet A, legens διξον√ et ιερι√).
προσενεγκαι. προσεταξεν√. μωϋσησ. 15. —περι (habet A).—υπ
αυτου. ασθενιων√. 17. [-μενου φαρ.].—οι (habet A). [εληλυ-
θοτεσ]. fin. αυτον (pro αυτουσ). 18. ανθρωπον επι κλινησ βε-
βληβλημενον sic (pro επι κλ. ανθ.). 19. —δια. 20. —αυτω.
αφεωντε (non v. 23).—σοι. σου αι αμαρτιαι. 21. διαλογιζεσθε√.
γραμματισ√. [αφ. αμαρτ.]. 22. [αποκριθεισ]. ειπεν√. ταισ καρδιεσ
(Cᵃ -ιαισ)√. 23. —σοι. σου αι αμαρτιαι. εγειρε. περιπατι√. 24.
[εξ. εχ. ο υιοσ του ανθρωπου]. [αφιεναι]. ειπεν (sic vv. 31. 34)√.
παραλυτικω. εγειρε. αρον (pro αρασ). +και (ante πορευου). 25.
αυτου (pro αυτων). ο (pro ω). 26. εκστασεισ√. [ειδομεν]. 27.
εξηλθεν√. [εθεασατο]. λευειν. λεγει (pro ειπεν). ακολουθι√.
28. απαντασ (σ erasum). [ηκολουθησεν]. 29. εποιησεν√. λευεισ
(—ο).—αυτω. τω οικω. πολυσ τελωνων. —και αλλων (habet Cᵃ).
30. οι φαρισαιοι και οι γραμματεισ (—αυτων). +των (ante τε-
λωνων). [και αμαρ.]. εσθιεται√. 31. χριαν√. [αλλ]. 32. ασεβεισ
(pro αμαρτωλουσ: A cum Steph.). 33. [ειπον]. (διατι punctis
notatum rursus erasis). [νν]. νηστευουσιν√. εσθιουσιν√. 34.
+ισ (ante ειπεν√). δυνανται οι υιοι (Cᵃ δυνασθαι τουσ υιουσ).
εστιν√. —ποιησαι (habet Cᵃ). fin. (Cᵃ νηστευσαι). 35. —και
(ante οταν). +και (ante τοτε). 36. ελεγεν√. —δε και (habet Cᵃ).
προσ αυτουσ παραβολην (Cᵃ cum Steph.). ουδισ (sic v. 39, non
v. 37)√. +απο (ante ιματιου). +σχισασ (ante επιβαλλει).—και
(post μηγε: habet Cᵃ). σχισει (pro σχιζει). συμφωνησει το επι-
βλημα. 37. [ρηξει]. ο οινοσ (—νεοσ). 38. βαλλουσιν (pro
βλητεον: A cum Steph.).—και αμφοτεροι συντηρουνται. 39. init.
(και improbat Cᵃ).—ευθεωσ. χρηστοσ.

43

ΚΑΤΑ ΛΟΥΚΑΝ. Κεφ. VI.

VI. 1. —δευτεροπρωτω *cum* Cod. B.—των (*habet* Cᵃ).—τουσ. [σταχ. και ησθ.]. χερσιν [*nihil additum*]. 2. —αυτοισ. ποιειται√. ουχ εξεστιν ποιειν τοισ σαββασιν (—εν: Cᵃ ουκ). 3. ο ισ̄ προσ αυτουσ ειπεν. εποιησεν δαδ√. οτε (*pro* οποτε). επιναϲεν√. —οντεσ. 4. (πωσ *pro* ωσ Cᵃ).—ελαβε και. εφαγεν√. εδωκεν και. εξεστιν√. 5. —οτι (*habet* Cᵃ). εστιν του σαββατου ο υσ̄ του ινθρωπου (—και *secund*.). 6. — και *prim*. εισελθιν√. διδασκιν√. ανθρωποσ εκειν√. 7. [παρετηρουν δε αυτον]. θεραπευει. ευρωϲιν√. κατηγοριν (κατηγοριαν κατ Cᵃ). 8. ειπεν δε (— και). ανδρι (*pro* ανθρωπω). +την (*ante* ξηραν). εγειρε. και (*pro* ο δε). 9. ειπεν δε (— ουν). επερωτω. ει (*pro* τι). εξεστιν√. τω σαββατω. 10. ειπεν√. [τω ανθρωπω]. εκτινον√. εξετινεν (*pro* εποιηϲεν ουτω). απεκατεστη (Cᵃ απεκατεσταθη).—υγιησ ωσ η αλλη. 11. ποι-ηϲιεν. 12. εξελθειν αυτον (*pro* εξηλθεν). επι (*pro* εν *secund.*: Cᵃ *cum* Steph.). 13. προσεφωνησεν√. ωνομαϲεν (*sic* v. 14)√. 14. +και (*ante* ἰακωβον). [νν]. +και (*ante* φιλιππον).—και βαρ-θολομαιον (ὁμοιοτ.: *habet* Cᵃ). 15. +και (*ante* μαθθαιον). +και (*ante* ἰακωβον).—τον του. 16. +και (*ante* ἰουδαν *prim*.). Ἰσκαριωθ (Cᵃ -ριωτην).—και *ultim*. 17. +πολυσ (*post* οχλοσ).—του λαου (*habet* Cᵃ). +και πιραιασ (*post* ἱερουϲαλημ *plenè*; *improbat* Cᵃ). ϲειδωνοσ. 18. ενοχλουμενοι. απο (*pro* υπο).—και *secund*. 19. εζη-τουν. 20. ελεγεν√. (+τω πνῑ Cᵃ *post* πτωχοι: *sed erasa*). βασιλιαν√. 21. πινωντεσ√. χορταϲθηϲονται (*sic etiam* Cᵇ: *at* Cᵃ χορταϲθηϲεϲθαι√). γελαϲεται√. 22. [μιϲηϲωϲιν]. ονιδιϲωϲιν√. εκβαλωϲιν√. [ενεκα]. 23. *init*. χαρητε. ϲκιρτηϲαται√. [ταυτα]. 24. απεχεται√. 25. + νυν (*post* εμπεπληϲμενοι). πιναϲετε√. —υμιν *secund*. πενθηϲεται√. κλαυϲεται√. 26. —υμιν. ειπωϲιν ὑμασ. οι ανθρωποι παντεσ. (Α τα αυτα *pro* ταυτα). (ψευδο: *puncta imposita sed rursus erasa*). 27. αλλα. αγαπαται√. ποιειται√. 28. ευλογιται√. ὑμασ (*pro* ὑμιν).—και. προϲευχεϲθαι√. περι (*pro* υπερ). 29. εισ την δεξιαν ϲιαγονα (επι την ϲιαγ. Cᵃ *cum* Steph.). 30. —δε τω. 31. και ὑμισ ποιειται√. 32. εϲτιν (*sic* vv. 36. 40. 43)√. αγαπωϲιν√. 33. +γαρ (*ante* εαν: *improbat* Cᵃ). [-ποιητε]. χαρισ εϲτιν.—γαρ (*ante* οι αμαρ.). ποιουϲιν√. 34. δανιϲηται. ελπι-ζεται√. λαβιν. εϲτιν√.—γαρ οι. δανιζουϲιν√. απολαβωϲιν√. ειϲαν√. 35. αγαπαται√. αγαθοποιειται√. δανιζεται√. μηδενα (*pro* μηδεν). [απελπ.]. (*Post* πολυσ *supplet* Α εν τοισ ουνοισ̄). εϲεϲθαι√. —του. 36. γεινεϲθε√.—ουν.—και. *fin*. (+ο ουρανιοσ Α: *im-probat* Cᵃ). 37. [και ου μη]. + και (*post* κριθητε). καταδικαϲ-θηται√. απολυεται√. απολυθηϲεϲθαι√. 38. διδοται√. πεπιαϲμενον

44

(C² πεπιεσμ.). — και secund. et tert. ὑπερεκχυννομενον. ω γαρ μετρω (pro τω γαρ αυτω μετρω ω). μετριται√. [αντιμετρηθησεται]. 39. init. ειπεν δε και. ουκ (pro ουχι). [πεσουνται]. 40. — αυτου prim.— πασ. εστω (pro εσται). 42. init. πωσ δε (— η). εκβαλιν (pro εκβαλειν)√. 43. + παλιν (post ουδε). 44. γεινωσκεται√. συνλεγουσιν√. βλαστου p.m. (βαστου, i. e. βατ.ν Α). σταφυλην τρυγωσιν. 45. — αυτου prim.— ανθρωποσ secund. (habet C²).—θησαυρου τησ καρδιασ αυτου secund.— του (ante περισσευματοσ).— τησ (ante καρδιασ ultim.). το στομα αυτου λαλει. 46. καλειται√. ποιειται√. 47. + μου (etiam post λογων: improbat C²). ὑποδιξω√. 48. εσκαψεν√. εβαθυνεν√. εθηκεν√. πλημμυρησ. προσερηξεν : non v. 49 (C² προσερρ.). εκινη. ισχυσεν√. δια το καλωσ οικοδομησθαι αυτην (pro τεθεμελιωτο γαρ επι την πετραν). 49. [οικοδομησαντι]. ευθυσ συνεπεσεν.

VII. 1. [επει δε]. επληρωσεν√.— παντα (habet C²). καφαρναουμ'. 2. —κακωσ εχων (habet C²). ημελλεν√. 3. απεστιλεν√. + αυτοσ (ante ελθων). 4. ηρωτων (pro παρεκαλουν). παρεξη. 6. — απο. επεμψεν√.— προσ αυτον (habet Α). φιλουσ ο εκατονταρχοσ. — αυτω (habet C²). [σκυλλου: sic σκυλλε vili. 49]. ικανοσ ᵉ'μι (ει Α et C²). μου ὑπο την στεγην. 7. ελθει' (ν Α et C²)√. αλλ. [ιαθησεται]. 9. ειπεν (sic v. 14)√. 10. εισ τον οικον οι πεμφθεντεσ.— ασθενουντα. 11. (τω pro τη C²). επορευθη. — καλουμενην (habet C²).— ικανοι. 12. ηγγισεν√. [τεθνηκωσ] μονογενησ υσ. [αυτη ην χηρα]. + ην (post ικανοσ). 13. επ αυτην. 15. [ανεκαθισεν]. λαλιν√. [εδωκεν]. 16. ελαβεν√. [απαντασ]. ηγερθη. 17. — περι αυτου (habet Α).— εν secund. 18. απηγγιλαν√. Ιωαννει. 19. [νν: sic v. 20]. επεμψεν√. [ιν]. ετερον (pro αλλον: sic v. 20). 20. —οι ανδρεσ (habet Α). ειπαν. απεστιλεν (pro -ταλκεν). ετερον (pro αλλον). 21. εν εκεινη τη ημερα (— δε: ωρα pro ημερα C² cum ᏦτⅰⱣh.). εθεραπευσεν√. ακαθαρτων (pro πονηρων: C² cum Ꮶⅰeph.) sic viii. 2. — το (habet Α). 22. — ο ι̅σ̅. απαγγιλατε√. Ιωαννει.— οτι. αναβλεπουσιν√. περιπατουσιν√. + και (ante κωφοι). ακουουσιν√. + και (ante πτωχοι). 23. αν (pro εαν). 24. απελθοντ rescript p.m. ¿√. [νν bis in versu. sic vv. 28. 29. 33]. τοισ οχλοισ (— προσ: (³ cum Ꮶⅰeph.). εξηλθεται (sic vv. 25. 26). θεασασθε√. 27. εστιν [sic vv. 28 bis in versu. 30)√.— εγω. 28. init. αμην.— γαρ. εν γεννηται (εν γεννητοισ Α? C²)√.—προφητησ.— του βαπτιστου. μαικροτεροσ√. 29. — εισ εαυτουσ. 31. — ειπε δε ο κ̅σ̅. δε (pro ουν). 32. εισιν√. α λεγει

45

ΚΑΤΑ ΛΟΥΚΑΝ. Κεφ. VIII.

(λεγοντα Cᵃ: pro και λεγουσιν). ωρχησασθαι√. — υμιν secund.
33. εληλυθεν√. μη εσθιων αρτον μηδε πινων οινον. λεγεται (sic
v. 34)√. 34. [εσθιων]. φιλοσ τελωνων. 35. απο παντων των
εργων αυτησ (— τεκνων: Cᵃ improbat παντων). 36. τον οικον.
fin. κατεκειτο (Cᵃ κατεκλιθη). 37. ητισ ην εν τη πολει. + και
(ante επιγνουσα). κατακειται. 38. οπισω παρα τουσ ποδασ αυτου.
τοισ δακρυσιν ηρξατο βρεχειν τουσ ποδασ αυτου. θριξιν√. εξεμαξεν
(Cᵃ εξεμασσεν√). ηλειφεν√. 39. εγεινωσκεν√. 40. ειπεν (sic
vv. 48. 50)√. ειπιν√. διδασκαλε ειπε φησιν. 41. χρεοφιλεται.
δανιστην. ωφιλεν√. 42. [δε].— ειπε. αγαπησει αυτον. 43. [δε].
— ο. πλιον (non v. 42)√. 44. βλεπισ√. μου επι τουσ ποδασ.
εβρεξεν√. θριξιν (— τησ κεφαλησ). εξεμαξεν√. 45. [εισηλθον].
διελειπεν. [μου τουσ ποδασ: sic v. 46]. 46. ηλιψασ√. ηλιψεν√.
47. ειπον (pro λεγω: Cᵃ cum Steph.). αφεονται (Cᵃ cum Steph.)
sic v. 48. αυτησ αι αμαρτιαι. ηγαπησεν√. 49. [ουτοσ εστιν].
50. σεσωκεν√.

VIII. 1. διωδευσεν. 2. ακαθαρτων (pro πονηρων) sic vii. 21.
3. [ἰωαννα]. [σουσαννα]. [αυτω]. εκ (pro απο). fin. αυτων (Α? Cᵃ
αυταισ cum Stepʰ.). 4. συνοντοσ (Cᵃ συνϊοντοσ cum Steph.).
ειπεν (sic vv. 2?. 22. 25. 28. 30. 48. 52)√. 5. σπιρων√. σπιραιν√.
[αυτου]. σπιρειν√. επεσεν√. πετιναν√. 6. [επεσεν]. + και (ante
δια: improbant Α? C). εχιν√. 7. συνφυεισαι. επνιξαν (Cᵃ cum
Steph.). 8. εφυεν (pro επεσεν: Cᵃ cum Steph.). εισ (pro επι).
εφυεν (pro φυεν: A C cum Steph.). + και (ante εποιησεν√: im-
probat Α). 9. —λεγοντεσ. αυτη ειη η παραβολη. 10. τασ μυσ-
τηρια (˙ p.m.)√. βλεπωσιν√. + ακουωσιν και (post ακουοντεσ:
Cᵃ puncta imposuit ad ακουωσιν, sed rursus delevit). 11. εστιν√ bis
in versu. fin. χυ fortasse primò, sed θυ p.m. 12. ακουσαντεσ. 13.
την πετραν (τησ πετρασ Cᵃ cum Steph.). ακουσωσιν√. + του θυ
(post λογον: improbat Cᵃ).— και prim. (habet Cᵃ). πιστευουσιν√.
πιρασμουν√. 14. συνπνιγονται. τελεσφορουσιν√. 15. νεσ in οιτινεσ
bis scriptum primò: prius erasum√. κατεχουσιν√. 16. καλυπτιν√.
αλλ επι την λυχνιαν τιθησιν. βλεπωσιν√. 17. εστιν√. μη γνωσθη
(pro γνωσθησεται). 18. βλεπεται√. ακουεται√. αν γαρ (pro
γαρ αν). [αν secund.]. εχιν√. 19. [παρεγενοντο]. + αυτου (post
μητηρ). συντυχιν√. 20. απηγγελη δε (— και).—λεγοντων. + οτι
(ante η μητηρ).— σου prim. ιδιν√. [σε θελ.]. 21. [προσ αυτουσ].
— του θυ.— αυτον. 22. εγενετο δε (— και).— εν (habet Α).— και
αυτοσ (habet Α). [ενεβη]. 23. αφυπνωσεν√. [αν. εισ τ. λ.].
24. (επιστατα secund. punctis notatum rursus deletis). διεγερ-

46

θεισ. επετιμησεν√. του κλυδωνι (τω κλ. Cᵃ)√. επαυσατο. 25.
— εστιν. οι δε φυβηθεντεσ.— προσ αλληλουσ. 26. κατεπλυσαν (Cᵃ
-πλευ-)√. γεσγεσηνων (pro γαδαρηνων). αντιπερα. 27. — αυτω
secund. εχων (pro οσ ειχε: Cᵃ οσ ειχεν√). και χρονω ικανω
(— εκ) ουκ ενεδυσατο ιματιον (Cᵃ cum Steph. praeter ενεδ., sed prior
lectio restituitur). 28. — και prim. δαιομε√. 29. παρηγγελλεν√.
εδεσμευετο. αλυσεσιν√. παιδεσ√.— και (ante διαρρησσων: A Cᵃ
habent). δεμονια p.m. (pro δεσμα: A Cᵃ cum Steph.). δαιμονιου
(pro δαιμονοσ). 30. επηρωτησεν√.— ο ισ λεγων (habet ο ισ Cᵃ)ᵢ
ονομα εστιν√. λεγιων (Cᵃ λεγαιων). εισηλθεν δαιμονια πολλα
31. παρεκαλουν. απελθυν (sic v. 37)√. 32. βοσκομενη. (Cᵃ παρ-
εκαλεσαν). fin. — αυτοισ (habet Cᵃ). 33. εισηλθον. αγγελη
(· p.m.)√. θαλασσαν (pro λιμνην). 34. γεγονοσ. [εφυγον].— απ-
ελθοντεσ. απηγγιλαν (non v. 36)√. 35. ιδιν√. [ηλθον]. [ευρον
καθ. τον ανθ.]. εξηλθεν (pro εξεληλυθει: Cᵃ εξηλθον). 36. + λε-
γοντεσ (ante αυτοισ).— και. δεμονισθεισ (Cᵃ δαιμ.)√. 37. ηρω-
τησεν. παν. γεργεσηνων (Cᵃ cum Steph. γαδαρ., at γεργεσ. resti-
tuitur). συνιχοντο√.— το (ante πλοιον). fin. επεστρεψαν (ᵉ A:
συνεστρ.? A, υπεστρ. Cᵃ cum Steph.). 38. (εδειτο A, sed εδεετο
restitutum). [εξεληλυθει τα δ.]. απελυσεν√.— ο ισ. 39. σοι εποι-
ησεν. απηλθεν√. 40. (εν δε pro εγενετο δε εν Cᵃ, sed prior lectio
restituitur). ὑποστρεφειν. fin. τον θν (pro αυτον secund.: A cum
Steph.). 41. [ιαειροσ]. [αυτοσ]. ὑπηρχεν√.— του (habet Cᵃ).
εισελθιν√. 42. — ην (habet Cᵃ). [εν δε τω υπαγειν]. 43. ιατροισ
(— εισ). + εαυτησ και (post βιον: improbat Cᵃ). [ὑπ]. ουδνενοσ
(· p.m. vel A: ὑπ ουδν rescripsit p.m., sublato ουκ ισχ per errorem
scripto)√. 45. συν αυτω (pro μετ αυτου). συνεχουσιν√. απο-
θλιβουσιν√.— και λεγεισ ad fin. vers. 46. εξεληλυθυιαν. 47.
— ιδουσα usque ad ηλθε (supplet A, legens ελαθεν√ et ηλθεν√).
— δι ην αιτιαν ηψατο αυτου. διηγγειλεν (pro απηγγειλεν αυτω).
ειαθη√. 48. — αυτη θαρσει. σεσωκεν√. 49. [παρα].— αυτω. μη-
κετι (pro μη). 50. ειπεν (pro απεκριθη: Cᵃ cum Steph.).— λεγων.
[πιστευε]. 51. init. ελθων. ουδενα αφηκεν συνεισελθειν αυτω
(—ουκ). [Ιακ. και ιωανν.]. 52. ου γαρ (pro ουκ). 54. — εκβαλων
εξω παντασ και. εφωνησεν√. εγειρε. 55. επεστρεψεν√.— και
ανεστη παραχρημα (habet A). 56. ειπιν√.

IX. 1. συνκαλεσαμενοσ. αποστολουσ (pro μαθητασ αυτου). δε-
δωκεν. 2. απεστιλεν√. ασθενισ (pro -νουντασ). 3. ειπεν (sic
vv. 9. 13. 14. 20 bis. 50. 57. 59 bis. 60. 61. 62)√. ραβδον. μηδε
47

(*pro* μητε *quart.*). — ανα. — εχειν (εχετε *habet* A). 4. μινατε.
5. [αν]. δεχωνται. εκ (*pro* απο *prim.*). εκινησ√. — και *secund.*
αποτινασσεται. αυτοισ (εχ αυτουσ Cᵃ, *sed* ι *pro* υ *restituitur*). 6.
— τασ. 7. ηκουσεν√. — ο τετραρχησ (ὁμοιοτ.: A *habet* ο τετρα-
αρχησ). γεινομεναν√. — υπ αυτου. [Ιωαννησ] ηγερθη. 8. ηλειασ.
τισ (*pro* εισ). 9. ειπεν δε (— και). — ο. [νν]. — εγω. ακοιω (Cᵃ
ακουω)√. ιδιν√. 10. a (*pro* οσα). εποιησεν (-σαν A?)√. ὑπεχω-
ρησεν√. [τοπον ερ.]. — πολεωσ καλουμενησ βηθσαϊδα (Cᵃ πολιν
καλουμενην βηδ'σαϊδα, *omisso* τοπον *ερ.*, *sed prior scriptura revo-
catur*). 11. αποδεξαμενοσ. ελαλησεν. βασιλιασ√. 12. ηρξαντο.
(Cᵃ -ατο). (τουσ οχλουσ Cᵃ, *sed* τον οχ. *restitutum*). πορευθεντεσ
(*pro* απελθοντεσ). — τουσ (*ante* αγρ.). καταλυσωσιν√. 13. αυτοισ
(*pro* προσ αυτουσ). [Ὁμ. φαγ.]. ειπαν (*sic* vv. 19. 54). πλειονεσ
αρτοι πεντε (Cᵃ *cum* Steph. πλειον η π. αρ.). ἰχθυεσ δυο. ημισ√.
14. δε (*pro* γαρ: γαρ Cᵃ *sed* δε *revocatum*). +ωσει (*ante* ανα).
15. ουτωσ√. κατεκλιναν παντασ. 16. —αυτουσ. κατεκλασεν√.
παραθειναι. 17. των (*pro* αυτοισ). 18. (A *primo post* εν, *deinde
post* αυτον *addit* εν τοπω, *sed erasum est*). + ο ισ (*ante* λεγων).
με οι οχλοι λεγουσιν (Cᵃ *cum* Steph.). 19. [νν: *sic* vv. 28. 54].
20. λεγεται√. πετροσ δε αποκριθεισ (— ο). 21. παρηγγιλεν√.
λεγειν (*pro* ειπειν). *fin.* τουτοι *forsan* p.m.√. 22. τον υν του
ανθρωπου δει (Cᵃ *cum* Steph.). [εγερθηκαι]. 23. ελεγεν√. θελι√.
ερχεσθαι (ελθειν A Cᵃ *cum* Steph.). αρνησασθω. (καθ ημεραν:
puncta imposita sed rursus erasa). ακολουθιτω√. 24. εαν (*pro* αν
prim.). 25. ωφελει. 26. επεσχυνθη√. [λογουσ] 27. εισιν√.
αυτου (*pro* ωδε). [εστηκοτων]. γευσωνται. [ἰδωσι]. βασιλιαν√.
28. — και *prim.* (*habet* Cᵃ). — τον. προσευχεσθαι. 29. — εγενετο
(*habet* Cᵃ). προσευξασθαι (-ευχεσθαι Cᵃ). + εγενετο (*ante* ετερον).
ειματισμοσ√. 30. μωϋσησ. ηλειασ. 31. [ελεγον την]. ημελλεν.
32. ειδαν. στωτ in συνεστωτασ *rescripsit* p m. *vel* A√. 33. δια-
χωριζεσθεν√. [ο]. ποιησομεν. τρισ√. σοι μιαν. [μωσει μιαν]. 34.
επεσκιαζεν. εισελθειν αυτουσ (*pro* εκεινουσ εισ.). 35. εκλελεγ-
μενοσ (*pro* αγαπητοσ) cf. Johann. i. 34. 36. — ο. απηγγιλαν√.
[εωρακασιν]. 37. — εν. 38. εβοησεν (*pro* ανεβ.). [επιβλεψον].
μοι εστιν. 39. — ιδου. + και ρασσει (*post* κραζει). συντριβουν
(-βον Cᵃ *et jam ante* eum). 40. εκβαλωσιν. 41. γεναιαν√. μεθ
υμων εσομαι (*pro* εσ. προσ υμ.). (+ μοι *ante* ωδε Cᵃ). 42. προσ-
ευχομενου (Cᵃ προσερχομενου). επετιμησεν√. 43. μεγαλιοτητι√.
εποιει (— ο ισ ειπε) p.m.: *addit* ειπεν A. 44. χιρασ√. 45.
εσθωνται√. [ερωτησαι]. 46. εισηλθεν√. μιζον√. 47. ειδωσ (*pro*

48

ιδων). [παιδιου]. 48. [εαν prim.]. πεδιον√.—εαν secund. δεχεται
(pro δεξηται secund.). αποστιλανταν√. μεικροτεροσ√. εστιν (pro
εσται). 49. [ο ιωαννησ]. εν (pro επι).—τα. εκωλυομεν. 50.
ειπεν δε (—και).—ο (habet Cᵃ). εστιν√ bis in versu. καθ υμων υπερ
ημων p.m. (Cᵃ ημων bis, Cᵇ υμων bis). 51. [συμπλ.]. αναλημψεωσ.
—αυτου prim. (habet Cᵃ). [αυτου secund.]. εστηριξεν√. 52.
απεστιλεν√. [αυτου]. πολιν (pro κωμην: Cᵃ cum Steph.). σα-
μαριτων. ωσ (pro ωστε: Cᵃ cum Steph.). 54.—αυτου. ειπαν.
[απο].—ωσ και ηλιασ εποιησε. 55, 56.—και ειπεν usque ad αλλα
σωσαι. 57. και (pro εγενετο δε). [αν].—κυριε. 58. εχουσιν√.
πετιναν√. 59. πρωτον απελθοντι. 60.—ο ισ. 62. [προσ αυτον
ο ισ]. ουδισ√. επιβαλον? primo (-ων p.m. vel A rescripsit).
[αυτου]. τη βασιλεια (pro εισ την β., at εν τη β. Cᵃ).

X. 1. ανεδιξεν√. [και prim.]. [εβδομηκοντα και]. απεστιλεν√.
ημελλεν. [ερχεσθαι]. 2. δε (pro ουν prim.). δεηθηται√. εκ-
βαλη εργ. 3.—εγω. 4. βαλλαντιον. μη (pro μηδε).—και (habet
Cᵃ). 5. εισελθηται οικιαν. λεγεται√. 6.—μεν. η εκι. + ο (ante
υιοσ: sed eras.). επαναπαησεται. 7. [εσθιοντεσ].—εστι. 8.—δ.
9. ασθενισ√. 10. εισελθητε (pro εισερχησθε). πλατιασ√. 11.
υμιν (pro ημιν: A Cᵃ cum Steph.). + εισ τουσ ποδασ (ante απο-
μασσομεθα). γεινωσκετε υμισ οτι ηγγικεν (υμισ improbant A C).
—εφ υμασ. 12. [δε]. εκινη (post quod verbum erasum videtur
ουαι)√. 13. [ουαι bis in versu]. χοραζειν. βηθσαιδαν. εγενη-
θησαν. δυναμισ√. καθημενοι. 15. καφαρναουμ. μη εωσ ουρανου
υψωθηση (—η et του). ο αδου (· p.m. et C)√. 16. [ακουων υμων].
αποστιλανταν√. 17. [-κοντα μετα: cf. v. 1]. 18. ειπεν (sic vv. 23.
26. 28. 29. 37. 40)√. 19. δεδωκα.—ου μη (habet A). αδικησει.
20. χ̣ οτι prim. (· p.m.)√. χερετε secund. [μαλλον]. ενγεγραπται.
21. εν τω πνι τω αγιω.—ο ισ. [εγενετο ευδοκια]. 22.—και
στραφεισ usque ad ειπε. μοι παρεδοθη. ουδισ√. [εαν]. 24. ειδειν√.
βλεπεται√. ιδαν. ακουεται√. 25. εκπιραζων√.—και secund. 'ινα'
ζωην (' A vel p.m.)√. 26. αναγινωσκισ√. 27. [τησ καρδιασ].
εν ολη τη ψυχη σου και εν ολη τη ισχυι σου και εν ολη τη διανοια
σου. 29. δικαιωσαι. αυτον (pro εαυτον: A C cum Steph.). εστιν√.
30.—δε (habet Cᵃ). In Ιερουσαλημ rescriptum est ουσα, quasi
ιερειχω primo scriptum√. ισ (Cᵃ εισ) ειεριχω.—τυγχανοντα. 32.
Deest versus ob ομοιοτ. (supplet Cᵃ, omisso γενομενοσ: caetera
cum Steph., praeter αντιπαρηλθεν√). 33. σαμαριτησ. ηλθεν√.
—αυτον secund. 34. κατεδησεν√. ελεον√. [επιβιβασασ δε]. παν-

δοκιον (C^a -χιον). 35. — εξελθων. εδωκεν√. πανδοκει (C^a -χει). [αυτω].— εγω. επανερχεσθε (C^a -σθαι)√. 36. — ουν. — των (habent A C^a). πλησιον δοκει σοι. 37. δε (pro ουν). σοι (pro συ). 38. init. εν δε (— εγενετο). — και. την οικιαν. — αυτησ (habet A). 39. Post και prim. αι videtur esse deletum. μαριαμ. — η (habet A vel forte p.m.). παρακαθεσθισα. προσ (pro παρα). κυ (pro ιυ). [ηκουε : C^a -εν√]. 40. μελι√. κατελιπεν διακονιν√. [ειπε]. συναντιλαβητε√. 41. κσ (pro ιο). θορυβαζη. 42. init. ολιγων δε εστιν η ενοσ (— χρεια, at C^a addit χρια post εστιν) cf. Cod. B. γαρ (pro δε secund.). αφερεθησεται√.— απ (habet C^a).

ΧΙ. 1. ειπεν (sic vv. 2. 5. 28. 39. 46)√.— και ιωαννησ (habet C^a : A vel p.m. ιωαννησ tantum). εδιδαξεν√. 2. [προσευχησθε]. — ημων ο εν τοισ ουρανοισ. ελθατω. βασιλια√. [γεν. το θ. σου ωσ εν ουρ.]. + ουτω (post ουρανω: improbat C^a). — τησ (habet C^a, sed rursus erasum : addens και ρυσαι ημασ απο του πονηρου post γησ). 3. δοσ (pro διδου). — το (habet C^a). 4. ωσ και (pro και γαρ: C^a cum Steph.). [αφιεμεν]. οφιλοντι√. πιρασμον√. — αλλα ρυσαι ad fin. vers. (C^a αλλα ρυσαι ημασ απο τ nec amplius, sed delevit, clausulâ ad fin. v. 2 translatâ). 5. (A μεσονυκτιον, sed ν secund. super ν rursus deletum). [ειπη]. τρισ√. 6. επιδη√. 7. κεκλισται√. εισ την κοιτην μετ εμου. + και (post εισιν)√. 8. φιλον αυτου. δε (pro γε : A? C cum Steph.). αναιδιαν√. (C^a οσον). 9. ανυγησεται√. 10. ανυγησετε (C^a -ται)√. 11. τισ (pro τινα). + εξ (ante υμων). — ο υιοσ. η (pro ει και). ιχθην√. [επιδωσει αυτω secund.]. 12. — εαν. αιτησει. 13. υμισ√. οντεσ (pro υπαρχοντεσ). οιδαται√. δοματα αγαθα. ο πατηρ εξ (— ο secund.). 14. — και αυτο ην. [εξελθοντοσ]. 15. [ειπον]. βεεζεβουλ (sic vv. 18. 19) sic Cod. B. + τω (ante αρχοντι). 16. πιραζοντεσ σημιον√. εξ ουρανου εζητουν παρ αυτου. 17. [αυτ. τα διαν.]. διαμερισθεισα εφ εαυτην. 18. εμερισθη. τι (pro οτι: A C cum Steph.). 19. [οι]. εκβαλλουσιν√. αυτοι κριται εσονται υμων. 20. (A C habent εγω ante εκβαλλω). 21. — ο (habent A? C). εσται (pro εστι). 22. — ο. 'εστιν' επελθων (' ' A, forsan etiam p.m.)√. ερει√. 23. εστιν (sic v. 29)√. fin. + με (improbat C^a, sed restituitur). 24. (C^a habet τοτε post ευρισκον). 25. [ελθον]. ευρισκι (addit σχολαζοντα C^a). 26. πορευετε√. παραλαμβανι√. μεθ εαυτου ετερα πνατα πονηροτερα εαυτου επτα (μεθ εαυτου A vel p.m. in rasurâ rescripsit : primò επτα). [εισελθοντα]. γινετε√. 27. τισ φωνην γυνη.— η prim. 28. μενουν (sine γε). fin. τον λογον του θυ (iterum pro αυτον: improbant A C). 29. + γενεα (ante πονηρα).

σημιον ter in vers. (non v. 30)√. ζητει. — του προφητου. 30.
— γαρ. τοισ νινευειταισ σημειον. 31. ανθρωπων (pro ανδρων:
Cᵃ cum Steph.). κατακρινι√. σολομωνοσ bis in versu. 32. νινευι-
ται. κρισι√. 33. — δε. κρυπτην. [αλλ]. φωσ (pro φεγγοσ).
βλεπουσιν. 34. + σου (ante οταν: improbat Cᵃ). — ουν. [και
prim.]. φωτινον (sic v. 36 bis)√. (Cᵃ habet ολον ante το σωμα
secund., sed rursus erasum). σκοτινον (sic v. 36)√. 35. σκοπι√.
36. σω >> in rasurâ rescript.√. [τι μεροσ]. — ο (habet Cᵃ).
(-ζηᵀ σε: τ s.m. erasum)√. 37. λαλησαι ερωτα. — τισ. 39. καθα-
ριζεται√. 40. init. + ο (˙ p.m.)√. [εξ. και το εσ.]. εποιησεν√.
42. αλλα. αποδεκατονται√. ηδυσμον (C cum Steph.). παν (p.m.
vel A: at το? primò). παρερχεσθαι√. (+ δε post ταυτα A). εδει
ποισαι (sic: sed ποισει in annotationibus). fin. αφειναι (Cᵃ παρ-
ειναι). 43. φαρισαιοι (pro τοισ φαρισαιοισ). [nihil additum].
44. — γραμματεισ και φαρισαιοι υποκριται. μνημια√. [οι secund.].
47. μνημια√. και οι (Cᵃ οι δε cum Steph.). απεκτιναν (sic v. 48)√.
48. μαρτυρεσ εστε (pro μαρτυρειτε). — αυτων τα μνημεια. 49.
αποκτινουσιν (-κτενουσιν√ Cᵃ). διωξουσιν. 50. (Cᵃ εκδηκηθη sic).
εκχυννομενον. 51. — του prim. et secund. μετοξυ (Cᵃ μεταξυ)√:
sic Barnabas fol. 139*. 52. [κλειδα]. εισηλθατε. 53. κακειθεν
εξελθοντοσ αυτου (pro λεγοντοσ usque ad προσ αυτουσ). δινωσ
ενεχιν√. 54. — αυτον και ζητουντεσ. — ινα κατηγορησωσιν αυτου.

XII. 1. επισυναχθισων√. 2 — δε. κεκαλυμμενον. 3. ταμιοισ
(sic v. 24)√. 4. αποκτεννοντων. με (pro μετα: corrigit Cᵃ)√.
[περισσοτερον]. 5. υποδιξω√. — δε. — φοβηθητε secund. εχοντα
εξουσιαν εμβαλλειν. fin. φοβηθηται√. 6. πωλουνται. 7. [ουν].
(διαφεραται√ Cᵃ). 8. + οτι (ante πασ). — των αγγελων (ut videtur)
p.m. (addit A, των αγ in liturâ posito). 9. [ενωκιον bis in versu].
απαρνησεται (A -νηθησεται). 10. αιρει√. βλασφημουντι. 11. εισ-
φερωσιν. μεριμνησητε. [η τι bis in versu]. 13. ειπεν (sic vv. 15. 16.
18. 20. 22. 41)√. εκ του οχλου αυτω. μερισασθε√. 14. κατεστησεν√.
κριτην (pro δικαστην). fin. υμων (Cᵃ υμασ cum Steph.). 15. ορα-
ται√. φυλασσεσθαι√. πασησ (pro τησ). fin. [αυτου: at αυτω Cᵃ].
16. [ευφ.]. 18. ανοικοδομησω˙ (Cᵃ cum Steph.). [τα γενηματα
μου: at τον σιτον μου A Cᵃ, ταυτα etiam ab A omisso]. — και τα
αγαθα μου (habent A Cᵃ). 19. ευφρενου√. 20. [θσ αφρων].
[απαιτουσιν]. 21. αυτω (Cᵃ cum Steph.). 22. [αυτου]. λεγω
υμιν. μεριμναται√. — υμων. [σωματι τι]. 23. + γαρ (ante ψυχη).
[εστι: Cᵃ εστιν√]. 24. ουτε σπιρουσιν ουτε θερ. εστιν ταμιον.
πετινων√. 25. [μεριμνων]. [προσθ. επι την ηλ. αυτου]. — ενα

(*habet* A). 26. ουδε (*pro* ουτε). + τι (*ante* δυνασθαι√ : *improbat* Cᵃ). μεριμναται√. 27. κατανοησαται√. αυξανι√. [ου κοπια ουδε νηθει]. + οτι (*post* ϋμιν). 28. *init.* ῑ (*pro* ει)√. εν αγρω τον χορτον οντα σημερον (— τω). αμφιεννησιν√. 29. — μη *prim.* (*habet* A). και (*pro* η). + 'μηδε τω σωματι' (*post* πιητε: '' *p.m.*)√. 30. επιζητουσιν. 31. αυτου (*pro* του θῡ). — ταυτα (*habet* A). προστεθησετε√. 32. ϋμων ο πατηρ. 33. βαλλαντια ανεκλιπτον√. εγγιζει. 35. [ϋμων αι οσφ.]. 36. αναλυση. 37. — και παρελθων διακονησει αυτοισ (*habet* A). 38. *init.* καν εν τη δευτερα καν εν τη τριτη φυλακη ελθη. ουτωσ√. — οι δουλοι εκεινοι (A C *habent* εκεινοι *tantum*). 39. — εγρηγορησεν αν και (*habent* A C : αν *omisso ab* A). [αν *secund.*]. αφηκεν√. διορυχθηναι. 40. — ουν. 41. [αυτω]. 42. και ειπεν (— δε). δουλοσ (*pro* οικονομοσ: Cᵃ *cum* Steph.). [και φρον.]. κατεστησεν (*pro* καταστησει: Cᵃ *cum* Steph.). [του] διαδουναι (Cᵃ διδοναι *cum* Steph.). [το σιτομ.]. 43. ουτωσ ποιουντα. 44. πασιν√. [αυτου]. 45. μου ο κσ̄ (Cᵃ *cum* Steph., *sed p.m.* restituitur). πεδισκασ√. 47. αυτου (*pro* εαυτου). η (*pro* μηδε). 48. — δε *tert.* (*habent* A C). — πολυ *secund.* (*habent* A C). 49. επι (*pro* εισ). 50. οτου (*pro* ου). (Cᵃ συντελεσθη, συν *eraso*). 52. — εσονται γαρ *usque ad* διαμεμερισμε, *duabus lineis propter* ομοιοτ. *omissis* (*supplet* A, *legens* εν ενι οικω). δυσιν√. τρισιν√. 53. διαμερισθησονται. επι (*pro* εφ). + και (*ante* μητηρ). θυγατερα. μητερα.— αυτησ *prim. et secund.* (*habent* Cᵃ). 54. ελεγεν√. — την. επι (*pro* απο). λεγεται (*non* v. 55)√. + οτι (*ante* ομβροσ). γεινεται (sic v. 55)√. ουτωσ√. 55. — οτι (*habet* Cᵃ). ερχεται (*pro* εσται: A C *cum* Steph.). 56. (Cᵃ του ουρ. και τησ γησ). οιδαται *prim.*√. ουκ οιδαται δοκιμαζειν (*pro* ου δοκιμαζετε). 58. [επ αρχ.]. παραδωσει. βαλει (> > > βαλει *in* liturâ *scripta*). 59. — ου (*post* εωσ). (Cᵃ τον *pro* το).

XIII. 1. πειλατοσ. εμιξεν√. 2. — ο ῑσ̄. ταυτα (*pro* τοιαυτα). 3. [μετανοητε]. ομοιωσ (*pro* ωσαυτωσ). 4. — και *prim.* (*habet* Cᵃ) cf. v. 11. επεπεσεν. απεκτινεν√. δοκειται (*non* v. 2)√. αυτοι (*pro* ουτοι). οφιλεται√. + τουσ (*ante* ανθρωπουσ). 5. μετανοησητε (Cᵃ *improbat* ση, *sed* restituitur)'. ωσαυτωσ (*pro* ομοιωσ). απολεισθαι (*non* v. 3)√. 6. ελεγεν (*sic* v. 14)√. ειχεν√. πεφυτευμενην εν αντελωνι αυτου (+ τω *post* εν Cᵃ). ηλθεν ζητων καρπον. 7. ειπεν (*sic* vv. 20. 23 *bis*)√. + αφ ου (*ante* ερχομαι). [-ψον αυτην]. 8. τοτο (*pro* το: *improbat* το *prim.* Cᵃ)√. κοπρια. 9. εισ το μελλον ει δε μηγε. 10. σαββασιν√. 11. — ην *prim.* ασθενιασ√. — και *secund.* cf. v. 4, *non ita* v. 16. συνκυπτουσα. 12. προσ-

εφωνησεν√. + απο (ante τησ ασθενιασ√). 13. χιρασ√. [αναρθωθη].
εδοξαζεν p.m., at -ον primò, ut videtur. 14. + οτι (ante εξ).
— εν αισ δει εργαζεσθαι (habet Α). αυταισ (pro ταυταισ). (θερα-
πευεσθαι Cᵃ). 15. δε (pro ουν). ϋποκριται. — τω σαββατω (habet
Cᵃ). απαγων (Cᵃ cum Steph.). 16. [θυγατερα]. εδι√. 17. πασιν√.
λεγομενοισ (pro γινομενοισ : Cᵃ γεινο-√). 18. ελεγεν ουν (— δε).
βασιλιαν√. 19. εστιν√. [ον]. εισβαλεν (·· p.m.)√. (+ τον ante
κηπον Α). αυτου (pro εαυτου). ηὒξησεν. — μεγα. πετιναν√. 21.
εστιν√. [ενεκρυψεν]. 22. πολισ√. ποριαν√. ιεροσολυμα. 24.
αγωνιζεσθαι√. εισελθιν prim.√. θυρασ (pro πυλησ). 25. απο-
κλιση. — εξω εστανται και (habent Α Cᵃ). — κε secund. 26. αρξ-
ησθαι. πλατιαισ√. 27. — λεγω. [ϋμασ]. αποστηται√. — οι. — τησ.
28. εστε√. ιδητε (pro οψησθε). ϊσακ (Cᵃ ϊσαακ). 29. — απο
secund. 30. εισιν√ bis in versu. 31. ωρα (pro ημερα). [προσηλθον].
32. αποτελω (pro επιτελω). 33. — και αυριον (habet Cᵃ). ερχομενη.
ενδεχεται (νδε rescriptum)√. 34. [αποκτεινουσα]. αυτον (pro
αυτην : Cᵃ cum Steph.). ορνιξ. την εαυτου νοσσιαν (εαυτησ Cᵃ
cum Steph.). ηθελησαται√. 35. — ερημοσ. — αμην δε (+ δε post
λεγω Cᵃ). — οτι. ιδητε με. αν ειπητε (— ηξη οτε).

XIV. 1. — των secund. 3. ειπεν (sic vv. 5. 19. 20. 21. 25)√.
[λεγων]. — ει. εξεστιν√. θεραπευσαι. fin. + η ου. 4. απελυσεν√.
5. αποκριθισ (puncta imposita sed rursus rasa). αυτον (αυτουσ
Cᵃ cum Steph.). [ονοσ]. πεσειτε. — τη (post εν : habet Cᵃ). 6.
αποκριθηναι. — αυτω. 7. ελεγεν (sic v. 12)√. 8. — υπ (habet Α
rel Bᵃ potius). 9. μετα. κατεχιν√. 10. αναπεσε. -κωσ σε re-
script. p.m. ?√. ερι (pro ειπη). εστε√. — σοι (habent Α C ante
εστε). + παντων (post ενωπιον). 11. ταπινωθησεται√. ταπινων√.
12. διπνον√. — σου tert. γιτονασ√. αντικαλεσωσιν σε. ανταποδομα
σοι. 13. δοχην ποιησησ. αναπιρουσ (sic v. 21). 14. δε (pro γαρ :
Cᵃ cum Steph.). αναστασιν√. 15. — ταυτα (habet post τισ Α).
— μακαριοσ κ.τ.λ. usque ad ειπεν αυτω v. 16 (ὁμοιοτ.: supplet Α,
legens οστισ, omittens αυτω v. 15, non v. 16: addit αυτω Cᵃ).
16. εποιει. διπνον√. [μεγα]. εκαλεσεν√. 17. απεστιλεν√. διπνου√.
ερχεσθαι√. εισιν (pro εστι παντα : παντα forsan Α, sed plané
erasum est). 18. παντεσ παρετισθαι ο πρ. (Cᵃ παραιτ.). [εχω
αναγκ.]. εξελθων (pro εξελθειν και). — σε (habet Α). 20. ελθιν√.
21. — εκεινοσ. απηγγιλεν√. (Post πολεωσ addit Α και οσουσ εαν
ευρητε, sequente και τουσ improbato : Cᵃ prorsus cum Steph. et
p.m.). αναπιρουσ. και τυφλουσ και χωλουσ. 22. ο (pro ωσ).
εστιν√. 23. ἱ εξελθε (· p.m.)√. εισελθιν√. μου ο οικοσ. 24.

ουδισ√. ανθρωπων (pro ανδρων). διπνου√. 25. στραφισ√. 26. εμε
(pro με). αυτου (pro εαυτου prim.). [ετι δε]. την ψυχην εαυτου.
ειναι μου μαθητησ. 27. init.—και (habet Cᵃ). [αυτου]. ειναι μου.
28. τα εισ (pro τα προσ). 29. αυτω εμπεζιν. 30. οικοδομισ√.
31. ετερω βασιλει συμβαλλειν. βουλευσεται. ὑπαντησαι. [εικοσι].
χειλιαδων√. 32. [αυτου πορρω]. αποστιλασ√.—τα (habet Cᵃ).
33. [πασι]. ειναι μου. 34. +ουν (post καλον). αλα prim. (Cᵃ
αλασ). +και (post δε). αλα secund.

XV. 1. αυτω εγγιζοντεσ. 2. +τε (ante φαρισαιοι).—ουτοσ.
προσδεχετε√. 3. ειπεν (sic vv. 11. 21. 22. 29)√. 4. απολεσασ
εξ αυτων εν. καταλιπει√. ενενηκονταεννεα. cf. v. 7. +ου (post
εωσ). 5. αυτου. 6. συνκαλει (sic v. 9). συνχαρητε (sic v. 9). 7.
ουτωσ√. εν τω ουρανω εστε. ενενηκονκονταεννεα (κον prius eras.).
χριαν√. [εχουσι]. 8. [δραχμ. bis in versu, sic v. 9]. απτι√.
ζητι√. ου (pro οτου). 9. συνκαλει.—τασ secund. 10. ουτωσ√.
γεινεται χαρα. 11. ειχεν√. 12. —πατερ (Cᵇ habet π̅ε̅ρ̅). (ο δε
post ουσιασ pro και Cᵃ). 13. [απαντα]. [διεσκορπισε]. εαυτου
(pro αυτου). εισ χωραν μακραν (pro ζων ασωτωσ: A cum Steph.).
14. λειμοσ ισχυρα. ὑστερισθαι√. 15. πορευθισ√. πολειτων√. 16.
χορτασθηναι εκ (pro γεμισαι την κοιλιαν αυτου απο). 17. εφη
(pro ειπε). [περισσευουσιν]. δε λειμω ωδε. 18. +δε (post ανα-
στασ: improbat Cᵃ). 19. init.—και. 20. ηλθεν√. αυτου (pro
εαυτου). [ειδεν]. 21. [αυτω ο υ̅σ̅].—και secund. fin. +ποιησον με
ωσ ενα των μισθιων σου. 22. εαυτου (pro αυτου). +ταχυ (ante
εξενεγκαται√).—την prim. 23. φερετε (ρτο ενεγκαντεσ). 24. ο
υιοσ μου ουτοσ. ανεζησεν ην απολωλοσ (— και secund.: Cᵃ habet
απ. ην).—και ult. ευφρενεσθαι√. 25. ηγγισεν√. ηκουσεν√. 26.
—αυτου. [τι ειη]. 28. [ηθελεν]. εισελθιν√. δε (pro ουν). 29.
[πατρι ιδου]. 30. [μετα πορνων]. τον σιτευτον μοσχον. 32. εζη-
σεν (Cᵃ ανεζησεν).—και tert. [απολωλωσ ην: at Cᵃ απολωλοσ ην,
ut v. 24].

XVI. 1. ελεγεν (sic v. 5)√.—αυτου prim.—οσ (habet Cᵃ). 2.
—αυτω. ετι δυνη οικονομιν√. 3. ειπεν (sic vv. 2. 7. 24. 25. 27.
31)√. αφαιριται√. σκαπτιν√. επαιτιν√. 4. αν (pro οταν). +εκ
(post μετασταθω). fin. εαυτων. 5. χρεοφιλετων√. αυτου (εαυτου
Cᵃ Cᵇ cum Steph.). οφιλεισ (sic v. 7)√. 6. +αυτω (ante εκατον).
βαδουσ. ο δε (pro και prim.). τα γραμματα (sic v. 7). 7. λεγει
δε (—και). 8. φρονιμωτεροι οι υιοι του αιωνοσ τουτου. fin. γενεαν
...
ταυτην εαυτων εισιν (··· p.m.?, etiam C). 9. init. και εγω.

εαυτοισ ποιησατε (A C cum Steph.). [μαμωνα: sic vv. 11. 13].
εκλιπη (Cᵃ addit ται, sed rursus eras.). [nihil additum ad finem].
10. εστιν√ bis in versu. 11. εγενεσθαι (sic v. 12) √. 12. δωσει ὑμιν.
13. [δυσι]. ει (pro η prim.). μισησιν√. δυνασθαι√. 14. — και οι
φαρισαιοι (habet οι φαρ. A). 15. fin. — εστιν. 16. μεχρι Ἰωαννου
(— εωσ). — και πασ εισ αυτην βιαζεται (ὁμοιοτ.: habet Cᵃ, addens
και βιασται αρπαζουσιν αυτην: ευαγγ. etiam mutare inceperat).
17. εστιν√. παρελθιν√. καιρεαν πεσιν√. 18. [πασ secund.]. 20.
— ην. — οσ. ειλκωμενοσ. 21. — ψιχιων των (ὁμοιοτ.: habet Cᵃ).
επελειχον. 22. αποθανιν√. — του. απεθανεν√. 23. init. — και
(habet Cᵃ). — τον. 24. ὑδατι. 25. μνησθητι τεκνον. — συ prim.
ωδε (pro οδε). [οδυνασαι]. 26. εν (pro επι). [πασι]. εστηριγται
primò, at -κται p.m. ενθεν (pro εντευθεν). — οι secund. (habet Cᵃ).
27. [ουν σε]. 29. + δε (post λεγει). — αυτω. [εχουσι μωσεα].
30. αναστη (pro πορευθη). 31. πισθησονται√. [caetera cum
Steph.].

XVII. 1. ειπεν (sic vv. 6. 22)√. + αυτου (post μαθητασ).
εστιν√. του τα σκανδαλα μη ελθιν. πλην ουαι (— δε). 2. λιθοσ
μυλικοσ (pro μυλ. ον.). ερρειπται√. των μικρων τουτων ενα (Cᵃ
cum Steph.). 3. — δε. — εισ σε. 4. [αμαρτη]. [και επτακισ].
— τησ ημερασ secund. προσ σε (pro επι σε). 5. ειπαν. 6. εχετε.
— ταυτη. 7. [εξ υμων]. + αυτω (ante ευθεωσ). αναπεσε. 8.
+ μοι (post ετοιμασον). διηγησω√. διακονι√. φαγεσε√. πιεσε√.
9. εχι χαριν. — τω δουλω εκεινω (habet τω δουλω A). εποιησεν√.
Post διαταχθεντα desunt ob ὁμοιοτ. omnia usque ad δι ιταχθεντα
v. 10 (supplet A, omittens αυτω ου δοκω v. 9 et παντα v. 10: legit
ουτωσ√ et ποιησηται√: παντα habet Cᵃ post ποιησ.). 10. [οτι
prim.]. αχριοι√. — οτι secund. ωφειλαμεν (-ομεν A C). 11.
— αυτον. [και αυτοσ]. μεσον σαμαριασ. 12. ὑπηντησαν αυτω.
— οι εστησαν πορρωθεν (habet Cᵃ). 13. + την (ante φωνην). 14.
επιδιξατε√. ἱερευσιν√. ὑπαγιν√. 15. ὑπεστρεψεν√. 16. σαμαριτησ
(v. 16, etiam σαμαριτησ, totus repetitur in Codice: A C, forsan
etiam p.m., uncis includunt secundo loco)√. 17. [ουχι]. [οι δε].
19. σεσωκεν√. 20. βασιλια prim. tantum√. 21. — ιδου secund.
22. [-τασ ελευσ.]. επιθυμησεται√. fin. οψεσθαι√. 23. ιδου εκει και
ιδου ωδε (non η). απελθηται√. μητε (pro μηδε)√. διωξηται√.
24. — η secund. ὑπο τον ουρανον prim. [ὑπ ουρανον secund.]. — και.
[εν τη ημ. αυτ.]. 25. παθιν√. 26. κασωσ primò ?√. — του prim.
[του secund.]. 27. εγαμιζοντο. εισηλθεν√. ηρεν (pro απωλεσεν).
[απαντασ: sic v. 29]. 28. καθωσ (pro και ωσ). 29. εξηλθεν√.

εβρεξεν√. θιον√. 30. [ταυτα: Cᵃ τα αυτα]. εστεν√. 31. + αυτου
(post οικια). — τω. 32. μνημονευεται√. 33. init. οσ δαν εαν
(··· A? Cᵃ)√. [σωσαι]. απολεσι (pro -σει)√. οσ δ αν απολεσι
(pro και οσ εαν απολεση). — αυτην secund. 34. [μιασ ο εισ].
παραλημφθησεται. 35, 36. Desunt versus: v. 36 deest omnino;
v. 35 A habet, legens εσονται δυο, ει η μια παραλημφθησεται η δε
ετ., ομοιστ. 37. fin. εκει και οι αετοι επισυναχθησονται.

XVIII. 1. ελεγεν√. — και. + αυτουσ (post προσευχεσθαι: puncta
imposita sed rursus erasa). ενκακειν. 3. [δε ην]. εκινη√. 4.
ηθελεν. μετα (τα instauratum)√. [δε ταυτα]. ουδε ανθρωπον (pro
και ανθρωπον ουκ). 5. παρενοχλειν μοι κοπουσ (Cᵃ παρεχειν μοι
κοτον cum Steph.). [υπωπια(η]. 6. ειπεν (sic vv. 9. 19. 21. 24.
27. 28. 31. 41)√. — ακουσατε (supplet A). 7. ποιηση. αυτω (pro
προσ αυτον). μακροθυμει. [επ αυτοισ]. 9. [και prim.]. εισιν√.
εξουδενουντασ. 10. προσευξασθεν√. [ο εισ]. 11. — προσ εαυτον
(habet post ταυτα Cᵃ). [ωσπερ]. [ουτ. ο τελ.]. 12. αποδεκατευω
(Cᵃ -δεκατω). 13. init. ο δε (— και). επαραι εισ τον ουρανον.
ετυπτε (— εισ). [αυτου]. — ο δσ (habet Cᵃ). 14. [υμιν κατεβη].
παρ εκινον (pro η εκεινοσ). ταπινωθησεται√. ο δε ταπινων. 15.
επετιμων. 16. προσεκαλεσατο αυτα λεγων (pro προσκαλεσαμενοσ
αυτα ειπεν). 17. αν (pro εαν). βασιλιαν√. 18. επηρωτησεν√.
19. ουδισ√. — ο (ante δσ: habet Cᵃ). 20. fin. [σου]. 21. εφυ-
λαξα. [μου]. 22. — ταυτα. οτι (pro ετι: Cᵃ cum Steph., vis A).
λιπειν√. εχισ√. δοσ. εν ουρανοισ. ακολουθιν√. 23. + ταυτα (post
ταυτα). εγενηθη. 24. — περιλυπον γενομενον. εισ την βασιλειαν
του δυ εισελευσονται. 25. εστιν√. [καμηλον]. τρηματοσ βελονησ
(pro τρυμ. ραφιδοσ). [εισελθειν prim.]. 26. ειπαν. 27. fin. παρα
τω θω εστιν. 28. [ο]. ημισ√. (Cᵃ αφεντεσ τα ιδια pro αφηκαμεν
παντα και). fin. (+ τι αρα εσται ημιν Cᵃ). 29. — οτι (habet Cᵃ).
η γυναικα η αδελφουσ η γονισ. εινεκεν. 30. ουχι (pro ου). [απο-
λαβη]. 31. ιερουσαλημ. 32. εθνεσιν√. εμπεχθησεται√. 35. [γγ].
[ιεριχω]. επαιτων. 36. [τι ειη]. 37. οι δε απηγγιλαν (Cᵃ απηγγ.
δε). — αυτω (habet Cᵃ). ταρερχετεν√. 38. εβοησεν√. δαδ√. 39.
[προαγοντεσ]. [σιωπηση]. ο δε (pro αυτοσ δε). ιυ υυ δαδ (sic) at
υε pro υυ Cᵃ. 40. [ο ισ]. 41. — λεγων. 42. σεσωκεν√. 43.
ανεβλεψεν√. αυτον (pro αυτω: Cᵃ cum Steph.).

XIX. 1. ιεριχω. 2. και ην πλουσιοσ (— ουτοσ). 3. ιδιν√.
εστιν√. 4. [προδραμων]. + εισ το (ante εμπροσθεν). συκομορεαν.
του ιδειν (ινα ιδη Cᵃ cum Steph.). — δι. ημελλεν√. 5. — ειδεν

αυτον και. ειπεν (sic vv. 8. 9. 11. 13. 15. 19. 40)√. δι (pro δει)√.
7. παντεσ. ανδρι αμαρτωλω. εισηλθεν√. 8. + ο (ante ζακχαιοσ).
τα ημισια μου των υπαρχοντων. τοισ πτωχοισ διδωμι. 9. αβρααμ'·√.
— εστιν (habet Cᵃ). 10. ηλθεν√. αποαπολωλοσ√. 11. εγγυσ
ειναι Ϊερουσαλημ αυτον. δοκει αυτοισ (pro δοκειν αυτουσ: Cᵃ cum
Steph.). η βασιλεια του θῡ μελλει. 13. πραγματευσασθαι√. εν ω
(pro εωσ). 14. πολειται√. απεστιλαν√. 15. επανελθιν√. δε-
δωκει. γνοι. — τισ. διεπραγματευσαντο. 16. δεκα προσηργασα
(δ. προσειργασατο Cᵃ). 17. [ευ]. δουλε αγαθε. 18. η μνα σου κε
(at μνασ prim. Cᵃ). εποιησεν√. 19. επανω γεινου. 20. ετεροσ
(pro ο ετεροσ, quod habet Cᵃ). ηλθεν√. (μνασ pro μνα Cᵃ: cf.
v. 18). 21. αιρισ√. εσπιρασ√. 22. — δε. ηδισ√. εσπιρα√. 23.
μου το αργυριον.— την. καγω. + ουν (post ελθων: improbat Cᵃ).
αυτο επραξα. 24. αρε (Cᵃ αρατε). 25. ειπαν (sic vv. 33. 34. 39).
26. — γαρ υμιν (A habet υμιν). — απ αυτου (habet Cᵃ). 27. του-
τουσ (pro εκεινουσ). κατασφαξετε αυτουσ εμπ. 29. [βηθφαγη].
βηθανια (⌐ super a Cᵃ). ελεων (non v. 37)√. απεστιλεν√.—αυτου.
30. λεγων (pro ειπων). ουδισ√. εκαθισεν λυσ. 31. (Cᵃ + αυτον
post λυετε: sed rasum est).—αυτω. χριαν (sic v. 34)√. 34. + οτι
(post ειπαν). 35. επιριψαντεσ. αυτων (pro εαυτων). 36. [αυτων].
37. αιμιν√. [πασων]. 38. — ερχομενοσ (habet Cᵃ). εν ουρανω εν
Ϊρηνη (εν ante ιρ. improbat Cᵃ). 40. — αυτοισ. [οτι]. σιωπη
σουσιν. κραξουσιν. 41. εκ αυτην. 42. — και συ και γε. — σου
prim. et secund. + και συ (post ταυτη). Ϊρηνην√. 43. παρεμ-
βαλουσιν. περικυκλωσουσιν√.—σε secund. (habet Cᵃ). συνεξουσιν√.
— σε tert. (habet Cᵃ). 44. εδαφιουσιν√. λιθον επι λιθον εν σοι.
45. — εν αυτω και αγοραζοντασ (ὁμοιοτ.). 46. (Cᵃ habet και εσται
post γεγραπται).— εστιν. ληστον (ληστων Cᵃ)√. 47. — ιερω οι
δε (und lineâ omissâ: habent A C)√. απολεσε√. 48. [ευρισκον].
[το τι]. εξεκρεμετο.

XX. 1. — εκεινων. ευαγγελιζομενοι (Cᵃ -μενου)√. 2. ειπαν λε-
γοντεσ προσ αυτον.— ειτε ημιν (habent ειπον ημιν A C). 3. ειπεν
(sic vv. 13. 17. 19. 23. 25. 41. 45)√. αυτον (pro αυτουσ: Cᵃ cum
Steph.).— ενα. 4. + το (ante ιωαννου). 5. συνελογιζοντο. αυτουσ
(pro εαυτουσ: Cᵃ cum Steph.). [ερει διατι].—ουν. επιστευσαταιν√.
6. ο λαοσ απασ. πεπισμενοσ√. [νν]· 7.— μη (habent A C). 8.
— ο ῑσ (habet Cᵃ). ουδ (ουδε A vel forsan p.m.). 9. — λεγειν
(habet A post λαον).—τισ. [ανοσ εφ. αμπ.]. εξεδετο (Cᵃ εξεδοτο).
απεδημησεν√. 10. — εν. κερω√. απεστιλεν√.—καρπου του (habet
Cᵃ). δωσουσιν (pro δωσιν). fin. εξαπεστιλαν αυτον διραντεσ καινον√.

11. εθετο (A cum Steph. προσεθετο). ετερον πεμψαι. κακινον δι-
ραντεσ√. εξατεστιλαν καινον. 12. τριτον πεμψαι. [και τουτον].
13. — ιδοντεσ. 14. — αυτον (habet Cᵃ). [διελογιζοντο]. αλλη-
λουσ (pro εαυτουσ). [δευτε]. αποκτινωμενν√. [γενηται]. 15.
απεκτιναν√. 16. — τουσ γεωργουσ (habet Cᵃ). [ακουσαντεσ δε].
ειταν. 17. εστιν√. 18. εκινον√. 19. [εζητησαν οι αρχ. και οι
γρ.]. χιρασ√. — εγνωσαν γαρ (habet A). ειπεν την παραβολην
ταυτην. 20. απεστιλαν√. ενκαθετουσ. αποκρινομενουσ (Cᵃ υποκρ.).
[λογου]. ωστε (pro εισ το). — τη secund. 21. οιδαμεν (οιδ re-
scripi. p.m.)√. διδασκισ√ bis in versu. 22. ημασ (pro ημιν).
23. — τι με πειραζετε. 24. δειξατε. + οι δε εδειξαν αυτω και ειταν
(ante τινοσ: at ειπεν Cᵃ). οι δε ειταν (— αποκριθεντεσ). 25. προσ
αυτουσ (pro αυτοισ). τοινυν αποδοτε. [-ροσ και-]. 26. του (pro
αυτου prim.). 27. λεγοντεσ. 28. [μωσησ: sic v. 37]. — και
ουτοσ usque ad γυναικα secund. (ὁμοιοτ.: supplet A, habens ην et
C η pro αποθανη)√. 29. (+ γαρ ημιν post ησαν A). 30. Deest
omnis versus praeter και ο δευτεροσ. 31. (ελαβον ob v. 30 Cᵃ).
[ωσαντωσ semel tantum]. [επτα ου κατ.]. [απεθανον]. 32. — δε
παντων (habet δε Cᵃ). και η γυνη απεθανεν. 33. εν τη αναστασι
(— ουν: habet Cᵃ). — αυτων (habet Cᵃ). εσται (pro γινεται). 34.
— αποκριθεισ. [γαμουσι]. γαμισκονται. 35. γαμιζονται. 36.
[ουτε]. αποθανιν√. εσιν prim. (ι supra p.m. vel A: instauravit C)√.
θυ εισιν (— του). 37. — τοῦ secund. et tert. ισακ (Cᵃ ισαακ).
38. εστιν√. 39. ειταν. + αυτω (ante διδασκαλε). 40. γαρ (pro
δε). 41. [λεγουσι]. ειναι δαδ ῡν. 42. αυτοσ γαρ δαδ (— και).
[-λω ψαλ.]. [ο] (42. 43. >> citationis signa per A). 44. [δαδ ουν
κν αυτον]. [υσ αυτου]. 45. [τοισ μαθ. αυτου]. 46. εν στολαισ
περιπατειν. διπνοισ√. 47. [οι κατεσθιουσι]. [προσευχονται].
λημψονται.

XXI. 1. ειδεν (sic v. 2)√. εισ το γαζοφυλακιον τα δωρα αυτων.
2. — και. λεπτα δυο. 3. αυτη η πτωχη πλεον 4. ταυτεσ. — του
θυ. παντα. εβαλεν√. 5. (μεγαλοισ pro καλοισ A, sed καλ restitut.).
αναθεμασιν. ειπεν (sic vv. 8. 29)√. 6. θεωρειτε (Cᵃ θεωρ.). + ωδε
(post λιθω: at λιθον Cᵃ). 7. σημιον√. γεινεσθαι√. 8. — οτι. — ο
ωροσ ηγγικεν μη ουν (und lined praetermissd: supplet Cᵃ, ουν
omisso). πορευθηταιν√. 9. ακουσηταιν√. [ταυτα γεν.]. 10. εγερ-
θησετε√. επ εθν. 11. και κατα τοπουσ λειμοι και λοιμοι. [φο-
βητρα]. σημια μεγαλα απ ουρανου. 12. παντων. επ αυτουσ (pro
εφ υμασ: A cum Steph.). χιρασ√. διωξουσιν√. + τασ (ante συν-

αγωγασ). απαγομενουσ. 13. — δε (habet Cᵃ). 14. θετε. — ουν
(habet Cᵃ). εν ταισ καρδιαισ. 15. αντιστηναι η αντειπιν παντεσ.
17. εσεσθαι√. [ordo cum Steph.]. 19. κτησασθαι√. 20. στρα-
τοπαιδων ιηλμ (— την). 21. εκχωριτωσαν√. 22. — εισι. πλη-
σθηναι. 23. [δε]. εστε√. + εν εκιναισ ταισ ημεραισ (post γαρ:
improbat Cᵃ).— εν ultim. 24. [μαχαιρασ]. τα·εθνη παντα. ιηλμ√.
αχρι ου πληρωθωσιν. 25. εσονται σημια. + και (post εθνων). ηχουσ
(pro ηχουσησ). 26. επαρχομενων (Cᵃ επερχ.). δυναμισ√. 27.
τοτετ (· p.m.)√. [νεφελη]. 28. γεινεσθαι√. 30. + αυτων (ante
αφ εαυτων: improbat A: απ αυτων Cᵃ pro αφ εαυ. sed prior lectio
restituitur). γεινωσκετε bis scriptum (posterius notatum a Cᵃ)√.
εγγυσ εστιν ηδη το θεροσ. 31. ουτωσ√. ὑμισ√. γεινομενα γει-
νωσκετε√. 32. — αν. 33. παρελευσονται bis in versu (secund.
pro παρελθωσι). 34. — δε. βαρηθωσιν [ὑμ. αι καρ.]. κρεπαλη√.
επιστη εφ υμασ εφνιδιοσ. 35. επισελευσεται γαρ (ισ erasum).
36. (αγρυπνειται√ Cᵃ) δε (pro ουν). κατισχυσητε (pro καταξιω.).
— ταυτα (habet Cᵃ ante παντα). γεινεσθαι√. 37. [εν τω ἱερ. διδ.].
38. ωρθριζεν√.

XXII. 1. ηγγιζεν√. 2. γραμματισ√. [το πωσ: sic v. 4, et το
τισ vv. 23. 24]. 3. εισηλθεν√.— ο. καλουμενον. 4. συνελαλησεν√.
αρχιερευσιν√.— τοισ secund. αυτοισ παραδω αυτον. 6. — και εξω-
μολογησε (habet Cᵇ, at -σεν√). [του παραδουναι]. ατερ οχλου
αυτοισ. 7. ηλθεν√. [εν]. 8. απεστιλεν√. [Ἰωαννην]. 9. ειπαν
(sic vv. 38. 49. 70. 71). θελισ√. [nihil additum]. 10. συναντ-
ησι√. κεραμειον√.— υδατοσ (habet Cᵇ). ακολουθησαται√. εισ
ην (pro ου). 11. + λεγοντεσ (ante λεγει). εστιν (sic vv. 19. 38)√.
+ μου (ante στου). 12. αναγαιον. κακει (pro εκει). 13. ειρηκει.
14. ανεπεσεν√.— δωδεκα (habet Cᵇ, at δωδεκα pro αποστολοι Cᵃ).
15. ειπεν (sic vv. 17. 31. 34. 52. 56. 60. 67)√. 16. — ουκετι. αυτο
(pro εξ αυτου). 17. [-αμενοσ ποτηρ.].— τουτο (habet Cᵃ). αλ-
ληλοισ (pro εαυτοισ: Cᵃ εισ εαυτουσ). 18. [οτι]. + απο του νυν
(post πιω). γενηματοσ. ου (pro οτου). 19. εκλασεν√. ποιειται√.
20. και το ποτηριον ωσαυτωσ. διπνησαι√. εκχυννομενον. 22. οτι
ο ῡσ (— και ει μεν: Cᵃ habet μεν). κατα το ωρισμενον πορευεται.
23. συνζητειν. ειη εξ αυτων ειη (alterum ειη notat Cᵃ). 24. — και.
φιλονικιαν√. εισ εαυτουσ (pro εν αυτοισ: Cᵃ cum Steph.). μιζων
(non v. 26)√. 25. Post αυτων prim. habet και οι αρχοντεσ των
εξουσιαζουσιν αυτων και ενεργεται καλουνται (unâ lineâ post των ε
forsan praetermissâ: at Cᵃ improbat αρχοντεσ των et και ante
ενεργεται, legens etiam εξουσιαζοντεσ). 26. γεινεσθων√. 27. + ο
59

(ante μειζων: improbat Cᵃ). εν μεσω υμων ειμι. 28. τιρασμοισ√.
30. εσθιηται√. τινηται√. καθησεσθε. (Cᵃ habet ιβ ante θρονων).
31. [ειπ. δε ο κσ].— σιμων semel. ξινιασαι (σ supra p.m.)√. 32.
εκλιπη. στηρισον. 34. ειπεν√.— μη prim. εωσ (pro πριν η).
τρεισ√. με απαρνηση ειδεναι (— μη secund.). 35. απεστιλαν√.
βαλλαντιου. μηρασ (πηρασ Cᵃ et forsan ante eum)√. τι (pro
τινοσ: Cᵃ cum Steph.). ὑστερησαται√. [ειπον ουδενοσ]. 36. ο δε
ειπεν (— ουν: at ειπεν δε Cᵃ). βαλλαντιον. [caetera cum Steph.].
37. —ετι. [το secund.]. [γαρ]. το (pro τα). 38. —κυριε (habet
Cᵃ). μαχαιρε (-ραι Cᵃ)√. 39. —αυτου. 40. τροσευχεσθαι (sic
v. 46)√. τιρασμον (sic v. 46)√. 41. απεσπαθη (-πασθη A C).
προσηὐξατο. 42. βουλι παρενεγκαι. τουτο το ποτηριον τουτο
(τουτο alterum notat A vel p.m.)√. γεινεσθω. 43, 44. Habet
p.m.: improbat A, restituit C. 44. γεναμενοσ. και εγενετο (— δε).
— ο. ωσιν√. καταβαινοντοσ. 45. [-τασ ευρεν]. κοιμωμενουσ αυτουσ.
46. εισελθηται√. 47. — δε. αυτουσ (pro αυτων). ηγγισεν√. 48.
ισ δε (— ο).— ιουδα (habet Cᵃ). 49. ειδοντεσ√. ειπαν (— αυτω).
μαχαιρη. 50. του αρχιερεωσ τον δουλον. αφιλεν το ουσ αυτου.
51. — αυτου. 52. — ο. τροσ αυτον (pro επ αυτον: Cᵃ cum Steph.).
εξηλθαται. 53. εξετινατε√. [αλλ].— υμων secund. (Cᵃ habet•post
εστιν). 54. — αυτον secund. την οικιαν. ηκολουθιν√. 55. περι-
αψαντων. συνκαθισαντων.— αυτων. [εν μεσω]. 57. — αυτον prim.
ουκ οιδα αυτον γυναι. 58. (+ παλιν post βραχυ A: improbat C).
εφη (pro ειπεν). 59. αληθιασ√.— ην (habet A). 60. τι (pro ο
ante λεγεισ). (+ αυτου post ετι A, sed delevit)√.— ο (ante αλεκ-
τωρ). 61. ενεβλεψεν√. ρηματοσ (pro λογου). + σημερον (post
φωνησεν√). 62. — ο πετροσ, εκλαυσεν√. 63. αυτον (pro τον ιν).
ενεπεζαν (Cᵃ -ζον). 64. — αυτον ετυπτον αυτου το προσωπον και.
[αυτον secund.]. 66. ημερα εγενετο. γραμματισ√. απηγαγον.
αυτων (pro εαυτων). 67. ειπον (pro ειπε prim.).— υμιν (habet Cᵃ).
68. — και.— μοι η απολυσητε. 69. + δε (post νυν). 70. ειπαν (sic
v. 71). χριαν εχομεν μαρτυριασ.

XXIII. 1. ηγαγον. [πιλατον]. 2. κατηγοριν√. [ευρομεν].
+ ημων (post εθνοσ). φορουσ καισαρι. + και (ante λεγοντα). 3.
[πιλατοσ: sic vv. 4. 12. 13. 20. 24]. ηρωτησεν. λεγει (pro εφη).
4. ειπεν (sic vv. 14. 22. 28. 46)√. αρχιερισ√. 5. ανασι (Cᵃ ανα-
σιει).— διδασκων (habet Cᵃ). + και (ante αρξαμενοσ). 6. πειλατοσ.
— γαλιλαιαν. εστιν√. 7. [προσ ηρ.]. κατ αυτον p.m. (at και
αυτον C? post οντα). αυταισ (pro ταυταισ: Cᵃ cum Steph.).

8. — δε (habet Cᵃ). εξ ικανων χρονων θελων. ιδιν√ bis in versu. — πολλα. [ηλπιζε: at -ζεν√ Cᵃ]. σημιον√. γεινομενον√. ϑ. — δε prim. (habet Cᵃ). ουκ (pro ουδεν). απεκριναντο (C -νατο)√. 10. ιστηκεισαν√. 11. [εξουθενησασ]. τε και (pro δε). — αυτον prim. (habet Cᵃ post τε). ενπεξασ. — αυτον secund. αισθητα√. επεμψεν (Cᵃ cum Steph.). [πιλατω]. 12. ο τε ηρωδησ και ο πιλατοσ. προϋπηρχοντο (Cᵃ cum Steph.). αυτουσ (pro εαυτουσ). 13. συνκαλεσαμενοσ. 14. οιθεν. — κατ. 15. ανεπεμψε γαρ αυτον προσ ημασ (pro ανεπεμψα γαρ υμασ προσ αυτον). ειδου vel οιδου p.m. (primâ literâ erasâ, legitur ιδου s.m.). εστιν√. 17. [Habet versum]. fin. ινα (ε p.m.)√. 18. ανεκραγον. πανπληθει. [τον]. 19. — βεβλημενοσ (βεβλημενος Δ C). fin. εν τη φυλακη. 20. δε (pro συν). +αυτοισ (post προσεφωνησεν). 21. σταυρου σταυρου. 22. αιτιον (ιτ rescript., ν primô?)√. 23. εκειντο. — και των αρχιερεων. 24. init. και (pro ο δε). επεκρινεν√. 25. απελυσεν√. — αυτοισ. — την. παρεδωκεν√. 26. σιμωνα τινα κυρηναιον ερχομενον απ (— του). επεθηκεν (Cᵃ -καν)√. — φερειν (habet C, at αιρειν Α). 27. — αι και. 28. — ο (habet Cᵃ, sed iterum improbat). θυγατεραισ√. 29. ημεραι ερχονται. ερουσιν√. — αι prim. +αι (ante κοιλιαι). [μαστοι]. εθρεψαν (pro εθηλασαν). 30. ορεσιν√. (πεσατε Cᵃ). 31. [τω]. ξυλαω (˙ p.m.)√. 32. κακουργοι δυο. 33. ηλθον. 34. Habet omnia p.m., at ab ο δε ισ usque ad ποιουσιν uncos apposuit Α (?), rursus deletos. ελεγεν√. οιδασιν√. ποιουσιν√. [κληρον]. 35. ιστηκειν√. — και secund. — συν αυτοισ. εσωσεν√. ο του θυ ο εκλεκτοσ (˙ Δ C). 36. ενεπεξαν. — και prim. et secund. 37. [ει]. 38. — γεγραμμενη. — και secund. et tert. ο βασιλευσ των ιουδαιων ουτοσ (— εστιν). (Cᵃ ad γραμμ. ελλ. ρωμ. εβρ. uncos apposuit, rursus erasos). 39. εβλασφημι√. [λεγων]. ουχι (pro ει). 40. επιτιμων αυτω εφη (pro επετιμα αυτω λεγων). ου (pro ουδε: Cᵃ cum Steph.). 41. ημισ√. επραξεν√. 42. ελεγεν. — τω (habet Cᵃ). — κυριε. εν τη βασιλια√. 43. — ο ισ. [λεγω σοι]. παραδισω√. 44. init. και ην ωρα ωσει (— δε). — και (ante σκοτοσ: habet Cᵃ). ενατησ. 45. του ηλιου εκλιποντοσ (pro και εσκοτισθη ο ηλιοσ). εσχισθη δε (— και). χιφασ√. παρατιθεμαι. τουτο δε (pro και ταυτα). 47. εκατονταρχησ (-χοσ Cᵃ). εδοξαζεν. +οτι (ante οντωσ). 48. συνπαραγενομενοι. εισ (pro επι). θεωρησαντεσ. — εαυτων. 49. ειστηκισαν√. +απο (post αυτου). συνακολουθουσαι. 50. +και (post ϋπαρχων). 51. συνκατατιθεμενοσ. — και (post οσ). — και αυτοσ. 52. [πιλατω]. 53. — αυτο prim. αυτον (pro αυτο

ΚΑΤΑ ΛΟΥΚΑΝ. Κεφ. XXIV.

tert.). ουδεισ ουδεπω. 54. παρασκευησ και. επεφωσκεν√. 55. δε γυναικεσ (—και). εκ τησ γαλιλαιασ αυτω. μνημιον√. 56. [μεν].

XXIV. 1. [δε]. ορθου βαθεωσ. επι το μνημιον ηλθον. — και τινεσ συν αυταισ. 2. μνημιου (sic v. 9)√. 3. εισελθουσαι δε (—και). ουκ (pro ουχ). [του κυ ιυ]. 4. απορισθαι√. [και ιδου]. ανδρεσ δυο. εσθητι αστραπτουση. 5. τα προσωπα. ειταν (sic vv. 19. 32). 6. αλλα. μνησθηται√. [ωσ]. 7. τον υν του ανου οτι δει (Cᵃ cum Steph.). χιρασ√. 9. απηγγιλαν√. παντα ταυτα. πασιν√. 10. [ησαν δε]. μαριαμ prim. [ιωαννα]. +η (post μαρια secund.). — αι (habet Cᵃ). 11. ταυτα (pro αυτων secund.). 12. Habet versum.— κειμενα μονα (habet μονα Cᵇ). απηλθεν√. [εαυτον]. 13. εξ αυτων εν τη αυτη ημερα ησαν δε πορευομενοι (δε improbant A? C: post αυτων C scripturus ησαν, addiderat η sed rursus delevit). +εκατον (ante εξηκοντα). 15. συνζητειν. — ο. 16. init. +ιν (·· p.m.)√. 17. ειπεν (sic vv. 18. 25. 44)√. αντιβαλλεται√. αλληλουσλουσ (λουσ secund. improbat Cᵃ)√. εσταθησαν (pro εστε). 18. —ο. ονοματι (pro ω ονομα). [κλεοπασ]. — εν prim. +ταυτα (ante ουκ εγνωσ). 19. ναζαρηνου. εν λογω και εργω. 20. [παρεδωκαν αυτον]. 21. ελπιζομεν. +και (post γε). [πασι]. —αγει σημερον (Cᵃ habet αγι)√. 22. γενομεναι ορθριναι. μνημιον (sic v. 24)√. 23. [ηλθον]. 24. ουτωσ (sic v. 46 prim.)√. [καθωσ και]. 27. [μωσεωσ]. και διερμηνευειν (pro διηρμηνυεν: Cᵃ διερμηνευσεν, και omisso). +τι ην (post αυτοισ). — πασαισ. fin. [εαυτου]. 28. προσεποιησατο. πορρωτερωτερω (τερω secund. improbat Cᵃ) cf. v. 17. 29. μινον√. εστιν√. +ηδη (post κεκλικεν). εισηλθεν√. μιναιν√. 30. +και (ante λαβων). ηυλογησεν. εδιδου. 31. διηνυγησαν (Cᵃ -νυχθησαν). — και επεγνωσαν αυτον (habent A C). 32. κεομενη√. [εν ημιν]. — και secund. διηνυγεν√. 33. ηθροισμενουσ. 34. οντωσ ηγερθη ο κσ. +τω (ante σιμωνι). 36. —ο ισ. [και λεγει αυτοισ ειρηνη υμιν: nihil additum]. 37. φοβηθεντεσ (pro πτοηθεντεσ). 38. [ταισ καρδιαισ]. 39. ειδετε prim. τουσ ποδασ μου και τασ χιρασ μου. εγω ειμι αυτοσ. σαρκασ (σ erasum). θεωρειται√. 40. Habet versum. εδιξεν√. χιρασ√. 41. [απο τησ χ. και θαυμ.]. ωδε (pro ενθαδε: Cᵃ cum Steph.). 42. — και απο μελισσιου κηριου. 44. προσ αυτουσ (pro αυτοισ). [λογοι ουσ]. [μωσεωσ]. — και prim. +εν τοισ (ante προφηταισ). ψαλμοι (A? Cᵃ addunt σ)√. 45. διηνυξεν √. (συνειεναι? Cᵃ : Cᵇ cum p.m. et Steph.). 46. — και ουτωσ εδει. 47. εισ (pro και secund.). αρξαμενοι. 48. — δε. [εστε]. 49. καγω (pro και ιδου εγω). (εξ-

62

αποστελλω Cᵃ). — ιερουσαλημ. εξ υψουσ δυναμιν. 50. εξηγαγεν√.
— εξω. προσ (pro εισ). χιρασ√. ηυλογησεν. 51. ευλογιν√. — και
ανεφερετο εισ τον ουρανον (habet Cᵃ). 52. [προσκυνησαντεσ αυ-
τον]. ιερουσαλημ'. 53. — αινουντεσ και. [ευλογουντεσ]. — αμην.

Subscr. ευαγγελιον κατα λουκαν.

κατα ιωαννην.

CAP. I. 3. ουδεν (Cᵃ ουδε εν cum Steph.). ο γεγονεν *initio
lineae.* 4. εστιν (*pro* ην *prim.*). 6. + ην (*ante* ονομα: ην im-
probant A? Cᵃ). [νν: *sic passim*]. 7. πιστευσωσιν√. 8. εκινοσ√.
9. αληθεινον√. 10. δι αυτον (δι αυτου Cᵃ cum Steph.). 11.
ηλθεν√. 12. [ελαβον]. γενεσθε√. 13. — εκ (*ante* θελ. ανδρ.:
habet Cᵃ). 14. αληθιασ√. 15. μαρτυρι√. κεκραγεν. — λεγων
(*habet* A). — ον ειπον (*habet* A ο ειπων, B? ον ειπων, Cᵇ ου' ειπον).
+ οσ (*ante* εμπροσθεν: *improbat* C)., 16. *init.* οτι (*pro* και). 17.
μωϋσεωσ. αληθια√. — χυ (*habet* Cᵃ). 18. εωρακεν√. — ο *prim.*
(*habet* Cᵃ). θσ (*pro* υσ). — ο ων (*habet* B?). 19. απεστιλαν οι.
ιερισ√. λευειτασ. επερωτησωσιν. 20. ωμολογησεν *prim.*√. — και
ωμολογησεν *secund.* εγω ουκ ιμι. 21. επηρωτησαν (A C cum
Steph.). — αυτον (*habet* Cᵃ). + παλιν (*ante* τι). — συ *prim.* — και
secund. — ο (*habet* Cᵃ): non v. 25. 22. [ειπον ουν]. 24. — οι
(*habet* Cᵇ). 25. — και πρωτησαν αυτον. [ειπον]. ουδε (*pro* ουτε)
bis in versu. 26. + τω (*ante* υδατι: *improbat* C). — δε. εστηκει. 27.
— αυτοσ εστιν ο (*habet* ο Cᵃ). — οσ εμπροσθεν μου γεγονεν. — εγω.
[ειμι αξ.]. 28. εγενετο εν βηθανια (Cᵇ βηθαραβα: *sic*). + ποταμου
(*ante* οπου). + ο (*ante* ιωαννησ). 29. βλεπι√. — ο ιωαννησ. ο *ult.*
·*p.m.* in rasurā√. ερων√. 30. εστιν. υπερ (*pro* περι: B? Cᵃ cum
Steph.). 31. [ηλθον εγω]. — τω *secund.* 32. — λεγων (*habet* B?).
ωσ περιστεραν καταβαινον εκ του ουρανου. μενον (*pro* εμεινεν).
33. και εγω. + τω (*ante* υδατι). εκινοσ√. [οντοσ]. 34. εκλεκτοσ
(*pro* υσ: Cᵃ cum Steph.) cf. Luc. ix. 35. 35. ιστηκιν√. [ο ιωανν.].
36. [*nihil additum*]. 37. *init.* — και (*habet* Cᵃ). οι δυο μαθηται
αυτου. 38. — δε (*habet* A *vel* B). — αυτοισ (*habet* Cᵃ). 39. [ειπον].
ραββει (*sic* v. 50). (Cᵃ μεθερμηνευομενον). 40. [ιδετε]. + ουν
(*post* ηλθον). ιδον√. μαινειν√. εμιναν√. — δε. 41. [ην ανδ.]. — των
secund. (*habet* Cᵃ). 42. (Cᵃ πρωτον). εστιν√. — ο (*ante* χσ). 43.

init. — και. — δε. ειπενν√. ϊωαννου (*pro* ιωνα). 44. — ο ισ̄. εξελθινν√.
+ ισ̄ (*ante* ακολουθιν√: ο ισ̄ Cᵃ). 45. — δε ο (*habet* Cᵃ). βηθσαϊδαν
(-δα Cᵃ). — εκ (*habet* Cᵃ, *sed rursus erasum*). 46. εγραψεν√.
[μωσησ]. — τον *secund.* [ναζαρετ: *sic* v. 47]. 47. *init.* — και.
ναθαναηλ'√. αγαθον τι (Cᵃ *cum* Steph.). [αυτω φιλ.]. 48. ϊδεν
(*pro* ειδεν: Cᵃ ϊδενν√). [ο ισ̄]. — και (*habet* Cᵃ). του ναθαναηλ (*pro*
αυτου: Cᵃ *cum* Steph.). ϊσδραηλειτησ. εστιν√. 49. [ο ισ̄]. ϊδον√.
50. [-θη ναθαν.]. και ειπεν (*pro* και λεγει αυτω). [ει ο βασ.]. 51.
+ οτι (*ante* ειδον). μειζονα. οψη. 52. — απαρτι. οψεσθαι√. ηνεω-
γοτα (Cᵃ ανεωγ.).

ΙΙ. 1. [τη ημ. τη τρ.]. κανα (*sic* v. 11). 3. *Habet p.m. initio*
versûs και οινον ουχ ειχον οτι συνετελεσθη ο οινοσ του γαμου ειτα
λεγει κ.τ.λ.: *at* Α, *sublato* οινον ουχ ειχον οτι συνετ, *reponit* υστε-
ρησαντοσ οινου: Cᵃ *uncis inclusa* ελεσθη *usque ad* ειτα *etiam*
punctis improbat. fin. οινοσ ουκ εστιν (Cᵃ οινον ουκ εχουσιν√).
4. (+ και *ante* λεγει Cᵃ, *sed* και *erasum*). 5. οτι ο (*pro* ο τι).
6. λιθιναι ϋδριαι. — κειμεναι (*habet* κιμεναι Cᵃ *post* ϊουδαιων). 7.
init. + και. 8. οι δε (*pro* και *tert.*). 9. αρχιτλικινοσ (Cᵃ αρχι-
τρικλ.)√, *non* vv. 8. 10. 10. — αυτω. τιθησιν√. μεθυσθωσιν√.
—τοτε (*habet* Cᵃ). + δε (*post* συ). 11. εποιησεν την. σημιων√.
+ πρωτην (*post* γαλιλαιασ: *improbant* Α *vel* Β *et* C). εφανερωσεν√.
— αυτου (*habet* Cᵃ). οι μαθηται αυτου εισ αυτον (Cᵃ *cum* Steph.).
12. καφαρναουμ. [αυτου *secund.*]. — και οι μαθηται αυτου. εμιναν.
13. εγγυσ δε (— και). ϊσ (*pro* εισ)√. 14. και τα προβατα και
βοασ (Cᵃ *cum* Steph.). 15. εποιησεν (*pro* και ποιησασ: Cᵃ *cum*
Steph.). + και (*ante* παντασ: *delei* Cᵃ). — τε (και *pro* τε Cᵃ, *sed*
rursus ab ipso [?] *erasum*). [κολλ]. εξεχεεν το κερμα. *fin.* κατ-
εστρεψεν. 16. [-θεν μη]. ποιειται√. 17. — δε. καταφαγεται. 18.
[ειπον: *sic* v. 20]. σημιον δικνυεισ√. 19. [ο]. [εν]. 20. τεσσερα-
κοντα. οικοδομηθη√. — εν. 21. ελεγεν√. — αυτου (*habet* Cᵃ).
22. — αυτοισ. ον (*pro* ω). 23. + τοισ (*ante* ϊεροσολυμοισ). [εν
tert.]. σημια√. 24. [ο]. αυτον (*pro* εαυτον: Cᵃ *cum* Steph.).
— αυτον. γινωσκιν√. 25. χριαν ουκ. [του]. εγινωσκεν√. .τι ην
εν *bis scriptum: prius notat. per* C *et ante eum.*

ΙΙΙ. 1. — αυτω (*habet* Β). 2. νυκτοσ προσ αυτον (— τον ιν̄).
ραββει. και ουδισ δυναται ταυτα τα σημια. 3. [ο ισ̄: *sic* v. 10].
— και ειπεν αυτω (*habet* Cᵃ). 4. [ο]. γερων ων γεννηθηναι. εισ-
ελθιν√. 5. — ο. (+ και ειπεν *post* ισ̄ Cᵃ, *sed erasum*). εξ υδατοσ
και πν̄σ γεννηθη. ειδειν (*pro* εισελθειν εισ: Cᵃ εισελθιν). βασιλιαν√.

fin. των ουρανων (*pro* του θ͞υ: C᷑ *cum* Steph.). 6. [-νν- *bis in vers.*]. εστιν *bis in vers.* (*sic* v. 8)√. 7. δι√. 8. πνι√. [αλλ: *sic* v. 16]. [και του]. + του ὑδατοσ και (*post* εκ). 10. γινωσκισ√. 11. λαμβανεται√. 12. επιγια√. πιστευεται√. *fin.* πιστευσεται√. 13. – ο ων εν τω ουρανω. 14. μωϋσησ. ὑψωσεν√. ὁ ὑψωθηναι δι (· *p.m.*). 15. [εισ αυτον].– μη αποληται αλλ. 16. οντωσ√.– αυτου (*habet* C᷑).– εδωκεν (*habet* Α). 17. απεστιλεν√.– αυτου *prim.* 18. – δε. 19. οι ανθρωποι ηγαπησαν το σκοτοσ μαλλον. αυτων τοπηρα. 20. μεισει√.– και ουκ ερχεται προσ το φωσ (ὁμοιοτ.: *habet* C᷑). 21. –ο δε ποιων *usque ad* αυτου τα εργα (ὁμοιοτ.: *legebat enim forsan exemplar* τα εργα αυτου: *habet* C᷑, *legens* αληθιαν ερχεται [ι *abscisso*] *et* τα εργα αυτου). [εν θω̄]. ειργασμενον (Α C᷑ -να). 22. εισ την Ιουδαιαν γην και οι μαθηται αυτου κακει. διετριβεν√. 23. [νν: *sic* vv. 24. 25. 26. 27. iv. 1]. ενγυσ. [σαλειμ]. παρεγεινοντο√. 24. – ο. 25. δε συνζητησισ (*pro* ουν ζητησισ: C᷑ *cum* Steph.). [Ιουδαιων, *at* -αιου C᷑]. 26. [ηλθον]. [ειπον]. ραββει. ωσ (*pro* ω, σ *eras.*). βαπτιζι√. 27. λαβιν. 28. ὑμισ.– μοι. μαρτυριται√. [ουκ ειμι εγω]. 29. εστηκωσ αυτου και ακουων χαρα. 30. αυξανιν√. 31. + δε (*ante* ων: *improbat* C᷑). επι (*pro* εκ *prim.*: C᷑ *cum* Steph.). εστιν (*post* γησ *secund.*)√. – επανω παντων εστι (*habet* C᷑, *at* εστιν√). 32. – και *prim.* ον (*pro* ο: B *cum* Steph.). [εωρακε: -εν√ C᷑]. [ηκουσε: -εν√ C᷑].– τουτο. ουδισ√. 34. απεστιλεν√. διδωσι (–ο θ͞σ). 36. – δε (*habet* C᷑). απιθων√. (εχει ζωην Α᷑ *pro* οψεται ζωην, *quod habet p.m. et* C᷑). επ αυτον μενει.

IV. 1. ι͞σ (*pro* κ͞σ). [η ιωαννησ]. 3. αφηκεν√. απηλθεν παλιν. 4. σαμαριασ (*sic* v. 7). 5. – ερχεται ουν εισ πολιν τησ σαμαρειασ (ὁμοιοτ.: *habet* Α, *at* σαμαριασ√). [συχαρ]. [ο]. + τω (*ante* Ιωσηφ). 6. ωσ (*pro* ωσει: C᷑ *cum* Steph., *sed* ωσ *restitut.*). 7. + τισ (*ante* γυνη). πιν (C᷑ πιειν): *sic* vv. 9. 10. 8. απεληλυθισαν√. αγορασωσιν√. 9. – ουν (*habet* C᷑). σαμαριτισ. αιτισ√. γυναικοσ σαμαριτιδοσ ουσησ. – ου γαρ συγχ. *ad fin. vers.* (*habet* Α, *at* συνχρωνται). 10. ηδισ√. 11. εκεινη (*pro* η γυνη: C᷑ *cum* Steph.). εστιν (*sic* vv. 18. 35)√. – ουν. 12. μειζον (C᷑ -ζων). οστισ (*pro* οσ). αυτοσ και (C᷑ και αυτοσ *cum* Steph.). επιεν√. 13. – ο *prim.* 14. ο δε πινων (*pro* οσ δ αν πιη: C᷑ *cum* Steph., *sed* πινη C᷑). διψησει. + εγω (*ante* δωσω *secund.*).– αυτω *secund.* 15. δειψω√. διερχωμαι ωδε (*pro* ερχωμαι ενθαδε: C᷑ *cum* Steph., *at legit* ερχομαι√). 16. – ο (*habet* C᷑). + καὶ (*post* ι͞σ: *notant p.m. et* C).

F

[τον ανδ. σου]. 17. — και ειπεν (habet C^a). ανδρα ουκ εχω. ειπεσ.
fin. εχισ. 18. εχισ√. αληθωσ. 19. — κε (habet C^a). 20. τω ορι
τουτω. λεγεται√.— ο τοποσ. προσκυνιν δει. 21. πιστευε μοι γυ-
ναι. προσκυνησεται√. 22. υμισ√. ημισ√. 23. αλλα. προσκυνη-
σουσιν√. ζητι√. fin. αυτω (C^a cum Steph. αυτον). 24. — αυτον
(habet C^a). αληθειασ (pro και αληθεια: C^a cum Steph.). προσ-
κυνιν δει (C^a δει πρ.). 25. (οιδαμεν C^a). αναγγελλει (αναγγελει
C^a cum Steph.). απαντα. 27. εν (pro επι: C^a cum Steph.);
επηλθαν (C^a ηλθον). εθαυμαζον. +αυτω (post ειπεν). ζητισ√. 29.
[ειπε, at -εν√ C^a: sic v. 39]. α (pro οσα) sic v. 39. 30. init.
[deest και]. [ουν]. 31. — δε. ραββει. 32. φαγιν√. υμισ√. 33.
λεγουσιν (pro ελεγον ουν: C^a cum Steph.). 34. [ποιω]. τε-
λιωσω√. 35. υμισ λεγεται√. τετραμηνοσ. εισιν√. 36. — και
prim. συναγι√. και ο σπιρων. 37. [ο secund.]. σπιρων√. 38.
απεσταλκα. κεκοπιακασιν√. 39. εκινησ√. — εισ αυτον (habet C^a).
σαμαριτων. α (pro οσα). 40. σαμαριται. fin. εμινεν παρ αυτοισ
(— εκει) ημερασ δυο. 42. και ελεγον τη γυναικι (— τε: C^a cum
Steph.). [οτι prim.]. μαρτυριαν (pro λαλιαν: C^a cum Steph.). + παρ
αυτου (post ακηκοαμεν). αληθωσ ουτοσ εστιν. — ο χσ. 43. — και
απηλθεν. 44. — ο. 45. ωσ (pro οτε: C^a cum Steph.).— εδεξαντο
αυτον οι γαλιλαιοι παντα (habet C^a). +οι (ante εωρακοτεσ: im-
probat C^a). +παντα (ante α: C^a οσα, omissis παντα α). ελη λυθισαν
(pro ηλθον). 46. ηλθαν. — ο ισ. καναν (C^a κανα). εποιησαν (C^a
-σεν√). ην δε (— και). ησθενιν√. καφαρναουμ. 47. — ουτοσ (habet
C^a). ο ισ ηκι. ηλθεν ουν (pro απηλθε: C^a -θεν√).— αυτον secund.
[ημελλε, at C^a -εν√]. 48. σημια√. πιστευσηται√. 49. αποθανιν√,.
τον παιδα (pro το παιδιον). 50. — και prim. του ιυ (pro ω ειπεν
αυτω ισ: C^a legit του ιυ ον ειπεν αυτω). 51. — αυτου secund.
υπηντησαν. και ηγγειλαν (— λεγοντεσ). αυτου (pro σου). 52.
την ωραν παρ αυτων. εσχεν√. [και ειπον]. εχθισ. 53. — εν prim.
(habet C^a). — ο ισ (habet C^a). — οτι secund. 54. [τουτο παλιν].
εποιησεν σημιον.

V. 1. +η (ante εορτη). — ο. 2. init. εντιν (C^a εστιν√).— επι τη
(at C^a εν τη). το λεγομενον (pro η επιλεγομενη: C^a cum Steph.).
βηθζαθα. 3. — πολυ. — εκδεχομενων usque ad fin. v. 4. 5. — εκει.
τριακοντα και οκτω. ασθενια√. fin. +αυτου. 6. ανακειμενον (C^a
cum Steph.). — ηδη. θελισ√. 7. βαλη. καταβαινι√. 8. εγειρε
αρον. κραβακτον (cf. v. 9). 9. — και ευθεωσ (habent C^a C^b). +και
ηγερθη (post ανθρωποσ). [ηρε]. κραβακτον (C^a κραβαττον) sic

68

vv. 10. 11. εκινη√. 10. +και (*post* εστιν). εξεστιν√. *fin.* + σου.
11. *init.* + ο δε. απεκρινατο (C^a *cum* Steph.). υγιην (ν *eras. per*
C^a). αραι (C^a *cum* Steph.).— σου (*habet* C^a). περιπατειν (C^a *cum*
Steph.). 12. —ουν. αραι και περιπατιν (—τον κραβ. σου: C^a *legit*
αρον *et forsan* περιπατι). 13. [ιαθεισ]. ενευσεν (C^a *cum* Steph.).
μεσω (*pro* τοπω: C^a *cum* Steph.). 14. ο ιϲ τον τεθεραπευμενον
(—αυτον: C^a *cum* Steph.). λεγει (*pro* ειπεν). [τι σοι]. 15. *init.*
απηλθεν (+ ουν C^a). ειπεν (*pro* ανηγγειλε). 16. οι Ιουδαιοι τον
ιν. — και εζητουν αυτον αποκτειναι. 17. — ιϲ. απεκρινετο. εργα-
ζετε√. 18. — ουν. αποκτιναι√. [ελυε]. [ελεγε]. 19. *init.* ελεγεν
ουν αυτοισ ο ιϲ (*pro* απεκρινατο ουν ο ιϲ και ειπεν αυτοισ: C^a *cum*
Steph., *praeter* ελεγεν *pro* ειπεν). αυην *semel tantum* (*bis* C^a *cum*
Steph.). [αν εκεινοσ ποιη]. *fin.* ποιει ομοιωσ. 20. φιλι√. δικ-
νυσιν√. μιζονα√. εργα δειξει αυτω. θαυμαζετε. 21. ωσ (*pro*
ωσπερ). ουτωσ√. 22. δεδωκεν√. 23. [τιμωσι *bis in versu*]. τειμα√.
25. — και νυν εστιν (*habet* C^a). ακουσωσι. — οι *secund.* (*habet* C^a).
ζησουσιν. 26. ωσ (*pro* ωσπερ: C^a *cum* Steph.). ζωην εχει.
—ουτωσ εδωκε *ad fin. vers.* (ὁμοιοτ.: *habet* C^a, *legens* ουτωσ και
τω υϊω εδωκεν ζωην εδωκεν εχιν εχιν εν εαυτω, *at* εδωκεν εχιν
eraso). 27. *init.* και κρισιν εδωκεν αυτω εξουσιαν ποιειν (C^a *cum*
Steph.: *omisso* και *secund.*). εστιν√. 28. θαυμαζεται√. μνημιοισ√.
ακουσωσιν√. 29. [δε]. 30. ποιειν εγω. — και (*habent* A C, *vix*
p.m.).— πατροσ. 32. οιδαται (C^a οιδα *cum* Steph.). μαρτυριν√.
33. [Ιωαννην: *sic* v. 36]. [μεμαρτυρηκε]. αληθια√. 35. υμισ√.
— δε (*habet* C^a). ηθελησαται√. αγαλλιαθηναι. 36. — την. [μειζω].
δεδωκεν. τελιωσω√. — εγω *secund.* μαρτυρι√. εμε απεσταλκεν.
37. εκεινοσ (*pro* αυτοσ). μεμαρτυρηκεν√. πωποτε ακηκοατε. *Vi-*
detur esse ειδοε in *facsimili, at* ειδοσ *editt. mai. et minor.* 38. εν
υμιν μενοντα. απεστιλεν εκινοσ√. υμισ√. 39. εραυνατε. δοκειται√.
εχιν√. 42. [αλλ]. ουκ εχετε την αγαπην του θυ ουκ εχετε (ουκ
εχετε *prius improbat* C^a). 43. —εν *secund.* λημψεσθαι√. 44. δυ-
νασθαι√. υμισ√. [θυ]. ζητουντεσ (C^a ζητιτε). 45. δοκειται√.
μωϋσησ. 46. μωσει. γεγραφεν (C^a *cum* Steph.). 47. πιστευε-
ται√. ρημασιν√. *fin.* πιστευσετε. *Facsim., et textus editionum*
mai. et min., at in utriusque editionis annotationibus "πιστευετε:
C^a -εται. Sic."

VI. 2. ηκουλουθει δε (—και). πολυσ οχλοσ. [εωρων].— αυτου.
περι (*pro* επι). 3. και απηλθεν (C^a ανηλθεν δε). — ο (*habet* C^a).
—εκει (C^a εκι). εκαθεζετο. 5. τουσ οφθαλμουσ ιϲ (—ο: *habet*

ΚΑΤΑ ΙΩΑΝΝΗΝ. Κεφ. VI.

ο Cᵃ). οχλοσ πολυσ.—τον. αγορασωμεν. ουτοι φαγωσιν. 6. γαρ
(pro δε: Cᵃ cum Steph.). ελεγεν (sic v. 71)√. πιραζωv√. δε (pro
γαρ: Cᵃ cum Steph.). [εμελλε: -εν√ Cᵃ]. 7. αποκρι\etαι συν
(—αυτω: Cᵃ απεκριθη αυτω, sine ουν: Cᵇ? etiam videtur revocare
ουν). + ο (ante φιλιππος).—αυτοισ.—αυτων. [τι]. 9. εστιν√.
—εν. [ο]. 10. ειπεν.—δε. αναπεσιν√. τοποσ (pro χορτοσ: Cᵃ
cum Steph.)√. ανεπεσαν. ωσ (pro ωσει). τρισχιλιοι (pro πεντα-
κισχ.: Cᵃ cum Steph.). 11. ελαβεν√. (ουν pro δε Cᵃ). ευχαρισ-
τησεν και εδωκεν.—τοισ μαθηταισ οι δε μαθηται (habet Cᵇ). ανα-
κιμενοισ√. 12. λεγι√. συναγαγεται√. 13. επερισσευσεν√. 14.
ο εποιησεν σημειον.—ο ισ.—οτι. εισ τον κοσμον ερχομενοσ. 15.
και αναδικνυναι (pro ινα ποιησωσιν αυτον: Cᵃ cum Steph. αυτον
omisso). φευγει (pro ανεχωρησε: Cᵃ ανεχωρησεν√). μονοσ αυτοσ.
17. —το. ερχονται. καφαρναουμ (sic vv. 24. 59). κατελαβεν δε
αυτουσ η σκοτια (pro και σκοτια ηδη εγεγονει). ουπω (pro ουκ).
ισ προσ αυτουσ (—ο). [διηγειρετο]. 19. [ωσ]. σταδια (A vel B,
etiam C, cum Steph.). θεωρουσιν√. 20. και (pro ο δε). φοβισθαι√.
21. ηλθον (pro ηθελον). λαβιν√. [το πλοιον εγενετο]. την γην
(Cᵃ cum Steph.). fin. υπηντησεν (υπηγον Cᵃ cum Steph.). 22.
εστωσ. ειδεν (pro ιδων). ενκεινο (pro εν εκεινο: ᵖ p.m., Cᵃ verò re-
stituit ν: improbant Cᵃ Cᵇ κεινο εισ ο ενεβ. οι μ. του ιυ). του ιυ (pro
αυτου prim.). συνεληλυθι αυτοισ (pro συνεισηλθε τοισ μαθηταισ
αυτου: Cᵃ cum Steph., legens -θεν√). πλοιαν̇ (pro πλοιαριον: ° C
et jam ante eum).—απηλθον (habet B). 23. επελθοντων ουν των
πλοιων (pro αλλα δε ηλθε πλοιαρια). ουσησ (pro του τοπου: Cᵃ
cum Steph.). + και (post οπου: improbat Cᵃ).—τον. 24. και
ιδοντεσ (pro οτε ουν ειδεν ο οχλοσ: Cᵃ cum Steph., at ιδεν√). ουκ
ην εκει ο ισ (Cᵃ cum Steph.).—αυτου (habet Cᵃ). ανεβησαν (Cᵃ
cum Steph.).—και αυτοι (Cᵃ habet αυτοι). το πλοιον (Cᵃ τα πλοι-
αρια). 25. ραββει. ηλθεσ (pro γεγονασ). 26. —ο.—ζητειτε με (Cᵃ
ζητιται μεν). σημιαν√. 27. εργαζεσθαι βρωσιν μη (—την prim.).
—την βρωσιν secund. διδωσιν υμιν (pro υμ. δωσει).—εσφραγισεν
(supplet A)√. 28. ποιωμεν. ιν (Cᵃ ινα). 29. —ο. εστιν (sic
vv. 31. 40. 63 bis)√. πιστευηται√. απεστιλεν√. 30. —ουν. σημιον
συ. ειδωμεν. 31. —αρτον (habet Cᵃ). δεδωκεν. 32. μωϋσησ.
[δεδωκεν]. 33. + ο (post αρτοσ). [ζω. διδ.]. 34. παντοτε κε.
35. ειπεν ουν (—δε). εμε (pro με). πιναση√. διψησει. 36. —με.
πιστευεται√. 37. διδωσιν√. εμε (pro με).—εξω (habet Cᵃ). 38.
ου καταβεβηκα εκ του ουρανου ινα ποιησω (Cᵃ, ου deleto, habet

68

ουχ' ινα π.). 39. — τουτο δε εστι *usque ad* πεμψαντοσ με *'ὁμοιοτ.* :
πατροσ *omisso, ut conjicere licet:* habet C^a, *legens* εστιν√ *sine*
πατροσ, *sed omnia rursus erasa).* δεδωκεν√. [εν]. 40. γαρ (*pro*
δε). πατροσ μου (*pro* πεμψαντοσ με). + εν (*post* εγω). 42. [ουχ].
ἰωσηφ'√. ημισ√. + και (*post* οιδαμεν: *improbat* C^a). — και την
μητερα (ὁμοιοτ.: habet C^a). ουν ουτοσ λεγει. εγω (*pro* οτι). 43.
[ουν]. — ο. αυτοισ και ειπεν. γογγυζεται√. [μετ]. 44. ουδισ (*sic*
v. 65)√. ελθιν√. [με *prim.*]. καγω. [αυτον τη : *sic* v. 54]. 45.
[εστι]. — του *prim.* — ουν. [ακουσασ]. εμε (*pro* με). 46. εωρακεν τισ.
πατροσ (*pro* θ̅υ̅). εωρακεν *secund.*√. *fin.* θ̅ν̅ (C^a *cum* Steph. θ̅ρ̅α̅). 47.
+ οτι (*post* υμιν). — εισ εμε. 49. [το μ. εν τη ερ.]. 51. του εμου
(*pro* τουτου του). ζησει. — και (*post* αιωνα: habet C^a). — δε. υπερ
τησ του κοσμου ζωησ η σαρξ μου εστιν (— ην εγω δωσω). 52.
[προσ αλλ. οι ιου.]. + ουν (*ante* δυναται). ημιν ουτοσ. σαρκα φαγιν.
53. αν (*pro* εαν). φαγηται√. το αιμα αυτου. + αιωνιον (*post* ζωην).
54. καγω. 55. — αληθωσ εστι βρωσισ και το αιμα μου (ὁμοιοτ.:
supplet C^a, *at legit* αληθησ εστιν βρ.). *fin.* αληθωσ εστι ποτον
(C^a αληθησ, *sed* -θωσ *postea revocatur:* C^a *etiam* ποσισ *pro* πο-
τον). 57. απεστιλεν√. ζησει (*sic* v. 58). 58. — ουτοσ (habet C^a).
[εκ του]. καταβαινων (C^a *cum* Steph.). οι πατερεσ εφαγον. — υμων
το μαννα. 60. ο λογοσ ουτοσ. 61. *init.* εγνω ουν ι̅σ̅ (C^a ιδωσ δε ο
ι̅σ̅). γογγυζουσιν√. + και (*ante* ειπεν: *improbat* C^a). σκανδαλιζι√.
62. — ουν (habet C^a). θεωρηται√. αναβενοντα·τον υ̅ν̅ του ανθρωπου.
63. — το (habet C^a). λελαληκα. *fin.* — εστιν. 64. [αλλ] εξ υμων
εισιν. απ (*pro* εξ *secund.*). σωτηρ (*pro* ι̅σ̅). — μη. — τισ (habet C^a).
ην ο μελλων αυτον παραδιδοναι (*pro* εστιν ο παραδωσων αυτον).
65. ελεγεν√. εμε (*pro* με). — αυτω (habet C^a). *fin.* — μου. 66.
+ ουν (*ante* πολλοι). των μαθητων απηλθον (— αυτον). 67. υμισ
θελεται√. 68. — ουν. 69. ημισ√. ο αγιοσ (*pro* ο χ̅σ̅ ο υ̅σ̅). — του
ζωντοσ. 70. ι̅σ̅ και ειπεν αυτοισ (*pro* αυτοισ ο ι̅σ̅). ουχι (*pro*
ουκ). εξελεξαμην δωδεκα (— τουσ: habet C^a). — εισ (habet C^a *ante*
εξ). 71. — τον (habet C^a). απο καρυωτου (*pro* ισκαριωτην: C^a
ισκαριωτου). + και (*post* γαρ). εμελλον (C^a -λεν). [αυτον παρα-
διδοναι]. [αν].

VII. 1. *init.* — και (habet C^a *sed eras.*). μετα ταυτα περιεπατει
ο ι̅σ̅. αποκτιναι√. 3. οι αδελφοι αυτου προσ αυτον. θεωρουσιν (C^a
-ρησουσιν). — σου *secund.* (habet C^a). 4. ουδισ√. τι εν κρυπτω.
ποιων ζητι (— και). [αυτοσ]. 6. — ουν (habet C^a). — ο *prim.* (habet
C^a). ου (*pro* ουπω: C^a *cum* Steph.). 7. ο κοσμοσ ου δυναται (C^a

cum Steph.). — εγω. — περι αυτου. 8. αναβηται√. [ταυτην *prim.* : *puncta imposita, et rursus erasa*]. ουκ (*pro* ουπω *prim.*). εμοσ καιροσ (— ο *bis* : C^a ο εμ. κ.). 9. — δε. αυτοσ (*pro* αυτοισ). εμινεν√. 10. εισ την εορτην τοτε και αυτοσ ανεβη. [αλλ]. — ωσ *secund.* 11. εκινοσ√. 12. πολυσ ην περι αυτου. τω οχλω.—δε. 13. ουδισ (*sic* vv. 19. 27. 44)√. περι αυτου ελαλει. 14. ερτησ (ο *p.m.*)√. — ο. εδιδασκεν√. 15. εθαυμαζον ουν (— και). οιδεν√. 16. + ουν (*post* απεκριθη).— ο. 17. —του. 18. ζητι (*sic* v. 20)√. και ο (*pro* ο δε). εστιν√ *bis in versu.* 19. μωϋσησ. [δεδωκεν]. ζητειται√. αποκτιναι (*sic* vv. 20. 25)√. 20. — και ειπε. 21. — ο. 22. — δια τουτο (*habet* C^a). + ο (*ante* μωϋσησ). [μωσεωσ]. + οτι (*post* αλλ). [εν]. 23. λαμβανι√. + ο (*ante* μωϋσεωσ). χολαται√. 24. [κρινατε]. 25. — εκ. Ιεροσυλυμειτων. ουκ (*pro* ουχ). 26. λαλι√. λεγουσιν√. μητι (*pro* μηποτε). αρχιερεισ (*pro* αρχοντεσ). — αληθωσ *secund.* 27. *Pro* ο δε χσ *habet* e v. 31 ο χσ οταν ελθη μη πλιονα σημια ποιησει η (*haec verba post* χσ *improbant* C^a C^b : ο δε χσ οταν ερχεται C^a *primò, sed revocavit*)√ : *post* η *sequuntur p.m.* οταν ερχεται ουδισ γιγωσκει αυτον ποθεν εστιν. 28. ο ισ εν τω ιερω διδασκων. και εμε. αλλα. αληθησ. *fin.* οιδαται√. 29. [δε]. αυτω (C^a *cum* Steph.). απεσταλκεν. 30. οι δε εζητουν (— ουν). [επεβαλεν]. 31. πολλοι δε επιστευσαν εκ του οχλου.— οτι. μη (*pro* μητι). πλιοναν√. [σημεια : cf. v. 27].—τουτων. [*non* η, *ut in* v. 27]. *fin.* ποιει (C^a *cum* Steph.). 32. + δε (*post* ηκουσαν). ταυτα περι αυτου. απεστιλαν√. τουσ υπηρετασ οι αρχιερεισ και οι φαρισαιοι. 33. — αυτοισ. χρονον μικρον. 34. [-σετε και : *sic* v. 36]. θμισ (*sic* v. 36)√. δυνασθαι·ελθιν (*sic* v. 36)√. 35. — προσ εαυτουσ (*habet* C^a). [ουτ. μελλ.]. πορευεσθε√ *bis in versu.* — ημεισ. διδασκιν√. 36. τι (*pro* τισ). [ουτοσ ο λογ.]. [ειπε : -πεν√ C^a]. 37. ιστηκειν. εκραζεν. — προσ με (*habet* C^a). 39. ελεγεν (*pro* ειπε). ημελλον. λαμβανιν√. [πιστευοντεσ]. πνα οτι (— αγιον, *nec habet* δεδομενον).— ο. *fin.* ουπω (*pro* ουδεπω) δεδοξαστο (C^a *cum* Steph.). 40. εκ του οχλου ουν (— πολλοι). αυτου των λογων τουτων (αυτου *improbat* C^a). αληθωσ ουτοσ εστιν. 41. [αλλοι ελ.]. [αλλοι *secund.*].— δε. 42. [ουχι]. δαδ *prim.*√. + ο (*ante* δαδ *secund.*). [ο χσ ερχ.]. 43. εγενετο εν τω οχλω. 44. ελεγον (*pro* ηθελον : C^a *cum* Steph.). επεβαλεν αυτω (επ. επ αυτον C^a *cum* Steph.). χιρασ√. 45. λεγουσιν (*pro* ειπον). 46. οι δε υπηρεται απεκριθησαν. ουτωσ ανθρωποσ ελαλησεν ωσ ουτοσ λαλει ο ανθρωποσ (C^a *tantùm* ελαλησεν ουτωσ ανθρωποσ).

47. — ουν. [αυτοισ]. θμισ πεπλανησθαι√. 48. πιστευει (C^a cum Steph.). 49. [αλλ]. επαρατοι εισιν. 50. ειπεν δε (pro λεγει). — ο ελθων νυκτοσ προσ αυτον (C^a habet ο ελθων προσ αυτον προτερον, sine νυκτοσ). 51. κρινι√. — παρ αυτου (habet C^a post πρ.). πρωτον (pro προτερον). 52. [ειπον]. εραυνησον. [προφ. εκ τησ γαλ.]. fin. εγειρεται. Post v. 52, in eâdem lineâ legitur παλιν viii. 12, pericopâ de adulterâ (vii. 53—viii. 11) prorsus omissâ.

VIII. 12. αυτοισ ελαλησεν ο ιs. φωσ ειμι (— το : C^a cum Steph.). [εμοι]. περιπατηση. εχει (εξει C^a cum Steph.). 13. μαρτυρισ√. 14. ειπεν αυτοισ ο ισ (— απεκριθη et και). [αλ. εστ. η μαρ. μου]. θμισ√. — δε. οιδαται (sic v. 19)√. [και πον secund.]. 16. καν (pro και εαν). [αληθησ]. — πατηρ (habet C^a). 17. γεγραμμενον εστιν (pro γεγραπται). 19. + και ειπεν (post ο ισ). ηδειται√ bis in vers. — μου secund. [ηδ. αν]. 20. — ο ισ. — διδασκων εν τω ιερω (ὁμοιοτ.). ουδισ√. 21. ελεγεν (pro ειπεν). — παλιν. — ο ισ. (C^a ζητησεται)√. αποθανισθαι (sic v. 24 bis)√. θμισ (sic v. 22)√. δυνασθαι ελθιν (sic v. 22)√. 22. + αν (post οπου : improbat C^a). 23. ελεγεν ουν (pro και ειπεν : C^a και ελεγεν, sed prior lectio restituitur). [του κοσμ. τουτου bis in versu]. 24. — ουν. + μοι (post πιστευσηται√). 25. — ουν. ειπεν ουν (— και). [ο]. + εν (ante λαλω : '' p.m.). 26. λαλιν√. κρινιν√. + πατηρ (ante αληθησ). εστιν√. αυτω (αυτου C^a cum Steph.). λαλω (pro λεγω). 27. fin. + τον θν (improbat C^a). 28. [αυτοισ]. + παλιν (post ισ). γνωσεσθαι√. εδιδαξεν√. — μου. ουτωσ (pro ταυτα). 29. ουκ αφηκε με μονον μετ εμου εστιν (C^a cum Steph., sed αφηκεν√). — ο πατηρ. 31. — ο (habet C^a). θμισ μινητε√. — μου (habet C^a). 32. γνωσεσθαι√. αληθιαν√. 33. προσ αυτον (pro αυτω). 34. [ο prim.]. εστιν√. 35. — ο υσ μενει εισ τον αιωνα (ὁμοιοτ.). 36. ελευθερωθη (C^a -ρωση). εσεσθαι (τ ex errore, erasum)√. 37. αποκτιναι (sic v. 40)√. 38. α εγω (pro εγω ο). [μου]. θμισ√. α εωρακατε (pro ο εωρ.: C^a ο ηκουσαται). fin. παρα του πατροσ υμων ποιειται. 39. ειταν (sic vv. 41. 48. 52. 57). εστιν απεκριθη (pro εστι λεγει). [ο ισ : sic vv. 42. 58]. εστε (pro ητε). fin. εποιειται√ (— αν : C^a habet αν). 40. ζητιτε√. αληθιαν√. 41. ποιειται√. τα²²: sic Tischend., at deest annotatio. — ουν. ημισ√. πορνιασ√. ουκ εγεννημεθα (C^a cum Steph.). 42. [ουν]. [θα πατηρ]. ημων (pro υμων). απεστιλεν√. 43. γινωσκεται√. 44. + του (post εκ prim.). εσται√. εκινοσ√. αληθια bis in versu√. ουκ

71

(*pro* ουχ). εστιν (*sic* v. 54)√. 45. αληθιαν (*sic* v. 46)√. [λεγω
ου]. 46. —δε. πιστευεται√. 48. —ουν. σαμαριτησ.—συ (*habet*
C^a). 49. +και ειπεν (*post* ισ). ϋμισ√. 51. τον εμον λογον τη-
ρησει. θεωρησει. 52. απεθανεν (*sic* v. 53)√. γευσηται.—θανατου
(*habet* C^a). 53. μιζων√.—συ *secund.* 54. +ο (*ante* ισ). δοξασω
(C^a-ζω, *sed* -σω *restitutum*). λεγεται√. [ϋμων]. 55. εγνωκαται√.
καν (*pro* και εαν). [ομοιοσ ϋμων]. [αλλ]. 56. ειδη. ειδεν√. 57.
εωρακεν σε (*pro* εωρακασ: C^a *cum* Steph.). 59. —διελθων *ad fin.*
vers. (*habet* C^a και διελθων δια μεσου αυτων επορευετο και παρηγεν
ουτωσ: C^b *delet* επορ. και παρ. ουτ.).

IX. 1. [ειδεν]. 2. ραββει. γονισ (*sic* vv. 3. 18. 20. 22. 23)√.
3. —ο. 4. ημασ (*pro* εμε: A *vel* B *cum* Steph.). ημασ (*pro* με:
A *vel* B *cum* Steph.). ουδισ√. 6. επτυσεν√. εποιησεν (*sic* v. 11)√.
+αυτου (*post* επεχρισεν).—του τυφλου. 7. [νιψαι]. ηλθεν√.
8. προσαιτησ (*pro* τυφλοσ). 9. —οτι *prim. et secund.* [αλλοι δε
secund.]. +ουχι αλλα (*ante* ομοιοσ). +δε (*post* εκεινοσ: δε ει οτι
tert. punctis notata rursus deletis). 10. ελεγαν (C^a ελεγον): *sic*
v. 16 *prim.* +' οι ιουδαιο ' (*post* ουν *prim.*: ' 'p.m.)√. +ουν (*post*
πωσ). ηνεωχθησαν. [σου]. 11. —και ειπεν (*post* εκεινοσ). +ο
(*ante* ανθρωποσ). +ο (*ante* λεγομενοσ). επεχρισεν√. ειπεν√. +οτι
(*ante* ϋπαγε).—την κολυμβηθραν του. +τον (*ante* σιλωαμ). απελ-
θων ουν και (—δε). 12. και ειπαν (—ουν). 14. εν η ημερα (*pro*
οτε). 15. μου επι τουσ οφθαλμουσ. 16. ουκ εστιν ουτοσ παρα θυ
ο ανθρωποσ. τηρι√. +δε (*post* αλλοι). σημια√. 17. +ουν (*post*
λεγουσιν). +ποτε (*ante* τυφλω). +ουν (*post* παλιν: C^a *notavit*
ουν). τι συ. σεαυτου (*pro* αυτου). ηνοιξεν (*sic* v. 32)√. 18. ην
τυφλοσ. οφωνησαν *p.m.* εφ. *s.m.*√. 19. ει (*pro* λεγοντεσ: C^a
cum Steph.). λεγεται√. βλεπι αρτι√. 20. +ουν (*post* απεκρι-
θησαν)—αυτοισ. ειπαν (*sic* vv. 12. 22. 23. 24. 26. 28. 34. 40).
21. ηνυξεν. [αυτ. ηλ εχει].—αυτον ερωτησατε αυτοσ (*habet* C^a
αυτον ερωτησαται *ante* ηλικιαν εχει αυτοσ). εαυτου (*pro* αυτου *se-
cund.*). 22. συνετεθιντο√. 23. —εχει (C^a εχιν√). επερωτησαται.
24. τον ανθρωπον εκ δευτερου. ημισ√. ουτοσ ο ανθρωποσ ο αμ.
(' *p.m. vel* A: *etiam* C). 25. —και ειπεν. +δε (*post* εν: *im-
probat* C^a). 26. ειπαν (—δε: *at* ειπον ουν C^a).—παλιν (*habet*
C^a). εποιησαν (-σεν A?). ηνυξεν√. 27. θελεται√ *bis in vers.*
ϋμισ√. μαθηται αυτου. 28. *init.* +και (οι δε *pro* και C^a).—ουν.
μαθητησ ει. εκινου√. μωϋσεωσ. 29. ημισ√. μωϋσει√. 30. τουτω
γαρ. +το (*ante* θαυμαστον). οιδαται√. εστιν√. ηνοιξε. 31. —δε.
[αμαρτ. ο θσ]. 35. *init.* +και (*improbat* C^a).—ο (*habet* C^a).

— αυτω (habet Cᵃ). ανθρωπου (pro θυ). 36. εκινοσ√. και ειπεν
κε ⁱ⁹ τισ εστιν (ꞓ p.m.). 37. εφη (pro ειπε δε). [εωρακασ]. 38.
Deest versus totus, et και ειπεν ο ισ v. 39 (habet Cᵃ, o ante ισ
omisso). 39. βλεπωσιν√. 40. — και prim. — ταυτα (habet Cᵃ,
sed erasum est). μετ αυτου οντεσ. 41. — ουν (Cᵃ αι αμαρτιαι
υμων μενουσιν, sed prior lectio restituitur).

X. 1. εστιν (sic vv. 2. 13. 21. 29. 34)√. 3. αννγειν. φωνει (pro
καλει). 4. — και prim. — προβατα (ταντα habet Cᵃ, sed rursus
erasum). ακολουθιν√. οιδασιν√. 5. [ακολουθησωσιν]. [οιδασι].
6. και (pro εκεινοι δε : Cᵃ cum Steph., sed εκινοιν√). [ην]. 7.
αυτοισ παλιν (sic A, nam p.m. verba deesse videntur : Cᵃ improbat
παλιν, at Cᵇ revocat). [οτι]. 8. — προ εμου (habet Cᵃ post ηλθον).
εισιν√. 9. εγω ἡ ειμι (· p.m.)√. 10. + αιωνιον (ante εχωσιν
prim. √). 11. διδωσιν (pro τιθησιν : Cᵃ cum Steph.). 12. ο δε
μισθωτοσ. εστιν (pro εισι). θεωριν√. αφιησιν√. — τα προβατα tert.
13. — ο δε μισθωτοσ φευγει. [μελει]. 14. γεινωσκων. fin. γει-
νωσκουσι με τα εμα (pro γινωσκομαι υπο των εμων). 15. γινωσκιν√.
διδωμι (pro τιθημι : Cᵃ cum Steph.). 16. δει με. αγαγιν√. ακου-
σωσιν. (Cᵃ γεννσονται). 17. με ο πατηρ. 18. ουδισ (sic v. 29)√.
ηρεν (pro αιρει : Cᵃ ερειν√). 18. λαβιν√. 19. — ουν. 20. ελεγαν
(Cᵃ -γον). ουν (pro δε : Cᵃ cum Steph., sed ουν restitutum).
ακουεταιν√. 21. + δε (ante ελεγον). αννξαι. 22. ενκαινια. — τοισ.
— και. 23. [o : sic v. 34]. σολομωνοσ (— του : Cᵃ σολομωντοσ).
24. — αυτον (habet Cᵃ). ερεισ (pro αιρεισ)√. ειπον (Cᵃ ειπε, sed
-ον revocatum). 25. — αυτοισ (habet Cᵃ). πιστευεται (non v. 26)√.
— τω. μαρτυριν√. 26. αλλα υμισ√. οτι ουκ εσται (pro ου γαρ
εστε). — καθωσ ειπον υμιν. 27. ακουουσιν√. και (pro καγω). ακο-
λουθουσιν√. 28. διδωμι αυτοισ ζωην αιωνιον. απολπται (Cᵃ -λων-
ται). ου μη αρπαση (pro ουχ αρπασει). 29. — μου prim. (habet
Cᵃ). ο (pro οσ). δεδωκεν√. ταντων μειζων. fin. — μου secund.
31. — ουν. αυτον p.m. in liturâ scripsit. 32. εργα καλα. εδιξαν√.
— μου (habet Cᵃ). εμε λιθαζετε. 33. — λεγοντεσ. — και. 34.
— υμων (habet A). + οτι (ante ειπα, εγω omisso : at οτι εγω ειπα
Cᵇ ?). 35. ειπεν√. [του θυ εγεν.]. 36. ηγιασεν√. απεστιλεν√.
βλασφημισ√. — του. 38. πιστευεται (pro -ευητε)√. πιστευεται
(pro πιστευσατε). πιστευητε (pro -ευσητε). τω πατρι (pro αυτω).
39. [ουν]. — παλιν (habet Cᵃ post αυτον). 40. απηλθεν√. — εισ
τον τοτον (habet Cᵃ). [ιωαννησ : sic v. 41 bis]. προτερον (pro
πρωτον). εμιγεν√. 41. — οτι. σημιον√. 42. πολλοι επιστευσαν
εισ αυτον εκει.

XI. 1. +τησ (ante μαριασ). 2. [μαρια]. αλιψασαν√. ησθενιν√.
3. απεστιλαν√. προσ αυτον αι αδελφαι. 4. εστιν√. +αλλ (ante
ινα). 6. εμινεν√. 7. επιτα√. [μαθηταισ αγ.].—παλιν (habet Cᵃ).
8. ραββει. λιθασεν√. 9. — ο. ωραι εισιν. του (pro τουτου p.m., ut
videtur: supplet του C)√. . 10. νυκτει√. 11. ειπεν (sic vv. 25.
34. 41)√. 12. ειπαν (sic v. 46). αυτω οι μαθηται (— αυτου). 13.
ειρηκιν√. — αυτου (habet Cᵃ). 14. [ουν]. ° ισ (o p.m. ?). παρησια
(Cᵃ παρρ.). απεθανεν√. 15. εκιν√. αλλα. 16. συνμαθηταισ.
ημισ√. 17. [ελθων]. [ισ ευρ: at Cᵇ post ισ habet εισ βηθανιαν].
τεσσαρεσ ημερασ ηδη. μνημιων√. 18. — η (habet Cᵃ). 19. πολλοι
δε (— και). εληλυθισαν√. την (pro τασ περι). [μαριαν: sic vv. 28.
31. 45]. — αυτων. 20. — ο. 21. [η]. — τον. ουκ αν απεθανεν ο
αδελφοσ μου. 22. — αλλα (habet Cᵃ). εαν (pro αν). αιτησει. 24.
λεγιν√. [αυτω μαρθα]. 25. +δε (post ειπεν: improbat Cᵃ). 28.
τουτο (pro ταυτα). απηλθεν√. εφωνησεν√. [ειπουσα secund.].
παρεστιν√. 29. +δε (ante ωσ). ηγερθη (pro εγειρεται). ηρχετο
(pro ερχεται). 30. + ετι (post ην). 31. δοξαντεσ (pro λεγοντεσ).
+ ϊσ̈ (ante υπαγει: ·· p.m.)√. μνημιον (sic v. 38)√. 32. [μαρια].
— ο (habet Cᵃ). αυτου προσ τουσ ποδασ. μου απεθανεν. 33. — ωσ
(habet Cᵃ). [ειδεν]. εβριμησατο (ενεβρ. A vel B, etiam C). 34.
τεθικαται√. 35. init. + και.—ο (habet Cᵃ). 36. ελεγαν (Cᵃ -γον).
37. ειπαν (Cᵃ -πον). [ηδυνατο]. 38. εμβριμουμενοσ. — εκ (habet
Cᵃ). 39. [ο]. λεγι secund.√. τετελευτηκοτοσ. εστιν (sic v. 57)√.
40. οψη. 41. — ου ην ο τεθνηκωσ κειμενοσ. ηρεν√. 42. απεσ-
τιλασ√. 43. εκραυγαζεν (Cᵃ -γασεν√). λαζαρ hic (Cᵃ -ρε). 44.
init. [και]. χιρασ κιριαισ. [αυτοισ ο ισ]. αφεται υπ. 45. δε (pro
ουν). [a: sic v. 46]. ισ (— ο). 46. [ο]. 47. ελεγαν (sic v. 56).
ποιει σημια. 48. ουτωσ√. πιστευουσιν (Cᵃ -σουσιν). 49. υμισ√.
50. λογιζεσθε. — ημιν. 51. εκινου√. επροφητευσεν. εμελλεν ισ
(— ο). αποθνησκιν√. 52. (+ δε post εθνουσ Cᵃ, sed eras.). 53.
εβουλευσαντο. αποκτινωσιν√. 54. init. ο ουν ισ. εφρεμ. εμινεν
(pro διετριβε).— αυτου. 56. ελεγαν. 57. δεδωκισαν√.— και prim.
αρχιερισ√. εντολασ.

XII. 1. — ο τεθνηκωσ. + ισ (ante εκ νεκρων: at ο ισ Cᵃ). 2.
διηκονι√. + εκ (post ην). ανακειμενων συν. 3. [μαρια]. ηλιψεν√.
[του ιυ]. εξεμαξεν√. 4. δε (pro ουν). ιουδασ ο ισκαριωτησ εισ εκ
των μαθητων αυτου (— σιμωνοσ). 6. ειπεν (sic v. 38)√. [εμελεν].
σχων (pro ειχε). — και secund. 7. + ινα (ante εισ). τηρηση. 9.
+ ο (ante οχλοσ). εστιν (sic vv. 31. 35)√. 10. αποκτινωσιν√.

12. — ο prim. (habet Cᵃ). ερχεται ισ (— ο secund.). 13. εκραυ-
γαζον λεγοντεσ (pro εκραζον). και ο βασιλευσ (και punctis no-
tatum rursus erasis). 14. [εστι]. 15. [θυγατερ]. 16. — δε.
αυτου οι μαθηται. — ο. επ αυτω ην. 17. εμαρτυρι√. [οτε].
μνημιουν√. 18. [και]. — ο. + πολυσ (post οχλοσ). ηκουσαν αυτον
τουτο. 19. ειπαν. ειδε√. 20. ελληνεσ τινεσ. [προσκυνησωσιν].
21. [βηθσαιδα]. ιδιν√. 22. init. [-ται φιλ.]. ανδραια (Cᵃ -ρεα).
και παλιν ερχεται ανδρεασ. + και (ante λεγουσιν√). 23. απο-
κρινεται. 25. απολλυει (pro απολεσει). μεισων√. — φυλαξει αυτην
(und lined forsan omissd: habet Α). 26. τισ διακονη. ακολου-
θιτω√. — και tert. σειμησει (τ p.m. vel Α: etiam C)√. 29.
[ουν]. [εστωσ]. — και. ελεγεν√. 30. — ο. — και ειπεν. η φωνη
αυτη. 31. — νυν ο αρχων του κοσμου τουτου (ὁμοιοτ.: supplent
Α Cᵃ). + και (ante εκβληθησεται). 32. παντα (Cᵃ cum Steph.).
33. τουτου (' p.m.)√. ελεγεν√. εμελλεν. 34. + ουν (post απ-
εκριθη). ημισ√. συ λεγισ. 35. εν υμιν (pro μεθ υμων). [εωσ].
(+ η Cᵃ ante σκοτια prim.). οιδεν√. 36. ωσ (pro εωσ). πιστευεται√.
[ο ισ: ο tamen videtur esse C correctoris]. 37. σημια√. 38.
επιστευσεν√. 40. επηρωσεν. ειδωσιν√. τη καρδια συνωσιν (— νοη-
σωσι). στραφωσιν (pro επιστραφωσι). ιασομαι. 41. οτι (pro οτε).
ειδεν√. ελαλησεν√. 43. υπερ (pro ηπερ). 44. εκραξεν. αλλα.
46. μινη√. 47. φυλαξη (pro πιστευση). 49. δεδωκεν. 50. εγω
λαλω. ειρηκεν√. fin. ουτωσ λαλω.

XIII. 1. ηλθεν (pro εληλυθεν). ιουδαιουσ (pro ιδιουσ: Cᵃ cum
Steph.). 2. διπνου√. γεινομενου (Cᵃ γενομ.). ινα παραδοι (Cᵃ -δω)
αυτον ιουδασ σιμωνοσ ισκαριωτησ. 3. ιδωσ√. — ο ισ. εδωκεν. χι-
ρασ (sic v. 9)√. εξηλθεν√. 4. διπνου√. τιθησιν√. 6. και λεγιν√.
— εκεινοσ κε (habet Cᵃ, at εκινοσ√). νιπτισ√. 7. α (pro ο: Cᵃ
cum Steph.). 8. [omnino cum Steph.]. 9. — κε (habet Cᵃ). 10.
[ο prim.]. ουκ εχι (-χει Cᵃ) χρειαν. — η τουσ ποδασ. αλλα εστιν.
11. ηδει. [ειπεν ουχι]. 12. ενιψεν√. — και. ελαβεν√. αυτων (pro
αυτου: Cᵃ cum Steph.). και ανεπεσεν (pro αναπεσων: Cᵃ και
αναπεσων). γεινωσκεται√. 13. υμισ (sic v. 15)√. λεγεται√. 14.
οφιλεται√. νιπτειν αλληλων τουσ ποδασ (' p.m.?). 15. υπο-
διγμα. δεδωκα. ποιηται√. 16. εστιν√. μιζων prim.√. 18. + γαρ
(post εγω). τινασ (pro ουσ). [μετ εμου]. επηρκεν. 19. πιστευ-
σηται οταν γενηται. 20. αν (pro εαν). λαμβανι secund.√. 21. — ο.
εμαρτυρησεν√. 22. ουν ουν οι ιουδαιοι εισ αλληλουσ οι μαθηται
(Α uncis includit οι ιουδαιοι: Cᵃ Cᵇ etiam ουν secund. improbant).

ΚΑΤΑ ΙΩΑΝΝΗΝ Κεφ. XIV.

23. [δε]. +εκ (*post* εισ). [πυθεσθαι τισ αν ειη]. ελεγεν (*pro*
λεγει). *fin.* +και λεγει αυτω ειπε τισ εστιν περι ου λεγει. 25.
(αναπεσων Cᵃ *pro* επιπεσων). ουν (*pro* δε). [εκεινοσ επι]. 26.
(+ουν Cᵃ *ante* ο ι̅σ̅). +και λεγει (*ante* εκεινοσ). [βαψασ]. [επι-
δωσω]. βαψασ ουν (*pro* και εμβαψασ). (+λαμβανι και *ante* δι-
δωσιν Cᶜ, *sed rursus erasa*). ισκαριωτου. 27. —τοτε. [ο ι̅σ̅]. τα-
χειον√. 29. επι (*pro* επει)√. — ο (*prim. et secund.*). χριαν√. 30.
εξηλθεν ευθυσ. 30, 31. οτε ουν εξηλθεν λεγει ι̅σ̅ (— ο). 32. — ει ο θ̅σ̅
εδοξασθη εν αυτω (ομοιοτ.: *habet* Cᵃ). αυτω (*pro* εαυτω: *sic* Cᵃ,
sed ε *rursus erasum*). 33. μεικρον√. +χρονον (*ante* μεθ). ζητη-
σεται√.—οτι (*habet* Cᵃ). εγω υπαγω. δυνασθαι ελθιν√. 34. —ινα
secund. 35. εχηται√. μετ αλληλων (*pro* εν αλληλοισ). 36.
[αυτω ο]. +εγω (*ante* υπαγω). ακολουθησεισ δε υστερον (—μοι).
37. —ο. — κυριε (*habet* Cᵃ). δυναμε√. [ακολουθησαι]. υπερ σου
την ψυχην μου θησω. 38. *init.* αποκρινεται. — αυτω ο. φωνηση.
[απαρνηση]. (τρεισ√ Cᵃ).

XIV. 1. πιστευεται *prim.*√. 2. — αν. +οτι (*ante* πορευομαι).
3. [και ετοιμασω] τοπον υμιν. παραλημψομαι. υμισ (*pro* υμεισ:
sic vv. 17. 20 *bis*)√. 4. [εγω]. — και *secund.* — οιδατε *secund.*
5. και πωσ την οδον ειδεναι δυναμεθα. 6. — ο. ουδισ√. 7. εγνω-
κατε εμε (*pro* εγνωκειτε με). γνωσεσθαι (*pro* εγνωκειτε αν). [και
secund.]. γνωσεσθαι (*pro* γινωσκετε). εωρακαται αυτον. 8. + ο
(*ante* φιλιππος). 9. [ο ι̅σ̅]. τοσουτω χρονω (Cᵃ -τον -γον: *sed*
prior lectio revocatur). εωρακεν√. — και *secund.* λεγισ√. +οτι
(*ante* δειξον: *improbat* Cᵃ). 10. εστιν (*sic* v. 28)√. [λαλω *prim.*].
[ο δε πατηρ ο]. ποιει τα εργα αυτου (— αυτοσ). 11. πιστευεται
prim.√. [*deest* εστιν]. — δια (*habet* Cᵃ). *fin.* — μοι. 12. — μου.
14. + με (*post* αιτησητε). [εγω]. 15. — με (*habet* Cᵇ). τηρη-
σητε. 16. *init.* καγω. τηρησω (*pro* ερωτησω: Cᵃ *cum* Steph.).
μεθ υμων η εισ τον αιωνα (— μενη). 17. αληθιασ√. (ο *prim.*: Cᵃ
habet ον, *sed* ν *rarum*). (αυτον *pro* αυτο *prim.* Cᵃ, *sed restitutum*
αυτο). — αυτο *secund.* — δε. γεινωσκετε√. *fin.* [εσται]. 19. ζη-
σεσθαι√. 20. εκινη√. γνωσεσθαι υμισ. 21. καγω. 22. + και
(*ante* τι). 23. — ο. (αυτοισ Cᵃ *pro* αυτω: *sed* αυτω *restitutum*).
τηρηση. *fin.* ποιησομεθα. 24. ακουεται√. 26. ο δε παρακλητοσ
πεμψει το π̅ν̅α̅ το αγιον (— ο: Cᵃ ο δε παρ. το πν. το αγ. ον πεμψι)
ο πατηρ εν κ.τ.λ. 27. +υμιν (*post* διδωσιν). διλιατω√. 28.
— ειπον *secund.* (μου *prim.*: *puncta addita sed rursus erasa*).
29. γενεσθε√. ιν. 30. —τουτου. 31. [και]. ενετιλατο√. ουτωσ√.

KATA ΙΩΑΝΝΗΝ. Κεφ. xv. xvi.

XV. 1. εστιν (sic v. 20)√. 2. αυτον (pro αυτο secund.). καρπον πλειω. 4. μινατε (non v. 9)√. μενη. ῡμισ (sic vv. 5. 16 bis)√. fin. μενητε. 5. δυνασθαι√. 6. μενη (Cᵃ cum Steph.). αυτο (pro αυτα). + το (ante πυρ). βαλλουσιν√. 7. εν υ μινη (υμιν pro υ Cᵃ). οσα (pro ο). [εαν]. [αιτησεσθε]. 8. φερηται√. γενησεσθαι√. μοι (pro εμοι). 9. ηγαπησεν√. [ηγαπησα ῡμασ]. 10. — εαν τασ εντολασ μου τηρησητε μενειτε εν τη αγαπη μου (habet Cᵃ, legens τηρησεται μενιται√ et τη εμη pro μου : ὁμοιοτ. fortasse). καγω (pro εγω). του πατροσ μου τασ εντολασ μου (delent μου secund. A? C). ετηρησα. 11. [μεινη]. 13. ουδισ (sic v. 24)√. — τισ (habet Cᵃ). 14. + γαρ (post ῡμεισ: improbat Cᵃ). ποιηται√. α (pro οσα). 15. λεγω ῡμασ. οιδεν√. 16. εξελεξασθαι√. φερηται√. — ινα secund. (habet Cᵃ). εαν (pro αν). αιτησηται√. δωσει (pro δω). 18. μεισειν√. — υμων (habet Cᵃ). εμισηκεν (Cᵃ μεμ.). 19. ο κοσμοσ μισει υμασ. 20. μνημονευεται√. τον λογον ον. — εγω. ελαλησα (pro ειπον). ῡμασιν (pro ῡμιν : ·· p.m.)√. fin. τηρησωσιν√. 21. — υμιν (A scripsit ποιησουσιν in liturâ, additis ad marg. εισ υμασ). οιδασιν√. 22. ειχοσαν. — δε (habet Cᵃ). εχουσιν√. 23. μεισων√ [at μισει]. 24. εποιησεν. ειχοσαν. εωρακασιν√. μεμισηκασιν√. 25. ο εν τω κοσμω (Cᵃ νομω) αυτων γεγραμμενοσ. 26. — δε. 27. μαρτυριτε√.

XVI. 1. — μη (habet Cᵃ)√. 2. + γαρ (ante ποιησωσιν√). αλλα. αποκτινασ√. λατριαν προσφεριν√. 3. ποιησωσιν (sic v. 2) ῡμιν. 4. αν (pro οταν : at εαν Cᵃ). ωρα μνημονευηται αυτων (αυτων punctis additis sed rursus erasis). — υμιν secund. (habet Cᵃ). 5. + εγω (ante ῡπαγω). ουδισ (sic v. 22)√. fin. ῡπαγει (Cᵃ -γεισ). 7. [γαρ μη]. [ελευσεται]. ημασ (pro υμασ prim.: Cᵃ cum Steph.)√. 9. — ου (habet Cᵃ)√. 10. — μου. 11. κο in κοσμου emendatum p.m.√. 12. ῡμιν λεγειν. δυνασθαι√. — αρτι (habet Cᵃ). 13. αληθιασ√. εν τη αληθεια (— πασαν: at Cᵃ habet παση post αληθεια). ακουει (— αν: C literam super α in οσα notavit et ipse delevit). fin. (υμιν p.m. ημ. s.m.?)√. 14. λημψεται. αναγγελλει. 15. Deest versus οὗ ὁμοιοτ. (habet Cᵃ, legens εχι√. εστιν√. + υμιν [post ειπον]. λαμβανι. αναγ'γελι). 16. μεικρον prim.√. ουκετι (pro ου). — οτι εγω ad fin. vers. 17. [ειπον]. εστιν (sic vv. 18. 32)√. — και ου θεωρειτε με και παλιν μικρον (ὁμοιοτ. : Cᵃ supplet post ημιν, legens θεωριται√). ω (pro οτι εγω : Cᵃ οτι tantum legit). 18. τι εστιν τουτο. — ο λεγει. (Cᵃ pro το habet ο λεγι). 19. — ουκ. [ο ισ]. ημελλον (pro ηθελον). 20. θρηνησητε (ᵉ p.m.). ῡμισ bis in versu√. — δε

77

secund. (*habet* C^a). λυπηθησεσθαι√. [αλλ]. 21. + ο (*ante ανθρωποσ* : A? C *improbant*). 22. + νυν μεν (*ante ουν* : *at post ουν* C^a). λυπην εχεται (— μεν νυν : εξεται C^a *pro* εχεται). [αιρει]. 23. ερωτησηται. οτι ο αν αιτησηται (ο *pro* οσα). δωσει υμιν εν τω ονοματι μου. 24. ητησαται√. αιτησασθαι (*pro* αιτειτε : C^a αιτιται√). λημψεσθε. 25. — αλλ. οπου (*pro* οτε : C^a *cum* Steph.). απαγγελλω (*pro* αναγγελω). 26. αιτησασθαι εν τω ονοματι μου. 27. με (*pro* εμε). — του (C^a *super* δυ *scripsit* πρσ *et ipse, ut videtur, delevit*). 28. [παρα]. 29. λεγουσιν οι μαθηται αυτω (— αυτου : C^a αυτου, *omisso* αυτω). + εν (*ante* παρρησια). 30. χριαν√. 31. [ο ισ]. πιστευεται√. 32. — νυν. + η ωρα (*ante* ινα : *improbat* C^a). καμε (*pro* και εμε). 33. εχηται√. εχετε (*pro* εξετε). θαρσειται√.

XVII. 1. λελαληκεν ισ (— ο). επαρασ. — και *secund.* ειπεν√. — και *tert.* — σου *secund.* 2. δωσω αυτω (*pro* δωση αυτοισ : C^a *cum* Steph.). 3. [γινωσκωσι]. απεστιλασ (*sic* vv. 8. 18. 21. 23. 25)√. 4. τελιωσασ (*pro* ετελειωσα). με (*pro* μοι : C^a *cum* Steph.). 5. ην (*pro* η : C^a *cum* Steph.). 6. εδωκασ (*pro* δεδ.) *bis in versu*. [και εμοι]. ετηρησαν. 7. εγνων (*pro* εγνωκαν). [δεδωκασ : *sic* vv. 8. 9. 22. 24]. *fin.* εισιν. 8. — και εγνωσαν (*habet* C^a). επιστευσασ (C^a -σαν)√. 9. εισιν (*sic* vv. 11. 16)√. 10. και εμοι αυτουσ εδωκασ (*pro* και τα εμα παντα σα εστι και τα σα εμα). δεδοξασμεν√. 11. αυτοι (*pro* ουτοι). καγω. ω (*pro* ουσ). εδωκασ (*pro* δεδωκασ). [καθωσ ημεισ]. 12. — εν τω κοσμω. κ σου (· *p.m.*)√. — ουσ δεδωκασ μοι (C^a ο δεδωκασ μοι). και εφυλασσον (*pro* εφυλαξα : C^a και εφυλαξα). ουδισ√. απωλιασ√. 13. εχωσιν√. πεπληρωκενην (C^a -μενην)√. *fin.* ^aαυτοισ (ε *p.m.*). 14. — εγω *secund.* (*habet* C^a). 16. *fin.* ουκ ειμι εκ του κοσμου. 17. αληθια *prim.*√. — σου ο λογοσ ο σοσ αληθεια (*ὁμοιοτ.*: C^a *habet, legens* σου *et* αληθια√). *fin.* εστιν√. 18. απεστιλασ√. απεστιλαν√. 19. — εγω. ωσιν και αυτοι. αληθιαν√. 20. πιστευοντων. 21. ωσιν *prim.*√. [πατερ : *sic* vv. 24. 25]. εν ωσιν. πιστευη (C^a -ση). 22. *init.* καγω. εδωκα (*pro* δεδωκα). *fin.* — εν εσμεν (*habet* C^a). 23. ωσιν τετελιωμενοι√. [και *secund.*]. — ινα *secund.* 24. ο (*pro* ουσ). ωσιν√. θεωρωσιν√. δεδωκασ (*pro* εδωκασ). 26. αυτουσ (*pro* με).

XVIII. 1. — ο. εξηλθεν συν αυτοισ (·· *p.m.*)√. χιμαρρουν. του κεδρου (C^a *cum* Steph.). 2. — ο *secund.* 3. + εκ των (*ante* φαρισαιων : *puncta addita et rursus erasa*). — εκει (C^a εκιν). 4. δε

78

(pro ουν). [εξελθων ειπεν]. 5. ισ εγω ειμι (— ο). ιστηκει (sic
v. 16)√. 6. — αυτοισ (habet Cᵃ). — οτι. απηλθαν. επεσαν. 7.
αυτουσ επηρωτησεν. 8. — ο. 10. επεσεν (pro επαισε)√. τον
δουλον του αρχιερεωσ. ωταριον. 11. — σου. δεδωκεν√. 12. σπιρα
(non v. 3)√. 13. ηγαγον (Cᵃ cum Steph.). — αυτον. 14. απο-
θανιν (pro απολεσθαι). 15. ηκολουθιν√. — ο prim. (habet Cᵇ). [ην
γνωστοσ]. συνεισηλθεν√. 16. εξω προσ τη θυρα. [οσ ην]. [τω
αρχιερει]. ειπεν√. εισηνεγκε (pro εισηγαγε). 17. [η π. η θ. τω
πετρω]. 18. ιστηκισαν√. + και (ante οι δουλοι). και ο πετροσ μετ
αυτων. 19. [ηρωτησε]. 20. init. και απεκριθη ισ αυτω (— ο :
Cᵃ αυτω ισ). λελαληκα.— τη. παντεσ (pro παντοτε secund.). 21.
ερωτασ ερωτησον. 22. παρεστηκωσ των υπηρετων (Cᵃ των παρ-
εστηκοτων υπ.). εδωκεν√. 23. ο δε ισ ειπεν αυτω (pro απεκριθη
αυτω ο ισ). ειπον (pro ελαλησα : Cᵃ cum Steph.). δερισ√. 24.
απεστιλεν δε αυτον (non ουν). 26. συνγενησ. απεκοψεν√. ιδον√.
27. [ο]. 28. πρωι. αλλα φαγωσιν (— ινα). 29. προσ αυτουσ ο
πιλατοσ εξω. φησιν (pro ειπε). — κατα (habet Α). 30. ειπαν.
κακον ποιησασ (pro κακοποιοσ : Cᵃ κακον ποιων). παρεδωκειμεν.
31. [ουν : bis in versu]. [ο]. [πιλατοσ : sic vv. 29. 33. 35. 37.
38]. υμιν√. — αυτον secund. (habet Cᵃ). αποκτιναι√. fin. + ' ιου-
δενα' (improbant p.m.? et Cᵇ ' ')√. 32. — ον ειπε (Cᵃ ον ειπεν√).
αποθνησκιν√. 33. [εισ το πρ. παλιν]. εφωνησεν√. 34. [αυτω ο
ισ]. απο σεαυτου.— συ (habet Cᵃ). ειπασ (pro λεγεισ : Cᵃ λεγισ√).
[σοι ειπον]. 35. μη (pro μητι : Cᵃ cum Steph.). ο αρχιερευσ (Cᵃ
cum Steph.). 36. —ο. η εμη βασιλεια prim. et tert. η εμη βασιλια
secund. και οι υπηρεται οι εμοι ηγωνιζοντο αν. 37. [ο ισ]. — εγω
semel. μαρτυρηση (-σω Α, vix p.m.). περι τησ αληθιασ (Cᵃ τη
αληθιαν√). — εκ (ante τησ αληθιασ√ : habet Cᵃ). 38. τισ (pro τι :
Cᵃ cum Steph.). εξηλθεν√. [αιτ. ευρ. εν αυτω]. 39. εστιν√. συν-
ηθιαν√. απολυσω υμιν prim. + ινα (ante απολυσω υμιν secund.).
40. — παντεσ. [βαραββ. bis in versu].

XIX. 1. λαβων. [πιλατοσ passim]. — και. εμαστιγωσεν√. 2.
επεθηκεν (Cᵃ -καν)√. [τη κεφαλη]. fin. + και ηρχοντο προσ αυτον.
3. βασιλευ (— ο). εδιδοσαν. 4. εξηλθεν (— ουν). ο πιλατοσ εξω.
fin. αιτιαν ουχ ευρισκω (— εν αυτω ουδεμιαν : at Αᵇ αιτιαν ουδεμιαν
ευρισκω εν αυτω). 5. [ο ισ]. — το. ιδου. 6. ιδον√. εκραξαν (Cᵃ
cum Steph. εκραυγασαν). — λεγοντεσ. + αυτον και (ante λεγει).
7. — αυτω.— ημων. οφιλει αποθανιν√. υν θυ εαυτον. 8. τον λογον
τουτον. 9. — παλιν (habet Α). 10. — ουν (habet Cᵃ). λαλισ√.

fin. απολυσαι σε κα. εξουσιαν εχω σταυρωσαι σε. 11. + αυτω
(*ante* ο ιϲ). εχιϲ (*pro* ειχεϲ). κατ εμου ουδεμιαν. δεδομενον σοι.
παραδουϲ. 12. ο πιλατοϲ εζητει. ελεγον (*pro* εκραζον λεγοντεϲ:
Cᵃ *cum* Steph.). εαυτον (*pro* αυτον *secund.*). 13. των λογων
τουτων. — του. γολγοθα (*pro* δε γαββαθα: Cᵃ *cum* Steph.). 14.
ην ωϲ (*pro* δε ωσει). (τριτη *pro* εκτη Cᵃ). 15. οι δε ελεγον (*pro*
οι δε εκραυγασαν: Cᵃ εκραυγασαν ουν εκινοι). (αρον *prim. punctis
notatum rursus erasis*). 17. οι δε λαβοντεϲ (*pro* παρελαβον δε: Cᵃ
παραλαβοντεϲ ουν). — και *prim.* + αυτον (*post* απηγαγον). εαυτω
τον σταυρον (— αυτου). ο (*pro* οϲ). 19. εγραψεν√. 20. *Deest
versus totus et* v. 21 *usque ad* ιουδαιων *secund.* (ὁμοιοτ.: *supplet* A
legens v. 20: ο τοποϲ τηϲ πολεωϲ. ρωμαϊστι ελληνιστι). 21.
ειπεν (*sic* v. 30)√. *fin.* [ειμι των ιουδαιων]. 23. οι σταυρωσαντεϲ
(*pro* οτε εσταυρωσαν). τεσσερα. — και τον χιτωνα (*habet* Cᵃ).
αραφοϲ. 24. ειπαν. αυτουϲ (*pro* αλληλουϲ: Cᵃ εαυτουϲ). — η λε-
γουσα. μου τα ιματια. 25. ιστηκισαν√. μαριαμ (*pro* μαρια) *bis in
versu.* 26. — ιϲ ουν ιδων την μρα (*und lined forsan omissd:
supplet* A, *sed habet* δε *pro* ουν). + και (*ante* λεγει: *improbant*
A ? Cᵃ). — αυτου. [ιδου]. 27. ειδε (*pro* ιδου). εκινησ√. [αυτην ο
μαθητηϲ]. 28. πληρωθη (*pro* τελειωθη) cf. v. 36. [*caetera cum*
Steph.]. 29. δε (*pro* ουν). σπογγον ουν μεστον οξουϲ ϋσσωπω (*pro
οι δε usque ad* υσσωπω: Cᵃ του οξουϲ). 30. ελαβεν√.— ο ιϲ (*habet*
Cᵃ). κλεινασ√. παρεδωκεν√. 31. επει παρασκευη ην *transfert in
locum ante* ινα μη. μινη√. — η. [εκεινον]. + ουν (*post* ηρωτησαν:
improbat Cᵃ). 32. συνσταυρωθεντοϲ. 33. ευρον (*pro* ωϲ ειδον: Cᵃ
ωϲ ϊδον√). [αυτον ηδη]. + και (*post* τεθνηκοτα: delet Cᵃ). 34.
ενυξεν√. εξηλθεν ευθυϲ. 35. μεμαρτυρηκεν√. αληθηϲ (*pro* -θινη).
[αυτου εστιν]. [κακεινοϲ]. + και (*post* ινα). ϋμισ√. πιστευητε
(Δ -σητε). 36. + απ (*ante* αυτου). 38. [δε]. ηρωτησεν√. — ο
prim. [*non secund.*]. *fin.* ηλθον ουν και ηραν αυτον (— το σωμα
του ιυ: Cᵃ ηλθεν ουν και ηρεν το σωμα αυτου). 39. ηλθεν√. [τον
ιυ]. εχων ελιγμα (*pro* φερων μιγμα: Cᵃ *cum* Steph.). σμυρνησ.
ωϲ (*pro* ωσει). 40. [αυτο οθονιοισ]. ην (*pro* εστι: Cᵃ εστιν√).
41. μνημιον (*sic* v. 42)√. ουδισ ουδεπω. ην τεθειμενοσ (*pro* ετεθη).
42. + οπου (*ante* εθηκαν: *improbat* Cᵃ).

XX. 1. μαριαμ (*sic* vv. 11. 16. 18). + απο τηϲ θυρασ (*ante* εκ
του μνημιου√). 2. + τον (*ante* σιμωνα). μνημιου√. 3. — και ηρ-
χοντο εισ το μνημειον (*habet* Cᵃ, *at* μνημιον√). 4. *init.* και ετρεχον
(*pro* ετρεχον δε: Cᵃ *cum* Steph.). προεδραμεν δε (— και ο αλλοϲ

μαθητησ : habet Cᵃ, sine o et δε sequent.). ηλθεν εισ το μνημιον
πρωτοσ. 5. τα οθονια κειμενα. 5, 6. — ου μεντοι usque ad fin.
v. 6 (ὁμοιοτ.: supplet Cᵃ, legens v. 6 + και ante σιμων. μνημιον√.
θεωριν√). 8. εισηλθεν√. μνημιον (sic v. 11)√. ειδεν√. 9. ηδει
(Cᵃ cum Steph.). 10. αυτουσ (pro εαυτουσ : Cᵃ cum Steph).
11. ιστηκει√. εν τω μνημιω (pro προσ το μν.). — εξω (habet Cᵃ ante
κλαιουσα). εκλαιεν√. 12. — δυο (habet Cᵃ). καθεζομενουσ εν λευ-
κοισ. 13. init.—και. 14. init.—και.—ο. εστιν (sic vv. 15. 30)√.
15. — ο prim. + δε (post εκειση : improbat Cᵃ). ει ο βαστασασ
(pro εβαστασασ : Cᵃ cum Steph.). εθηκασ αυτον. 16. [ο ισ : sic
vv. 17. 19. 29]. + δε (ante εκειση). + εβραιστι (ante ραββουνι).
fin. (Cᵃ + και προσεδραμεν αψασθαι αυτου, improbante Cᵇ). 17.
— μου secund. (ουν pro δε Cᵃ, sed δε restitutum). — μου tert.
(habet Cᵃ). + ιδου (ante αναβαινω). 18. αγγελλουσα (Cᵃ cum
Steph.). εωρακα (pro -κε). 19. — τη secund. (habet Cᵃ). — των prim.
κεκλισμενων (sic v. 26)√. — συνηγμενοι (habet Δ). — αυτοισ (habet
Cᵃ). ιρηνη (sic v. 26)√. 20. εδιξεν√. τασ χιρασ και την πλευραν
αυτοισ (— αυτου). 21. init. (και ειπεν Cᵃ, sed ειπεν ουν restitut.).— ο
ισ. απεσταλκεν√. πεμψω (αποστελλω Cᵃ, πεμπω Cᵇ cum Steph.).
22. ενεφυσησεν√. 23. [αν τινων prim.]. αφηται√. αφεθησεται
(pro αφιενται : Cᵃ αφεωνται). εαν δε τινων secund. (Cᵃ cum
Steph.). κρατηνται (Cᵃ κρατηται√, pro κρατητε). 24, 25. οτε ουν
ηλθεν ισ ελεγον αυτω οι μαθηται (— ο et αλλοι : Cᵃ cum Steph., ο
tantum omisso). 25. [εωρακαμεν]. ειδω.—αυτου prim. (habet Cᵃ). μου
τον δακτυλον. την χειραν αυτου (pro τον τυπον των ηλων secund. :
Cᵃ cum Steph.). μου την χειρα (secund.). 26. — αυτου. 28. init.
— και. [ο prim.]. 29. ειπεν δε (pro λεγει : Cᵃ λεγι δε). — θωμα.
+ και (ante πεπιστευκασ : improbat Cᵃ). + με (post ιδοντεσ : im-
probat Cᵃ). 30. [αυτου]. 31. πιστευητε (Cᵃ -σητε). — ο prim.
— και (habet Cᵃ). + αιωνιον (post ζωην).

XXI. 1. εφανερωσεν παλιν εαυτον ο ισ. εφανερωσεν secund.√.
2. υιοι (pro του). 3. σοι εξηλθον ουν και ενεβησαν. — ευθυσ.
εκιπην√. εκοπιασαν (Α C cum Steph.). 4. — ηδη (habet Cᵃ). [γε-
νομενησ]. — ο. επι (pro εισ). εγνωσαν (pro ηδεισαν). εστιν (sic
vv. 7 bis. 25)√. 5. ισ (—ο).— τι (habet Cᵃ). 6. λεγει (pro ο δε
ειπεν : Cᵃ cum Steph., sed p.m. restitut.). (Post ευρησετε Cᵃ
habet οι δε ειπον δι ολησ τησ νυκτοσ εκοπιασαμεν και ουδεν ελα-
βομεν επι δε τω σω ρηματι βαλουμεν ex Lucâ v. 5 : improbat Cᵇ).
+ οι δε (ante εβαλον). — ουν. ἰλκυσαι ἰσχυον. 8. + αλλω (ante

πλοιαριω). αλλα. 9. ανεβησαν (C cum Steph.). (επι την γην C², sed εισ restitutum). [βλεπουσιν]. 10. [ο ισ: sic vv. 12. 13. 14]. ενεγκαται√. 11. ενεβη ουν (pro ανεβη). ειλκυσεν√. εισ την γην. [ιχθ. μεγαλων]. 12. ουδισ δε. 13. — ουν. 14. + δε (ante ηδη). — αυτου. 15. — ιωνα (A C ιωανου). πλεον. 16. παλιν λεγει αυτω. — δευτερον (A C habent το β̄). ιωαννου. — ναι (habet C²). [προβατα: sic v. 17]. 17. ιωαννου. + δε (post ελυπηθη: delet C²). + και (ante φιλεισ secund.: A C improbant). και λεγει (pro και ειπεν). παντα συ. + και (ante λεγει ultim.). — ο ισ. 18. εκτενεισ√. την χιραν (C² τασ χιρασ√). fin. αλλοι ζωσουσιν σε και ποιησουσιν σοι οσα ου θελισ (C² αποισουσιν pro ποιησουσιν: σε οπου pro σοι οσα). 19. ειπεν√. ακολουθι√. 20. [δε]. βλεπι√. — ακολουθουντα οσ (ακολ. habet A, C οσ addit)√. λεγει αυτω (pro ειπε: C² ειπεν αυτω). 21. + ουν (ante ιδων). ειπεν (pro λεγει). — κε̄. 22. μενιν (non v. 23)√. μοι ακολουθι. 23. ουτοσ ο λογοσ. ουκ ειπεν δε (— και). — τι προσ σε (habet A). 24. (Post τουτων A C⁰ habent ο). [εστιν η μαρ. αυτ.]. 25. α (pro οσα). ουδ. χωρησειν. — αμην.

V. 25 et subscr. ευαγγελιον κατα ιωαννην judicat Tischendorf. (dissentit Tregellesius, testis oculatus) esse correctoris A², qui idem Codicis ipsius scriba est D: cf. annotationem cum Tab. xix. editionis majoris. Inde conjicere licet subscriptionem, ut ad finem S. Matthaei, primâ manu defuisse.

In Evangeliis longè plurimas secundae manûs correctiones praebet C² vel C, ad textum receptum ferè accommodatas: post C² creberrimus est A: post eum C⁰, B, A², B². C⁰ ad Johann. xiii. 26, E ad Matth. xix. 3 tantum reperiuntur; A obliq. et D nusquam.

προσ ρωμαιουσ

CAP. I. 1. [ιυ χυ]. 2. προεπηγγιλατο√. 3. δαδ passim√. 4. δυναμιν√. 5. πασιν√ (sic v. 7). 6. υμισν√. 8. —δια ιυ χυ (habet A). περι (pro υπερ). 9. μνιαν√. 10. ευοδωθησομεν√. ελθιν√ (sic v. 13). 11. ιδιν√. 12. εστιν√. συνπαρακληθηναι ε|ν (initio lineae): sic p.m. 13. τινα καρπον. 14. ελλησιν√. οφιλετησ√. 15. (ουτωσ C, ουτω p.m.√). 16. —του χριστον. Ιουδε πρωτον p.m. (ιουδαιω τε πρωτον A). 18. αληθιαν√ (sic v. 25). 19. ο θσ γαρ. εφανερω-σεν√. 20. ποιημασιν√. καθορατε√. 21. ηυχαριστησαν. 23. πε-τινων√. 24. — και. fin. αυτοισ. 27. [τε και οι αρρενεσ]. αρρενεσ εν αρρεσι (ρσ bis A). 28. επιγνωσιν√.—ο θεος (addit A). 29. —πορ-νεια. πονηρια· κακια· πλεονεξια. κακοηθιασ√. 30. απιθεισ√. 31. —ασπονδουσ (addit C). 32. [ποιουσιν]. συνευδοκουσιν√. πρασ-σουσιν√.

II. 1. ι (pro ει)√. -ρινις biσ√. 2. γαρ (pro δε). εστιν√. 4. καταφρονισ√. 5. (C addit και post -ψεωσ.). 7. ζητουσιν√. 8. απι-θουσιν. —μεν (-σιν μεν C). αληθιαν√. πιθομενοισ√. ·οργη· και θυμοσ. 11. εστιν√. προσωπολημψια. 13. —του bis. [τω]. 14. ποιωσιν. [ουτοι]. εισιν√. 15. ενδικνυνται√. καρδιεσ (C·-αισ)√. συνμαρ. 16. [οτε]. fin. χυ ιυ (sine δια) p.m. (δια ιυ χυ A). 17. init. ει δε.—τω. 18. γινωσκισ√. 19. σκοτι√. 21. κλεπτιν κλεπ-τισ√. 22. ιδωλα√. 24. βλασφημιται√. εθνεσιν√. 25. ωφελιν√. -βυστια p.m., at -βιστια primδ√. 26. ουχ. 29. [αλλ].

III. 1. —η (habet C). ωφελια√. 2. [γαρ]. 4. καθαπερ. γε-γραπτε√. νικησεισ. 5. συνιστησιν√. +αυτου (post οργην): delet C. 6. κρινι√. 7. αληθιαν√. 8. φασιν√. λεγιν√. εστιν√ (sic vv. 10. 18. 23). 11. [sic]. 12. ηχρεωθησαν. εστιν ο ποιων. fin. αινοσ√. 13. χιλη√. 14. [στομα αρασ]. 17. ιρηνησ√. 19. λαλει (pro λεγει): C λεγει. 21. νυνει√. 22. —και επι παντασ (addit C). 25. —τησ prim. ενδιξιν√. 26. +την (ante ενθιξιν). [fin. ιυ]. 27. εξεκλισθην√. 28. γαρ (pro ουν). δικαιουσθαι πιστι (πισ. δικ. C). 29. —δε. 30. ειπερ (επειπερ C). 31. μη (μ rescript.)√. ιστα-νομεν (ιστωμεν C).

IV. 1. ευρηκεναι αβρααμ τον προπατορα ημων (sic etiam C: πρα a). 2. —τον. 3. +γαρ (post τι) erasum, sequente γαρ√. επιστευσεν (sic v. 17)√. 4. —το. οφιλημα√. 5. ασεβην√. 8. ου (pro ω) p.m. [sic Cod. B] (ω C). 9. —οτι. 11. σημιον ελαβεν√. [δι].—και (ante αυτοισ): habet C.—την. 12. —τοισ ουκ εκ περιτομησ (ὁμοιοτελ.: habet Α). στοιχουσιν√. ἴχνεσιν√.—τη.— πιστεωσ (habet Α). 13. —η (habet η Α).—του. 15. δε (pro γαρ: γηρ C). εστιν√ (sic vv. 16. 21). 16. εινα√. 17. τεθικα√. 18. [επ]. κατα eras. ante κατα√. 19. πιστι√ (sic v. 20).—συ. κατενοησεν√. [ηδη]. 21. init. [και], sic v. 22. 24. λογιζεσθε√. εγιραντα√. 25. δικεωσιν√.

V. 1. εχωμεν (εχομεν Α). 2. (Α habet εν ante τη, at eras.). πιστι√. [επ]. 3. χαυχωμεθα√. 5. καρδιεσ√. ὑμων p.m. (ημων C). 6. [init. ετι] + ετι (ante κατα). απεθανεν√ (sic v. 8). 7. μογισ (μολισ Α). αποθανιται√. αποθανιν√. 8. συνιστησιν√. [εισ η. ο. θ.]. 9. Post δικαιωθεντεσ p.m. habet ē (eras. p.m.)√. 12. [η αμ. εισ τ. κ.]. [ο θαν.]. 13. ενελογειτο (Α marg. ελλογαται: at C ενλογειται). 14. [αλλ]. μωϋσεωσ. εστιν√. 15. ουτωσ√ (sic vv. 18. 19. 21). επερισσευσεν√. 16. αμαρτητοσ√ (-σαντος C). 17. [τω του ενοσ]. εβασιλευσεν√. [τησ δωρ.]. βασιλευσουσιν√. 18. + ανθρωπου (ante παραπτωματος), delet C.

VI. 1. επιμενομεν. 2. [ζησομεν]. 4. ουτωσ√ (sic v. 11). ημισ√. 8. συνζησομεν. 10. απεθανεν bis√. 11. ειναι νεκρουσ μεν (v. μ. ε. C). [τω κῶ ημων]. 12. —αυτη εν. 13. ωσει. 14. ουκετι (pro ου prim. Delet ουκετι C). αλλα (sic v. 15) p.m. αλλ s.m. 15. αμαρτησωμεν. 18. ουν (pro δε): C habet δε. 19. ασθενιαν√. [ουτω]. 21. επεσχυνεσθε√. (C habet μεν ante γαρ). εκινων√. 22. δε secund. p.m., at τε primò.

VII. 2. [sic]. 3. εταιρω bis√ (non v. 4). 4. και ὑμεισ αδελφοι μου. (χρυ p.m. χυ C). 6. [-τεσ]. [ημασ]. 7. ηδιν√. 8. [κατειρ.]. (+ η ante αμαρτια secund. C). 11. εξηπατησεν√. απεκτινεν√. 13. εγενετο (pro γεγονεν). [αλλα]. 14. [γαρ]. σαρκινοσ (-κοσ C). 15. [sic]. 16. συνφημι. 17. [αλλ η] ενοικουσα. 18. θελιν√. κατεργαζεσθε√. fin. ου (pro ουχ ευρισκω). 19. αλλα. 20. [θελω εγω]. 23. μελεσιν bis√. + εν (post με). 25. (Α habet χαρισ δε pro ευχαριστω).—μεν (habet C).

VIII. 1. —μη κατα σαρ. ad fin. vers. p.m. (habet C). 2. ηλευθερωσεν√. σε (pro με). 3. εαυ[7]: sic Tischendorf., at deest annotatio. [κατεκρινε]. 7. ουναται (δυναται C)√. 9. αλλα. 10. [δι]. 11. εγιραντος√. + τον (ante ιῡ: non C). ο εγειρασ (sic) εκ νεκρων χῡ ιῡ (C cum Steph.).—και. του ενοικουντοσ. πῡσ. 12. οφιλεται√. 13. πραξισ√. 14. υἱοι θῡ εισιν. 15. δουλιασ√ (sic v. 21). αλλα.

16. συνμαρτυρει. 17. συνκληρονομοι. συνπασχομεν. 21. init. εφ.
διοτι (pro οτι). 22. [συστ]. 23. εχοντεσ ημεισ και αυτοι. 24.
και ὑπομενει (pro τι και ελπιζει: C habet τι και ελπι(ί). 26. τη
ασθενεια. [-ξωμεθα]. αλλα.— υπερ ημων (habet C). 27. εραυνων.
οιδεν√. εντυγχανι√. 28. αγαπωσιν√. [-γει εισ]. 29. προωρισεν√.
συνμορφουσ. 30. προωρισεν√. εκαλεσεν√ bis. εδικαιωσεν√ bis.
εδοξασεν√. 32. εφισατο√. αλλα. 34. + ι̅σ̅ (post χ̅σ̅.) μαλλον δε
εγερθεισ εκ νεκρων οσ εστιν (— και prim. et secund.): C — εκ
νεκρ. et +και (post οσ prim.). 35. θ̅υ̅ (pro χ̅υ̅) solum in lined.
Cod. B addit τησ εν χ̅ω̅ ι̅υ̅: cf. vv. 1. 5. 36. ενεκεν. 38. πε-
πισμαι√. ουτε δυναμεισ ponit post μελλοντα. 39. [τω κ̅ω̅].

IX. 2. εστιν√. αδιαλιπτοσ√. 3. ειναι αναθεμα αυτοσ εγω. 4.
ισραηλειται√. [αι διαθ.]. 6. ι̅η̅λ̅' prim. ι̅η̅λ̅ secund.√ (sic v. 27
bis. v. 31). 7. εισιν√. ισακ (C ἰσαακ, sic v. 10 p.m.). 8. (+οτι C
post τουτεστι̅, sic Cod. B s.m.). 9. εστε√. 11. φαυλον (pro
κακον). προθεσισ του θ̅υ̅. 12. ερρεθη. μειζον (-ων C). 15. τω
μωϋσει γαρ. οικτιρησω√. οικτιρω√. 16. ελεωντος. 17. ενδιξωμαι√.
18. [ελεει]. 19. ερισ μοι ουν τι ετι. [γαρ]. ανθεστηκεν√. 20. ω
ανθρωπε μενουνγε (μ. ω α. C). 22. ενδειξασθεν√. απωλιαν√. 25.
λεγι√. 26. ω (ου Δ?) ερρεθη αυτοισ. 27. ὑπολιμμα (καταλιμμα
Α). 28. — εν δικ. οτι λογον συντετμημενον (C εν δικ. οτι λογ.
συν.). 29. σαβαωθ' ενκατελιπεν. [ωμοι]. 30. κατελαβεν√. 31.
— δικαιοσυνησ secund. (addit C). εφθασεν√. 32. — νομου (addit
C). προσεκοψεν (-αν C). — γαρ (addit C). 33. — πασ. κατ-
εσχυνθησεται√.

X. 1. — η tertium (προσ τον θ̅ν̅ p.m. super ras.). αυτων (pro
του ι̅η̅λ̅ εστιν: C habet αυτων εστιν). 3. [sic]. 5. μωυσησ. οτι
transfert in locum post γραφει (at C cum Steph.).—του.—αυτα
(habet C). fin. αυτη (C αυτοισ). 6. ουτωσ√. [τη]. τουτεστιν√
(sic vv. 7. 8). 9. [κ̅υ̅ ι̅υ̅]. 11. κατεσχυνθησεται√. 12. εστιν√.
14. επικαλεσωνται. πιστευσωσιν. ακουσονται (C ακουσωσιν). 15.
κηρυξωσιν. αποσταλωσιν√. ωρεσι√—των ευαγγ. ειρηνην (habet C
των ευ. ἴρ.). [τα αγ., at —τα C]. 16. + εν ante.τω ευ. (..p.m.).
επιστευσεν√. 17. χ̅υ̅ (pro θ̅υ̅: Δ et C θ̅υ̅). 19. ι̅η̅λ̅ ουκ εγνω.
μωϋσησ. (αυτουσ C bis in versu, pro υμασ). εθνι bis√. 20. [ευρεθην
τοισ et εγενομην τοισ]. επερατωσιν√. 21. λεγι√. απιθουνταν√.

XI. 1. (C habet ον προεγνω ante μη γεν.). ισδραηλειτησ√ βε-
νιαμειν√. 2. (—λεγων C). 3. απεκτιναν√.—και prim. (habet C).

υτελιφθην√. ζητουσιν√. 4. βααλ'√. 5. λιμμα√. 6. επι *prim.*√.
γεινεται√.—ει δε εξ εργ. *ad fin. vers.* (*habet* C: *at εστιν bis*). 7.
τουτο. 8. καθαπερ (*pro* καθωσ). ο οθσ√. 10. συνκαμψον. 11.
πεσωσιν√. 13. δε (*pro* γαρ). + ουν (*post* μεν). 15. προσλημψισ.
17. αγριελεοσ√. συνκοινωνοσ.—και *secund.* (*habet* C). ελεοσ√.
18. αλλα. 19. ερισ√. — οι. ενκεντρισθω. 20. πιστι√. υψηλα
φρονει. 21. ει γαρ *in rasura p.m.* εφισατο√. —μηπωσ. φισεται.
22. ατοτομια *p.m.* (*pro -αν secund.*: C -αν, ν *deleto*). χρηστοτη-
τοσ θ͞υ εαν επιμενησ. 23. κακεινοι. επιμενωσιν (επιμεινωσιν C).
ενκεντρισθησονται (*sic* v. 24). ενκεντρισαι. 25. θελω γαρ. [παρ].
26. [ουτω].—και *secund.* ασεβιασ√. 28. π͞ρασ (*a supplet* A?)√.
30. *Deest vers. p.m.* (*supplet* A, *omisso* και, *quod supplet* C).
31. οντωσ√. ηπιθησαν√. [υμετ.]. νυν (*pro* αυτοι), *at* A αυτοι νυν.
ελεηθωσιν√. 32. συνεκλισεν√. απιθιαν√. 33. ανεξεραυνητα. 35.
ανταποδοθησετε√.

ΧΙΙ. 1. τω θ͞ω ευαρεστον (C *cum* Steph.). λατριαν√. 2. συν-
σχηματιζεσθε. μεταμορφουσθαι. [υμων]. 3. δοθισησ√. υπερ-
φρονιν√. φρονιν√ *bis.* σωφρονιν√. εμερισεν√. 4. πολλα μελη. 5.
το (*pro* ο). καθισ√. 6. δοθισαν√. προφητιαν√. 7. (C ειτ ο δια-
κονων *pro* ειτε διακονιαν). 8. προισταναμενοσ. ελαιων√. 11. κ͞ω
(*pro* καιρω). 12. θλιψιν√. υπομενοντεσ (*sic p.m.*)√. 13. χριαισ.
14. [υ͞μασ]. 15. — και. 16. ταπινοισ√. γινεσθαι. 17. [*sic*].
19. εκδικησεισ√. 20. αλλ εαν πινα (—ουν).

ΧΙΙΙ. 1. υτο (*pro* απο).—εξουσιαι.—του (*habet* C). 2. λημ-
ψονται. 3. εισιν√. τω αγαθω εργω. τω κακω. φοβεισθε√. εξισ√.
4. εστιν√. εισ οργην εκδικοσ (εκδ. εισ ορ. C). 5. συνιδησιν√.
6. λιτουργοι√. 7. —ουν [πασι] *at* C ουν πασιν *habet.* οφιλασ√.
8. οφιλοντεσ (οφιλητε C). αλληλουσ αγαπαν. πεπληρωκεν√. 9.
μοιχευσισ. ψευδομαρτυρησισ. + εστιν (*ante* εντολη: *non* C).
τω λογω τουτω. [εν τω] αγαπησισ√. σεαυτον. 11. ηδη υμας (ημ.
pro υμ. C). 12. — και (*ante* ενδυσ: C *addit* και). [οπλα]. 13.
ασελγιαισ√. [εριδι]. 14. [αλλ]. ποιεισθαι.

ΧΙV. 1. πιστιν√. 2. φαγιν√. 3. εξουθενιτων. ο δε (*pro* και ο:
C *cum* Steph.). 4. δυνατι γαρ ο κ͞σ (*pro* δυν. γαρ. εστιν ο θ͞σ).
5. + γαρ (*post* μεν: *non* C). νοειν√. πληροφορισθω√. 6. — και ο
usque *ad* φρονει. + και (*ante* ο εσθιων). ευχαριστι√ *bis.* 7. ουδισ
bis√. αποθνησκι√. 8. αποθνησκωμεν *ter in vers.* 9. — και *prim.*
(*habet* C).—και ανεστη (*habet* C). εζησεν. 10. εξουθενισ√. *fin.* θ͞υ
(χ͞υ C *cum* Steph.). 11. [*sic*]. 12. [*sic*]. 14. πετισμαι√. 15.

γαρ (pro δε). απεθανεν√. 16. βλασφημισθω√. 18. τουτω (C cum
Steph. τουτοισ). [τω χω̅]. [δοκιμοσ]. 19. διωκομεν. 20. απολ-
λυε (C καταλυε). (+τοισ καθαροισ post καθαρα C). 21. fin. λυ-
πειται (loco προσκ. ad fin. vers. p.m. A habet προσκ. pro λυπειται.
C addit η σκαν. η ασθενι). 22. +ην (post πιστιν). σεαυτον.—
ενωπιον του θυ̅ (habet A). 23. —παν δε ο ουκ εκ πιστεωσ (addit
A) ob ομοιοτελευτον.

XV. 1. οφιλομεν√. ημισ√. αρεσκιν√. 2. —γαρ.—εισ το αγαθον
(habet A). 3. ονιδισμοι√. ονιδειζοντων√. επεπεσαν. 4. εγραφη
secund. (προεγ. C). +δια (ante τησ παρακ.). 5. φρονιν√. ιν̅ χν̅.
7. προσλαμβανεσθαι√. υμασ (pro ημασ). +του (ante θυ̅). 8. γαρ
(pro δε).—ιν̅. [γεγενησθαι]. αληθιασ√. 9. δια του προφητου
p.m. (A δια τουτο 'φητου' uncinis incluso). εθνεσιν√.—και
p.m. (habet C). 11. και παλιν αινειται παντα τα εθνη τον κν̅.
επαινεσατωσαν. 12. λεγει ησαϊασ. ανισταυομενοσ. 13. δυναμι√.
14. πεπισμαι√. +τησ (ante γνωσεως). 15. —αδελφοι (habet C).
δοθισαν√. απο (pro υπο: C ὑπο). 16. λιτουργον χυ ιυ̅. 17.
+τον (ante θυ̅). 18. (τολμω C). τι λαλιν. [κατειρ.]. 19. [θυ̅].
ιηλμ√ (sic vv. 25, 26). 20. ουτωσ√. [-μενον]. 21. ανηγγελλην√.
ακηκοασιν συνησουσιν√. 22. [τα πολλα]. ελθι̅√. 23. [κλιμασι]√.
[του] ελθιν. [πολλω̅]. 24. αν (pro εαν).—ελευσομαι προσ υμασ
(habet C). [υφ]. 25. διακονησων (C διακονων). 26, 27. ηυδο-
κησαν. 26. μακαιδονιαν√. 27. οφιλεται√. εισιν αυτων. οφιλουσιν√.
λιτουργησαι√. 28. σφραγισαμενοισ (ob αυτοισ seq.)√.—την (habet
C). 29. —του ευαγγελιου του (habet C). 30. [αδ.]. 31. απι-
θουντων√. — ινα secund. (habet C). [διακονια]. ισ ιερουσαλημ
(plenè)√. τοισ αγιοις γενηται. 32. ελθω εν χαρα (C cum Steph.).
ιυ̅ χυ̅ et —και (pro θυ̅ και: C cum Steph.). 33. ιρηνησ√. [αμην].

XVI. 1. [ημων]. (+και ante διακονον C). κεχραιασ. 2. fin.
και αυτου και εμου [caetera cum Steph.]. 3. ασπασασθαι√ (sic
vv. 5. 7, 8. 12 bis). πρισκαν. 5. ασιασ (pro αχαϊασ). 6. [-αμ].
fin. υμασ. 7. συνεχμαλωτουσ√.—οι (C οι addit). γεγοναν. 8.
αμπλιατον. 9. [χω̅]. 11. ηρωδιωνα. 12. τρυφεναν√. [ασπ. περσ
κ.τ.λ. cum Steph.]. 14. ασυνκριτον. ερμην πατροβαν ερμαν. 15.
[sic]. 16. +πασαι (post εκκλησιαι). 17. εκκλινετε (-ατε C).
18. —ιυ̅. [-τωσι]. 19. εφ υμιν ουν χαιρω (—το: C cum Steph.).
[μεν]. ακαιρεουσ√. 20. συντριψι√ ταχι√.—χυ̅. [αμην deest].

21. ασπαζεται. 23. ολησ τησ εκκλησιασ. ασπαζετε *secund.* 24.
Deest versus. 25. κ̄ῡ (*pro* το κηρυγμα: A *cum* Steph.). 27.
+των αιωνων (*ante* αμην).

Subscr. προσ ρωμαιουσ.

προσ κορινθιουσ α.

Cap. I. 1. [*sic:* ῑῡ *p.m. al* αυ *primò*]. 2. —τε (*habet* C: *caetera
cum* Steph., *etiam* πασι). 4. —μου *p.m.* (*habet* A). δοθισῃ√.
5. εν εν (..*p.m.*) primum√. 7. υστερισθαι√. 8. *Bis scriptus
hic versus, ob* ῑῡ χ̄ῡ v. 7: *delet* A√. 11. εισιν√. 13. [υπερ].
14. —τω θ̄ω (*habet* C). πρισκον (κρ. C). 15. εβαπτισθητε. 17.
απεστιλεν√. αλλα. ευαγγελιζεσθεν√. 18. εστιν *bis* √. σωμενοισ√.
20. συνζητητησ.—τουτου (*addit* C). 21. επιδην√ (non v. 22).
22. σημια αιτουσιν√. 23. εθνεσιν (*pro* ελλησι). 24. ελλησιν√.
25. εστιν *prim.* √. *fin.* — εστι (*al* εστιν C). 26. βλεπεται√. ευ-
γενισ√. 27. κατεσχυνη τουσ σοφουσ. κατεσχυνη *secund.* [*caetera
cum* Steph.]. 28. ασθενη (*pro* αγενη: A *cum* Steph.).—και *tert.*
(*habet* C). 29. [-σηται]. του θ̄υ (*pro* αντου: *at* αυ θ̄υ C, αυ
eras.). 30. σοφια ημιν.

II. 1. μυστηριον (*pro* μαρτυριον: C *cum* Steph.). 2. — του.
[ειδ. τι]. 3. καγω. ασθενιαν√. 4. πιθοισ√.—ανθρωπινησ (*habet* C).
λογοσ (-οισ A?? C)√. 5. δυναμιν√. 6. τελιοισ√. 7. θ̄υ σοφιαν.
9. ειδεν√. ηκουσεν√. 10. [δε] απεκαλιψεν ο θ̄σ.—αυτου (*habet*
C). εραυνα. 11. ουτωσ√. εγνωκεν (*pro* οιδεν). 12. ημισ√. 13.
(λογοισ *a rescript. p.m.*).—αγιου. συνκρινοντεσ. 14. εστιν√.
15. *Deest versus ob* ομοιοτελ. (*habet* A, *etiam* μεν). 16. [συμβ.
et χ̄ῡ].

III. 1. καγω. σαρκινοισ. 2. —και. εδυνασθε. ουδε [ετι]. 3.
[σαρ. εστε]. —και διχοστασιαι. 4. ουκ ᾱν̄οι (*pro* ουχι σαρκικοι :
C *cum* Steph.). 5. τι ουν εστιν απολλωσ· τι δε εστιν παυλοσ
(τισ C *bis*).—αλλ η. 6. αλλα. 7. εστιν√. ουδε (*pro* ουτε *secund.* :
C *cum* Steph.). 8. λημψεται (*sic* v. 14). 10. δοθισαν√. εθηκα
(C τεθικα). 11. ῑσ χ̄σ (—ο). 12. —τουτον (*habet* C). αργυριον.
13. εστιν√ (*sic* v. 19; *caetera cum* Steph.). 14. εποικοδομησεν√.

15. οντωσ√. 17. [τουτον]. ὑμισ√. 19. [τω]. 20. γινωσκι√. εισιν√. 21. μηδισ√. 22. fin. — εστιν.

IV. 2. ωδε (pro ο δε). + τι (post λοιπον: non A?? C). ζη- τειτε√. 4. γαρ (pro δε: C cum Steph.). 5. κρινεται√. 6. — δε (habet A). απολλων (ν delent A?? C). α (pro ο). γεγραπτε√. — φρονειν (φρονιν C). φυσιουσθαι√. 8. ημισ√. συνβασιλευσωμεν. 9. — οτι (habet C). απεδιξεν√. 11. πινωμεν√. γυμνιτευομεν. 12. χερσιν√. 13. δυσφημουμενοι (βλασφ. C). 14. νουθετω. 17. + αυτο (post τουτο: delet C). εστιν√. μου τεκνον. + ιυ (post χω). 20. δυναμι√. 21. [πραοτ.].

V. 1. ακουετε√. πορνια√ bis.—ονομαζεται (habet C). εχιν√. 2. ὑμισ√. αρθη. πραξασ. 3. — ωσ prim. ουτωσ√. 4.˙ημων prim. [χυ, primo loco]. δυναμι√. [ημων secund.].—χυ secund. 5. [ιυ]. 7. —ουν (habet C).—υπερ ημων (habet C). [ετυθη]. 8. [-ζωμεν]. ειλικρινιασ√. αληθιασ√. 10. init.—και (habet C). και (pro η secund.: C η). ωφιλετε√. εξελθιν√. 11. [νυνι p.m., at νυν C]. 12. —και. κρινειτε (A κρινετε). 13. — και. εξαρατε.

VI. 2. init. + η. κρινουσιν√. 5. [λεγω]. ενι (pro εστιν). ουδ- εισ σοφοσ. ανακριναι (C διακρ.). 7. —ουν (habet C).—εν. κριμα. 8. τουτο. 9. θυ βασιλειαν. κληρονομησουσιν√ (sic v. 10). πλανα- σθαι√. 10. ον μεθυσοι (pro ουτε μ.).—ου ult. 11. [αλλα]. αλλα εδικ. κυ ιυ χυ. 13. πορνια√. 14. ηγειρεν√. [ημασ εξεγερει]. δυμεωσ√* (* in MS.). 15. ημων (C ὑμων). 16. [η]. 17. εστιν√. 18. πορνιαν√. αμαρταιν√. 19. οιδαται. (+ του [ante θυ] C). fin. αυτων (εαυτων C). 20. — δη (habet A).—και εν τω πνι ad fin. vers.

VII. 1. — μοι. 2. πορνιασ√. 3. οφιλην (pro οφ. ευνοιαν). [δε]. 4. αλλα bis. 5. αποστεριτε√. σχολασητε.—τη νηστεια και (C τη νηστια και). ητε (pro συνερχησθε). πιραξη√. 6. [γγ]. 7. δε (pro γαρ: C cum Steph.). [αλλ]. εχει χαρισμα. ο (pro οσ bis: C cum Steph.). 8. —εστιν. μινωσιν√. 9. κριττον. εστιν γαμιν (γαμησαι C) η πυρουσθε√. 10. γεγαμηκοσιν√. αλλα. [-ρισθηναι]. 12. λεγω εγω. [αυτη]. 13. ει τισ (pro ητισ). ουτοσ (pro αυτοσ). fin. αὐτον ανδρα (.. p.m.? et C). 14. απι[στος A] secund.√. αδελφω (pro ανδρι: C cum Steph.). εστιν√ bis. 15. χωριζετε√.—η inter η et αδελ. (habet C). ὑμασ (C ημασ). 16. σωσισ prim.√. 17. μεμερικεν ο κσ (εμερισεν C: deest θσ). θσ (pro
89

ΠΡΟΣ ΚΟΡΙΝΘΙΟΥΣ Α. Κεφ. viii. ix.

κ̄σ̄ *sequente*). πασαισ τοισ εκκλησιαισ. 18. κεκληται τισ. 19. εστιν bis√. 22. — και. *fin*. χ̄ῡ εστιν (C *cum* Steph.). 23. γεινεσθεν√. 24. —τω. 27. δεδεσεν√. ζητιν√ bis. 28. γαμησησ. [η]. ημαρτεν√. φιδομαι√. 29. συννεσταλμενος εστι τολοιπον. [οι εχ.]. ωσιν√. 31. τον κοσμον (— τουτω), *at* C *cum* Steph. 32. αρεση (*sic* vv. 33. 34). 34. *init*. και μεμερισται και +η αγαμοσ (*post* γυνη). και τω σωματι και τω π̄νι. 35. συμφορον (C *cum* Steph.). ευπαρεδρον. 36. ασχημονῑ√. οφιλει γινεσθεν√. γαμιτωσαν√. 37. εν τη καρδια αυτου εδραιοσ (C εδρ. εν τη καρ. αυτ.). ιδια καρδια τηριν (—αυτου του). *fin*. ποιησει. 38. γαμιζων την εαυτου παρθενον (*pro* εκγαμιζων). και ο (C *et* Steph. ο δε). γαμιζων *secund.* (C *et* Steph. εκγαμιζων). κρισσον ποιησει. 39. —νομω (*habet* C). [*deest* και].—αυτησ. 40. ουτωσ μινην√.

VIII. 1. ιδωλοθυτων (*non* v. 4). 2. —δε. εγνωκεναι (*pro* ειδεναι). ουτω εγνω (—ουδεν). 3. —υπ αυτου (*habet* C). 4. ουδισν√. —ετεροσ (*habet* C). 5. εισιν√ bis.—τησ. 6. [αλλ].—δ̄σ̄ (*habet* A). ημισν√ bis. 7. συνηθια (*pro* συνειδησει: *at* C συνιδησι). εωσ αρτι του ειδωλου. εστιν (*pro* εσθιουσιν *quod legit* A). συνιδησεισ√ (*sic* v. 10). 8. υμασ (ημασ C) ου παραστησει (παρίστησιν C).— γαρ. [*caetera cum* Steph.] 9. ασθενεσιν. 10. γνωσιν εχοντα (εχ. γν. C). ιδωλιων√. ιδωλοθυταν√. 11. απολλυται γαρ (και απολλυται C). εν τη ση γνωσει ο αδελφοσ (C αδ. εν τη ση γν.). 12. ουτωσ√. συνιδησιν√. 13. κρεασ (C κρεα).

IX. 1. ουκ ειμι ελευθεροσ ουκ ειμι αποστολοσ.—χ̄ν̄. εορακα. 2. μου τησ αποστολησ. 3. εστιν αυτη. 4. πιν (C πῑν). 6. —του. 7. τον καρπον (—εκ: C *cum* Steph.). [η]. 8. και ο νομοσ ταυτα ου. 9. μωϋσεωσ. [-σεισ]. 10. οφιλει επ ελπιδι (C *cum* Steph.). επ ελπιδι του μετεχειν (—τησ ελπιδοσ αυτου: C *cum* Steph., *praeter* μετεχιν). 11. ημισ bis√. εσπιραμεν√. [-σομεν]. 12. υμων εξουσιασ. (ουχι *pro* ου C). ημισ√. τινα εκκοπην. 13. +τα (*ante* εκ). παρεδρευοντεσ (προσεδ. C). [μμ]. 14. ουτωσ√ (*sic* v. 15). διεταξεν√. 15. ου κεχρημαι ουδενι (ουκ εχρησαμην ουδενι C). αποθανιν√. ουδισ κενωσει (—ινα τισ: C ινα τισ κενωσει). 16. χαρισ (*pro* καυχημα: A *cum* Steph.). γαρ (*pro* δε: C *cum* Steph.). [-ζωμαι]. 18. μου (*pro* μοι: C *cum* Steph.). ευαγ: *rescript.*√. ε *deest p.m.*?—του χ̄ῡ. +ἐν (*ante* τη εξουσια:..*p.m.*?). 19. πλιονασ√. 20. +μη ων αυτοσ ὑπο νομον (*ante* ινα *secund.*). 21. θ̄ῡ. χ̄ῡ. κερδανω τουσ (C κερδησω *sine* τουσ). 22. —ως (*habet* C). [πασι: πασιν C].—τα. 23. παντα (*pro* τουτο). [γκ]. 24. λαμ-

βαrι√. βραβιοr√. ουτωσ√ (sic v. 26 bis). 25. fin. °φθ (a minu-
tum, at p.m.). 27. [υπωτια-].

X. 1. γαρ (pro δε: C cum Steph.). 2. [μωσην] εβαπτισθησαν.
3. —το αυτο prim. (habet C). πνικον βρωμα (C cum Steph.). πνι-
κον επιον πομα. 4. πετρα δε. 5. [ευδ.]. 7. ωσπερ (pro ωσ).
πιν. πεζιν√. 8. επεσαν.—εν (habet C). εικοσιτρισ√. 9. εκπιρα-
ζωμεν√. κν (pro χν).—και prim.—αυτων (habet C). εξεπιρασαν.
απωλλυντο (non v. 10). 10. γογγυζωμεν καθαπερ.—και prim.
11. ταυτα δε ταυτα. τυπικωσ συνεβαινεν. εισ (pro προσ: C cum
Steph.). κατηντηκεν. 13. πιρασμοσ√. πιρασθηναι√. δυνασθαι√.
πιρασμων√.—υμασ tert. (habet C). 14. ιδωλολατριασ√. 15. υμασ
(υμεισ A. Steph.). 16. κοινωνιασ prim. (-ια A). [του αι. του
χυ]. εστιν√. [caetera cum Steph.]. 18. ουχ (C cum Steph.).
εισιν√. 19. τι ουν φημι οτι ειδωλοθυτον εστιν tantum. (A ειδω-
λοθυτον τι εστιν η οτι ειδωλον τι εστιν). 20. α θυουσιν τα εθνη
δαιμονιοισ και ου δω θυουσιν. γεινεσθαι√. 21. πινιν√. μετεχιν√.
23. —μοι bis (habet C). 24. —εκαστοσ. 25. συνιδησιν√ (sic
vv. 27. 28. 29). 26. κυ γαρ. 27. —δε. θελεται πορευεσθεν√. 28.
ιεροθυτον (pro ειδωλ.). εστιν√ (τιν μη rescripsit p.m. vel A).—
του γαρ κυ ad fin. vers. 30. —δε. 32. και Ιουδαιοισ γεινεσθε (γειν.
και ιου.). ελλησιν√. 33. συμφορον (C cum Steph.). σωθωσιν√.

XI. 1. Jungit σωθωσιν cum μιμηται. γεινεσθαι√. 2. —αδελφοι.
μεμνησθαι√. παραδεδωκα. 3. εστιν√ (sic vv. 5. 13. 14. 20). +του
(ante χυ). 5. αυτης (pro εαυτησ). 7. οφιλει√ (sic v. 10). (C
habet η ante γυνη). 11. ουτε γυνη χωρισ ανδροσ ουτε ανηρ χωρισ
γυναικοσ. 12. ουτωσ√. 14. init.—η. η φυσισ αυτη. +γαρ (post
μεν) delet forsan p.m. 15. [sic]. 16. φιλονικοσ√. συνηθιαν√.
17. [-λλων ουκ επαινω]. κρισσον. αλλ^a (a minut. p.m.)√. ησσον.
18. —τη. 19. αιρεσισ√. [ινα οι]. 20. διπνον√ (sic v. 21). φαγει
(-ειν C alii ?)√. 21. φαγιν√. πιναν√. 22. πινιν√. καταφρονιτε√.
κατεσχυνετε√. ειπω υμιν. [-νεσω]. 23. παρεδιδετο. 24. εκ-
λασεν√. ειπεν√.—λαβετε φαγετε. εστιν√.—κλωμενον (addit C).
ποιειται√. 25. διπνησαι√. εαν (pro αν), sic v. 26 prim. 26.
—τουτον (habet C), at habet τουτο και το ποτηριον πινητε (C cum
Steph.). αχρι — αν secund. (αχρισ ου αν C). 27. —τουτον. [η].
+του κυ (post του κυ αναξιωσ). εστε√. +του (ante αιματοσ).
28. [ανθ. εαν]. (+πρωτον post εαυτον in C). 29. — αναξιωσ
(habet C). πινιν√.—του κυ (habet C). 30. ασθενισ√. 31. δι (pro

91

γαρ: C cum Steph.). 32. +τον (ante κυ). 33. φαγιν√. 34. —δε
(habet C). τιναν√. [-ξομαι].

XII. 2. +οτε (ante εθνη). ιδωλαν√. 3. ουδισ√ bis. ισ prim.
ασ ισ. 4, 5. εισιν√. 6. διερεσεισ√ hic tantum. [ο δε].—εστι
(habet εστιν C). 9. —δε prim. (habet C). [αυτω secund.]. 10.
[δε secund. et tert.]. προφητιαν√. διακρισισ√.—δε quart. (habet C).
ερμηνιαν√. 11. ενεργιν√. 12. εστιν bis√. πολλα εχει. μεληλη
secund.√.—του ενοσ (habet C). οντωσ√. 13. —εισ secund. 15.
εστι' (ν p.m., στ rescript: forsan ab A: primò ειμι)√. 18. [νυνι δε]
p.m. ? vel νυν ιδε. 19. [τα]. 20. [μεν]. 21. +ο (post δε). ειπιν√.
χριαν bis√ (sic v. 24). ποσιν√. 22. εστιν√. 23. [ατιμοτερα]. 24.
αλλα. συνεκερασεν√.—το (habet C.). υστερουμενω (C cum Steph.).
25. σχισματα. [μεριμνωσι]. 26. [ειτε bis]. συνπασχει.—εν secund.
(habet C). [συγχ.]. 28. δυναμισ√ (sic v. 29). επειτα (pro ειτα).
αντιλημψεισ. κυβερνησισ√.—γενη (habet A). 30. λαλουσιν√.
διερμηνευουσιν√. 31. μιζονα (pro κρειττονα). δικνυμι√.

XIII. 1, 2. ομοιοτελ.—γεγονα usque ad μη εχω v. 2 (supplet
A: legens προφητιαν. μεθισταναι, at αλαλαζον και εαν). 2.
[ουθεν]. 3. [και εαν bis]. καυχησωμαι (pro κανθ.). ουθεν (pro
ουδεν). 4. [sic]. 5. ζητιν√. 6. συγχαιριν√. αληθιαν√. 8. πιπτει
(C cum Steph.). προφητιαιν√. [γνωσισ]. καταργηθησονται. 9.
[γαρ]. 10. τελιον√.—τοτε. 11. ελαλουν ωσ νηπιοσ εφρονουν
ωσ νηπιοσ ελογιζομην ωσ νηπιοσ.—δε (habet C). 12. το^τε δε (τε
A: το δε p.m.). 13. μιζων√. (Jungit διωκετε την αγαπην XIV. 1,
cum cap. XIII.)

XIV. 2. ουχ.—τω (habet C). ουθισ (pro ουδεισ). 5. λαλιν√.
δε (pro γαρ: C cum Steph.). 6. νυν.—η prim. προφητιαν√ (sic
v. 22).—εν ult. (habet C). 7. [sic]. 8. σαλπιγξ φωνην. 9.
οντωσ√ (sic v. 12). υμισ√. 10. εισιν.—αυτων (habet C). 12. επιν√.
ζητιτεν√. 13. διο (διοπερ C). 14. [γαρ]. 14, 15. εστιν√. 15.
προσευξωμαιprim. [-ομαι secund.]. [ψαλω δε και τω]. 16. ευλογησ
(+εν C).—τω. οιδεν√. 17. ευχαριστισ√. 18. —μου. γλωσση
λαλω. 19. —αλλ [habent A? C]. τω νοι (—δια). 20. γεινεσθεν√.
φρεσιν bis√. 21. +τι (ante γεγραπται: improbat C). ετερων.
22. σημιον√. 23. [συνελθη]. π. λαλωσιν γλωσσαισ. εισελθωσιν√.
25. —και ουτω. γεινεται√. ουτωσ secund.√. οντωσ οσ (—ο: habet
C). εστιν√. 26. —υμων (habet C). αποκαλυψιν εχει γλωσσαν
εχει. ερμηνιαν√. γινεσθω. 27. λαλιν√. πλιστον τρισ√. 28.
[διερμ.]. 29. τρισ√. 30. ο π^εαθημενω (p.m. omitia)√. 31. μαν-
92

θανωσιν√. 33. αλλα. 34. —υμων. επιτρεπεται. αλλα ὑποτασ-
σεσθωσαν. 35. μανθανειν (μανθειν C). εστι γυναικι (εστιν γυναιξι
C) λαλειν εν εκκλησια. 37. —του. εντολη εστιν (εστιν εν. C).
38. αγνοειται (-τω C). 39. +μου (post αδελφοι). μη κωλυετε
γλωσσαισ. 40. +δε (post παντα).

XV. 1. γνωριζω ά (ā p.m.)√. 4. τη ημερα τη τριτη. 6. πλιο-
νεσ.—και (habet C). 7. επειτα (pro ειτα: C cum Steph.). 9. ιμι
secund.√. 10. απαντων (α eras.). αλλα secund.—η ult. (habet C).
11. ουτωσ bis√. πιστευσατε (επισ. C). 12. κηρυσσετε√. [οτι εκ
ν.]. λεγουσιν εν υμιν τινεσ. 13. —ει δε usque ad εστιν (ομοιοτ.
supplet A). 14. +και (post apa: improbat C). καινη.—δε secund.
15. ηγειρεν√ bis. +αυτου (post χ̄ν̄: improbat C). 16. εγι-
ρονται hic√. 17. ὑμω̄ και ετι (και improbat C). 19. εν χω̄ ηλπι-
κοτεσ εσμεν. 20. —εγενετο. 21. επιδη√.—ο. 22. ντιν p.m.
in rasura.—addito ad explendum spatium. Tisch.√. ουτωσ√.
23. δε supra, p.m. +του (ante χ̄ν̄). 24. παραδιδω. βασιλιαν√. τον
θ̄ῡ (τω θ̄ω̄ C). 25. αχρι (αχρισ C).—αν (habet C). [-ρουσ ὑπο].
27. —παντα γαρ usque ad ποδασ αυτου (habet C: in A transfertur
in locum ante v. 26). ειπ. οτι τα παντα. 28. —οταν δε υπ. αυτ.
τα παν. (ομοιοτ.: habet A). [τοτε και]. [τα π. tert.]. 29. εγι-
ρονται√. αυτων (pro των ν. secund.). 30. ημισ√. 31. ὑμετεραν.
+αδελφοι (ante ην). 33. πλανασθαι√. χρηστα. 34. εχουσιν√. λαλω
(pro λεγω). 35. [αλλ]. εριν√. 36. αφρων. σπφεισ√. +εισ την
(ante εαν : ... ... p.m.)√. 37. σπιρεισ prim.√.—σπειρεισ secund.
(habet A). 38. διδωσιν αυτω. ηθελησεν√.—το (habet C). 39.
—σαρξ tert. αλλη δε σαρξ πτηνων αλλη δε ἰχθυων. 40. [αλλ].
42. ουτωσ√ (sic v. 45). σπιρεται et εγιρεται (non v. 43)√. 43.
ασθενια√. δυναμι√. 44. εᵈ εστιν prim. (εᵈ p.m.? instauravit C).
fin. εστιν και π̄νικον (—σωμα quart.). 45. [ανθρωποσ]. 47. —ο
κ̄σ̄ (habet C). 49. φορεσωμεν. 50. [-νομει]. 51. παντεσ μεν
κοιμηθησομεθα ου π. δε. 52. [ριπη]. [εγερ.]. 54. —το φθαρτον
usque ad αφθαρσιαν και (habet C: at και το, superante το). +την
(ante αθανασιαν). 55. κεντρον et νικοσ transferuntur : θανατε
(pro αδη). (C improbat που σου θ. το νικ.: at post κεντρον addit
που σου αδη το νικοσ, prorsus cum Steph.) 57. νεικοσ√. 58.
γεινεσθε√. εστιν√.

XVI. 1. γαλατειασ√. ουτωσ√. υμισ√. 2. σαββατω (ου A,
ων C). (ενοδωθη C). 3. [εαν]. δοκιμασηται√. απενεγκιν√. ισ

93

͞τηλ͞μ√. 4. (αξιον η C). 5. μακαιδονιαν bis√. 7. ειδιν√. γαρ (pro δε). επιτρεψη. 9. ανεωγεν√. αντικιμενοι√. 10. βλεπεται√. καγω. 11. —δε (habet C). φηνη√. [με]. 12. — απολλω (habet A). + δηλω ῦμιν οτι (ante πολλα: improbat C). ευκερηση√. 13. πιστι√. -ζεσθε κρατεουσθαι√. 15. — δε (habet C). (+ και φορτουνατου post στεφανα C). 17. φορτουνατου (p instaurat C). [ῦμων]. [ουτοι]. 18. επιγινωσκεται√. 19. ασπαζεται (pro ασπαζονται secund.). πρισκα. 22. — ͞ιν ͞χν (habet C). 23. — ͞χυ (habet C). [αμην].

Subscr. προσ κορινθιουσ α.

προσ κορινθιουσ β.

CAP. I. 1. ͞χυ ͞ιυ. πασιν√. 5. ουτωσ√ (sic v. 7). + του (post δια). 6. ειτε παρακαλουμεβα usque ad παρακλησεωσ transfert in locum ante τησ ενεργουμενησ κ.τ.λ.— και σωτηριασ secund. ημισ√. [fin. και η ελπισ κ.τ.λ.]. 7. ωσ (pro ωσπερ). 8. περι (pro υπερ).— ημιν (habet C). ῦπερ δυναμιν εβαρηθημεν. 9. αλλ. εγιροντι√.
10. [ρρ]. ρυσεται (pro ρυεται). [οτι και ετι]. 11. ῦμων (η etiam ͤ p.m., pro ημων prim.). fin. [ημων]. 12. εστιν√. ημων secund. p.m. at υ primò. αγιστητι (pro απλοτητι: C cum Steph.). ειλικρινια√. + του (ante ͞θυ prim. ·· eras.). 13. [αλλ]. αναγεινωσκεται√. [επιγινωσκετε].—και secund. 14. ῦμισ√. + ημων (ante ͞ιυ). fin. (+ χυ C, at eras.). 15. (+ προτερον A, post εβουλομην). [πρ. υμ. ελθ.].—προτερον. (χαραν pro χαριν C). σχητε. 16. διελθιν√. μακαιδονιαν√. μακαιδονιασ√. 17. βουλομενοσ. 18. εστιν (pro εγενετο: C cum Steph.). 19. του ͞θυ γαρ. ͞χσ ͞ισ (C ͞ισ ͞χσ). 20. διο και δι αυτου (pro και εν αυτω).—το secund. (habet C). 21. χρεισασ√. 22. — ο (habet C). αραβωνα. καρδιεσ (-αισ C)√. 24. πιστι√.

II. 1. εν λυπη προσ ῦμασ ελθειν. 2. ι γαρ εγω ο (ͤ ει · p.m.). — εστιν (habet C). 3. —υμιν (habet C). σχω (εχω C). 5. αλλα. 10. καγω (C ͣ και εγω). ο κεχαρισμαι ει τι κεχαρισμαι. 13. του μη ευριν (at τω C). μακαιδονιαν√. 14. τη͞σ (σ p.m.? vel A). 16. + εκ (ante θανατου). εκ ζͦωην εισ (σ p.m.). 17. [πολλοι]. ιλικρινιασ√. κατεναντι ͞θυ (C ενωπιον του ͞θυ).

III. 1. συνισταναιν√. η (pro ει). [ωσ τινεσ].—συστατικων se-
cund. 2. ενγεγ. καρδιεσ ὑμων γινωσ. 3. διακονηθισαν√. ενγεγ.
πλαξιν√ bis. [αλλ]. καρδιαισ. 5. αφ εαυτων ἰκανοι εσμεν λ. τι.
[εαυτων]. 6. αποκτεννι. 7. του δυ p.m. (του [θανα]του Α).
[γραμμασιν].— εν secund. (habet C). δυνασθεν√. ͞ιηλ√. μωϋσεωσ.
αυτου προσωπου αυτου (˝ p.m.)√. 8. ουδι (χ p.m. vel Α). εστεν√.
9. τη διακονια prim. δικεοσυνησ√. δοξα (pro εν δοξη : C cum
Steph.). 10. ου (pro ουδε). εινεκεν. 13. μωϋσησ. [εαυτου]. 14.
+ ημερασ (post σημερον). επειν√. 15. αν αναγεινωσκηται μωϋσησ.
16. δε εαν (C δ' αν). 17. — εκει (εκι C). 18. μεταφορμορφουμεθα
(... p.m.).

IV. 1. ενκακουμεν. 2. αλλα. αληθιασ√. συνισταντεσ. συν-
ιδησιν√. 3. εστιν√ bis. 4. ετυφλωσεν√. [αυγασαι].—αντοισ. fin.
(+ του αορατου C). 5. ͞ιν ͞χν. ημων (pro υμων). fin. ͞ιυ (Α ͞χυ).
6. ο ειπων ο (˙ p.m.)√. λαμψει (-αι C). [του δυ]. [͞ιυ]. 10.—͞κυ.
τοισ σωμασιν (pro τω σωματι secund.). 12. ωστε° (ο p.m. ?)—
μεν. 13. + και (post διο prim.). ημισ√. 14. συν (pro δια : C
cum Steph.). ͘ ͞ιυ√. 16. ενκακουμεν. διαφθιρεται√. εσω ημων
(pro εσωθεν). 17. — εισ υπερβολην (habet Α : ὁμοιοτ.).

V. 1. επιγιοσ√. αχιροποιητον√. 3. [ειγε]. [ενδυσ.]. 4
σκηνιν√. εφ ω (pro επειδη). αλλα. 5. ο ͞θσ ο δουσ (— και : ͞θσ ο
και δ. C). αραβωνα. 8. θαρρουντεσ (pro θαρρουμεν).—εκ (εκ' C).
10. εκομισηται (˙ p.m.)√. [δια]. φαυλον (pro κακον). 11. συνιδη-
σεσιν√. 12. — γαρ. ὑμων (pro ημων). μη εν (pro ου secund.).
15. —ει (habet C). απεθανεν (pro -νον : C cum Steph.)√. 16.
ημισ√.—δε (habet C). 17. γεγονεν√.—τα παντα. 18. — ͞ιυ. 19.
καταλασσων√. 21. — γαρ (habet C). ημισ√. γενωμεθα.

VI, 1. καινον√. fin. ημασ (ὑμασ Α C). 2. δε[κτω] (κτω Α)√.
4. συνισταντεσ (συνϊστωντεσ C). 5. νηστιαισ√. 6. γνωσιν√. 7.
αληθιασ√. δυναμιν√. 11. ανεωγεν√. ὑμων (pro ημων secund.).
12. στενοχωρισθαι secund.√. 13. ὑμισ√. 14. η τισ (pro τισ δε).
15. [συμφ]. ͞χυ. [βελιαρ]. 16. συγκαταθεσεισ√. ημεισ γαρ ναοι
δυ εσμεν (υμεισ γαρ ναοσ εστε δυ C). [εμπ]. μου (pro μοι). 17.
εξελθαται√.

VII. 2. εφθιραμεν√. 3. προσ κατακρισιν ου. + εστε (post οτι :
....p.m.). ὑμων (ημων C). συναποθανιν√. συνζην. 4. παρακλησιν√.
(non vv. 7. 13). 5. μακαιδονιαν√. [εσχ. ανεσ.]. 6. ταπινουσ√.

7. ὑμιν (*pro* ημιν : C *cum* Steph.). 8. [γαρ]. εκινη√. 9. —αλλ οτι ελυπηθητε (*habet* A obliq. : ὁμοιοτελ.). 10. εργαζεται (κατεργ. C) *prim*. 11. —υμασ (*habet* C). [κατειρ]. (+ εν *ante* ὑμιν C). ανακτησιν (C αγανακτησιν). επιποθιαν (C επιποθησιν). αλλα εκδικησιν. — εν *ult*. 12. ενεκεν *ter*. (+ αλλ' *post* αδικησαντοσ C). ὑμων την ὑπερ υμων. 13. + δε (*post* επι). ημων (*pro* υμων).—δε (*ante* μαλλον). 14. αυτῶ (*pro* -τω). [π. εν αλ. ελ.]—ὑμιν (A obliq. *habet*). ουτωσ√. ημων επι (—η : *habet* C). 15. —παντων (*habet* C). εδεξασθαι√. 16. [*deest* ουν].

VIII. 1. μακαιδονιασ√. 2. το πλουτοσ (C *cum* Steph.). 3. παρα (*pro* υπερ). αυθερετοι√. 4. —δεξασθαι ημασ. 5. [αλλ]. 6. ουτωσ√ (*sic* v. 11). 7. εν πιστι (*improbat* εν C). 8. [ὑμετερασ]. 9. επτωχευσεν√. πτωχια√. 11. επιτελεσαται√. επιτελεσεν√. εχιν√. 12. αν (*pro* εαν·).—τισ. 13. —δε (*habet* C). 14. ᵀο εκεινων (τ *p.m.*)√. επλεονασεν√. ηλαττονησεν√. 16. (C *habet* δοντι). 17. εξηλθεν√. 18. τον αδελφον μετ αυτου (C *cum* Steph.). 19. [συν]. [αυτου]. *fin*. ημων. 21. *init*. προνοουμεν γαρ.—ενωπιον *secund*. (*habet* C). 24. τη⁽ᵛ⁾ ουν ενδιξιν (ᵛ *p.m. vel* A). ενδιξασθαι√.—και *secund*.

IX. 1. εστιν√. 2. παραεσκευασται (· *p.m.*)√. το ὑμων ζηλοσ (— εξ). [ηρεθισε]. 3. μερι√. ελεγον *p.m.* (-εν *primò*)√. 4. ελθωσιν√. μακαιδονεσ√.—τησ καυχησεωσ (*habet* C). 5. [εισ *et* -σωσι].ˈ προεπηγγελμενην.— και *secund*. (*habet* C). ωσ (*pro* ωσπερ). 6. σπιρων *bis*√. φιδομενωσ *secund. tantum*. 7. προηρηται. 8. δυνατει. 9. εδωκεν√. 10. [σπερμα]. χορηγησει (-αι C). πληθυνει (-αι C). αυξησει (-αι C). γενηματα. 11. [τω δ͞ω]. 12. λιτουργιασ√. εστιν√. 14. ὑπερ ημων (υ *p.m.*). (C *habet* ι͞διν *additum ante* δια). 15. —δε (*habet* C).

X. 1. πραϋτητοσ (C *cum* Steph.). επιεικιασ√. ταπινοσ√. 4. στρατιασ√. καθερεσιν√. 7. εφ (*pro* αφ). ουτωσ√. ημισ√. *fin*. —χ͞υ. 8. —και *prim*. (*habet* C). καυχησομαι.— ημιν (*habet* C). 9. εκφοβιν√. 10. επιστολαι μεν (C *cum* Steph.). φησιν√. [-ουθεν-]. 12. [εγ- *et* συγ- *bis*]. τισιν√. (A obliq. *addit* εαυτουσ *post* μετρουντεσ). *fin*. συνισασιν (A *et* C συνιασιν). 13. ουκ (*pro* ουχι). 14. [ου γαρ ωσ]. ὑπερεκτινομεν√.—γαρ *secund*. (*habet* A). 15. ὑμων (*pro* ημων). περισσιαν√. 18. ο γαρ εαυτον συνισταγων (υ ο *p.m.*). δοκιμοσ εστιν (εστ. δοκ. C). [αλλ].

ΠΡΟΣ ΚΟΡΙΝΘΙΟΥΣ Β. Κεφ. ΧΙ.—ΧΙΠ.

ΧΙ. 1. [ανειχεσθε]. +τι (*post* μικρον).—τη. αφροσυνησ. ανα-
εναν
σχεσθε (*pro* ανεχ.). 3. εξηπατησεν ὑμιν (εναν *p.m. ? evidentius*
C).—ουτω. + και τησ αγνοτητοσ (*post* απλοτητοσ): *uncis in-
clusit* C.—τον. 4. ετερον 'ετερον' (' ' *p.m. vel* A)√. *fin.* ανει-
χεσθε. 5. [γαρ]. 6. φανερωσαντεσ (C *cum* Steph.). 7. τα-
πινων√. 8. εκλησιασ√. ουθενοσ. 9. μακαιδονιασ√. εμαντον ὑμιν
(C *cum* Steph.). 10. φραγησεται. [κλιμασι]. 12. ευρεθωσιν√.
ημισ√. 13. αποστ. χυ *p.m.*, *at rescript.*√. 14. θαυμα. 16. καγω
μικρον τι. 17. κατα κν λαλω. 18. — την (*habet* C). 20. εισ
προσωπον ὑμασ δερι. 21. ημισ ησθενηκαμεν.—λεγω *secund.* (*habet*
A *obliq.*). 22. εβρεοι√. εισιν√ *ter.* ισδραηλιται. 23. εισιν√. εν
πληγ. περισσοτερωσ εν φυλ. ὑπερβαλλοντωσ (C *cum* Steph.). 24.
τεσσερακοντα. 25. τρεισ *bis*√. εραβδισθην. 27. *init.*—εν (*habet*
C, *forsan* A). λειμων√. νηστιαισ√. ψυχιν√. 28. επιστασισ. μοι
(C μου). 29. ασθενιν√. σκανδαλειζεταιν√. 31. —ημων.—χυ. 32.
εφρουριν√. πολιν δαμασκηνων. [θελων]. 33. τιχουσ√. χιρασ√.

ΧΙΙ. 1. (*init.* + ει C). καυχασθαι δε ου συμφερον μεν ελευσομαι
δε (—γαρ). 2. [του]. τρυτου (*p.m.*, *at primò* του *pro* τρυ)√. 3.
ου
[*cum* Steph.].: 4. παραδισον√. 5. εμαντου καυχησομαι (ου *p.m.*?).
ασθενιαισ μου. 6. — τι (*habet* C). 7. -ψεων. + διο (*ante* ινα).
σατανα (C *cum* Steph.).—ινα μη υπεραιρωμαι (*habet* C). 9. ει-
ρηκεν√.—μου *secund.* (*habet* C). ασθενια√. τελειται (C τελειου-
α
ται). ασθενιαισ√ (*sic* v. 10). 10. και εναγκαισ (α *p.m.*?: C *habet*
εν *pro* και). και στενοχ. (εν *pro* και C). 11. — καυχωμενοσ. 12.
[κατειφ.]—εν *tert.* (τε *pro* εν C). σημιοισ√. +τε (*post* σημιοισ:
punctis notavit A). [τερασι]. δυναμεσιν√. 13. ησσωθητε (ηττη-
θητε C). 14. + τουτο (*post* τριτον).—υμων *prim.* αλλα *prim.*
οφιλειν√. [γονευσι]. αλλα οι γονισ. 15. — και *secund.* (*habet* C).
αγαπω ησσον αγαπ. (C *cum* Steph.). 16. κατεναρκησα ὑμων αλλα
(*pro* κατεβ. υμασ αλλ). 18. συναπεστιλαν√. ιχνεσιν√. 19. παλαι
(παλιν C). κατεναντι.—του (*habet* C). 20. ερισ. [ζηλοι]. εριθιαι√.
21. ελθοντοσ μου (C *cum* Steph.). τατινωσην√. + με (*post* ταπ.).
πορνιαν√.

ΧΙΙΙ. 1. (*init.* + ιδου C). + ινα (*ante* επι): *delet* C. η (*pro*
και). 2. — γραφω. προημαρτηκοσιν√. φισομαι√. 4. — ει (*habet*
C). [-ειασ]. [και γαρ ημ.]. συν (*pro* εν). [ησομεν]. 5. πιραζετε√.
πιστιν√.—η (*habet* C). χσ ισ. [εστιν]. 6. ημισ ε ουκ (· *p.m.*).
7. ευχομεθα. ημεισ (*pro* υμεισ: *emendant* A? C)√. τοιειτε√.

97   H

8. αληθιασ bis√. αλλα. 9. —δε (habet C). 10. ο κσ εδωκεν μοι.
11. καταρτιζεσθαιν√. ιρηνευετεν√. ιρηνησν√. 12. [αγ. φιλ.]. 13.
fin.—αμην (habet C).

Subscr. προσ κορινθιουσ β.

στιχων χιβ s.m.

προσ γαλατασ.

CAP. I. 1. εγιρα^οντοσ αυτων (ο A vel p.m.). 3. Transfert ημων
in locum post πατροσ plenè scriptum. 4. περι (pro υπερ: C cum
Steph.). του αιωνοσ του ενεστωτοσ (C cum Steph.).—το (habet C).
6. ουτωσ√. μετατιθεσθαι√. 7. —και θελοντεσ (habet A obliq.).
8. ευαγγελισηται.—υμιν prim. (habet C). 9. προειρηκα (C cum
Steph.). 10. πιθων√. αρεσκιν√.—γαρ secund. 11. (γαρ A, δε
p.m., C, Steph.). εστιν√. 12. ουδε (pro ουτε). 14. γενιν√. 15.
[ο θσ]. 17. [ανηλθον]. αλλα. 18. τρια ετη. κηφαν (pro πετρον:
C cum Steph.). 19. ιδον√. 21. —τησ secund. (habet A obliq.).
II. 1. συνπαραλαβων. 2. εθνεσιν√. δοκουσιν√. 4. παρισακ-
τουσ√. καταδουλωσουσιν. 5. αληθια√. [διαμεινη]. 6. ποτ (ποτε
C). διαφερι√. +ο (ante θσ). 7. ειδοντεσ√. 8. —ο γαρ εν. usque
ad περιτομησ (ὁμοιοτ.: supplet A^a). ενηργησεν√. [και εμοι]. 9.
[νν]. (A obliq. + μεν post ημεισ). 11. ηλθεν κηφασ (—πετροσ).
αντιοχιαν√. 12. ελθιν√. ηλθεν. ὑπεστελλεν√. 13. + παντεσ
(ante ωστε: improbat C). (συννπ. C partim scriptum pro συναπ.).
ὑποκρισιν√. 14. [-δουσι]. κηφα (pro πετρω). εθνικωσ και ουχ ϊουδαϊ-
κωσ ζησ (ουχει C). πωσ (pro τι). 15. ϊουδεοιν√. 16. +δε (post
ειδοτεσ). [ιυ χυ]. ημισ√. [χυ ιυ]. οτι εξ εργων νομου ου δικαιω-
θησεται. 18. συνισταν ω. 20. νυν σ̔ζω (.p.m.)√. πιστιν. [του
ϋιου του θεου του αγ.].

III. 1. εβασκανεν.—τη αληθεια μη πειθεσθαι.—εν υμιν. 3. επι-
τελεισθαι√. 5. δυναμισ√. 6. επιστευσεν√. 7. ϋιοι εισιν (C cum
Steph.). 8. τα εθνη δικαιοι. -ααμ´. [ενευλογ.]. 10. εισιν√ bis.
+οτι (ante επικατ.).—εν prim. (habet C). πασιν√. 12. αλλα.—
ανθρωποσ. 13. [cum Steph.]. 14. εν ιιυ χυ sic (i eras.). 15.
ουδισ√. αθετι√. 16. ερρεθησαν. εστιν√. 17. —εισ χυ. τετρα-
κοσια και τριακοντα ετη. 19. χιριν√. 21. [habet του θυ]. εκ

νομου ην αν. δικεοσυνη√. 22. συνεκλισεν√. [ὑπο]. πιστευουσιν√.
23. ελθιν√. συνκλιομενοι. 26. + οι (ante δῡ: A vel forsan p.m.
delevit)√. χω (sic)√. 28. αρρεν. απαντεσ. εν χῡ ιῡ (˚ A: at C
habet εισ εστε εν χω̄), cf. v. 14. 29. —και. κατα.

IV. 1. διαφεριν√. 2. [εστι]. 3. ουτωσ√. ημισ√. στοιχιαν (sic
v. 9). ημεθα (pro ημεν secund.). 4. ηλθεν√. εξαπεστιλεν√ (sic
v. 6). 6. ημων (pro υμων). 7. αλλα. fin. -νομοσ δια δῡ (δῡ δια
χῡ C, Steph.). 8. φυσει μη ουσι. 9. δουλευσε (i. e. -σαι). 12.
ὑμισ√. ηδικησαται√. 13. οιδαται√. ασθενιαν√. 14. πιρασμον ὑμων
εν (C -μον τον εν, ὑμων improbato).—ουκ (habet A obliq.)√. [αλλ].
15. που (pro τισ).—ην.—αν (habet C). 17. εκκλισαι ὑμασ. 18.
—το. ζηλουσθε√. 19. τεκνα (τεκνια C). μεχρισ (αχρισ C). 21.
[cum Steph.]. 23. [μεν]. ελευθεριασ. δι.—τησ tert. 24. [habet
αι: improbat C]. δουλιαν. 25. — αγαρ. εστιν ο̄ εν (sic)√.
[συστ.]. ιλημ̄ (ιλημ v. 26). γαρ (pro δε secund.). 26. — ητισ
εστι.—παντων (at ητισ εστιν A, παντων C). 27. στιραν√. 28.
Ἰσαακ (C cum Steph.). [caetera cum Steph.]. 29. [εδιωκε].
ουτωσ√. 30. κληρονομησει.—του υιου (habent A C). 31. διο
(pro αρα). πεδισκησ√.

V. 1. — ουν η. ημασ χσ̄ (C cum Steph.). ηλευθερωσεν√. στη-
κετε ουν. δουλιασ√. 2. — παυλοσ (habet A obliq.). 3. — οτι
(habet C). οφιλετησ√. 4. κατηργηθηται√.—του. [-σατε]. 5. εκ-
δεχομεθα (απεκ. C). 7. ενεκοψεν.—τη (habet C). αληθιαν√. πι-
θεσθαι√. 8. πισμονην. καλουντασ√. 10. [εγω πεπ.]. εαν (pro αν).
13. δουλευεται√. 14. πεπληρωται. σεαυτον. 15. καταισθιετε√.
ὑπ (ὑπο C). 17. γαρ (pro δε secund.: C cum Steph.). [αντ. αλλ.].
εαν (pro αν). 18. (ουκετι pro ουκ C). 19. εστιν√ bis.—μοιχεια
(μοιχια C). πορνια√. ασελγιαν√. 20. φαρμακια√. ερισ. [ζηλοι].
αιρεσισ. 21. — φονοι. ἀ p.m. καθωσ ειπον (— και: C cum Steph.).
βασιλιαν√. 23. πραϋτησ. εστιν√. 24. κῡ χῡ ιῡ (κῡ improbant
A C). [-μασι]. 26. [cum Steph. -μενοι rescr. A vel p.m.].

VI. 1. προλημφθη. ὑμισ√. πραυτητος. πιρασθησ√. 2. βαστα-
σετε (C -ζετε). [-σατε]. 3. φρεναπατα εαυτον. 7. μυκτηριζετε√.
[εαν σπειρη]. 8. σπιρων√ bis. θερισισει prim. (σι delet A: τησ
σαρκ. rescript.)√. θερισι secund.√. 9. εγκακωμεν. θερισωμεν.
10. εχωμεν. 12. περιτεμνεσθε√. τω σταυρω (sic) του χῡ μη δι-
ωκωνται. 13. [περιτεμν.]. 14. [καυχασθαι].—τω secund. 15.
εστιν (pro ισχυει: praecedentia cum Steph.): (εισχυϊ C). 16.

[στοιχησουσιν]. ἰρηνην√. 17. μηδισ√. κ̄υ ῑυ χ̄υ. 18. — ημων.
[αμην].

Subscr. προσ γαλατασ.

στιχ. τῑβ s.m.

προσ εφεσιουσ.

CAP. I. 1. [ῑυ χ̄υ]. [ουσι].—εν εφεσω (habet C: etiam πασιν post
αγιοισ addito). 3. + και σωτηροσ (post κ̄υ: improbat C).—ημασ
(habet A). + εν (ante χω). 6. ησ (pro εν η: C cum Steph.).
7. εσχομεν (εχομεν C). το πλουτοσ (non v. 18: C cum Steph.).
10. εισ εισ (··· p.m.). ανακεφαλαιωσασθεν√. τα επι (τα τε εν C
cum Steph.). 11. [εκληρωθημεν]. 12. — τησ. 13. ὑμισ (η pro
ν C primò)√. αληθιασ√. 14. [οσ]. [ρρ].—τησ tert. 15. — την
αγαπην (C εισ την αγαπ. την εισ). 16. μνιαν√.—υμων secund.
18. καρδιασ (pro διανοιασ).—και (habet C). τησ κληρονομιασ τησ
δοξησ. 19. ενεργιαν√. 20. [ενηργησεν]. καθισασ (pro εκαθισεν).
+ αυτον (ante εν δεξια). [επουρ.]. 22. εδωκεν√. 23. εστιν√. + τα
(ante παντα). πασιν√.

II. 1. παραπτωμασιν√ (sic v. 5). fin. + ὑμων. 2. απιθιασ√.
3. ημισ√. ημεθα. [τεκ. φυ.]. fin. -ποι ὁ ο (ὁ leviter abstersum)√.
4. — εν (habet C). 5. συνεζωοποιησεν τω. 6. συνηγειρεν√. 7.
Deest versus ob ὁμοιοτελ. (habet A: αιωσιν: το ὑπερβαλλον
πλουτοσ: caetera cum Steph.). 8. — τησ. 10. θ̄υ (pro αυτου:
A cum Steph.). 11. ποτε ὑμεισ (C cum Steph.). 12. — εν.
επαγ. (π p.m., at λ primò)√. 13. εγενηθητε εγγυσ. 15. δογ-
μασιν√. αυτω (pro εαυτω: C cum Steph.). φηνην√. 16. απο-
κτινασ√. 17. ἰρηνην√. + ἰρηνην (ante τοισ εγγυσ). 18. + ' οι
αμφοτεροι εν ενι' (ante εχομεν: '' A)√. (A εσχομεν). 19. αλλα
εστε συνπολιται. 20. — αυτου. του χ̄υ (pro ῑυ χ̄υ: A habet
αυτου χ̄υ ῑυ). 21. — η (habet A). 22. ὑμισ√.

III. 1. — ῑυ (habet A). 2. δοθισησ√. 3. [οτι]. εγνωρισθῆ.
προεγραψα (ᵃ p.m.). 5. — εν prim. 6. συνκληρ. συνσω. συνμετ.
—αυτου. fin. εν χω ῑυ. 7. εγενηθην. τησ δοθισησ. 8. — των.—
εν. το ανεξ. πλουτοσ (C cum Steph.). 9. [init. και˙].—παντασ
(habet C). οικονομια (pro κοινωνια).—εν (habet C).—δια ῑυ χ̄υ.

11. (+ τω ante χω̅ Α: delet C). 12. — την secund. (habet C).
13. εγκακιν√. θλιψεσιν√. εστιν√. 14. — του κυ̅ ad fin. vers.
(habet C). 16. δω. το πλουτοσ. δυναμιν√. 18. εξισχυσηται√.
[πασι]. [β. και ὑψ.]. 21. + και (post εκκλησια).

IV. 1. χω̅ (pro κω̅). εκληθηται√ (non v. 4). 2. ταπινοφρο-
συνησ√. πραΰτητοσ. 3. τηριν√. 6. fin.—υμιν. 7. [η]. 8.
— και (habet C). εδωκεν√ (sic v. 11). 9. — πρῶτον (habet C).
10. εστιν√. 13. τελιον√. 14. κυβιαν√. μεθοδιαν. 15. — ο (habet
C). 16. συνβιθ. ενεργιαν√. αυτου (pro εαυτου). 17. — λοιπα
(habet C). 18. εσκοτωμενοι. 21, 22. ιυ̅ an rescript. p.m.
super rasuram. 22. φθιρομενον√. 23. [αναγεουσθαι δε]. 24.
ενδυσασθε. οσιοτητι και δικαιοσυνη (C cum Steph.). 25. λαλειτε
(ε in ει p.m., ι primò). εκαστοσ αληθειαν (C cum Steph.). προσ τον
πλ. (μετα του πλ. ΑC). 26. — τω (habet C). 27. μηδε (pro μητε).
28. ταισ ιδιαισ χερσιν το αγαθον (— ιδιαισ C). εχηται (εχη C).
χριαν√. 29. [αλλ]. χριασ√. ακονουσιν√. 31. συμπαση (pro συν
π.)√. 32. γεινεσθεν√. [δε]. [fin. υμιν].

V. 1. γεινεσθεν√. μιμητε√. 2. ὑμασ (ημασ C). [ημων]. θυσιαν
και προσφοραν. 3. πορνια√. ακαθαρσια πασα. 4. [init. και]. η
(pro και secund. Α cum Steph.). εντραπελεια√. α ουκ ανηκεν.
5. ιστε (pro εστε). ο (pro οσ). 6. καινοισ.—γαρ (habet Α? min.).
απιθιασ√. 7. γεινεσθαι√. συνμ. 9. φωτοσ (pro πνσ̅). 10. δο-
κέιμαζοντεσ√. 11. συνκ. ελεγχεται√. 12. εστιν√ (sic v. 13).
14. λεγιν√. εγιρεν√. επιφανσιν√. 15. ακριβωσ πωσ (C αδελφοι πωσ
ακρ.). 16. εισιν√. 17. συνιετε τι το φρονημα του κυ̅ (θελημα C).
18. μεθυσκεσθαι√. πληρουσθαι√. 19. [-τοισ ψαλ-]. κα̅ πνικαισ
("· p.m.).—εν (C εν ταισ καρδιαισ). 20. — ημων. 21. χυ̅ (pro
δυ̅). 22. ὑποτασσεσθωσαν. 23. — ο prim. εστιν prim.√.—και
secund. (habet C). + ο (ante σωτηρ plenè: improbat C).—εστι
secund. (habet C). 24. [αλλ]. ωσ (pro ωσπερ). ουτωσ√.—ιδιοισ.
25. — εαυτων. ηγαπησεν√. 27. αυτοσ αυτω (pro αυτην εαυτω:
C εαυτω).—η τι (habet Α obliq.). 28. οφιλουσιν οι αν. τεκνα (pro
σωματα: C cum Steph.). 29. ουδισ√. την σαρκα αυτου (C cum
Steph.). [αλλ]. χσ̅ (pro κσ̅). 30. — εκ τησ σαρκοσ ad fin. vers.
(forsan ob ὁμοιοτ.: habet C). 31. καταλιψιν√. [τον πατ.].—αυτοι
prim. (habet C). [την μητ.]. τη γυναικι (— προσ et αυτου secund.):
(τη γυν. αυτου Α, at C κολλ. προσ την γυν. αυτ.). 32. [εισ την].
33. ὑμισ√. (ινα εκαστ. C).

VI. 1. [εν κω̅]. εστιν√. 3. Versus bis scriptus p.m. (secundo loco

101

ΠΡΟΣ ΦΙΛΙΠΠΗΣΙΟΥΣ. Κεφ. I.

uncis inclusit A)√. 4. αλλα. εκτρεφεταιν√. παιδιαν√. 5. κατα σαρκα κυριοισ.—τησ. 6. οφθαλμοδουλιαν√.—*του prim.* 7. + ωσ (*ante* τω κω). 8. εαν ποιηση εκαστοσ (— ο *et* τι : C *habet* ο εαν π. ε.). κομισεται (C *cum* Steph.).—του. 9. απιληην√. εαυτων και ὑμων (*pro* υμων αυτων : ὑμων και εαυτων C). ουρανω. προσωπολημψια. εστιν *secund.* 10. του λοιπου.—αδελφοι μου (C το λ. αδ. μου). ενδυναμουσθαι√. + τω (*ante* κω) : *improbant* A ? C. κρατιν√. 11. μεθοδιασ√. 12. [ημιν].—του αιωνοσ (*addit et absterget* C). 14. αληθιαν√. 16. εν (*pro* επι). δυνησεσθαι√. [τα πεπ.]. 17. εστιν√. 18. — τουτο. 19. δοθη μοι (μοι δοθη C). [του ευαγ.]. 20. παρρησιασωμαι εν αυτω. 21. και ὑμεισ ἴδητε. υ γνωρισει ὑμιν (˙ *p.m.* : C υμιν γν. *sed delevit*).—διακονοσ (*habet* A). 24. — αμην (*habet* C).

Subser. προσ εφεσιουσ.

στιχων τιβ *s.m.*

προσ φιλιππησιουσ.

CAP. I. 1. χυ ιυ. [πασι]. 4. + τη (*ante* δεησει : *improbat* C). 5. + τησ (*ante* πρωτησ). 6. επιτελεσιν√. αχρι. [ιυ χυ]. 7. εστιν√. + εν (*ante* τη απολογ.). συνκ. 8. — εστιν (*habet* C : *instaurator* μοι ? *pro* μου). χυ ιυ. 9. [περισσευη]. 10. — υμασ (*habet* C). αλικρινεισ (ει *pro* α *p.m. vel* A)√. 11. καρπον. τον. 12. γεινωσκιν√. 13. + τω (*ante* χω : *improbat* C). γεγονεναι (γενεσθαι A ? C). πασιν√. 14. + του θυ (*ante* λαλι). 15. (— και *prim.* C). *fin.* κηρυσσειν (A *minut.* κηρυσσουσιν). 16. οι μεν εξ αγαπησ κ.τ.λ. e *vers.* 17. 17. οι δε εξ εριθειας κ.τ.λ. e *vers.* 16 (*ad* τον *puncta apposita sed rursus erasa*). εγειρειν (*pro* επιφερειν). 18. + οτι (*post* πλην). ειτε ε αληθεια (˙ *p.m.* ?). 23. δε (*pro* γαρ). (A obliq. *addit* γαρ *post* πολλω). κρισσον√. 24. επιμενιν√.—εν. 25. παραμενω. + ὑμων (*post* πιστεωσ : *improbat* C). 27. — του χυ (*habet* A). πολιτευεσθαιν√. ειδων√.—ειτε απων (*habet* A obliq.). ακονω (ακουσω A obliq.). πιστιν√. 28. εστιν αυτοισ (— μεν). ενδειξεισν√. απωλιασ√. ὑμων (*pro* υμιν). 30. ειδετε.

102

ΠΡΟΣ ΦΙΛΙΠΠΗΣΙΟΥΣ. Κεφ. II.—IV.

II. 1. τισ (pro τινα). 2. [συμψ.]. αυτο (pro εν: C cum
Steph.). 3. κατ εριθιαν μηδε κατα κενοδ. (κατα improbat C). τα-
πινοφροσυνην√. 4. εκαστοσ σκοπουντεσ.—εκαστοσ secund.: at
v. 5 init. εκαστοι τουτο φρονειτε (— γαρ: τουτο γαρ C). 7. αλλα.
εκενωσεν√. 8. εταπινωσεν√. + του (ante σταυρου plenè). 9. ὑπερ-
υψωσεν. + το (ante ονομα prim.). 10. + χυ̅ (post ιυ̅: delet C). επι-
γιων√. 11. εξομολογησητεν√. 12. (C improbat εν prim.). 13.
— o prim. 15. [γενησθε]. ακαιρεοι√. αμωμα μεσον (— εν). 16.
εχοντεσ (ετεχοντεσ A). 17. [αλλ]. λιτουργιαν√.—και συγχαιρω
(A habet και συνχ.): ὁμοιοτελ.? 18. δε. ὑμισ√. [συγχ.]. 19.
[κω̅]. 21. ιυ̅ χυ̅ (— του). 23. αφιδω. 24. (+ εγω ante ταχεωσ
A). fin. + προσ ὑμασ (improbat C). 25. [συστρ.]. λιτουργον√.
26. + ιδειν (post ὑμασ: improbat C). ησθενησεν√ (sic v. 27).
27. (θανατου C). αλλα. ηλεησεν αυτον. λυπην (pro λυπη). 28.
ειδοντεσ√. 29. προσδεξασθαι√. 30. κυ̅ (pro του χυ̅). ηγγισεν√.
παραβολευσαμενοσ. αναπληρωσει. εμε (με C). λιτουργιασ√.

III. 1. ταυτα (τα αυτα C cum Steph.). [δε ασφ.]. 3. θυ̅ (θω̅ C
cum Steph.). 4. τε (pro εγω secund.: corrigit A). 5. βεψαμειν.
6. ζηλοσ (C cum Steph.). 7. — αλλ (habet C). [ην μοι]. 8. — και
prim. (habet C). [-εωσ χυ̅]. [κυ̅ μου].—ειναι secund. (habet C). 9.
δικαιοσυνην εμην (C cum Steph.). πιστιν√. 10. γνωσεωσ (pro ανα-
στασεωσ: A obliq. cum Steph.). και κοινωνιαν παθηματων (habet
την et των C). συνμορφιζομενοσ (συνμορφουμενοσ C). 11. την εκ
(pro των). 12. τετελιωμαι√.—και prim. (habet C). ει (pro και
secund.: corrigit A). κατελημφθην. ὑπο χυ̅ ιυ̅ (— του). 13. ουτω
(pro ου). 14. επεκτινομενοσ √. εισ (pro επι). βραβιον√. 15.
τελιοι√. + ουν (ante φρονουμεν [sic]: improbat C). 16. — κανονι
ad fin. vers. forsan ob ὁμοιοτελ. (C καν. το αυτο φρονιν). 17. συν-
μιμηται√. [ουτω]. 19. απωλια√. επιγια√. 20. [σωτηρα plenè].
21. ταπινωσεωσ√.—εισ το γενεσθαι αυτο. συνμορ. αυτω (pro
εαυτω: C cum Steph.).

IV. 1. κ αγαπητοι (κ notat. p.m.)√. ουτωσ√. 2. ευοδιαν.
φρονιν√. 3. ναι (pro και prim.). γνησιε συζηγε sic edit. min. (at in
not. et edit. mai. συζυγε: C συνζυγε). συνλαμβανου. και των συνερ-
γων μου και των λοιπων (C cum Steph.). 6. μετ. 8. επενοσ√. 9.
ιρηνησ√. 10. φρονιν√. ηκαιρισθεν√. 12. και (pro δε). ταπινουσθαι√.
 πασιν√. πιναν√. ὑστερισθαι√. 13. — χω̅ (habet C). 14. [συγκ.].
15. οιδαται√. ὑμισ√ bis. μακαιδονιασ√. λημψεωσ. 16. [εισ]. χριαν√
(sic v. 19). 17. [αλλ]. 18. παρα (A απο) επαφροδειτου. 19. το
103

πλουτοσ (C cum Steph.).—εν prim. (habet A obliq.). 20. + ω
(ante η δοξα: delet C). 21. ασπασασθαι√. 23. —ημων. του πνσ
(pro παντων: C cum Steph.). [αμην].

Subscr. προσ φιλιππησιουσ.

στιχοι α (i. e. σ) s.m.

προσ κολοσσαεισ.

CAP. I. 1. χυ ιυ. 2. κολοσσαισ. [χω χαρισ]. [και κυ ιυ χυ]. 3.
[cum Steph.]. 4. κω ιυ (χω ιυ C). ην εχετε (pro την iert.).
5. αληθιασ√. 6. — και secund. εστιν (sic v. 7)√. + και αυξανομενον
(ante καθωσ). αληθια√. 7. — και. εμαθατε. ημων (pro ῦμων: C
cum Steph.). 9. ημισ√. 10. —υμασ (habet C). αρεσκιαν√. τη
επιγνωσει (εν τη ετ. C). 12. + δω (ante πατρι). ῦμασ (pro ημασ).
13. [ρρ]. 14. — δια του αιματοσ αυτου. 16. — τα secund. et
tert. (habet C). 17. εστιν (sic v. 27)√. συνεστηκεν√. 18. — εκ
(habet C). 19. ε°δοκησεν (v p.m.). 20. [δι αυτου]. 22. [απο-
κατηλλαξεν]. + αυτου (post θανατου). 23. πιστιν√.—τη secund.
(habet C). κηρυξ και αποστολοσ (pro διακονοσ: C cum Steph.).
24. παθημασιν υμων (— μου υπερ: C cum Steph.: A omittit μου
tantum). [ο]. 25. + παυλοσ (post εγω: improbat C). δοθισαν√.
26. νυν. 27. [τισ ο]. του (pro τουτου: C cum Steph.). [οσ].
28. — ιυ (habet C). 29. ενεργιαν√.

II. 1. ῦπερ (pro περι). λαοδικιαν√. εορακαν (-κασιν C).— εν
σαρκι (habet C). 2. συμβιβασθεντεσ (-ων C, sed rursus abstersit).
των πλουτοσ (C cum Steph.). fin. του δυ πατροσ χυ (C και πατρ.
του). 3. εισιν√.—τησ secund. (habet C). γνω rescript. ab A vel
p.m. 4. — δε (habet C). μηδεισ (C μητεισ) pro μη τισ. 7. — εν
αυτω (habet A). [εν τη π.].—εν αυτη (εν αυτω legit C). 8. βλε-
πεται√. εσται ῦμασ. συλαγων (-γωγων C)√. στοιχιαν√. 10. [οσ].
+ τησ (ante αρχησ). εκκλησιασ (pro και εξουσιασ: C cum Steph.).
11. — των αμαρτιων (habet C). [-ματι p.m., at βαπτισμω C].
12. [συνηγερθητε].—των. 13. — εν (habet A). παραπτωμασιν√.
συνεζωοποιησεν υμασ (ῦμασ improbat C). [ημιν, at C υμιν]. 14.
εξαλιψασ. τοισ (τ p.m. in ras.)√. ημων (pro ημιν: A cum

ΠΡΟΣ ΚΟΛΟΣΣΑΕΙΣ. Κεφ. III. IV.

Steph.). 15. εδιγματισεν√. 16. βρωσιν√. [νουμ-]. 17. [α].
εστιν√. (— του C). 18. μηδισ√.— εν (habet A). ταπινοφροσυνη
(sic v. 23)√. 'μελλοντων' αγγελων (' ' Α).—μη (habet C). εορακεν.
fin. αυτων (-ου Δ C). 19. [συμβ.]. αυξη (Α αυξει). 20. απο-
θανετε (sic) ουν (— ουν Α? ουν απ. C).—τω. στοιχιων√. 21.
εστιν (sic v. 23)√. 23. εθελοθρησκιαν√. [και secund.]. αφιδιαν√.

III. 1. εν (pro τω: Α cum Steph.). θσ (pro χσ primò: χ Α
vel p.m.)√.— εστιν (habet A). 4. ϋμων (pro ημων). ϋμισ (sic
v. 7)√. 5. — υμων (habet C). πορνιαν√. πλεονεξειαν√. ειδωλο-
λατριαν√. 6. απιθιασ√ [caetera cum Steph.]. 7. τουτοισ (pro
αυτοισ). 8. — και ϋμεισ (habet A). 10. ετενδυσαμενοι (ενδ. C).
11. [-λοσ ελευ-].—τα (habet C). πασιν√. 12. [του]. οικτιρμου.
ταπινοφροσυνην√. πραυτητα. 13. θσ (χσ Α? C cum Steph.).
(C correcturus ημιν pro υμιν, rursus η abstersit). ουτωσ√. ϋμισ√.
14. [πασι]. οσ (pro ητισ: C cum Steph.). 15. χυ (pro θυ: C
cum Steph.). 16. κυ (pro χυ: C cum Steph.). ενοικιτων√.—και
secund. et tert. (C habet τη ante χαρ.). ταισ καρδιεσ. fin. θω (pro
κω). 17 [αν]. κυ ιυ χυ (+ του ante κυ C).—και secund. 18.
ϋποτασσεσθαι√.—ιδιοισ. 19. (+ εαυτων ante γυν. C). πικρενεσθε√.
20. γονευσιν√. ευαρεστον εστιν εν κω. 21. παροργιζεται (pro
ερεθιζετε). 22. οφθαλμοδουλιαισ√. fin. κν (C θν). 23. — και παν
(C habet παν). ο (pro ο τι). 24. αποληψεσθε (λημψ. C).— γαρ.
25. γαρ (pro δε). (C κομισεται). ηδικησεν√. εστιν√. προσωπο-
λημψια.

IV. 1. [παρεχεσθε: (-θαι C)]. ουρανω (-οισ C). 2. προσκαρ-
τεριτε√.—εν αυτη (habet A). 3. αμα (ιν primò: αμα vis p.m.)√.
[δι ο]. 4. δι (non v. 6)√. 6. ενειν√. 7. + δε (ante κατ: improbat
C).—και συνδουλοσ (habet C). 8. γνω τε (sic Tischendorf.: γνω C).
[ϋμων prim.: C ημ. sed abstersit]. τ^ασ (a p.m. ?)√. 9. [υμων:
C ημ. sed rursus abstersit]. γνωριουσιν (C γνωρισουσιν). 12.
ασπαζετε√. + ιυ (post χυ). ημων (pro υμων secund.: υμ. C post
στιχων scriptorem). σταθητε (C στητε). τελιοι√. πεπληροφορη-
μενοι (pro πεπλ.). 13. πολυν πονον (pro ζηλον πολυν). λαοδικια
(sic v. 15)√. 15. αυτων (pro αυτου). 16. λαοδικαιων√. λαο-
δικιασ√. ϋμισ√. 18. — αμην (habet C).

Subscr. προσ κολασσαεισ.

στιχων τ. s.m.

105

προσ θεσσαλονικεισ α.

CAP. I. 1. [cum Steph.]. 2. μνιαν√.— υμων secund. (habet C). 3. αδιαλιπτωσ√. 4. + του (ante θυ). 5. + του θυ (ante ημων). [εισ υμ.]. δυναμιν√.— εν tert.— εν quart. 6. μιμητε√. 7. [τυπουσ]. πασιν√. μακαιδονια (sic v. 8)√. + εν (ante τη αχ.). 8. — γαρ (habet A). θυ (pro κυ: C cum Steph.). + εν τη (ante αχαια). αλλα ē (— και: ε addunt A? C: αλλα‾ p.m.). χριαν εχιν ημασ. 9. εσχομεν. 10. αναμενιν√. +των (inter εκ et νεκρων). εκ (pro απο).

II. 1. οιδαται (sic v. 2)√. 2. — και prim. 3. ουδε (pro ουτε). 4. ουτωσ√.—τω prim. (habet C). 5. κολακιασ√. (— εν secund. C). 7. αλλα. νηπιοι (ηπιοι C). (εαν pro αν C). 8. ομειρομενοι. εγενηθητε. 9. — γαρ secund. υμιν (pro εισ υμασ: A cum Steph.). 11. μαρτυρομενοι. 12. περιπατειν. καλεσαντοσ. 13. init. + και. αδιαλιπτωσ√.—αληθωσ (habet A ante εστιν√). ημιν (pro υμιν). 14. υμισ√ (bis in vers.). Post θυ propter ὁμοιοτ. addit p.m. εδεξασθε κ.τ.λ. v. 13 . . . καθωσ εστιν λ. . . . ενεργιται . . . ημιν . . . v. 14 μιμηθητε usque ad του θυ v. 14: improbat A√. τα αυτα. 15. αποκτιναντων√.—ιδιουσ. ημασ (pro υμασ). 16. εθνεσιν√. εφθασεν√. 18. διοτι. 19. — η tert. (habet C).—χυ. 20. εσταμ√.— η secund. (habet C).

III. 1. ηυδοκησαμεν. καταλιφθηναι√. 2. [διακ.].—και συνεργον ημων.—υμασ secund. υπερ (pro περι). 3. init. το. [μηδενα σαινεσθαι εν τ. θλιψεσι]. 6. + υμων (ante πιστιν: νκ separat C??). μνιαν√. 7. αναγκη και θλιψει. 8. (C στηκετε). 9. κω (pro θω: C cum Steph.). κυ (pro θυ: C cum Steph.). 11. — χσ. υμων (pro ημων tert.: C cum Steph.). 13. — χυ. fin. + αμην (improbat C).

IV. 1. — το. + τω (ante κω). [ιν καθωσ]. + καθωσ και περιπατειτε (post θω). 2. δεδωκαμεν. 3. εστιν√. [-ιν θελ-]. (πασησ pro τησ C). 4. [εκαστον]. + εν (ante τιμη: improbat C). 6. — ο (habet C). [caetera cum Steph.]. 7. [αλλ]. 8. και διδοντα το πν. αυτ. (C δοντα). fin. υμασ. 9. (εχομεν pro εχετε C). 10. υμων (pro τουσ secund.: C cum Steph.). [μακεδ-]. 11. (— ιδιαισ C). ὑμιν παρηγγιλαμεν√ (παρηγγ. ὑμιν C). 13. θελομεν. κοιμωμενων. [λυπησθε]. (ωσ pro καθωσ C). 14. επιστευομεν (C cum Steph.). απεθανεν√. ουτωσ (sic v. 17)√. 17. περιλιτομενοι√.

V. 1. του γραφεσθαι υμιν (του *improbat* C). 2. ακρειβωσ√.
—η. 3. — γαρ (*at* δε C). επισταται. ωδειν√. 4. εσται√. [η ημ.
υμ.]. [κλεπτησ]. 5. + γαρ (*post* παντεσ). εσται (« p.m.)√. 6.
— και *prim.* (*habet* C). 7. καθευδουσιν√. 8. — και αγαπησ (*post*
πιστεωσ*: habet* C). 9. αλλα. 10. περι (*pro* υπερ : C cum Steph.).
12. προϊστανομενουσ. 13. + και (*ante* ειρην.: *improbat* C). *fin.* αυ-
τοισ. 15. αποδοι (-δω C).—και *prim.* (*habet* C). 17. αδιαλιπτωσ√.
18. [γαρ θελ.]. + του (*ante* θυ: *improbat* C). 19. [σβεννυτε].
21. [*sic, cum* Steph.: *at* C παντα δε]. 25. [και *deest*]. 27.
[ορκιζω]. [πασι].—αγιοισ (*habet* C). 28. [αμην].

Subscr. προσ θεσσαλονικεισ α.

προσ θεσσαλονικεισ β.

Cap. I. 1. + και (*ante* πρι: *improbat* A, *forsan* p.m.). 2.
[ημων]. 3. οφιλομεν√.—υμων *tert.* (*habet* C). 4. αυτουσ ημασ.
εγκαυχασθαι [πασι, *sic* v. 10]. 5. ενδιγμαν√. 7. υμων (*pro*
ημων : C cum Steph.). 8. [πυρι φλ.]. [ειδοσι]. (+ τον *ante* θν, C).
υπακουουσιν√. [χυ]. 9. [ολεθρον]. 10. πιστευσασιν. 12. — χυ
prim.

II. 1. (ερωτωμ[εν] p.m. *super* ras.)√. 2. μηδε (*pro* μητε *prim.*).
fin. κυ (*pro* χυ). 3. ανομιασ (*pro* αμαρτιασ). 4. — και υπερ-
αιρομενοσ (*habet* A obliq.) ob ομοιοτ.—ωσ θν. αποδικνυντα√.
εστιν√. 6. οιδαται√. αυτου (εαυτου C). 7. + γαρ (*post* ηδη:
improbat C). 8. κσ ισ αναλοι (C ανελοι). 9. ενεργιαν√. δυ-
ναμι√. σημιοισ√. τερασιν√. 10. — τησ *prim.* (*habet* C).—εν
secund. (*habet* C). 11. πεμπει (-ψει C). 12. κριθωσιν απαντεσ.
αλλα.—εν (*habet* C). αδικεια√. 13. οφιλομεν√. ευχαριστιν√.
+ του (*ante* κυ). ειλατο. ημασ (*pro* υμασ: C cum Steph.). [απ
αρχησ]. πιστι√. 14. + και (*ante* εκαλεσεν). [υμασ]. υμων (*pro*
ημων *prim.*: A C cum Steph.). 16. ισ χσ ⁹ ο θσ ο πατηρ (⁹
p.m.: C delet ο *ante* πατηρ).—ο αγαπησασ ημασ (*addit* A). 17.
τασ καρδιασ υμων.—υμασ. εργω και λογω.

III. 1. προσευχεσθαι√. 3. ο κσ εστιν (εστιν ο κσ C). 4.
— υμιν.—και *prim.* (*habet* C). 5. + την (*ante* υπομονην). 6.
107

[ημων]. παρελαβοσαν (παρελαβον C). 7. οιδαται√. μιμισθαι (*sic*
ν. 9)√. 8. αλλα. νυκτοσ και ημερασ. 10. — τουτο (*habet* C).
εργαζεσθε√. 12. εν κω ιυ χω (C *cum* Steph., δια κ.τ.λ.). 13.
εγκακησητε. 14. σημιουσθαι.—και. συναναμιγνυσθαι. 15. νου-
θετιται√. 16. [τροπω]. 17. εστιν σημιον√. ουτωσ√. 18. — αμην
(*addit* C αμην).

Subscr. προσ θεσσαλονικεισ.

στιχων ρπ. ε.m.

προσ εβραιουσ.

Cap. I. 1. ται *super* ras. 2. εσχατου. εθηκεν√. εποιησεν τουσ
αιωνασ. 3. — δι εαυτου. των αμαρτιων ποιησαμενοσ (— ημων : *at*
υμων C). 4. κριττων√. 5. ειτεν√.—αυτω (*habet* A). 7. λιτουρ-
γουσ√. 8. + και (*post* αιωνοσ).—ραβδοσ ευθυτητοσ (*habet* A η
ραβδοσ τησ ευθυτητοσ ραβδοσ τησ β.)√. *fin.* αυτου (*pro* σου).
9. αδικιαν (*pro* ανομιαν). εχρισεν√. 12. αλλαξεισ (ειλιξεισ C).
+ ωσ ῖματιον (*post* αυτουσ). + και (*ante* ο αυτοσ : ··· *p.m.*). εκ-
λιψουσιν√. 13. ειρηκεν√. 14. εισιν√. λιτουργικα√.

II. 1. περισσοτερωσ δει. προσεχιν ημασ. ακουσθισιν√ (-σιν C).
παραρυωμεν. 3. λαλισθαι√. 4. σημιοισ√. [τερασι]. θερισμοισ
(A μερισμοισ). 5. υπεταξεν√. 6. [τι]. 7. σασ αυτο *secund. in*
rasur. rescript. p.m.? vel A√. [*Habet* και κατεστησασ *ad fin.*
vers.]. 8. υπεταξα σ (σ *forsan p.m.*). τω γαρ. [αυτω *prim.*].
10. επρεπεν√. τελιωσαι√. 14. κεκοινωνηκεν√. αιματοσ και
σαρκοσ. μετεσχεν√. τουτεστιν√. 15. δουλιασ√. 17. ωφειλεν√.
18. — πειρασθεισ (*habet* πιρασθισ C). πιραζομενοισ√.

III. 1. — χν. 2. [μωσησ]. 3. ουτοσ δοξησ. μωυσην. 4. —τα.
5. μωϋσησ. 6. καν (*pro* εαπερ : " *i. e.* εαν *p.m.* : C *cum* Steph.).
[μεχ. τελ. βεβ.]. 8. πιρασμω : non ν. 15 (*pro* παραπικρ.). πι-
ρασμουν√. 9. επιρασαν√.—με prim. (*habet* C). εν δοκιμασια (*pro*
εδοκιμασαν με : C *cum* Steph.). τεσσερακοντα (*sic* ν. 17). 10.
ταυτη (*pro* εκεινη). [ειπον]. 12. εστεν√. 13. [τισ εξ υμων].
14. του χυ γεγοναμεν. 16. εγυπτου√. μωϋσεωσ. 17. τισιν (*sic*
ν. 18)√. δε προσωχθισεν√. 18. ωμοσεν√. απιθησασιν√. 19. εισ-
ελθιν (*sic* iv. 1)√. [δι].

IV. 1. καταλιπομενησ√. 2. συνκεκερασμενοσ. πιστιν√. 3. συν√ (*pro* γαρ). 4. ειρηκεν√. ουτωσ√. 6. [δι] απιστιαν (απιθιαν C). 7. οριζει τινα (τινα οριζει C). δαυειδ. προειρηται. σκληρυνηται√. 8. ισ (*sic*). 9. *Deest versus* (*habet* A, *legens* απολιτεται√). 10. ταων (πα C *scripsit et abstersit : i. e.* παντων *pro* των *prim.*). 11. ειναν√.—τισ (*habet* C). υποδιγματιν√. απιθιασ√. 12. —ψυχησ (*supplet forsan p.m.*).—τε *prim.* [ενθυμησεων]. 13. εστιν√. 14. διεληλυθαν√. 15. συνπαθ. ασθενιαισ√. πεπιρασμενον√. 16. ελεοσ.

V. 1. [τε]. 2. [αγνοουσι]. ασθενιαν√. 3. δι αυτην. ουτωσ (*sic* v. δ)√. [εαυτου]. περι (*pro* υπερ). 4. —ο *bis.* καθωσπερ (C *cum* Steph.). 5. εδοξασεν√. 8. επαθεν√. 9. πασιν τοισ υπακουουσιν αυτω. 12. χριαν *prim.*√. στοιχια√.—και *ultim.* (*habet* C). 13. εστιν√.

VI. 2. [διδαχησ]. [τε *bis*]. 3. [ποιησομεν]. 6. παραδιγματιζοντασ√. 7. ερχομενον πολλακισ. 9. αδελφοι (*pro* αγαπητοι : C *cum* Steph.). κρισσονα√. ουτωσ (*sic* v. 15)√. 10. —του κοπου. ενεδειξασθαι√. 12. μειμηται√. 13. επαγγιλαμενοσ√. ειχεν√. ωμοσεν√. 14. ει (*pro* η). 15. επετυχεν√. 16. —μεν. ομνυουσιν√. 18. + τον (*ante* θν : *improbat* C). προκιμενησ√. 19. [ασφαλη]. 20. μελχεισεδεκ (*non* v. 6. 10 ; vii. 10. 11. 17 ; *at sic* vii. 1. 15).

VII. 1. σαλημ' (*non* v. 2). [του υψ-]. οσ (*pro* ο *secund.*). 2. εμερισεν απο παντων. εστιν√. 3. [αφωμοι.]. 4. [και]. δ. [υιων] λευει (*sic* v. 9)√. Ιερατιαν√. [αποδεκατουν]. τουτεστιν√. 6. δεδεκατωκεν (—τον *prim.: habet* C). ευλογηκεν√. 7. κριττονοσ (*sic* v. 19)√. 9. [ειπειν]. δι. λευει (C -εισ). 10. ετι γαρ *inter lineas p.m.*√. —ο. 11. λευειτικησ√. ετ αυτησ νενομοθετηται. 13. προσεσχηκεν√. 14. περι Ιερεων μωυσησ ουδεν ελαλησεν (ουδ. μωυσ. C). 16. σαρκινησ. 17. μαρτυρειτε [*i. e.* -αι]. 19. [-ζομεν]. 21. (C μετ'). ωμοσεν√.— εισ τον αιω. *ad fin. vers.* (*habet* C *in marg., legens* μελχισεδεκ'). 22. τοσουτο και (C τοσουτον *sine* και). κριττονοσ√. 23. εισιν√. [γεγ. Ιερ.]. 26. [ημιν επρ-]. 27. *fin.* προσενεγκασ.

VIII. 2. λιτουργοσ√.—και *secund.* 3. τι ᴵᵈ (ᴵᵈ *p.m. vel* A). 4. ουν (*pro* γαρ).— των ιερεων.— τον (*habet* C). 5. Υποδιγματιν√. λατρευουσιν√. μωϋσησ. φησιν√. ποιησισ. 6. [νυνι]. τετυχε (C τετευχε). λιτουργιασ√.—εστι διαθ ... επι κρειττοσ (*ob ὅμοιοτ.*). *Supplet* A διαθηκησ εστιν μεσειτησ ητισ επι κριττο(σ *deest*): *textus p.m. procedit* ιν επαγγ. 8. αυτουσ (-τοισ C). ισλ (ιηλ

v. 10). οικον *secund.* κον *supplet* C).√. 9. [-μενου μου]. ενεμιψαν√. 10. [-θηκη ην]. εκιναν√. καρδιαν (-ασ C). μοι *p.m.*, *at primò* μου, *ante* εισ λαον. 11. πολιτην (*pro* πλησιον). ειδησουσιν√.—αυτων *prim.* 12. — κὰι των ανομιων αυτων (*habet* C) ου ὁμοισ. 13. κενην√ (*non* v. 8). [πεπαλαιωκε].

IX. 1. [ειχε].—σκηνη. λατριασ√. 3. τα αγια των αγιων. 5. χερουβιν. ενεστιν (*pro* εστι: εν εταs.). 6. ουτωσ√. 9. ην (*pro* ον). συνιδησιν τελιωσαι√. 10. βρωμασιν√. πομασιν√. δικαιωματα (— και : *habet* και C). 11. [μελλ.]. 12. εισ τα αγια εφαπαξ εισ τα αγια (εισ τα αγια *prim. improbat* A)√. [ευραμ-]. 13. τραγων και ταυρων. 14. (C αγιου *pro* αιωνιου). [*p.m.* omnino cum Steph.]. 17. τοτε (*pro* ποτε : C cum Steph.). εισχυῖν√. 18. [ουδ]. ενκεκενισται. 19. (+ τον *ante* νομον C). + των (*ante* τραγων : improbat C). εραντισεν (*sic* v. 21). 20. ενετιλατον√. 21. λιτουργιασ√. 23. υποδιγματαν√. κριττοσιν√. 24. χιροποιηταν√. εισηλθεν αγια.—ο. 25. (+ των αγιων *post* αγια C). 26. νυνι. + τησ (*ante* αμαρτιασ). 28. + και (*post* ουτωσ).

X. 1. + αυτων (*ante* ασ). δυνανται. τελιωσαιν√. 2. [ουκ]. εχιν√. συνιδησιν√. κεκαθαρισμενουσ. 4. τραγων και ταυρων. αφεριν (*p p.m.*, λ *primò*)√. 6. [ευδ., *sic* v. 8]. 7. — ηκω (*habet* A). 8. θυσιασ και προσφορασ (C cum Steph.).— τον. 9. — ο θσ (*habet* C). 10. — οι.—του *secund.* 11. [ιερευσ]. εστηκεν λιτουργων καθ ημεραν (εστ. καθ ημ. λιτ. C). 12. ουτοσ (*pro* αυτοσ). εκ δεξια (εν δ. C)√. 14. τετελιωκεν√. 15. ειρηκεναι. 16. την δ:ανοιαν. 17. μνησθησομαι (C -σθω). 18. αφεισ (" *p.m.*? C). — τουτων (*habet* C). 20. τουτεστιν√. 22. ρεραντισμενοι (C ερραν-). συνιδησεωσ√. 23. λελουσμενοι. + ημων (*post* ελπιδοσ : improbat C). 25. εγκαταλιποντεσ. αυτων (C εαυτων). οσον (C οσω). 26. τησ (*pro* την : C την)√. επιγνωσιαν (a delet A). απολιπεται√. 28. μωϋσεωσ. τρισων√. 30. εκδικησεισ√.—λεγει κσ (C λεγι κσ). κρινει κσ (C cum Steph.). 31. εμπεσιν√. χιρασ√. 32. (C *habet* αναμιμνησκεσθαι). αμαρτιασ υμων (*pro* ημερασ : A C ημερασ :—ϋμων C). 33. ονιδισμοισ√. θλιψεσιν√. 34. [δεσμοισ μου]. γινωσκον√ (*sic*). εαυτουσ κρισσονα (— εν *prim*.).— εν ουρανοισ (*habet* C). 35. μεγαλην μισθαποδοσιαν. 36. χριαν εχετε (εχ. χρ. C). κομισασθαι. 37. χρονισει (-ιει C). 38. + μου (*post* δικαιοσ). ϋποστιληται√. 39. απωλιασ (-λιαν A C).

XI. 1. εστιν√. 3. πιστι (*non* vv. 5. 7. 27; *at sic* vv. 4. 8. 9. 11.

110

21. 22. 23. 24. 28. 29. 30. 31)√. φαιν[ομενω͞ suppiet A]√. τὰ
βλεπομενον. 4. προσηνεγκεν√. τω θῶ (pro του θυ: C cum
Steph.). *fin.* λαλει. 5. ηὑρισκετο. οτι (pro διοτι: A C cum
Steph.). μετετεθηκεν (μετεθηκεν A? C).—αυτου (*habet* C). [ευηρ.].
6. — τω (*habet* C). εστιν√. γεωεται√. 7. κατεσκευασεν√. [κατ-
εκρινε]. 8. [-τι καλ-].— τον (*habet* C). ημελλεν κληρονομιαν
λαμβανιν (—εισ: suppiet post ημ. A vel p.m.: at C. λαμ. εισ κλ.).
9. — την. συνκλ.—τησ *ult.* (A τησ αυτησ επαγγ. C τησ επ. τησ
αυτησ cum Steph.). 11. ελαβεν√.— ετεκεν (*habet* C). 12.
[-εννη-]. ωσ η (pro ωσει). χιλοσ√. 13. κομισαμενοι (pro λα-
βοντεσ: C cum Steph.).—και πεισθεντεσ. 14. [εμφ.]. επιζη-
τουσιν√. 15. μνημονευουσιν (C cum Steph.). εξεβησαν (εξηλθον
C cum Steph.). 16. νυν. κριττονοσ√. επεσχυνεται√. ητοιμασεν√.
17. πειστι (sic v. 20)√. ϊσακ (sic v. 18). πιραζομενοσ√. 19. εγι-
ρειν δυνατοσ. 20. πειστι περι. ευλογησεν (—ισαακ: A suppiet ϊσακ,
C ϊσαακ). 21. ϊωσηφ᾽ (non v. 22). ευλογησεν√. 22. ισηλ√. εμνη-
μονευσεν√. ενετιλατο√. 23. μωϋσησ (sic v. 24). αστιον√. [δια-
ταγμα]. 25. συνκακουχισθαι√. 26. μιζονα√. αιγυπτου (—εν).
απεβλεπεν√. 27. εκαρτερησεν√. 28. πεποιηκεν√. [ολοθρευων].
29. + γησ (post ξηρασ). 30. ϊερειχω επεσαν. 31. ρααβ᾽√. + επι-
λεγομενη (ante πορνη: improbat C). απιθησασιν√. 32. επιλειψι√.
με γαρ.— τε και prim.— και secund. δανειδ᾽√. -ουηλ᾽√. 33. ηργα-
σαντο (ειργ- C). 34. μαχαιρησ (sic v. 37). εδυναμωθησαν (C ενεδ.).
35. γυναικασ (C cum Steph.). κριττονοσ√. 36. ενπεγμων√.
πιραν√. 37. επιρασθησαν επρισθησαν. αιγιοισ√. 38. επι (pro εν).
[ορεσι]. 39. [την επ.]. 40. κριττον√. τελιωθωσιν√.

XII. 1. ημισ√. τηλικουτον (C τοσουτον cum Steph.). 2. ὑπ-
εμινεν√.— του θυ (ομοιοτ.). κεκαθικεν. 3. εαυτουσ (pro αυτον:
αυτουσ C). 4. [αντικ-]. απταγωιζομενοι (᾽ et αγω in liturá scrip-
sit A, ut videtur)√. 5. εκλελησθαιν. παιδιασ√. 7. εισ παιδιαν
ὑπομενετε· (—ει).— εστιν (*habet* C). 8. παιδιασ√. [γεγονασι].
και ουχ ὑϊοι εστε. 9. [ενετρ.]. πολυ (pro πολλω). (+ δε post
πολυ C). 10. *init.* ο (C οι)√. επεδευον√.— εισ το (*habet* C).
11. μεν (pro δε prim.: δε C). παιδιαν√. ϊρηνικον√. αποδιδωσιν√.
12. χιρασ√. 13. ποιειτε. 14. ουδισ√. 15. [δια ταυτησ]. μιαν-
θωσιν οι π. 16. [απεδοτο]. *fin.* εαυτου (αυτου C cum Steph.). 17.
ευρεν√. 18. — ορει. ζοφω (pro σκοτω: C cum Steph.). 19. —μη
(*habet* C). 20. *init.* ουκ (primò θ loco ο?)√.— η βολιδι κατα-
τοξευθησεται. 21. [ουτω, ουτωσ C]. η (pro ην). μωϋσησ.—ειμι

(*habet* C). *fin.* ει ισ. 22. ιηλμ√. 23. απογεγραμμενων εν
ουρανοισ. [ενασι ~)]. τελιων δεδικαιωμενοισ (C δικαιων τετελιω-
μενων). 24. κ ον. [τον αβ.]. 25. εξεφυγον επι γησ (— τον
ει τησ: C *)* ει εφυγον τον). + τον (*ante* χρηματιζοντα: *im-
probat* C). ..λυ (*pro* πολλω). 26. εσαλευσενν√. σισω (*pro* σειω).
27. την των σαλενομενων μεταθεσιν (την *supra* C). μινη√. 28.
εχομεν. λατρευομεν. *fin.* μετα ευλαβιασ και δεουσ (C αιδουσ *pro*
δεουσ, *sed restitutum* δεουσ).

XIII. 2. την φιλοξενιαν (τησ -ιασ C). 3. μιμνησκεσθαι√. 4.
πασιν (*sic* v. 18)√. γαρ (*pro* δε). κρινιν√. 5. εγκαταλειπω. 6.
— και (*habet* C). 7. μιμεισθαι√. 8. εχθεσ. 9. παραφερεσθε.
βεβαιουσθε√. περιπατουντεσ (C *cum* Steph.). 10. [εξουσιαν].
11. [αιμα περι αμαρτιασ]. 12. (επαθεν C *marg.*).— επαθε *p.m.* 15.
— ουν (*habet* C). τουτεστιν√. 16. ευαρεστιται√. 17. (C + αυτοισ
ante αυτοι). τοιωσιν√. 18. *Loco* πεποιθαμεν (*quod habet* C) *p.m.*
legit errore οτι καλη θα: *sequente* γαρ κ.τ.λ. *Constat autem
exemplar, quod describebat p.m., legisse* πειθομεθα *cum* Codd. A
C D M. συνιδησιν√. 19. ταχειον√ (*non* v. 23). 21. — εργω.
+ αυτω (*ante* ποιων: *improbat* C). ημιν (*pro* υμιν). [των αιωνων].
22. [ανεχεσθε]. — γαρ (*habet* C). επεστιλα√. 23. γεινωσκετε√.
+ ημων (*post* αδελφον: *improbat* C). ερχησθε (ερχηται C *cum*
Steph.). 24. ασπασασθαι√. 25. *fin.* — αμην (*habet* C).

προσ τιμοθεον α.

Cap. I. 1. χυ ιυ. επαγγελιαν (*pro* επιταγην). σρσ (ii. 3)√.
[κυ ιυ χυ]. 2. πιστιν√ (*non* v. 4). ιρηνη.— ημων *prim.* (*habet* C).
3. μακαιδονιαν√. παραγγιλησ√. τισιν√. ετεροδιδασκαλιν√. 4. εκ-
[ητησεισ. [παρεχουσι]. [οικονομιαν]. 7. λεγουσιν√. 8. [χρηται].
9. κιται√. [ασεβεσι]. πατρολωαισ. μητρολωαισ. 12. *init.* — και.
ενδυναμουντι (— με: *at* -μωσαντι με C). 13. *init.* το (*pro* τον).
[-τα βλ-]. αλλα. 14. Υπερεπλεονασεν√. 15. — τον. 16. ενδιξ-
ηται√. [ισ χσ]. απασαν. + 'αγαθων' (*ante* πιστευειν: '' *p.m.*?).

17. — σοφω (habet C). 18. στρατευση (C cum Steph.). 19. συνιδησιν√. 20. υμενεοσ√. [παιδευθωσι]. βλασφημιν√.

II. 2. ευσεβιαν√. 3. — γαρ (habet C). 4. ελθιν√. 5. μεσειτησ√. 6. και μαρτυριον (το pro και C). 7. κηρυξ√. (εν χω̄ improbat C). γνωσι (pro πιστει). 8. χιρασ√. [διαλογισμου p.m., -σμων C). 9. — και prim. (habet C).— τασ. (C κοσμιωσ). κοσμιν√. και χρυσω (— η prim.). 12. διδασκιν δε γυναικι. [αλλ]. 14. εξαπατηθεισα (C cum Steph.). γεγονεν√. 15. μινωσιν√. πιστιν√.

III. 2. διν√. ανεπιλημπτον. νηφαλιον (C -λαιον). 3. — μη αισχροκερδη. αλλα. 4. προϊστανομενον (non v. 12). 5. οιδειν√. 7. — αυτον. εχιν√. ονιδισμον√. 8. — σεμνουσ (habet C). 9. και καθαρασ συνειδησεωσ (pro εν κ. σ.: C cum Steph., at καθαρασ C errore). 10. δοκειμαζεσθωσαν√. διακονιτωσαν√. 11. νηφαλιουσ. πασιν√. 13. πιστιν√. 14. ελθιν√. [ταχιον]. 15. αληθιασ√. 16. εστιν√. οσ (pro θσ̄: at θεὸσ sic plenè E [XII cent.] antiquissimâ scripturâ salvâ: cf. ed. maj. tab. xvii). ανελημφθη.

IV. 1. [πασι]. διδασκαλειασ (-λειαισ C). 2. κεκαυστηριασμενων. συνιδησιν√. 3. μεταλημψιν. [επεγνωκοσι]. αληθιαν√. 6. χῡ ιῡ. [παρηκολουθηκασ]. 7. ευσεβιαν√. 8. — προσ prim. (habet C). 9. — πασησ (habet C). 10. — και prim. αγωνιζομεθα (C ονιδιζομεθα: Steph. ονειδ.). εστιν√. 12. μηδισ√. καταφρονιτω. — εν πνευματι. πιστιν√. αγνια√. 14. πρεσβυτερου (-τεριου C cum Steph.). 15. — εν secund. 16. fin. — σου (habet C).

V. 1. — ωσ πατερα (habet C). 2. αγνιαν√. 4. ευσεβιν√. εστιν. — καλον και. 5. επι κῡ (C cum Steph. επι τον θν̄). δεησεσιν√. 6. τεθνηκεν√. 7. init. (και improbat C). ανεπιλημπτοι. 8. — των secund. οικιων√. προνοειται (C cum Steph.). 10. επηκολουθησεν√. 11. καταστρηνιασωσιν√. γαμιν (sic v. 14)√. 13. μανθανουσιν√. 14. οικοδεσποτιν√. 15. [τινεσ εξετραπησαν]. 16. — πιστοσ η. επαρκεισθω. 18. γραρ (· p.m.)√. [β. α. ου φ.]. ου μισθου rescripsit A: "Non dubito quin antea [i. e. p.m.] τησ τροφησ scriptum fuerit, licet prorsus rasum sit" Tischend. 20. [τουσ αμαρ-]. εχωσιν√. 21. χῡ ιῡ (— κῡ). [προσκλισιν]. 23. αλλα. — σου prim. 24. εισιν√. τισιν√. 25. [-τωσ και]. τα εργα τα καλα. — εστι. [δυναται].

VI. 1. π̄ τουσ (· p.m.)√. 2. καταφρονιτωσαν√. — οτι αδελφοι εισιν (habet C). εισιν secund.√. 3. προσεχετε (C cum Steph.). [υγιαινουσι]. ευσεβιαν (sic v. 5)√. 4. [ερισ]. 5. διαπαρατριβαι.

I

ΠΡΟΣ ΤΙΜΟΘΕΟΝ Β. Κεφ. I. II.

— αφισταϭο απο των τοιουτων. 6. εϭτιν√. 7. — δηλον (habet C).
8. [αρκεϭθηϭομεθα]. 9. πλουτων√. πιραϭμον√. [βυθιζουϭι]. απω-
λιαν√. 10. ποικιλαιϭ (pro πολλαιϭ: C cum Steph.). 11. — του
(habet C). — ευϭεβειαν (C habet ευϭεβιαν). fin. πραυπαθιαν (C
πραυτητα). 12. — και prim. 13. — ϭοι (habet C). — του prim.
[ζωϭποι-]. ιυ χυ. 14. ανεπιλημπτον. χυ ιυ. 15. διξειν√. 16. + το
(ante κρατοϭ). 17. καιρω (pro αιωνι: C cum Steph.). υψηλα
φρονιν. επι (pro εν secund.).— τω secund.— τω ζωντι. ημιν παντα
πλουϭιωϭ. 18. πλουτιν√. 19. οντωϭ (pro αιωνιου). 20. παρα-
θηκην. 21. μεθ υμων (pro μετα ϭου).— αμην (habet C).

Subscr. προϭ τιμοθεον α.

στιχ⁰ ων ϭ. m.

προϭ τιμοθεον β.

CAP. I. 1. χυ ιυ. επαγγελιαϭ. 2. ιρηνη√. κυ ιυ χυ τον κυ
(at C χυ ιυ του κυ). 3. ϭυνιδηϭιν√. μνιαν√. δεηϭεϭιν√. 5. λαβων
(C λαμβανων cum Steph.). ενωκηϭεν√. ευνικη. πεπιϭμαι√. 6.
θελημα (pro χαριϭμα: C cum Steph.). χιρων√. 8. επεϭχυνθηϭ√.
— ημων (habet A). ϭυνκακ. 9. κατα ιδιαν. δοθιϭαν√. αιωνιαν
(-ιων C cum Steph.). 10. χυ ιυ (ιυ χυ vult C). 11. — εθνων
(habet C). 12. — και prim. (habet C). πεπιϭμαι√. εϭτιν√. [παρα-
θηκην]. εκινην√. 14. παραθηκην. 15. εϭτιν√. φυγελοϭ. 16.
ανεψυξεν√. [επηϭχυνθη: at C primò επαιϭ:]. 17. ϭπουδαιωϭ.
εζητηϭεν√. ευρεν√. 18. διηκονηϭεν√.

II. 3. ϭυγκακοπαθηϭον (— ϭυ ουν). χυ ιυ. 4. εμπλεκετε√.
πραγματιαιϭ√. 6. πρωοτερον (· p.m.: at πρωτον C). μεταλαμ-
βανιν√. 7. ο (pro α: C cum Steph.). δωϭει. παϭιν√. 8. δαδ.
9. αλλα.— ου (habet C). 10. τυχωϭιν√. 11. ϭυνζηϭομεν. 12.
ϭυνβαϭιλευϭομεν. αρνηϭομεθα (C cum Steph.). 13. εκινοϭ√.
+ γαρ (post αρνηϭαϭθαι: improbat C). 14. θυ (pro κυ). [λογο-
μαχειν]. επ (pro ειϭ: C cum Steph.). 15. ανεπεϭχυντον√. 17.
εξιν√. 18. αληθιαν√.— την secund. ανατρεπουϭιν√. την πιϭτιν τη
τινων (την π. τινων C). 19. κυ (pro θυ: C cum Steph.). 19.
+ παντωϭ (ante τουϭ ονταϭ: improbat C). fin. κυ (pro χυ). 20.

114

εστιν√. 21. — εσται σκευοσ (habet A).— και (habet C). 22. [μετα των]. 23. απεδευτουσ√. ζητησισ√. [γεννωσι]. 24. αλλα. 25. πραϋτητι. πεδευονται√. δωη (δω C cum Steph.). — μετανοιαν (habet C).

III. 1. [γινωσκε]. 2. — οι. απιθεισ√. 3. — αστοργοι (ὁμοιοτ.). 5. ευσεβιασ√. 6. αιχμαλωτιζοντεσ.— τα. 7. αληθιασ√ (non v. 8). 8. ουτωσ√. 9. εκινων√. 10. παρηκολουθησασ. πιστιν√. 11. αντιοχιαν√. εικονιων√. [ερρύσατο]. 12. ζην ευσεβωσ. 14. τινων (pro τινοσ). 15. — τα prim. 16. ελεγμον. παιδιαν√.

IV. 1. — ουν εγω. χ͞υ ι͞υ (— του κ͞υ). κρινιν√. και (pro κατα: C cum Steph.). 2. παρακαλεσον επιτιμησον (C cum Steph.). μαση (pro παση)√. 3. ιδιασ επιθυμιασ (pro επ. τασ ιδ.). επισωρευσουσιν√. 4. αληθιασ√. 5. πασιν.— κακοπαθησον (habet C). 6. τησ αναλυσεωσ μου. εφεστηκεν√. 7. τον καλον αγωνα. 8. εκινην√. [πασι: C -ιν].— τοισ ηγαπηκοσι (C habet τοισ ηγαπηκοσιν). 9. ελθιν√. 10. [-λιπεν]. γαλλιαν (pro γαλατιαν). [δαλμ.]. 11. εστιν√ bis. [αγε]. 12. απεστιλα√. 13. φελονην. [απελιπον]. 14. ενεδιξατο√. αποδωσει. fin. — αυτου (habet C). 15. αντεστη (C ανθεστηκεν). 16. παρεγενετο (C συνπαρ.). ενκατελιπον. λογισθιη√. 17. ενεδυναμωσεν√. ακουσωσιν. ερυσθην. 18. init. — και. ρυσετε√. 20. εμινεν√. 21. ασπαζετε√. fin. — παντεσ (habet C). 22. — ι͞σ χ͞σ (habet C).— αμην (habet C).

Subscr. προσ τιμοθεον.

στιχων ρπ s.m.

προσ τιτον.

CAP. I. 1. [ι͞υ χ͞υ]. 3. εφανερωσεν√. 4. και (pro ελεοσ). χ͞υ ι͞υ (— κ͞υ). 5. απελιπον (κατελιπον C cum Steph.). λιποντα. [-θωση]. 6. ανηγκλητοσ (· p.m., η eras.)√. 7. ωσ θ͞υ οικονομον p.m. vel A rescripsit. 9. ελεγχιν√. 10. εισιν√.— και prim. [-στα οι]. + τησ (ante περιτομησ). 11. ανατρεπουσιν√. δι√. 12. ειπεν√. + δε (ante τισ: improbat C). 13. — εν (habet A). πιστιν√. 14. αληθιαν√. 15. — μεν (habet C). μεμιαμμενοισ. συνϊδησισ√. 16. απιθεισ√.— και (ante προσ: habet C).— αγαθον (habet A, αγαθ in liturâ scribens).

ΠΡΟΣ ΦΙΛΗΜΟΝΑ.

II. 1. α λαλει α (sic). πρεπιν√. 2. [-λιουσ]. πιστιν√. 3. ἱεροπρεπισ√. μηδε (pro μη secund.: C cum Steph.). 4. σωφρονιζουσι (-ζωσι C). 5. οικουργουσ (C cum Steph.). ὑποτασσομεναι p.m. (-ασ s.m.). 7. τυπον παρεχομενοσ (C cum Steph.). αφθοριαν (αδιαφθ. C cum Steph.).—αφθαρσιαν. 8. εχω" (ν p.m. ?)√. λεγειν περι ημων (non υμων). 10. —πιστιν (C habet post πασαν). ενδικνυμενουσ√. την του σρσ ημων (non υμων). 11. —η secund. σωτηροσ (C cum Steph.). 12. πεδευουσαν√. 13. χυ ιυ (ιυ χυ C) [caetera cum Steph.]. 14. αυτον (pro εαυτον: C cum Steph.]. 15. μηδισ√.

III. 1. —και. πιθαρχιν√. αγαθουσ (C cum Steph.). 2. βλασφημιν√. ενδικνυσθαι. σπουδητα (sic p.m., diversas lectiones σπουδην et πρα.... τα intermiscens: Tischend. Proleg. p. xxiii: C ενδικνυμενουσ πραοτητα). 3. απιθεισ√. + εν (ante επιθυμιαισ: improbat C). στυγηται (-τοι C). μεισουντεσ√. 5. α (pro ων)- το αυτου ελεοσ. παλινγενεσιασ. 7. δικαιωθεντοσ (sic). γενηθωμεν (C cum Steph.). 8. διαβεβεουσθαι√. φροντιζωσιν√.—τω. εστιν√.—τα. 9. ζητησισ√. εριν (C εριο). εισιν√. ανωφελισ√. 10. [και δευ. νουθ.]. 12. νεικοπολιν√. παραχιμασαι√. 13. απολλω. λιτη. 14. χριασ√. 15. πιστιᴧ—αμην (habet C).

Subscr. προσ τιτον.

στιχων ϙς s.m.

πpoσ φιλημονα.

Ver. 2. αδελφη (pro αγαπητη). συνστρατιωτη (σῡ: et p.m. et C ̄). 3. —ημων (habet C). 4. μνιαν√. [προσ τον κν]. 6. διακονια (pro κοινωνια). επιγνωσιν√. [του εν υμιν].—ιν̄ (habet C). 7. init. χαραν. πολλην εσχον.—και παρακλησιν. 8. επιτασσιν√. 9. χυ ιῡ. 10. fin. —μου (habet C). 11. ·νυ νιν√. + και (ante σοι secund.: delet C, sed rursus restitutum). 11, 12. ανεπεμψα σοι (—δε: C cum Steph.). 12. τουτεστιν√.—προσλαβου (habet C). 13. ηβουλομην. κατεχιν√. μοι διακονη. 16. αλλα.—αδελφον (habet C). 17. με (pro εμε). 18. ηδικησεν√. οφιλειν√. ελλογα (C? ελλογι,
116

at *a iterum restitutum*). 19. προσοφιλεισ√. 20. *fin.* χω (*pro* κω *secund.*). 21. α (*pro* ο). 23. ασπαζεται. 25. — ημων. [αμην].

Subscr. προσ φιλημονα.

στιχων [*deest numerus*] *s.m.*

In Epistulis Paulinis longè plurimas secundae manus correctiones praebet C, *ad textum receptum praecipuè accommodatas.* A *post* C *creberrimus est:* A obliq. *rarò occurrit;* A^a *et* C^a *bis terve:* E *tantum ad* 1 Tim. iii. 16; B D *haud semel.*

πραξεισ.

CAP. I. 1. [ο ισ]. διδασκιν√. 2. εντιλαμενοσ√. ανελημφθη. 3. τεσσερακοντα. 4. περιμενιν√. 5. [Ιωαννησ pass.]. εν πνι βαπτισθησεσθαι αγ. (C cum Steph.). 6. ελθοντεσ (C cum Steph.). ηρωτων. 7. ειπεν√. εστιν√. 8. λημψεσθαι√. μου (*pro* μοι). [εν *secund.*]. σαμαρια. αισχατουν√. 9. ειπουτων (C ειπων). 10. παριστηκισαν√. εσθησεσι λευκαισ. 11. ειπαν (*sic* v. 24). βλεποντεσ (C εμβλ.). αναλημφθεισ. εθεασασθαι√. 12. ελεωνοσ. 13. — ανφβησαν (*habet* C). και Ιωαννησ και Ιακωβοσ. βαρθολομεοσ. μαθθαιοσ.—ο (*ante* ζηλωτησ: *habet* C). 14. ομοθυμαδον προσκαρτερουντεσ ομοθυμαδον (ομοθ. *secund. improbat* C)√.— και τη δεησει. γυναιξιν√. [μαρια]. — συν *secund.* 15. αδελφων (*pro* μαθητων). ωσει (*pro* ωσ). εικοσι. 16. — ταυτην. προειπεν√. δαδ √. συλλαβουσιν ιν (— τον). 17. — ην (*habet* C). εν (*pro* συν). ελαχεν√. 18. — του. πρινησ (C πρηνησ)√. ελακησεν√. 19. *init.* + ο (ο *eras.*). [πασι]. — ιδια. αχελδαμαχ'. τουτεστιν√. 20. λαβετω. 21. δι√. — εν *secund.* (*habet* C). εισηλθεν√. 22. αχρι (*pro* εωσ). ανελημφθη. συν ημιν γενεσθαι. 23. βαρσαββαν. [ματθιαν]. 24. ον εξελελεξω εκ τουτων των δυο ενα. 25. [κληρον]. αφ (*pro* εξ). 26. αυτοισ (*pro* αυτων). ματ'θιαν. κατεψηφισθη.(C συνκ.).

II. 1. [συμπληρουσθαι]. — απαντεσ (παντεσ C). ομου (*pro* ομοθυμαδον). 2. [καθημενοι]. 3. γλωσσει (*pro* γλωσσαι ωσει: C cum Steph.)√. + και εκαθισαν (*pro* εκαθισε τε: C και εκαθισεν). 4. παντεσ. λαλιν√. αποφθεγγεσθαι αυτοισ. 5. εισ ιηλμ (*pro* εν ιηλμ:

C cum Steph.).— ιουδαιοι. 6. [συνηλθε]. ηκουσεν.— εισ. 7. απαντεσ
prim. (παντεσ C cum Steph.). — προσ αλληλουσ. ουχ (pro ουκ).
απαντεσ secund. 8. ημισ√. 9.— και ελαριται (habet C). 12. διηπο-
ρουντο.— αν. [θελοι]. 13. διαχλευαζοντεσ. εισιν√. 14. +ο (ante
πετροσ). επηρεν√. παντεσ. ενωτισασθαι√. 15. Ὁπολαμβανεται√.
εστιν (sic v. 16)√. 16. [ἰωηλ']. 17. init. και εστε. ενυπνιοισ.
18. επι τασ δουλασ μου και επι τουσ δουλουσ μου. εκψαισ√. προ-
φητευσουσιν√. 19. σημια√. 20. — η (ante ελθιν√).— την prim.
(habet C). — και επιφανη. 21. Deest versus (habet A, legens
εστε√. αν επικαλεσητε√). 22. ισθραηλειτε. ναζοραιον (C ναζωρ.).
αποδεδιγμενον απο του θῡ. [δυναμεσι και τερασι]. σημιοισ√. εποι-
ησεν√.— και ultim. οιδαται√. 23. — λαβοντεσ (habet C). χειροσ.
ανειλατε. 24. ανεστησεν√. ωδεινασ√. κρατισθαι√. 25. δαδ (sic
vv. 29. 34)√. προορωμην. +μου (post κῡ). 26. ηὐφρανθη. μου η
καρδια (C cum Steph.). εφ ελπιδι (pro επ. ε.). 27. εγκαταλιψεισ√.
αδην. 29. ετελευτησεν√. 30. — το κατα σαρκα αναστησειν τον
χῡ. καθισε√. τον θρονον. 31. ελαλησεν√. οτι ουτε ενκατελιφθη
εισ αδην ουτε η σ. (— η ψυχη αυτου). ειδεν√. 32. εσμεν ημεισ.
33. του πνῡσ του αγιου. εξεχεεν√. ο ὑμεισ βλεπετε (— νυν). 34.
ειπεν κσ (— ο: habet C: ψαλμω ρθ in marg. et >>>> s.m.:
sic v. 28 >>). 36. [πασ οικοσ]. και κῡ αυτον και χῡ εποιησεν ο θσ.
37. την καρδιαν. ειπουτεσ (— τε). ποιησωμεν. 38. προσ αυτουσ
μετανοησατε φησιν (— εφη). [επι]. των αμαρτιων ὑμων. λημψεσθαι.
39. [πασι]. [οσουσ]. προσκαλεσητε√. 40. πλιοσιν√. διεμαρ-
τυρατο. +αυτουσ (ante λεγων). σωθηται√. 41. — ασμενωσ. +εν
(ante τη ημερα). εκινη√. ωσ (pro ωσει: C cum Steph.). 42.
[-τεσ τη διδ.].— και secund. (habet C). κλασιν√. 43. init. εγινετο.
δε (pro.τε). σημια√. fin. +εν ἰηλμ φοβοσ τε ην μεγασ επι
παντασ: cf. V. 5. 11. 44. και παντεσ δε οι πιστευσαντεσ. 45.
πασιν√. χριαν ειχεν√. 47. — τη εκκλησια. (καθ ημεραν επι in eodem
versu, το αυτο in sequente: in novâ pericopâ habet πετρ. δε . .).

III. 1. πετροσ δε και ἰωαννησ. ενατην. 2. του αιτιν. 3. λαβιν.
4. προσ (pro εισ prim.). ειπεν (sic v. 6)√. 5. λαβιν√. 6. ουκ
(pro ουχ). ναζοραιου (C ναζωρ.).— εγειραι και. 7. +αυτον (post
ηγειρεν). αι βασισ αυτου. στα σφυδρα (pro τα σφυρα: s.m. δ
eras.)√. 8. εισηλθεν√. [και αινων]. 9. ειδεν πασ ο λαοσ αυτον.
10. δε (pro τε).— αυτον (αυτον habet A inter δε et οτι: inceperat
scribere post οτι). αυτοσ (pro ουτοσ). ελαιημοσυνην√. την ωραιαν
πυλην (C τη ωραια, praetermisso πυλην). 11. αυτου (pro του

καθεντοσ χωλου). +τον (ante ιωαννην). συνεδραμεν πασ ο λαοσ
προσ αυτουσ. [σολομωντοσ]. 12. +ο(ante πετροσ). ισδραηλειται. ει
(pro η prim.). ατενιζεται√. δυναμι√. ευσεβια√. πεποιηκοσιν(π prius
p.m., at τ primð)√. 13. +ο θ͞σ (ante ισαακ [sic] et ιακωβ). τω
π͞ρων (sic)√. εδοξασεν√. πατερα (pro παιδα: E? demum παιδα)√.
+μεν (post υμεισ). —αυτον. εκινου απολλυειν√. 14. ητησασθαι√.
15. απεκτινατε√. ημισ√. 16. —επι (habet C). οιδαται εστε-
ρεωσεν√. 18. προκατηγγιλεν√. παθιν τον χ͞ν αυτου. ουτωσ√.
19. μετανοησαται√. επιστρεψαται√. προσ το εξαλιφθηναι (προσ pro
εισ). ελθωσιν√. 20. αποστιλη√. προκεχειρισμενον (pro προκεκηρ.).
χ͞ν ι͞ν. 21. δι√. των (pro παντων secund.). (C + των post αγιων).
απ αιωνοσ αυτου προφητων. 22. [μωσησ: in marg. s.m. δευτ].
— γαρ προσ τουσ πατερασ. ημων (pro υμων prim.: C cum Steph.).
23. εαν (pro αν). [εξολοθρευθησεται]. 24. οι (pro οσοι). κατηγ-
γιλαν. 25. +οι (ante υιοι). [διεθετο ο θ͞σ]. (υμων pro ημων C).
+εν (ante τω σπερματι: marg. s.m. habet δευτερ). 26. αναστησασ
ο θ͞σ. — ι͞ν. απεστιλεν√. αποστρεφιν√. fin. [Υμων].

IV. 2. καταγγελλιν√. 3. χιρασ√. γ αυριον (· p.m., γ postea
rasum). 4. —ο.— ωσει. 5. +τουσ (ante πρεσβυτερουσ et γραμ-
ματεισ). [εισ ι͞ηλμ]. 6. αννασ. ο αρχιερευσ. καιαφασ. ιωαννησ.
αλεξανδροσ. 7. [τω]. δυναμι√. fin. τουτο εποιησατε υμισ (sic
p.m.: ποιειτε primð). 8. πλησθισ√. ειπεν√. —του ισραηλ. 9.
ημισ√. σεσωται. 10. παν (pro παντι: C cum Steph.)√. ναζο-
ραιου (C ναζωρ.). υμισ√. 11. εξουθενηθισ√. οικοδομων. 12. ουδε
(pro ουτε). ετερον ονομα εστιν. 13. εισιν√. 14. τε (pro δε).
αντειπιν√. 15. κελευσαντοσ p.m. (-τεσ s.m. instauratoris)√.
συνεβαλλον. 16. ποιησωμεν: cf. ii. 37. γεγονεν√. [πασι]. αρνι-
σθαι. 17. —απειλη. απιλησωμεθα√. λαλιν (sic vv. 20. 29)√.
18. παρηγγιλαν (-λαντο C)√. —αυτοισ το. 19. ειπον προσ αυτουσ.
κριναται√. 20. ειδαμεν. 21. προσαπιλησαμενοι. [το πωσ]. 22.
τεσσερακοντα. [εγεγονει]. σημιον√. 23. απηγγιλαν. αρχιερισ√.
ειπαν (sic v. 24). 24. —ο θ͞σ. 25. ο του πατροσ ημων δια π͞νσ αγιου
στοματοσ δα͞δ παιδοσ σου (—του post δα͞δ). (ψαλμ. β̄ in marg. s.m.).
fin. καιναν√. 27. +εν τη πολι ταυτη (post αληθειασ). [πιλατοσ:
sic iii. 13]. εθνεσιν√. 28. χιρ√. [σου secund.]. προωρισεν√.
29. [επιδε]. απιλασ√. 30. χιρα σου εκτινιν σε ισ ιασιν (εισ pro
ισ A;—σε posterior manus). σημιαν√. γεινεσθαι√. 31. παντεσ
(C cum Steph.). του αγιου π͞νσ. 32. —η prim. et secund. [ουδε
εισ]. [απαντα]. 33. δυναμι μεγαλη. τησ αναστασεωσ ι͞υ χ͞υ του

119

π̄ῡ. 34. ην (pro υπηρχεν). — υπηρχον (habet C). 35. διεδιδετα. χριαν√. 36. ιωσηφ. απο (pro υπο). εστιν√. [λευϊτησ]. 37. ηνεγκεν√. εθηκεν√. προσ (pro παρα).

V. 1. [ανανιασ ονοματι]. παμφιρη (C σαμφιρη). επωλησεν√. 2. init. και ενοσφ. (και p.m.?). συνϊδυησ. — αυτου. 3. ειπεν (sic vv. 8. 19. 35)√. +ο (ante πετροσ). επηρωσεν (επληρωσεν C cum Steph.). [-σασθαι απο]. 4. εμενον σοι εμενεν (· p.m.)√. υπηρχεν√. 5. +ο (ante ανανιασ). εξεψυξεν√. — ταυτα (habet C). 6. συνεστιλαν√. 7. εωσ (pro ωσ: C cum Steph.). ϊδυια√. 8. δε προσ αυτην πετροσ (—ο). απεδοσθαι√. 9. —ειπε. +ουν (post τι : improbat C). εξοισουσιν√. 10. επεσεν√. προσ (pro παρα). [ευρον]. 12. χιρων√. εγινετο. σημια√. πολλα εν τω λαω. [απαντεσ]. σαλομωντοσ. 13. ουδισ√. 15. και εισ (pro κατα). πλατιασ√. ασθενισ (sic v. 16)√. κλιναριων. κραβαττων. fin. αντω (C αυτων)√. 16. — εισ. 17. αιρεσεισ√. 18. χιρασ√. — αυτων. 19. — της (habet C). ανοιξασ. 21. απεστιλαν√. 22. παραγενομενοι υπηρεται. απηγγιλον. 23. —μεν. κεκλισμενον√.—εξω. επι (pro προ). 24. — ιερευσ και ο. +το (ante τι: improbat C). 25. απηγγιλεν√. — λεγων. — οι (habet C). εθεσθαι√. — εστωτεσ και (εστωτεσ Α, και addit C). 26. ηγεν. — ινα. 28. — ου (habet C). παρηγγιλαμεν√. διδασκιν√. επληρωσαται. βουλεσθαι√. 29. — ο. ειπαν. πιθαρχιν δι√. 30. + δε (ante ο̄σ̄). διεχιρισασθε√. 31. υψωσεν√. + του (ante δουναι : improbat C). 32. εσμεν μαρτυρεσ (— αυτου). — δε. πιθαρχουσιν√. 33. [εβουλευοντο]. αναιλειν√. 34. τουσ ανθρωπουσ (pro τι τουσ αποσ.). 35. ισδραηλειται. μελλεται√. πραττειν. 36. προσεκλιθη ανδρων αριθμοσ ωσει τετρακοσιοι (ωσ τετρακοσιων C). επιθοντο. 37. απεστησεν√. — ικανον. κακινοσ√. επιθοντο. 38. —υμιν (habet Α). αποστηται√. αφετε (pro εασατε). 39. δυνησεσθαι. αυτουσ (pro αυτο). 40. επισθησαν√. παρηγγιλαν√. λαλιν√. — αυτουσ. 41. κατηξιωθησαν υπερ του ονοματοσ (— αυτου). 42. fin. τον χ̄ν̄ ῑν̄.

VI. 2. [ειπον]. καταλιψαντασ√. διακονιν√. 3. επισκεψασθαι√. δε (pro ουν). [αδελφοι].— αγιον και (και tantum habet C). [καταστησομεν]. χριασ√. 5. εξελεξαν τον (pro εξελεξαντο). πληρησ. π̄ν̄σ̄ και πιστεωσ αγιου (C cum Steph.). 7. ηϋξανεν√. ιουδαιων (pro ιερεων: C cum Steph.). πιστιν√. 8. χαριτοσ (pro πιστεωσ). σημια√. 9. — των prim. των λεγομενων (pro τησ λεγ.). [και ασιασ]. συνζητουντεσ. 11. λεγοντεσ (pro -τασ). λεγοντοσ (pro λαλουντοσ: C cum Steph.). βλασφημιασ primò, at p.m. mutatum

120

in βλασφημααε, priusquam ad εισ pergeretur. μωϋσην. 12. — επισταντεσ (habet C). 13. λεγοντεσ (pro -τασ: cf. v. 11). λαλων ρηματα (— βλασφημα).—τουτου. 14. [μωϋσησ]. 15. — εισ (habet Δ). ταντεσ. [ειδον].

VII. 1. ειτεν (sic vv. 3. 7. 33)√.— apa. 3. [εκ secund.]. συγγενιασ√. + την (ante γην). εαν (pro αν: C cum Steph.). βιξων√. 4. αποθανιν√. κατοικιτε√. 5. επηγγιλατο√. δουναι αυτην εισ κατασχεσιν αυτω. 6. ελαλησεν√. αυτω (pro ουτωσ). 7. εαν δουλευσωσιν. ο θσ ειπεν. λατρευσουσιν√. 8. εγεννησεν√. ισαακ prim. εβδομη (C cum Steph. ογδοη). — o prim. et secund. [ισαακ secund.]. ιακωβ prim.√. 10. εξιλατο. εναντι. + εφ (ante ολον). 11. ηλθεν√. αιγυπτον (pro γην αιγυπτου). θλιψεισ√. 12. σιτια εισ αιγυπτον. εξαπεστιλαν (C -στιλεν)√. 13. ιωσηφ·· prim.√. — τω secund. αυτου (pro του ιωσηφ). 14. αποστιλασ√. ιακωβ τον πατερα αυτου.— αυτου secund. 15. και κατεβη (— δε). ιακωβ ·[εισ αιγυπτον]. 16. ω (pro ο). εμμωρ εν συχεμ (— του: + τον ante εν C). 17. ομολογησεν (pro ωμοσεν). 18. [αχρισ]. · + εκ εγυπτον (post ετεροσ: C αιγ.). 19. εκακωσεν√. — ημων secund. τα βρεφη εκθετα. 20. μωϋσησ. αστιοσ√. μου (pro αυτου: ··· p.m.). 21. εκτεθεντοσ δε αυτου ανειλατο. 22. επεδευθη√. μωϋσησ. + ω (ante παση).— εν ultim. fin. + αυτου. 23. τεσσερακονταετησ. 25. ενομιξεν√. — αυτου. [διδωσι] σωτηριαν αυτοισ. οι δε p.m., sed υ pro ι primô. 26. [τε]. συνηλλασσεν.—υμεισ. αδεικειτε√. 27. δικ prim. in rasurâ scriptum. ημων (pro ημασ). 28. αναιλειν√. εχθεσ. 29. εφυγεν√. μωϋσησ (sic vv. 31. 32. 40). 30. τεσσερακοντα (sic vv. 36. 42).— κυ. [φλογι πυροσ]. 31. εθαυμαζεν. — προσ αυτον. 32. — o θσ tert. et quart. ισαακ·. ιακωβ·√. μωϋσησ γενομενοσ. ετολμησεν. 33. εφ (pro εν). 34. [αυτων]. αποστιλω (i. e. -στειλω). 35. + εφ ημων (post δικαστην prim.). (+ και post θσ Δ potius quam p.m.). δικαστην (pro λυτρωτην: C habet λυτρωτην post αρχοντα και secund.). απεσταλκεν [εν]. 36. σημιαν√. γη αιγυπτω. 37. ειπασ. ιηλ·√. αναστησι√. — κσ. — υμων prim. — υμων secund. (habet C). — αυτου ακουσεσθε. 38. ορι√. ϋμων (pro ημων). ϋμιν (pro ημιν). 39. αλλα. και εν ταισ καρδιεσ αντων (··· p.m.: καρδιαισ C). 40. + o ανθρωποσ (ante οσ). εγενετο (pro γεγονεν). 42. εστρεψεν√. ιηλ·√. 43. [ϋμων] ρομφαν (at C ραιφαν). προσκυνιν√. επεκιναν√. 44.— εν prim. εταξατο (C cum Steph.). μωϋση. αυτη (pro αυτην). 45. εξεωσεν (ε med. eras.). δαδ√. 46. ευρεν√.

— ητησατο (*habet* C). ευριν√. οικω (*pro* θω: C *cum* Steph.).
47. σαλομων. 48. χιροποιητοισ√. — ναοισ. κατοικιν. (*Marg. s.m.*
ησαιασ). 49. οικοδομησεται√. λεγι√. 50. εποιησεν√ [ταυτα
ταυτα]. 51. ταισ καρδιαισ ὑμων. αντιπιπτεται√. [ωσ]. υμισ *se-
cund.*√. 52. απεκτιναν √. προκαταγγιλαντασ √. φονισ √. *fin.*
εγενεσθαι. 54. — ταυτα (*habet* C). 55. + πιστεωσ και (*ante* τνσ).
ειδεν√. 56. διηνοιγμενουσ (*pro* ανεωγ.). εστωτα εκ δεξιων (C *cum*
Steph.). 58. [αυτων]. 60. εκραξεν√. — φωνη μεγαλη (*habet* C).
[την αμαρτιαν ταυτην]. *Jungit* viii. 1 *usque ad* αναιρεσιν√ αυτου
cum cap. vii.

VIII. 1. εκινη√. — τε (*at* και παντεσ C). σαμαριασ. 2. εποιησαν.
3. + τουσ (*ante* ανδρασ: *improbat* C). 4. ηλθον (διηλθον C *cum*
Steph.). 5. + την (*ante* πολιν). καισαριασ (*pro* σαμαρειασ, cf.
v. 40; xxi. 8: C σαμαριασ). 6. δε (*pro* τε). αυτου *forsan p.m.*
(σ *addito a* C?). βλεπιν√. σημια√. 7. πολλοι. φωνη μεγαλη εξ-
ηρχοντο. 8. εγενετο δε πολλη χαρα (— και ει μεγαλη). πολι (*sic*
v. 9)√. 9. εξιστανων. σαμαριασ. 10. προσειχαν (*non* v. 11).
[παντεσ]. + καλουμενη (*ante* μεγαλη). 11. μαγιαισ√. 12. του
φιλιππου ευαγγελιζομενου (C *cum* Steph.). — τα. βασιλιασ√. κυ (*pro*
θυ: C *cum* Steph.). — του (*ante* ιυ χυ). 13. επιστευσεν√. θεορων
τε σημια και δυναμισ μεγαλασ γεινομενασ εξισταντο (C εξιστατο).
14. σαμαρια. χυ (*pro* θυ: C *cum* Steph.). απεστιλαν√. — τον
secund. 15. λαβωσιν√. 16. ουδετω (*pro* ουπω). εβαπτισμενοι
(C βεβαπ.). 17. επετιθεσαν. χιρασ (*sic* v. 19)√. 18. ιδων (*pro*
θεασαμενοσ). χιρων√. — το αγιον. 19. εαν (*pro* αν). 20. ειπεν
(*sic* vv. 24. 29. 31. 34)√. αυτουσ (*pro* αυτον: C *cum* Steph.).
απωλιαν√. 21. εστιν√ (*bis in versu*). ευθια√. εναντι (*pro* εναπιον).
22. κυ (*pro* θυ). 24. δεηθηται ὑμισ√. 25. διαμαρτυρομενοι. ὑπ-
εστρεφον. ιεροσολυμα. σαμαριτων√. ευηγγελιζοντο. 26. ελαλη-
σεν√. [πορευου]. + καλουμενην (*ante* καταβαινουσαν: *improbat* C).
27. — τησ *prim.* — οσ *secund.* (*habet* C). 28. — και *secund.* (*habet*
C). ανεγινωσκεν√. 30. ησαιαν τον προφητην. 31. οδηγησει. παρ-
εκαλεσεν√. καθισε√. 32. κιραντοσ. αυυγει√. 33. ταπινωσει√.
— αυτου *prim.* — δε. 35. + και (*ante* ευηγγελισατο: *improbat* C).
36. ιδωρ (C ὑδωρ) *secund.* 37. *Deest versus.* 38. εκελευσεν√.
39. ηρπασεν√. 40. πολισ√. του ελθιν. καισαριαν.

IX. 1. — ετι (*habet* C). ενπνεων. απιλησ√. 2. επιστολασ παρ
αυτου. αν (*pro* εαν). οντασ τησ οδου. ιερουσαλημ̇·√. 3. εξεφνησ
.τε (—και). αυτον περιηστραψεν. εκ (*pro* απο). 4. ηκουσεν√. 5.

ειπεν prim. (sic vv. 10 prim. 15. 17. 40)√. — κσ. [habet ειπεν
secund.]. [ισ ον]. 5, 6. — σκληρον σοι usque ad και ο κσ προσ
αυτον. 6. + αλλα (ante αναστηθι). ο τι (pro τι post σοι). 7.
ιστηκεισαν√. ενεοι. ορωντεσ (pro θεωρουντεσ: C θεορουντεσ√).
8. — ο. ηνυγμενων (pro ανεωγμενων: C ηνεωγμ.). ουδεν (α super
ν s.m., sed revocatum). εβλεπεν√. 9. τρισ√. 10. εν οραματι ο
κσ. 11. [αναστασ]. ευθιαν√. 12. ιδεν√. — εν οραματι. ανανιαν
ονοματι. χιρασ (C τασ χιρασ). 13. — ο. ηκουσα. τοισ αγιοισ σου
εποιησεν. ιερουσαλημ'√. 15. εστιν μοι. ενωπιον εθνων τε. 16.
υποδιξω√. 17. απηλθεν√. χιρασ√. απεσταλκεν√. — η ηρχου (habet
Α). 18. απετεσαν. [απο των οφθ. αυτου]. ωσ (pro ωσει: C cum
Steph.). ανεβλεψεν√. δε (pro τε).—παραχρημα. 19. — ο σαυλοσ.
20. εκηρυσσεν√. ιυ (pro χυ). 21. εξισταντο (ν p.m.?). εισ (pro
εν). [εληλυθει]. 22. συνεχυννε ιουδαιουσ (— τουσ: habet C).
[συμβιβ.]. 24. παρετηρουντο. δε και (pro τε prim.). αυτον αν-
αιλωσιν (αναιλ. αυτον C). 25. οι μαθηται αυτου (— αυτον). διο
του τιχουσ καθηκαν αυτον. σφυριδι. 26. — ο σαυλοσ [εισ ιηλμ].
επιραζεν (pro επειρατο). εστιν√. 27. ηγαγεν√. ειδεν√. — και
(ante πωσ secund.: habent Α C). [του ιυ]. 28. εισ (pro εν).
29. init. — και (ante παρησιαζομενοσ√). — ιυ (habet C). + τε (ante
προσ τουσ ελληνιστασ: '' p.m.). επεχιρουν√. ανελειν αυτον√.
30. καισαριαν. εξαπεστιλαν αυτον. 31. η μεν ουν εκκλησια. σα-
μαριασ ειχεν. οικοδομουμενη και πορευομενη. επληθυνετο. 32.
κατελθιν√. εν λυδδα ('' p.m. vel Α). 33. ευρεν√. ονοματι αινεαν.
κραβακτου (C κραβαττου). 34. — ο secund. 35. [ειδον]. λυδδα.
—τον prim. (habet C). σαρρωνα. 36. [αγαθ. εργ.]. ελαιημοσυ-
νων√. 37. εκιναισ√. αποθανιν√. εθηκαν αυτην (C cum Steph.).
[εν υπερ.]. 38. λυδδασ (C λυδδα). απεστιλαν√. οκνησησ.
διελθιν√. ημων (pro αυτων). 39. κλεουσαι√. επιδικνυμεναι√. 40.
+ και (ante θεισ). [ηνοιξε]. ανεκαθισεν√. 42. επιστευσαν πολλοι.
43. ημερασ ικανασ μιναι (— αυτον: ante ημερ. habet C).

X. 1. — ην. καισαρια. [σπειρησ]. 2. — τε. 3. init. ωεδεν (ω
notat. p.m.: ειδεν demum C).— εν. ωσ (pro ωσει: C cum Steph.).
+ περι (ante ωραν). ενατην. 4. ειπεν bis in vers. (sic vv. 14. 19)√.
εστιν (sic vv. 34. 35. 36)√.—εισ μνημοσυνον (habet C). εμπροσθεν
(pro ενωπιον). 5. ανδρασ εισ ιοππην. [σιμωνα οσ]. 6. — ουτοσ
λαλησει usque ad fin. vers. 7. αυτω (pro τω κορνηλιω). — αυτου.
8. απαντα αυτοισ. απεστιλεν√. 9. αυτων (pro. εκεινων). προσ-
ευξασθε√. (ενατην pro εκτην C). 10. προσπινοσ√. ηθελεν γευ-

123

σασθεν√. αυτων (pro εκεινων). εγενετο (pro επετεσεν). 11. θεωριν√.
— ετ αυτον.— δεδεμενον και. 12. ὑπηρχεν√. τετραποδα και ερπετα
τησ γησ (— και τα θηρια et τα ante ερπετα) cf. xi. 6. — τα (ante
τετιναν√). 14. και (pro η). 15. εκαθαρισεν√. 16. τρεισ√. ευθυσ
(pro ταλιν). ανελημφθη. 17. ειδεν√.— και. ὑπο (pro απο). +του
(ante σιμωνοσ). 19. διενθυμενου√. το πνα αυτω. τρισ√. ζη-
τουπτεσ. 20. οτι (pro διοτι). 21. —τουσ απεσταλμενουσ απο του
κορνηλιου προσ αυτον. 22. ειπαν. 23. εξενισεν√. αναστασ (pro ο
πετροσ). εξηλθεν√.— τησ. 24. τη δε (pro και τη : lineae contra
v. 23 τη δε ετ. positae ad v. 24 lectorem referunt). εισηλθαν. κεσα-
ριαν. συνκαλεσαμενοσ. 25. +του (ante εισελθιν√). 26. ηγειρεν
αυτον. και εγω. 27. εισηλθεν√. 28. ὑμισ√. επιστασθαι√. καμοι
εδιξεν ο θσ. 29. πυνθανομε√. μετεπεμψασθαι√. 30. — νηστευων
και. ενατην.— ωραν. εμου (pro μου secund.). 31. φησιν√. 32. — οσ
παραγενομενοσ λαλησει σοι. 33. fin. ὑπο του κυ (απο pro ὑπο C).
34. (+ αυτου post στομα C). προσωπολημπτησ. 35. εθνι√.
36. ον (" Δ potius quam p.m.). απεστιλεν√. 37. αρξαμενοσ απο.
38. ναζαρεθ. ωσ (pro οσ: C cum Steph.). 39. ημισ√. — εσμεν.
[εν secund.]. +και (ante ανιλαν sic). 40. ηγειρεν εν τη τρ. (im-
probat εν C). 41. [μαρτυσι]. προκεχιροτονημενοισ. 42. παρηγ-
γιλεν√. [αυτοσ]. 43. λαβιν√. 44. [επεπεσε]. 45. οσοι συν-
ηλθαν. [αγιου πνσ]. 46. — ο. 47. δυναται κωλυσαι. ωσ (pro
καθωσ). 48. προσεταξεν√. δε (pro τε). αυτοισ (pro αντουσ). εν
τω ονοματι ιυ χυ βαπτισθηναι (—του κυ).

XI. 2. οτε δε (pro και οτε). ιηλμ. 3. εισηλθεσ προσ ανδρασ
ακροβυστιαν εχοντασ. 4. — ο. 5. πολι√.— προσευχομενοσ (habet
C). εκστασιν√. αχρι. 6. ορπετα (ερ p.m.)√. 7. + και (post δε).
8. — παν. ακα p.m. (θαρ supplet Δ, τον C), at κοινον η α rescriptum
p.m.√. 9. — μοι. εκαθαρισεν. 10. ανεσπασθη παλιν. 11. τρισ√.
ημεν (pro ημην). καισαριασ. εμε (pro με: C cum Steph.). 12.
ειπεν√. το πνα μοι. συνελθιν√. μηδεν διακρινοντα (C -ναντα).
13. απηγγειλεν√. δε (pro τε). ειδεν√. — αυτω. αποστιλον√.
— ανδρασ. 14. λαλησι√. 15. λαλιν√. [επεπεσε]. 16. + του
(ante κυ). (+ οτι ante ιωαννησ C). βαπτισθησεσθαι√. 17. δεδωκεν.
— δε. 18. εδοξασαν. αρα ('— γε). εισ ζωην εδωκεν. 19. [στεφανω].
αντιοχιασ (non v. 22). fin. ιουδαιοι. 20. ελθοντεσ. αντιοχιαν (sic
v. 26, non v. 27). + και (post ελαλουν: improbat C sed restitut.).
ευαγγελιστασ (pro ελληνιστασ: C ελληνασ). 21. + ο (ante πισ-
τευσασ). 22. τησ ουσησ εν ιερουσαλημ (pro τησ εν ιεροσο-
124

λυμοισ). εξαπεστιλαν√.—διελθειν. 23. + την (post χαριν). προσ-
μενιν√. 24. ανηρ ην. 25. εξηλθεν√.—ο βαρναβασ. 26. — αυτον
prim. et secund. αυτοισ και (pro αυτουσ). πρωτωσ. αντιοχια.
χρηστιανουσ p.m. (χριστ. s.m.). 28. εσημανεν√. μεγαλην (pro
μεγαν). μελλιν√. ητισ (pro οστισ). — και. — καισαροσ. 29. ευ-
τοριτο. 30. init. ο και ο (o secund. improbat Α). αποστιλαντεσ√.

ΧΙΙ. 1. ο βασιλευσ ηρωδησ. χιρασ√. 2. ανιλεν√. μαχαιρη.
3. ιδων δε (— και). — εστι (C εστιν√). συλλαβιν√. [δε ημεραι].
4. τεσσαρσιν√. αναγαγιν√. 5. ετηριτο√. εκτενωσ. περι (pro
υπερ). 6. ημελλεν προσαγειν αυτον. αλυσεσιν δυσιν√. 7. εξ-
επεσαν. 8. ειπεν (sic vv. 11. 17)√. [τε]. ζωσαι. εποιησεν√. ουτωσ√.
λεγιν√. ακολουθιν√. 9. ηκολουθιν√.—αυτω (habet C). ηδι√. [εστι].
[δια]. εδοκι√. — δε (habet C). βλεπιν√. 10. ηλθαν. ηνυγη (pro
ηνοιχθη). 11. εν εαυτω γενομενοσ. εξαπεστιλεν√. εξειλατο. 12.
+ τησ (ante μαριασ). 13. αυτου (pro του πετρου). προηλθε. ὑπ-
ακονουσα (Α cum Steph.). 14. ηνυξεν√. απηγγιλεν√. 15. ειταν.
οι δε ελεγον αγγελοσ εστιν αυτου (—ο: habet ο C, et αυτ. εστ.).
16. [επεμενε]. [ειδον]. 17. κατασισασ√. χιρι√.—αυτοισ secund.
τε (pro δε secund.). απαγγιλατε√. 18. ουχ (pro ουκ). 19. —την.
καισαριαν. 20. — ο ηρωδησ. πισαντεσ√. 21. αισθητα√. — και.
22. [δυ φωνη]. ανθρωπων (C cum Steph.). 23. [εδωκε την δ.].
24. ηὔξανεν√. 25. εισ (pro εξ: nihil additum). συνπαραλαβοντεσ.
— και secund. επικαλουμενον.

ΧΙΙΙ. 1. — τινεσ. αντιοχια. τετρααρχου (a alterum eras. s.m. ?)
cf. Matth. xiv. 1; Luc. iii. 1. 19. 2. ειπεν (sic v. 22)√. — τε.
(τον secund. improbat Α). 3. χιρασ√. 4. αυτοι (pro ουτοι). του
αγιου πνσ.—την prim. et secund. σελευκιαν. 5. εισ σαλαμινη (εν
pro εισ C). 6. +ολην (post δε). +ανδρα (ante τινα). βαριησον.
8. ουτωσ√. 9. — και secund. 10. +του (ante κυ: improbat C).
ευθιασ√. 11. χιρ√. — του. τε επεσεν (pro δε επεπεσεν). εζητι
χιραγωγουσ√. 13. — τον. ὑπεστρεψαν (C -ψεν)√. 14. την πι-
σιδιαν. ελθοντεσ (pro εισελ.: C cum Steph.). 15. απεστιλαν√.
ει τισ εστιν εν υμιν λογοσ. 16. κατασισασ√. Ἰσδραηλειται. 17.
ἰσηλ'. αιγυπτου. βραχειονοσ√. 18. τεσσερακονταετη. [ετροπο-
φορησεν]. 19. κατεκληρονομησεν. — αυτοισ. 20. init. ωσ ετεσι
τετρακοσιοισ και πεντηκοντα και μετα ταυτα. εδωκεν√.—τον. 21.
κακιθεν√. κεισ. βενιαμειν. τεσσερακοντα. 22. τον δαυειδ αυτοισ.
δαδ secund. (sic vv. 34. 36). 23. — απο του σπερματοσ (habet C).
ηγαγεν (pro ηγειρε). 24. 'ιη' λαω ιηλ (' ' p.m.)√. 25. — ο.

ελεγεν√. τι εμε. ὑπονοειται√. ειδου√. ερχετε√. λυσε√. 26. ημιν
(*pro* υμιν *secund.*). εξαπεσταλη. 27. ἱερουσαλημ'√. 28. ητησαν
τον πιλατον (C *cum* Steph.). 29. παντα. μνημιον√. 31. πλιουσ√.
+ νυν (*post* εισι *sic*). 32. την προσ τουσ *rescripsit in rasura* A
vel p.m.√. εκπεπληρωκεν√. ημων (*pro* αντων ημιν). 33. τω ψαλμω
γεγραπται τω δευτερω (*marg. s.m.* ψαλμω β̄). 34. ὑποστρεφιν√.
35. διοτι (*pro* διο: *marg. s.m.* ψαλμω *tantum*). ειδιν√. 36. ειδεν
(*sic* v. 37)√. 38. ὑμιν εστω. 39. — και. — τω. μωϋσεωσ (μωϋσ
rescripsit p.m.). *fin.* δικαιωθηναι *primò, at* -ονται *p.m.*√. 40.
απελθη (C επελθη). — εφ υμασ. (*marg. s.m.* ἰωηλ). 41. ειδετε√.
καταφρονησατε (C -νητε)√. θαυμασετε. ο εγω εργαζομε εγω (*pro*
εγω εργαζομαι: C *delet* ο *tantum*). ο (*pro* ω). πιστευσηται√. 42.
αντων (*pro* εκ τησ συναγωγησ των ιουδαιων). — τα εθνη. 43. λυ-
θισησ√. + αντοισ (*post* δε: *improbat* C). [αυτοισ]. επιθον. προσ-
μενιν. 44. [τω δε ερχομενω]. κυ (*pro* θυ). 45. — του. λαλου-
μενοισ (*pro* λεγομ.). — αντιλεγοντεσ και. 46. τε (*pro* δε *prim.*).
ειπαν. επιδη√. — δε *secund.* (*habet* C). απωθισθαι√. κρινεται√.
47. [ουτω].—ο (*habet* C). τεθικα√. σαι (*pro* σε *prim.*)√. 49. καθ
(*pro* δι). 50. (και *ante* τασ ευσχ. *improbat* C). επηγιραν√.—τον
secund. 51. — αντων. 52. [δε].

XIV. 1. εικονιω. — των ιουδαιων (*habet* C). 2. απιθησαντεσ.
επηγιραν√. 3. + επι (*ante* τω λογω: *improbat* C). διδοντοσ (*pro*
και διδοντι). σημια√. γεινεσθαι√. χιρων√. 6. [-νιασ λυστραν].
7. ευαγγελιζομενοι ησαν. 8. αδυνατοσ εν λυστροισ (C *cum* Steph.).
— υπαρχων. περιεπατησεν. 9. + ουκ (*ante* ηκουσεν *sic*). λεγοντοσ
(C *cum* Steph. λαλουντοσ). εχει πιστιν. 10. ειπεν√. — τη. [*nihil*
additum]. ηλατο. 11. τε (*pro* δε). ειδοντεσ. — ο (*ante* παυλοσ).
— αντων (*habet* C). ανθρωποι (C *cum* Steph.). 12.—μεν. [δια]. επι
(*pro* επειδη: C επιδη√). 13. *init.* ο τε (*pro* ο δε).—αντων. ηθελεν√.
14. βαρναβ *forsan p.m.* (ασ *supplet* A?)√. (C εαυτων *pro* αντων).
εξεπηδησαν. 15. [εσμεν ὑμιν]. επιστρεφιν√.— τον *prim.* (*improbat*
C τον *secund.*). εποιησεν√. 16. ἰασεν√. πορευεσθεν√. 17. (γε
improbat C). αυτον (*pro* εαυτον: C *cum* Steph.). αγαθουργων.
ὑμιν (*pro* ημιν: *improbat* ὑμιν C). διδουσ ὑετουσ. *fin.* ὑμων (*pro*
ημων: C *cum* Steph.). 19. επηλθαν. αντιοχιασ√. πισαντεσ√.
[εσυρον].—εξω (*habet* C). νομιζοντεσ. τεθνηκεναι. [*nihil additum*
in hoc versu]. 20. των μαθητων αυτον. 20, 21. — και τη επαυ-
ριον *usque ad* πολιν v. 21 (ὅμοιοτ.: *habet* C, *legens* εξηλθεν√ *et*
ευαγγελισαμενοι: *punctis positis rursusque deletis*)√. 21. + εισ
(*ante* εικονιον *et* αντιοχιαν). 22. (+ τε *post* παρακαλουντεσ C).

ενενμενιν√. εισελθιν√. 23. κατ εκκλησιαν πρεσβυτερουσ. νηστιων√.
πεπιστευκισαν√. 24. + εισ (ante την πισιδιαν). + την (ante παμ-
φυλιαν). 25. εισ την περγην (C cum Steph., at ipse forsan revo-
cavit εισ την π.). + του κυ (post λογον). ατταλιαν. 26. init. κακ
rescripsit p.m.√. 27. ανηγγελλον. ο θσ εποιησεν. ηνυξεν√. εθ-
νεσιν√. 28. — εκει. ουχ (pro ουκ : sic ante ολιγ. xii. 18; xix.
23. 24; at non xv. 2; xvii. 4. 12; xxvii. 20).

XV. 1. περιτμηθητε. εθνι (pro εθει : ν eras.). + τω (ante
μωϋσεωσ). δυνασθαι√. 2. δε (pro ουν). ζητησεωσ (pro συζητη-
σεωσ). αναβαινιν√. εξ αυτων αλλουσ. 3. + τε (ante φοινικην).
σαμαριαν. διηγουμενοι (A C cum Steph.). [πασι]. 4. παρεδεχ-
θησαν. [ϋπο]. — και prim. (habent A C). ανηγγιλαν√. — τε (habet
C). εποιησεν√. 5. παραγγελλιν√. τηριν√. 6. [δε]. ειδιν√.
7. ζητησεωσ. ειπεν (sic v. 36)√. επιστασθαι√. — οτι (ότι C). εν
υμιν εξελεξατο ο θσ (non ημιν). 8. — αυτοισ secund. 9. [ουδεν].
διεκρινεν√. πιστιν√. 10. πιραζετε√. — ζυγον (habet A ?). ημισ√.
11. + του (ante κυ). — χυ. πιστευσομεν. 12. εσιγησεν√. σημια√.
εθνεσιν√. 13. ακουσαται√. 14. λαβιν√. — επι. 16. (marg. s.m.
αιωσ). δαδ√. κατεστραμμενα. 17. — ο (habet C). — παντα (ταυτα
jungit cum γνωστα απ αιωνοσ·). 18. — εστι τω θω usque ad fin.
vers. 20. επιστιλαι√. — απο. πορνιασ√. [του πνικτου]. 21.
μωυσησ. αυτου (ν p.m.). 22. [εδοξε]. αντιοχιαν (sic v. 23, non
v. 30). καλουμενον βαρσαββαν. ηγουμενοισ (-ουσ C). 23. — ταδε
(habet C). — και οι (ante αδελφοι : habet C). 24. επι δε (i. e.
επει δε pro επειδη : C επιδη√). υμων (pro ημων : C cum Steph.).
— εξελθοντεσ (habet C). — λεγοντεσ usque ad τον νομον. διεστι-
λαμεθα√. 25. [εκλεξαμενουσ : sic v. 22]. 26. [παραδεδωκοσι].
28. εδοξεν√. τω πνι τω αγιω. κ μηδεν (· p.m.)√. τουτων επ
αναγκαισ nisi mavis επαναγκαισ cum Tischend. (— των : habet C
ante επ). 29. πνικτων (C cum Steph.). πορνιασ√. ερρωσθαι√.
30. κατηλθον. 32. [τε]. — και επεστηριξαν (habet A). 33. απο-
στιλαυτασ εαυτουσ (ε eras. : pro αποστολουσ). 34. Deest versus.
36. προσ βαρναβαν παυλοσ. δε (pro δη : C cum Steph.). — ημων.
πολιν πασαν. κατηγγιλαμεν√. εχουσιν√. 37. εβουλετο συνπαρα-
λαβιν και τον ἰωαννην. (C scripturus επικαλουμενον rursus ab-
stersit επ). 38. συνπαραλαμβανιν. 39. δε (pro ουν). 40. εξ-
ηλθεν√. κυ (pro θυ). 41. [και κιλ.].

XVI. 1. κατηντησεν√. [δε εισ]. + εισ (ante λυστραν). — τινοσ.
127

2. εμαρτυριτον√. ικονιου√. 3. εξελθιν√. εκινοισ√. απαντεσ οτι
ελλην ο πατηρ αυτου ϋπηρχεν. 4. παρεδιδοσαν. φυλασσιν√.—των
secund. ιεροσολυμοισ. 5. πιστιν√. 6. διηλθον (pro διελθοντεσ).
—την secund. 7. +δε (post ελθοντεσ). επιραζον√. εισ (pro κατα
secund.). πορευθηναι. ιασεν√. fin. +ϊυ. 9. [τησ]. τω παυλω
ωφθη. μακαιδων τισ ην. +και (ante παρακαλων). 10. εξητησαμεν
(pro εζητ.). εξελθιν√.— την. μακαιδονιαν. [συμβιβ.].— ημασ
(habet C). ϭϭ (pro κϭ). 11. δε (pro ουν).—τησ. δε (pro τε). νεαν
πολιν. 12. κακειθεν (— τε). εστιν√.— τησ secund. μακαιδονιασ.
[κολωνια]. [ταυτη]. 13. πυλησ (pro πολεωσ). ενομιζεν προσ-
ευχην. +ημιν (ante γυναιξιν√: improbat ημιν C). 14. διηνυξεν√.
15. (+αυτη post εβαπτισθη C). παρεκαλεσεν√. μενετε (pro μει-
νατε). fin. ϋμασ (C cum Steph. ημασ). 16. +την (ante προσ-
ευχην). οχουσαν (C εχουσ.)√. πυθωνα υπαντησαι. ϋμιν (pro ημιν:
C cum Steph.)√. παρειχεν√. 17. κατακολουθουσα. [εκραζε]. ϋμιν
(pro ημιν secund.). 18. — ο. ειπεν√.— τω secund. εξελθιν√. 19.
[τον σιλαν]. 20. ειπαν (sic v. 31). 21. ουσιν√. 22. περιρηξαντεσ.
23. παραγγιλασ τε (C παραγγιλαντεσ√). τηριν√. 24. λαβων (pro
ειληφ.). ησφαλισατο αντων. 25. —το. 26. σισμοσ√. ηνοιχθησαν
δε (pro ανεωχθησαν τε). ανελυθη (ανεθη C cum Steph.). 27.
δεσμοφυλασ (non v. 36). [-μενοσ μαχ.]. ημελλεν. 28. εφωνησεν√.
φωνη μεγαλη παυλοσ (—ο). 29. εισεπηδησεν√. προσεπεσεν√. [τω
σιλα]. 30. προαγων (προαγαγων C cum Steph.). 31. πιστευσαν
(-σον C)√.— χυ. 32. ϭυ (pro κυ: C cum Steph.). συμ πασι (pro
και πασι). 33. εκινη√. απαντεσ. 34. [αυτου]. παρεθηκεν√. [ηγαλ-
λιασατο]. πανοικει. 35. απεστιλαν√. 36. απηγγιλεν√. [τουτουσ].
απεσταλκαν. fin. εισ ϊρηνην. 37. διραντεσ√. [εβαλον]. 38. απηγ-
γιλαν. τε (pro δε prim.). εφοβηθησαν δε (— και). εισιν√. 39.
απελθιν απο (pro εξελθειν). 40. απο (pro εκ). προσ (pro εισ).
παρεκαλεσαν τουσ αδελφουσ (— αυτουσ). fin. εξηλθαν.

XVII. 1. πολιν (pro αμφιπολιν: A cum Steph.). +την (ante
απολλωνιαν).— η. 2. εισηλθεν√. διελεξατο. 3. παθιν√. ιϭ χϭ
(—ο). 4. επισθησαν√. σεβομενων ελληνων πληθοσ πολυ. 5.
— απειθουντεσ. και επισταντεσ (—τε). προαγαγειν. [caetera cum
Steph.). 6. ευρον (pro εσυρον: C cum Steph.).— τον. 7. πρασ-
σουσι (C -σιν√). ετερον λεγοντεσ. 10. εξεπεμψαν δια νυκτοσ
(—τησ). [των ϊουδ. απηεσαν]. 11.—το. 13. +και ταρασσοντεσ
(post σαλευοντεσ). 14. εξαπεστιλαν√. εωσ (pro ωσ). ϋπεμιναν.
τε (pro δε secund.). 15. καθισπαντεσ (C -σταντεσ)√.— αυτον
prim. +τον (ante τιμοθεον). ελθωσιν√. 16. — αυτουσ (habet C).

αυτου (*pro* του ταυλου : C *cum* Steph.). θεωρουντοσ. κατιδωλον√.
18. + και (*ante* των επικουριαν *sic*). — των *secund*. στοικων. κατ-
αγγελλευσ. — αυτοισ (C *habet post* ευηγγ.). 19. αριον. [η ὑπο].
20. εισφερει (C *cum* Steph.). τινα θελει (—αν). 21. ηυκερουν. η
λεγειν τι η ακουειν τι (—και *secund*.). 22. —ο. αριου. ειπεν (*pro*
εφη). δισιδεμονεστερουσ√. 23. σεβαστα. ο (*pro* ον: C *cum* Steph.).
τουτο (C *cum* Steph. τουτον). 24. ὑπαρχων κ͞σ. χιροποιητοισ√. 25.
ανθρωπινων χιρων. + ωσ (*ante* προσδεομενοσ: *improbat* C). [πασι].
και (*pro* κατα: C και τα). 26. εποιησεν√. — αιματοσ. κατοικιν√.
παντοσ προσωπου (*deest articulus*). προστεταγμενουσ. 27. ο͞ν
(*pro* κ͞ν). ψηλαφησειεν. [και ευροιεν καιτοιγε]. 28. ειρηκασιν√.
29. οφιλομεν√. χρυσιω. θιον√. 30. απαγγελλει (C *cum* Steph.).
παντασ (*pro* πασι). 31. καθοτι (*pro* διοτι). κρινιν√. ωρισεν√.
32. ειπαν. 32, 33. σου περι τουτου και παλιν ουτωσ. 34. [ο
αρεοπαγιτησ].

XVIII. 1. — δε. — ο παυλοσ. 2. γενιν√. [πρισκιλλαν]. τεχεναι
(*οὖ δια το praeced.?* C *cum* Steph. διατεταχεναι)√. απο (*pro* εκ).
3. εμενεν√. ηργαζοντο (C *cum* Steph. ειργαζετο). τη τεχνη. 4.
επιθεν√. 5. μακαιδονιασ. λογω (*pro* πνευματι). + ειναι (*ante* τον
χ͞ν). 6. ειπεν (*sic* v. 9)√. 7. εισηλθεν. + τιτου (*ante* ιουστου).
8. επιστευσεν√. 9. εν νυκτι δι οραματοσ. 10. + 'αλλα' (*ante*
διοτι prim.:* ' ' *p.m.*)√. ουδισ√. κακωσε√. [εστι]. πολιν√. 11.
εκαθισεν√. δε (*pro* τε). + κ̇ ενα (*post* ενιαυτον: * *p.m.*). 12. αν-
θυπατου οντοσ (*pro* ανθυπατευοντοσ). παρα (*pro* επι). 13. ανα-
πειθει ουτοσ. 14. ανοιγιν√. — ουν. ανεσχομην (C ηνεσχ. *cum*
Steph.). 15. ζητηματα. εστιν√. — γαρ. 17. — οι ελληνεσ. *fin*.
εμελλεν. 18. + εφη (*ante* ετι: *delet* C)√. προσμινασ√. εν κεν-
χραιαισ την κεφαλην. ειχεν√. 19. κατηντησαν. εκει (*pro* αυτου),
διελεξατο. 20. (επιμειναι C). — παρ αυτοισ. 21. αλλα αποταξα-
μενοσ (— αυτοισ) και ειπων. — δει με παντωσ *usque ad* ιεροσολυμα.
— δε (*post* παλιν). ανηχθη δε (—και: *etiam* δε *improbat* C). 22.
καισαριαν. 23. εξηλθεν√. + και (*ante* καθεξησ: *improbat* C),
στηριζων. 24. απελλησ (*pro* απολλωσ: C *cum* Steph.) cf. xix.
1. 25. + ω (*ante* ελαλει: *delet* C). ι͞υ (*pro* κ͞υ *secund*.). 26.
παρησιαζεσθαι (*non* xix. 8)√. πρισκιλλα και ακυλα. *fin*. την οδον
του θ͞υ. 27. πεπιστευκοσιν√. 28. επιδικνυσ√.

XIX. 1. απελλην (*pro* απολλω: C *cum* Steph.). κατελθιν (*pro*
ελθειν). ευριν (*i. e.* -ειν). 2. ειπεν τε (*pro* ειπε). — ειπον. ουδ.
3. ο δε ειπεν (*pro* ειπε τε προσ αυτουσ). ειπαν (*pro* -υν). 4.

ειπεν√.—μεν. εβαπτισεν√. πιστευσωσιν√.—χ̄ν̄. 6. χιρασ (—τασ).
[ηλθε]. επροφητευον. 7. δωδεκα. 8. τρισ√. πιθων√. [τα]. 9.
ηπιθουν√. αφωρισεν√.—εν primò (supplet p.m.)√.—τινοσ. 10.—ῑῡ.
11. δυναμισ√. ο δ̄σ̄ εποιει. χιρων√. 12. αποφερεσθαι. εκπορευεσθαι
(pro εξερχεσθαι).—απ αυτων. 13. επεχιρησαν√. και (pro απο).
ορκιζω. + κ̄ν̄ (ante ῑῡ : delet C).—ο. 14. [τινεσ]. υιοι transfert in
locum post επτα.—οι. 15. + αυτοισ (post ειπεν). (+ μεν ante ῑῡ C).
16. εφαλομενοσ (C εφαλλ-). ο ανθρωποσ επ αυτουσ. (και secund.
improbat C). αμφοτερων (pro αυτων prim.). ενισχυσεν (C ισχυ-
σεν√). 17. ελλησιν√. κατοικουσιν√. + ο (post επεπεσεν : C delet
ο). 19. κατεκεον√. 20. οντωσ√. του κ̄ῡ ο λογοσ (C cum Steph.).
ηὔξανεν√. ἴσχυσεν. 21. [διελθων]. μακαιδονιαν. [και αχ.]. ιεροσο-
λυμα. 22. αποστιλασ√.—την. μακαιδονιαν. + εἶπ (ante τιμοθεον ι
··· p.m.)√. επεσχεν√. 23. εκινον√. ουχ (pro ουκ). 24. ναον
αργυρουν (C cum Steph.). [παρειχετο]. ουχ ολιγην εργασιαν.
25. τοιαυτασ√. επιστασθαι√. ημιν (pro ημων). εστιν√. 26. [αλλα
σχ.].—πεισασ. εισιν.—οι (habet C). 27. κινδυνευσι.—αλλα
(habet C). [αρτεμιδοσ ιερον]. εισ ουθεν λογισθηναι μελλειν τε
(—δε secund.). τησ μεγαλιοτητοσ. 28. πληρισ√. 29.—ολη.
+ τησ (ante συγχυσεωσ : improbat C). μακαιδονασ.—του. 30.
παυλου δε (—του : C του παυλου δε). εισελθιν√. ιων (pro ειων :
C cum Steph.)√. 31. αυτον (pro εαυτον : C cum Steph.). 32.
συνκεχυμενη. ενεκα. συνεληλυθισαν. 33. συνεβιβασαν. [προβα-
λοντων]. ο δ ουν (pro ο δε : C cum Steph.). κατασισασ√. (τῇ
χειρι C). ηλθεν (pro ηθελεν : C cum Steph.). 34. επιγνοντεσ.
εστιν√. κραζοντεσ. 35. καταστιλασ√. αδελφοι (pro εφεσιοι : C
cum Steph.). ανθρωπων. γινωσκιν√. + και (post ουσαν : improbat
C).—θεασ. 36.—τουτων (habet C). ὑπαρχιν√. (÷τι post προ-
πετεσ C). πρασσιν. 37. θεον ημων (pro θεαν υμων). 38. εχουσιν
προσ τινα λογον. 39. [περι ετερων]. επιζητειται√. 40. εγκαλι-
σθαι√. + ου (post περι ου). [αποδουναι]. + περι (post λογον). 41.
[απελυσε].

ΧΧ. 1. μεταπεμψαμενοσ (pro προσκ.). + παρακαλεσασ και (inter
και et ασπασαμενοσ). εξηλθεν√. πορευεσθαι.—την. μακαιδονιαν.
3. επιβουλησ αυτω. γνωμησ. ὑποστρεφιν√. [μακεδ.]. 4.—αχρι
τησ ασιασ. σωπατροσ πυρρου βεροιοσ (C βεροιεοσ). θεσσαλονικαιων.
5. +δε (post ουτοι). προσελθοντεσ. εμεινον (ι eras.). τρωαδει.
6. απο (pro αχρισ). οτου (pro ου). 7. ημων (pro των μαθητων).
—του. παρετινεν√. 8. ημεν (pro ησαν secund.). 9. καθεζομενοσ.
130

πλιον√. 10. συνπεριλαβων. ειπεν (sic v. 35)√. 11. +τον (ante
αρτον: improbat C). αχρι αντησ (ex τ C fecit γ). 13. επι (pro
εισ). αναλαμβανιν√. ουτωσ√. διατεταγμενοσ ην. 14. συνεβαλλον
(-λλεν C). επι (pro εισ: C cum Steph.). 15. αυτικρυσ.—και μει-
ναντεσ εν τρωγυλλιω. +δε (ante εχομενη). 16. κεκρικει. εσπευδεν√.
ειη (pro ην). fin. ιερουσαλημ. 18. [αυτον ειπεν]. επιστασθαι√.
19. ταπινοφροσυνησ√.— πολλων. πιρασμων√. 20. υπεστιλαμην√.
αναγγιλαι√. 21. [ελλησι].—τον prim.—την secund. [ιν χν].
22. δεδεμενοσ εγω. πορευομε√. εμοι (pro μοι: C cum Steph.).
23. (διεμαρτυρατο C). +μοι (ante λεγον). και θλιψισ με. 24.
λογον (pro λογον).—ουδε εχω. (C λογον εχω ουδε ποιουμαι).—μου
prim. (εωσ pro ωσ C). τελιωσω.—μετα χαρασ. 25.—ετι.—του
θυ. 26. διοτι (pro διο). ειμι (pro εγω). 27. υπεστιλαμην√.
αναγγιλαι√. υμιν transfert ad fin. vers. (C cum Steph.). 28.
—ουν. ποιμενιν√. [θυ]. του αιματοσ του ιδιου. 29.—γαρ (δε pro
γαρ C).—τουτο. βαρισ√. φιδομενοι√. 30. fin. εαυτων. 31. γρη-
γοριται√. 32. υμιν (pro υμασ).—αδελφοι. οικοδομησαι.—υμιν.
+την (ante κληρονομιαν). 33. ουθενοσ. 34.—δε. χριαισ√.
[ουσι]. χιρεσ√. 35. ουτωσ√. εστιν√. μαλλον διδοναι. λαμβανιν√.
36. θισ√. 37. τε (pro δε). κλανθμοσ εγενετο. κατεφιλων (C cum
Steph.). 38. μελλουσιν√. θεωριν√.

XXI. 1. αναχθεντασ (pro αναχθηναι: C cum Steph.). κω. 2.
(C διαπερον). 3. [αναφαναντεσ]. κατηλθομεν (pro κατηχθημεν).
το πλοιον ην. 4. ανευροντεσ δε (—και). επεμιναμεν αυτου. επι-
βαινιν ισ ιεροσολυμα (εισ pro ισ C). 5. [ημασ εξαρτισαι]. [γυ-
ναιξι].—εωσ. +' προσευξαμενοι' (post γονατα: '' p.m.? et C)√.
5, 6. προσευξαμενοι απησπασαμεθα (pro προσηυξ. και ασπ.). 6.
και ανεβημεν (pro επεβημεν: C και ενεβ.). 7. (κατεβημεν pro
κατηντησαμεν C). πτολεμαιδαν (C cum Steph.). εμιναμεν (non v. 8)√.
8.—οι περι τον παυλον. σ ηλθομεν (pro ηλθον: · p.m.). καισαριαν.
—του secund. 9. τεσσαρεσ παρθενοι. 10. αυτων (pro ημων: C
cum Steph.). κατηλθεν√. 11.—τε. εαυτου τουσ ποδασ και τασ
χιρασ. ειπεν (sic vv. 13. 39)√. λεγιν√. ουτωσ√. +τασ (ante χι-
ρασ√ secund.: improbat τασ s.m.). 12. ημισ√. αναβαινιν√.
ιερουσαλημ'·√. 13. init. τοτε απεκριθη (—δε). +και ειπεν (post
                                                    εισ
παυλοσ).—κλαιοντεσ και (C κλεοντεσ κ)√). αποθανιν√. εν ιερου-
σαλημ'· (εισ forsan p.m.). 14. πιθομενου. του κυ το θελημα γει-
νεσθω. 15. επισκευασαμ♦ον (pro αποσκευασαμενοι: -νοι pro νον
s.m.? super ras.).—ανεβαινομεν (habet C). ιεροσολυμα. 16. και-

σαριασ. ιασονι (pro μνασωνι). 17. ισ (C εισ)√. απεδεξαντο. 18.
τε (pro δε). 19. εθνεσιν√. — δια. 20. εδοξασαν. θν (pro κν).
ειπαν τε. θεωρισ√. — ιουδαιων. υπαρχουσιν√. 21. — δε (habet C).
διδασκισ√. μωυσεωσ. [παντασ]. λεγω (C cum Steph. λεγων). περι-
τεμνιν√. εθεσιν περιπατιν√. 22. εστιν√. συνελθειν πληθοσ. — γαρ
οτι (habet C). 23. [τεσσαρεσ]. αφ (pro εφ). 24. ξυρησονται. γνω-
σονται. φυλασσων τον νομον. 25. επεστιλαμεν √. — μηδεν usque
ad ει μη. — το secund. πορνιαν√. 27. συντελισθαι√. [συνεχεον].
επεβαλαν (C cum Steph.). επ αυτον τασ χιρασ. 28. ισδραηλειται.
βοηθιται√. τουτουσ (pro τουτου: ˙p.m.)√. πανταχη. κεκοινωνκεν
(˙ p.m.)√. 29. — τον. 30. εκεινηθη√. — και tert. εκλισθη˙ˢᵃ˙
ευθεωσ (σαν p.m.). — αι θυραι (C και ευθεωσ εκλισθησαν αι θυραι).
31. τε (pro δε). αποκτιναι√. σπιρησ√. συνχυννεται (C συνκεχυ-
ται). ιηλμ˙√. 32. [παραλαβων]. εκατονταρχασ. 33. [εκελευσε].
[αλυσεσι δυσι]. — αν. εστιν√. 34. επεφωνουν (pro εβοων). δυνα-
μενου δε αυτου (pro δυναμενοσ δε). 36. κραζοντεσ. 37. εξεστιν√.
[τι]. γινωσκισ√. 39. — ειμι (habet C). + λογον (ante λαλησαι:
improbat C). 40. κατεσισεν√. [γενομενησ]. προσεφωνησεν√.

XXII. 1. νυνι. 2. [προσεφωνει]. 3. — μεν. αηρ ειμι. ακρι-
βιαν√. 5. μαρτυρι√. 7. επεσα. σαουλ' σαουλ'˙√. 8. + και ειπα
(ante τισ). ειπεν (sic vv. 10. 13. 21. 25)√. εμε (με C). ναζοραιοσ
(ναζωρ. C)√. 9. εθεατο (C cum Steph. εθεασαντο)√. — και εμφοβοι
εγενοντο. (C ηκουον). 10. κακιν√. 12. ευλαβησ (pro ευσεβησ). 13.
εμε (pro με). 14. προσεχειρησατο (σ eras.). ιδιν√. 16. αυτου (pro
του κυ). 17. ισ ιερουσαλημ'√. γενεσθαιται√. εκστασιν√. 18. ιδον
(pro ιδειν). ταχι√. — την. 20. εξεχυννετο. — τη αναιρεσει αυτου.
22. καθηκεν. 23. [δε]. αεραν (C cum Steph.). 24. ο χιλιαρχοσ
εισαγεσθαι αυτον. ειπασ (pro ειπων). 25. προετιναν√. εστιν (pro
εξεστιν: C cum Steph.). 26. εκατονταρχησ (C -ρχοσ): non v. 25.
τω χιλιαρχω απηγγιλεν. — ορα. εστιν (sic v. 29)√. 27. — μοι (habet
C). — ει prim. 28. δε (pro τε). πολιτιαν√. — δε (post εγω secund. :
habet C). 29. αναιταζειν (C cum Steph.)√. — δε (habet C). αυτον
ην. 30. [το τι]. κατηγοριται√. υπο (pro παρα). — απο των δεσμων.
συνελθειν (pro ελθειν). παν (pro ολον). — αυτων.

XXIII. 1. τω συνεδριω ο παυλοσ. συνιδησειν√. 2. [επεταξε].
— αυτω (habet C). τυπτιν (sic v. 3)√. 3. προσ αυτον ο παυλοσ.
ειπεν (sic vv. 11. 20)√. 4. ειπαν (sic v. 14). 5. ηδιν√. + οτι
(ante αρχοντα). ερισ√. 6. εστιν (sic v. 34)√. εκραζεν. φαρισαιων
132

(*pro* -αιου). 7. ειπαντοσ (*pro* λαλησαντοσ: C ειποντοσ). των
σαδδουκαιων και φαρισαιων. [εσχισθη το]. 8. σαδδουκαι (-καιοι
C)√. [μεν]. λεγουσιν√. μητε (*pro* μηδε). ομολογουσιν√. 9. τινεσ
των γραμματεων του μερουσ (— οι). + προσ αλληλουσ (*ante* λε-
γοντεσ).— εν (*habet* C).— μη θεομαχωμεν. 10. γινομενοσ στασεωσ
(η C *post p.m. vel* A). φοβηθισ (*pro* ευλαβηθεισ). εκελευσεν√.
— εκ μεσου αυτων (*habet* C). 11. — παυλε. [ουτω]. 12. συσ-
τροφην οι ιουδαιοι (— τινεσ). (λεγοντεσ *improbat* C). φαγιν (*sic*
v. 21)√. [πιειν: *sic* v. 21]. αποκτινωσιν√. 13. τεσσερακοντα.
ποιησαμενοι. 14. [αρχιερευσι]. [μηδενοσ]. γευσασθε√. αποκτι-
νωμεν√. 15. — αυριον. καταγαγη αυτον. εισ (*pro* προσ). δια-
γινωσκιν√. — του *secund.* (*habet* C). 16. την ενεδραν. [παραγενο-
μενοσ]. απηγγιλεν√. 17. απαγε. τι απαγγιλαι. 18. [ηγαγε].
ηρωτησεν√. νεανισκον (*sic* v. 22). 19. επιλαβομενου (C *cum* Steph.).
χιροσ√. εχισ√. 20. τον παυλον καταγαγησ εισ το συνεδριον. μελ-
λοντι *seu mavis* μελλον τι (*pro* μελλοντεσ τι: C μελλοντων τι).
21. πισθησ√. [ενεδρευουσι]. τεσσερακοντα. εισιν ετοιμοι. 22.
[απελυσε]. παραγγιλασ√. εμε (*pro* με). 23. τινασ δυο. καισαριασ.
24. [διασωσωσι]. φιλικα (C *cum* Steph. φηλικα), *hic tantum*. 25.
εχουσαν. 27. συλλημφθεντα. αναιρεισθε√. εξειλαμην. — αυτον.
εστιν√. 28. τε επιγνωναι (*pro* δε γνωναι). — αυτον. 29. εχοντα
εγκλημα. 30. μηνυθισησ√. — μελλειν. — υπο των ιουδαιων. εξ
αυτων (*pro* εξαυτησ). παραγγιλασ√. λεγιν. αυτουσ (*pro* τα προσ
αυτον). [ερρωσο]. 31. — τησ. 32. απερχεσθε (*pro* πορευεσθαι).
επεστρεψαν. 33. καισαριαν. 34. — ο ηγεμων. επαρχειασ√. *fin.*
. . . . .
+ εστιν (*puncta jam ante* C *imposita*). 35. διακουσομε√. κελευ-
σαντοσ (*pro* εκελευσε τε αυτον: C κελευσασ). [του ηρ.]. *fin.*
+ αυτον.

XXIV. 1. πρεσβυτερων τινων (— των). 3. διορθωματων. εθνιν√.
4. ενκοπτω. επιεικιαν√. 5. στασισ (i. e. -εισ). [πασι: *sic* v. 14].
ερεσεωσ√. 6. επιρασεν√. 6—8. *Desunt omnia ab* και κατα τον
ημ. ν. v. 6 *usque ad* ερχεσθαι επι σε v. 8. 9. συνεπεθεντο. 10. τε
(*pro* δε). εθνιν√. ευθυμωσ. 11. επιγνωναι. εισινν√. — η. δωδεκα.
εισ (*pro* εν). 12. επιστασιν. 13. ουδε (*pro* ουτε). — με. + σοι
(*post* δυνανται). νυνι. κατηγορουσιν√. 14. ουτωσ√. + τοισ εν
(*ante* τοισ προφηταισ: *delet* C). 15. προσ (*pro* εισ). — ουτοι.
μελλιν√.— νεκρων. 16. και (*pro* δε). συνιδησιν√. 17. *Transfert*
p.m. παρεγενομην *in locum post* μου, *at* C *post* προσφορασ. 18. αισ
(*pro* οισ). [τινεσ δε]. 19. εδει. εμε (*pro* με). 20. — ει. — εν εμοι.
133

21. εκεκραξα εν αυτοισ εστωσ. [ῦφ]. 22. init. ανεβαλετο δε
αυτουσ ο φηλιξ (— ακουσασ et ταντα). ειπασ. κατεσθ (pro καθ:
··· p.m., at pro θ scripserat ε primò)√. 23. —τε. χιλι pro εκατοντ
primò: correxit p.m. vel A√. τηρισθαι√. αυτον (pro τον παυλον).
εχιν√. ὑπηρετιν√. — η προσερχεσθαι. 24. [ημ. τινασ]. [τη γυ-
ναικι αυτου p.m. : at ιδια ante γυν. A, ιδια erasum per C?]. +και
(ante μετεπεμψατο: improbat C). +ιν (post χν: improbant A et
C?). 25. εγκρατιασ και δικαιοσυνησ. — εσεσθαι. 26. — δε. — στωσ
λυση αυτον. 27. πληρωθισησ ελαβεν√. τε χαριτα (δε χαριν C).
(κατελιπεν C, -πε p.m. ?)√.

XXV. 1. τη επαρχιω (-χια C). τρισ√. καισαριασ. 2. τε (pro
δε). οι αρχιερεισ. ιουδεων√. 4. τηρισθαι (sic v. 21)√. εισ καισαριαν
(pro εν καισ.). μελλιν√. (C εκπορευεσθαι εν ταχει). 5. οι ουν εν
ημιν φησιν δυνατοι καταβαντεσ (roπ υμιν). ατοπον (pro τουτω).
κατηγοριτωσαν√. 6. ου πλειουσ ημερασ οκτω η δεκα. κεσαριαν.
εκελευσεν√. προαχθηναι (προ improbat C). 7. +αυτον (ante οι).
αιτιωματα καταφεροντεσ (— κατα του παυλου). ισχυσαν (C cum
Steph.). αποδιξαι√. 8. του παυλου απολογουμενου (— αυτου). 9.
θελων τοισ ιουδαιοισ. ειπεν (sic v. 10)√. κριθηναι. 10. εστωσ επι
του βηματοσ καισαροσ ειμι (C cum Steph.). δι (pro δει)√. ηδικηκα.
11. ουν (pro γαρ). παραιτουμεν. αποθανιν√. κατηγορουσιν√. 12.
συνλαλησασ. 13. καισαριαν. ασπασαμενοι. 14. εστιν√. κατα-
λελιμμενοσ√. 15. ισ (C εισ)√. fin. καταδικην. 16. — εισ απω-
λειαν. εχοι κατα προσωπον. 17. [αυτων]. ποιησαμενοι (C -νοσ)√.
18. εφερον. εγω ὑπενοουν. fin. + πονηρα (jungilne cum v. 19?, at πο-
νηρων C). 19. δισιδαιμονιασ√. 20. — εισ prim. τουτων (pro τουτου).
κρινεσθαι (pro πορευεσθαι: C cum Steph.)√. ιεροσολυμα. 21. ανα-
πεμψω. 22. — εφη (scripsit C ε abstersitque). — ο δε. 23. ακρω-
τηριον (C cum Steph.). — τοισ prim. [ανδρασι]. — ουσι. 24.
συνπαροντεσ. απαν. βοωντεσ. αυτον ζην. 25. (C κατελαβομην).
[θαν. αυτ.]. — και. πεμπιν√. — αυτον secund. 26. — σου (habent
A C). fin. γραψω.

XXVI. 1. [επιτρεπεται]. περι (pro ὑπερ). εκτινασ την χιρα
απελογιτο. 2. επι σου μελλων σημερον απολογισθαι. 3. σε οντα
(C cum Steph. οντα σε). (+ επισταμενοσ post ζητηματων C).—σου.
4. [την εκ]. εθνιν√. +τε (ante ιεροσολυμοισ). [ισασι]. [οι ιουδ.].
5. [θελωσι]. μαρτυριν√. θρησκιασ√. 6. εισ (pro προσ). + ημων (post
πατερασ). 7. [εκτενεια]. ελπιζιν√. υπο ιουδαιων βασιλευ (— των
et αγριππα). 9. + του (ante ιν: improbat C). ναζοραιου. 10.
134

εποιησαν (ν erasum). + τε (post πολλουσ). + εν (ante φυλακαισ).
κατεκλισα√. κατηνεγκαν. 11. βλασφημιν√. εμμενομενοσ√. 12.
— και prim. (τησ: puncta imposuit C sed rursus abstersit).—παρα.
13. — ημερασ (habet C). κατην (pro κατα την)√. 14. τε (pro δε).
λεγουσαν (pro λαλουσαν). — και λεγουσαν. σαουλ' σαουλ√. 15.
[ειπον]. + κσ̄ (post ο δε). 16. σοι (pro σε: C cum Steph.). οφθη-
σομεν√. 17. εξερουμενοσ√. + εκ (ante των εθνων). εγω αποστελλω
σε (— νυν). 18. ανυξαι√. πιστιν√. 19. απιθησ√. 20. + τε (post
πρωτον). [και ιερ.].— εισ. απηγγελλον (pro απαγγελλων). επι-
στρεφιν√. 21. — οι (habet C). συλλαβουμενοι. + οντα με (ante εν
τω ιερ: με improbat C). επιφωντο√. διαχιρωσασθαι (C -ρισασθαι).
22. απο (pro παρα). μαρτυρομενοσ. μωϋσησ. 23. (> > in marg.)√.
μελλῑ (¯ i. e. ν eras. a C?)√. + τε (ante λαω). εθνεσιν√. 24.
φησιν (pro εφη). 25. + ταυλοσ (post ο δε). μαινομεν. φησιν√.
αλλα. αληθιασ√. 26. λανθανιν√. πιθομαι√. ουθεν (improbat C)
pro ουθεν. 28. — εφη. πιθεισ√. χρηστιανον p.m. (χριστ. s.m.) cf.
xi. 26. ποιησαι (pro γενεσθαι). 29. — ειπεν. ευξαμην (C cum
Steph. -αιμην). μεγαλω (pro πολλω). 30. — και ταυτα ειποντοσ
αυτου. + τε (post ανεστη). συνκαθημενοι. 31. η δεσμων αξιον.
+ τι (ante πρασσει). 32. [εδυνατο]. [επεκεκλητο].

XXVII. 1. [εκατονταρχη]. ιουλιω ονοματι ιουλιω (delet ιουλιω
prim. C)√. [σπειρησ]. 2. [αδραμυττηνω]. μελλοντι. + εισ (post
πλειν). αρισταρχοσ (-χου C)√. μακαιδονοσ. 3. (δε pro τε prim. C).
σιδωνα (C cum Steph.). [επετρεψε]. + τουσ (ante φιλουσ). πο-
ρευθεντι. επιμελιασ√. 5. κατηλθαμεν. λυστραν (pro μυρα). 6.
εκατονταρχησ (sic vv. 11. 43). fin. + τουτο (improbat C). 7.
προσεεωντοσ√. 8. πολισ ην. λασσαια (C λαισσα). 9. νηστιαν√.
10. θεορω (C θεωρω). φορτιου. (υμων pro ημων C). 11. μαλλον
επιθετο. — του. 12. πλιονεσ. εκειθεν. λειμεναν√. 13. υποπνευ-
σαντεσ√. 14. εβαλεν√. κατα ταυτησ. ευρακυλων. 15. αντ-
οφθαλμιν√. 16. κλανδα (λ eras.). ισχυσαμεν μολισ. περικρατισ√.
17. βοηθιαν (-θιαισ√ C). εκπλεσωσιν (λ delet C)√. — το secund.
(habet C). 19. εριψαν. 20. πλειουσ (C cum Steph.). [πασα
ελπισ]. 21. τε (pro δε). σταθισ√. πιθαρχησαντασ√. κερδησεν√.
22. ευθυμιν√. ουδεμια ψυχησ (C cum Steph.). 23. τηδε τη νυκτι
(C ταυτη τη νυκτι). αγγελοσ transfert in locum post λατρευω.
+ εγω (post ειμι). 25. ευθυμειται√. 27. [εγενετο]. προαγαγειν
(pro προσαγειν: C cum Steph.). 28. οιτινεσ (pro και prim.: C
cum Steph.). 29. δε (pro τε). μη που (pro μηπωσ: που p.m. vel
A, etiam C). κατα (pro εισ). εμπεσωμεν (pro εκπεσωσιν). τεσ-

σαρεσ. [ηΰχοντο]. 30. πλωρησ (C πρωρησ). [μελλ. αγκ.]. εκτινειν√. 31. εν τω πλοιω μινωσιν (C μιν. εν τω πλ.). 32. απεκοψαν οι στρατιωται. ιασαν√. 33. ημερα εμελλεν. γεινεσθαι√. διατελειταιν√. μηθεν (C δ pro θ, sed abstersit). [προσλαβομενοι]. 34. παρακαν√. μεταλαβειν τι (pro προσλαβειν: τι delet C). [ουδενοσ]. [εκ]. απολειται (pro πεσειται). 35. ειπασ. ευχαριστησασ. 36. απαντεσ (a prius eras.). μεταλαβαν. 37. ημεθα δε αι πασαι ψυχαι εν τω πλοιω. fin. εξ'. 38. — την (habet C). 39. εβουλευοντο. [δυναιντο]. 40. προελοντεσ (C περιε.). επαραντεσ (επα rescript. p.m.)√. αρτεμωνα. 41. επεκειλαν. ελυτο. απο (pro υπο: C cum Steph.). — των κυματων (habet C). 42. αποκτινωσιν√. (+ ινα iterum ante μητισ C). εκκολυβησασ διαφυγη. 43. βηματοσ (C βουληματοσ)√. εκελευσεν√. αποριψαντασ. τησ γησ (non v. 44).

XXVIII. 1. επεγνωμεν. 2. [δε]. παρειχαν. αψαντεσ. προσανελαμβανον (C cum Steph.). — δια secund. (habet C). 3. σφρυγανων (· p.m.). (+τι ante πληθοσ: suppletum forsan p.m.). επιθεντεσ√. απο (pro εκ). [εξελθουσα καθηψε]. χιροσ (sic v. 4)√. 4. [ειδον]. προσ αλληλουσ ελεγον. — τησ (habet C). ιασεν√. 5. [αποτιναξασ].—κακον (habet C). 6. μελλιν√. εμπιπρασθαι (C cum Steph.). καταπιπτιν√. θεωρωντων (C -ρουντων). γεινομενον√. [λλ]. αυτον ειναι θν. 7. εκινον√. [υπηρχε]. τρισ (sic vv. 11. 12: non v. 17)√. 8. δυσεντεριω. επιθισ√. χιρασ√. 9. δε (pro ουν). οι εν τη νησω εχοντεσ ασθενειασ. 10. — τα (habet C). τασ χρειασ. 12. ημερασ τρισ. 13. περιελοντεσ (C cum Steph. περιελθ.). δευτερεοιν√. 14. παρ (pro επ). εισ την ρωμην ηλθαμεν. 15. ηλθαν (pro εξηλθον). υπαντησιν ϋμιν (C cum Steph. απ. ημιν). αχρι π̅ αππιου (· p.m.)√. [ελαβε: C -εν√]. 16. εισηλθομεν. +την (ante ρωμην: improbat C). — ο εκατοντ. usque ad στρατοπεδαρχη. επετραπη τω παυλω (— δε). μενιν√. 17. συνκαλεσασθαι. αυτον (pro τον παυλον). δε secund. bis scriptum (notat C altero loco)√. ελεγεν√. + λεγων (ante ανδρεσ αδελφοι: εγω pro λεγων s.m.). — εγω (post αδελφοι). [εθεσι]. χιρασ√. 18. ανακρινοντεσ (C cum Steph.). + με (ante απολυσαι: improbat C). 19. κεσαρα. + ου (ante εχων : ·· p.m.)√. κατηγορειν. 20. παρεκαλεσαν (ν eras.)√. ιδιν√. εινεκεν (ι eras.). Ισδραηλ. 21. ειπαν. ημισ√. κατα σου εδεξαμεθα (κατα pro περι prim.). απηγγιλεν√. ελαλησεν√. 22. ακουσαι παρα σου. φρονισ√. ημιν εστιν. 23. ηλθον (pro ηκον). διαμαρτυραμενοι (C -νοσ)√. πιθων.—τε prim. (habet C).—τα. μωϋσεωσ. 24. + ουν (post μεν: delet C). επιθοντο. 25. τε (pro δε: C cum Steph.). ελαλησεν√. περι (pro δια: C cum Steph.). ϋμων (pro ημων).

26. λεγων. ειπον (pro ειπε). (C βλεψητε). 27. εβαρυνθη (pro επαχυνθη : C cum Steph.). + αυτων (post ωσιν prim.). ιδωσιν√. ακουσωσιν√.— και τη καρδια συνωσι (ὁμοιοτ.: habet C, at συνωσιν√). επιστρεψωσιν√. ιασομαι. 28. + τουτο (post απεσταλη : improbat C). 29. Deest versus. 30. ενεμιναν (ε p.m. suprascriptum videtur: εμινενν√ C). — ο ταυλοσ. διαιτιαν (C cum Steph.)√. 31. — χυ (habet C).

Subscr. πραξεισ αποστολων.

In Actibus Apostolorum e correctoribus A *rarò occurrit,* C *saepissimè: de reliquis* E *tantum, ut videtur,* παιδα iii. 13. *In margine porrò interiore hujus libri inveniuntur subinde literae, manu secundá sed perantiquá scriptae* [cf. H Tab. xiii, col. 3, l. 47 mai. edit.], *numeros pericoparum seu sectionum designantes. Notandum verò est has sectiones cum Vaticanis* (Cod. B) *minoribus apud Maium* (N. T. 1859) *ferè per omnia concinere, nec alibi, quod novimus, reperiri. In* Cod. *Sinaitico hae leguntur :* B cap. i. 15; H iii. 1; Θ iv. 1; I ibid. 13; ΙΑ ibid. 23; ΙΒ ibid. 32; ΙΓ v. 1; ΙΔ ibid. 12; ΙΕ ibid. 21; Ισ ibid. 34; ΙΖ vi. 1; ΙΗ ibid. 9; ΙΘ vii. 11; Κ ibid. 35; ΚΑ viii. 1; ΚΒ ibid. 9; ΚΓ ibid. 18; ΚΔ ibid. 26; ΚΕ ibid. 34 [at ix. 1 apud Cod. B]; Κσ ix. 10 [sic etiam Cod. B]; ΚΖ ibid. 32; ΚΗ x. 1; ΚΘ ibid. 19; Λ ibid. 30; ΛΑ ibid. 48 τοτε ηρ. [xi. 1 Cod. B]; ΛΒ xi. 27; ΛΓ xii. 1; ΛΔ ibid. 18; ΛΕ xiii. 1; Λσ ibid. 13; ΛΖ ibid. 26; ΛΗ xiv. 1; ΛΘ ibid. 8; Μ xv. 1 [at xv. 23 Cod. B]; ΜΑ ibid. 23 [at M Cod. B]; ΜΒ ibid. 40 [at ΜΑ Cod. B]. *Post* ΜΒ *in Cod. Sinait. desinunt omninò hae sectiones, idque ad quaternionis finem, ut opportunè notat Tischendorfius.*

Deest titulus. JACOB. CAP. I. 2. ηγησασθαιν√. πιρασμοισ περιπεσηταιν√. 3. δοκιμειον√. 4. τελιον√. τελιοιν√. 5. αιτιτω (non v. 6)√. ονιδιζοντοσ√. 6. πιστιν√. εοικενν√. 7. λημψετε.— τι. 9. ταπινοσ√. 10. ταπινωσειν√. 11. ανετιλενν√. εξηρανενν√. εξεπεσενν√. ευπρεπια√. ουτωσ√. ποριαισ√. 12. υπομενιν√. λημψεται. επηγγιλατον√. — ο κσ̄. 13. μηδισ πιραζομενοσ√. ὑπο (pro απο του). εστιν (sic v. 17 prim.)√. 14. πιραζετε√. 15. αποτελεσθισα√. 16. πλανασθαι√. 17. καταβενον√. εστιν (pro ενι). αποσκιασματοσ (C cum Steph.): sic Cod. B. 18. βουληθισ√. αληθιασ√. (εαυτου pro αυτου C). 19. ιστω (pro ωστε: at ιστε C). ·εστω δε πασ (sic). 20. ουκ εργαζεται. 21. περισσιαν√. εμ πραϋτητι√. δεξασθαι√. 22. γεινεσθαι√. [μον. ακρ.]. 23. εστιν√. κατανοουντεσ (·ουντει C). 24. κατενοησεν√. απεληλυθεν√. 25. [παρακυψασ]. παραμινασ√. — οντοσ prim. 26. [ει τισ]. — εν υμιν. [αυτου bis in versu]. αλλα. του p.m. (pro τουτου: C cum Steph.)√. 26, 27. θρησκια√ bis. 27. — τω (habet C). επισκεπτεσθεν√. τηριν√.

II. 1. προσωπολημψιασ. 2. — την (habet C). αισθητι√ bis in versu (non v. 3). 3. και επιβλεψηται. — αυτω. [habet ωδε secund.]. ὑποποδιον (ὑ p.m. Tisch., s.m. Tregelles.). 4. init. — και. διεκριθηται√. εγενεσθαι√. 5. ουκ (pro ουχ). τω κοσμω (sine εν). — τουτον. πιστι√. επαγγελιασ (pro βασιλειασ: C βασιλιασ√). 6. [ουχ]. ὑμασ (pro ὑμων: C cum Steph.). 7. βλασφημουσιν√. 8. τελιται√. ποιειται√. 9. προσωπολημπτιται. εργαζεσθαι√. 10. τηρηση. πταιση. γεγονεν√. 11. μοιχευσισ (pro ·σησ). εικεν√. [φονευσησ]. μοιχευεισ φονευεισ. 12. ουτωσ prim. (sic v. 17)√. [ουτω secund.]. 13. ανελεοσ. — και. (+ δε C, sed iterum abstersit, post κατακαυχαται). 14. [τι το οφ.: sic v. 16]. [λεγ. τισ]. 15. — δε. ὑπαρχωσιν√. — ωσι. 16. ειπει Tisch., ειπε Tregelles. (C cum Steph.). τι (τισ C cum Steph.). ὑπαγεται√. ιρηνη√. θερμαινεσθαι√. χορταζεσθαι√. επιτηδια√. 17. εχη εργα. εστιν√. 18. ερι√. διξον√. χωρισ (pro εκ prim.). — σου secund. σοι δειξω. fin. — μου secund. 19. εισ εστιν ο θσ̄. πιστευουσιν√. φρισσουσιν√. 20. γνωνε√. καινε√. [νεκρα]. 21. [ισαακ]. 22. συνεργει (C cum Steph.). 23. επιστευσεν (sic)√. 24. — τοινυν. 26. ουτωσ√. — των. fin. εστιν√.

III. 1. λημψομεθα. 2. δυναμενοσ (pro δυνατοσ). 3. init. ει δε γαρ των (γαρ improbat C). εισ (pro προσ). πιθεσθαι√. [caetera cum Steph.]. 4. ανεμων σκληρων. — αν. βουλεται. 5. ουτωσ (sic v. 10)√. εστιν√. [μεγαλαυχει]. ηλικον (pro ολιγον). αναπτι√. 6. init. — και (habet C). — ουτωσ (ην post αδικιασ scripsit C, sed abstersit). και (pro η tert.: C cum Steph.). + ημων (post γενεσεωσ). 7. πετινων√. 8. δυναται δαμασαι ανων̄. ακαταστατον. 9. κν̄ (pro θν̄). 12. ελεασ√. ουτωσ ουδε αλυκον γλ. π. υ. (— ουδεμια πηγη et και). 13. [πραυ-]. 14. εριθιαν√. ταισ καρδιαισ. κατακαυχασθαι τησ αληθιασ και ψευδεσθαι (at + κατα ante τησ C).

138

15. ανοθεν (sic v. 17: C ανωθεν)√. αλλα επιγιοσ. 16. εριθιαν√. + και (post εκει). 17. ἱρηνικην√. — και. 18. ο (pro τησ: at ο ετας. — τησ). σπιρεται√.

IV. 1. + ποθεν (ante μαχαι). 2. δυνασθαιν√. και ουκ εχετε secund. (— δε). αιτισθαι√. 3. αιτιτεν√. αιτισθαι√. καταδαπανησητε (C cum Steph.). 4. — μοιχοι και (habet C). μοιχαλειδεσ√. + τουτου (post κοσμου). εστιν τω θω̄. εαν (pro οσ αν : C cum Steph.). (βουληθησ C primò, sed abstersit). εχθρα (pro εχθροσ : C cum Steph.). 5. δοκειται√. κατωκισεν√. 6. μιζονα√. διδωσιν√ bis in versu. ταπινοισ√. 7. + δε (post αντιστητε). φευξετεν√. 9. — και secund. κατηφιαν√. 10. ταπινωθητε√. + ουν (ante ενωπιον). — του. 11. καταλαλειται√. η (pro και prim.). κρινι√. κρινισ√. 12. + και κριτησ (post νομοθετησ). + δε (post συ). fin. ο κρινων τον πλησιον. 13. η (pro και prim.). πορευσομεθα. [ποιησωμεν]. — ενα. εμπορευσομεθα. κερδησομεν. 14. [το]. — γαρ prim. (habet C). — ατμισ γαρ εστιν. και (pro δε). 15. λεγιν√. [ζησομεν]. [ποιησομεν]. εκινον√. 16. κατακαυχασθεν√. αλαζονιαισ√. απασα. καυχησεισ√.

V. 1. ταλαιπωριεσ (-ριαισ C)√. fin. + ὑμιν. 2. σεσηπεν√. 3. εστε√. φαινετε (pro φαγεται : C φαγετε√). (C habet ο ἰοσ ante ωσ πυρ). 4. αφυστερημενοσ (pro απεστ.). σαβαωθ' εισεληλυθασῑ. 5. ενι pro επι p.m., at π A? C√. — ωσ (habet C). 7. [αν]. καρπον (pro υετον). + τον (ante προἱμον [sic] : improbat C). 8. + ουν (ante και ὑμισ√). ηγγικεν√. 9. κατα αλλ. αδ. κριθητε. + ο (ante κριτησ). 10. υποδιγμα√. αδελφοι μου τησ καλοκαγαθιασ (— κακοπαθειασ). (C habet εχεται ante τουσ προφ.). εν (pro τω). 11. ὑπομυναντασ. [ειδετε]. [πολυσπλ. εστ. ο κσ̄]. οικτειρμων√. 12. ουν (pro δε prim.: C δε). + ο λογοσ (ante ὑμων : improbat C). ὑπο κρισιν (— εισ). 13. ευθυμι√. 14. ασθενι τισ ας̈ (·· p.m.)√. επ αυτουσ (επ αυτον C cum Steph.). αλιψαντεσ√. [του κῡ]. 15. εγερι√. 16. εξομολογισθαι ουν. τασ αμαρτιασ (pro τα παραπτωματα). ευχεσθαι√. 17. τρισ√. fin. : 18. εδωκεν τον ὑετον. εβλαστησεν√. 19. + μου (post αδελφοι). + τησ οδου (ante τησ αληθιασ√). 20. + αυτου (post ψυχην). fin. :

Subscr. επιστολη ἰακωβου.

πετρου επιστολη α.

CAP. I. 1. + και (ante παρεπιδ., at και ετας.). γαλατειασ. καππαδοκειασ. — ασιασ (habet C: ὁμοιοτ.). 2. πληθυνθιην√. 3. [ημασ].

δια. 4. και αμαραντον και αμιαντον. τετηρημενον (-ην C cum Steph.). *fin.* εν ουρανω εισ θμασ. 5. δυναμιν√. ετοιμωσ (-μην C cum Steph.). 6. — εστι (εστιν C√). λυπηθεντασ (-τεσ C)√. πιρασμοισ√. 7. πολυτιμοτερον. επενον√. και δοξαν και τιμην. 8. ιδοντεσ. αγαλλιασθαιν√. 9. [θμων]. 10. εξηραυνησαν. 11. εραυνωντεσ. 12. θμιν (*pro* ημιν). [εν]. 13. τελιωσ√. 14. [συσχ.]. 16. *init.* διο. [-πται αγ.]. εσεσθαι (*pro* γενεσθε). διοτι (*pro* οτι). — ειμι. 17. επικαλεισθαιν√. απροσωπολημπτωσ. *fin.* αναστρεφόμενοι Tisch., αναστραφομενοι Tregelles. (-στραφητε C cum Steph.). 18. φθαρτου αργυριου (C cum Steph.). ελωντρωθητε (· *p.m. et* C)√. 19. αλλα (λ *prim. instaurat* C: *sic* v. 20 σ *in* θμασ, v. 23 ν *in* ουκ)√. 20. ανεγνωσμενου (προεγ. C cum Steph.). επ εσχατου του χρονου (-του των χρονων C). 21. [πιστευοντασ]. εγειροντα (-ραντα C cum Steph.). 22. αληθιασ√.— δια πνευματοσ. [καθ. καρδ., *at* C καρδ. αληθινησ]. 23. φθορασ (*pro* σπορασ), *sic* Codd. A C. — εισ τον αιωνα. 24. ωσι (*pro* ωσ *prim.*: *at* ωσει C). πασα η δοξα αυτου (— ανθρωπου: *at* π. δ. αυτησ *sine* η C). ανθοσ εξεπεσεν (— αυτου). 25. εστιν√.

II. 1. θποκρισισ (-σεισ *vel* -σειν? C). πασαν καταλαλιαν (C cum Steph.). 2. *fin.* αυξηθηται εισ σωτηριαν. 3. ει (ειπερ C) εγευσασθαι. [χρηστοσ]. 5. λιθοσ οντεσ (C cum Steph.). εποικοδομεισθαιν√. πνσ (πνικοσ C cum Steph.). + ισ (εισ C) *ante* ιερατευμα. ανενεγκασ (-και C cum Steph.). — πνευματικασ.— τω (*habet* C cum Steph.). 6. διοτι (*pro* διο και). — τη. επ αυτον (επ αυτω C cum Steph.). 7. *init.* ημιν (υμιν C, *fortasse etiam p.m.*). απιστουσιν (*pro* απειθουσι). (λιθοσ C). 8. πετραν. (C *habet* και *ante* προσκοπτουσιν√). απιθουντεσ√. 9. βασιλιον√. εξαγγιληται√. 11. [-θαι των]. 12. θμιν (*pro* υμων *prim.*). εποπτευοντεσ. δοξασουτρεμουσιν *sic* (δοξασωσιν√ C)√. *Mixtae lectiones:* cf. Tit. iii. 2 : Proleg. p. xxiii. *edit. min.* 13. — ουν. — ανθρωπινη (*habet* C). 14. — μεν. 15. εστιν√. φιμοιν (-μουν C cum Steph.). 16. θυ δουλοι. 17. παντεσ. φοβεισθαι√. 18. εν παντι φοβω θποτασσομενοι. + θμων (*ante* ου). 19. συνιδησιν√. 20. (κολαζομενοι C, *pro* κολαφ.). (θπομενετε C, *pro* -ειτε *prim.*). [τουτο χαρ.]. 21. + ο (*ante* χσ). απεθανεν (*pro* επαθεν) cf. iii. 18 ; iv. 1. υμων θμιν. (21, 22. ησαιασ A *marg.*). 22. ηθρεθη. 23. ελοιδορει (αντελ. C cum Steph.). ηπιλειν√. 24. — εν (*habet* C). (αυτου *secund. improbat* C). 25. πλανωμενοι. επιστραφητε.

III. 1. — αι (*habet* C). απιθουσιν√. κερδηθησονται. 2. εποπτευοντεσ (C cum Steph.). 3. ουκ ο. [τριχων και]. 4. — τω (*habet* C).

140

πραεωσ. — και (*habet* C). ησυχιουσ. 5. οντωσ√. εκοσμουν εαυτασ
αι ελπιζουσαι επι τον θν. 6. υπηκουσεν. 7. συνομιλουντεσ (*συν-
οικ.* C *cum* Steph.). — κατα γνωσιν (*habet* C). γυνεκειω (C *cum*
Steph.)√. συνκληρονομουσ (-μοισ C). + ποικιλησ (*ante* χαριτοσ)
cf. iv. 10. ενκοπτεσθαι. 8. ταπινοφρυνεσ (*pro* φιλοφρονεσ). 9.
— ειδοτεσ. (10. ψαλ λγ A *marg*.). 10. ιδιν√. [αυτου *prim*.].
χιλη (χ *supplet* A)√. — αυτου *secund*. 11. [-τω απο]. ιρηνην√.
12. — οι. 13. ζηλωται (*pro* μιμηται). γενεσθαι (γενησθαι C√).
14. αλλα ει (ει δε C). + εσται (*post* μακαριοι). φοβηθηται√. 15.
χν̄ (*pro* θν̄). — δε *secund*. (απαιτουντι C). + αλλα (*ante* μετα
πραϋτ-). 16. συνιδησιν√. καταλαλουσιν [υμ. ωσ κακοπ.]. κατ-
εσχυνθωσιν√. εισ χν̄ (C *cum* Steph. εν χω̄). 17. κριττον√. θελοι.
ει (*pro* η : C η). 18. — και. + των (*ante* αμαρτιων : *improbat* C).
υπερ ημων απεθανεν (*pro* επαθε : cf. ii. 21; iv. 1). — ημασ (*habet* C).
σαρκει√. — τω *secund*. 19. πνασιν̄. 20. απιθησασιν√. απεξεδεχετο
την του θῡ μακροθυμιαν (η *pro* την *s.m.* : — απαξ). ολιγοι. 21. *init*.
— ο (*habet* C). υμασ (*pro* ημασ). νυν αντιτυπον. 22. — του
(*habet* C).

IV. 1. αποθανοντοσ (παθοντοσ C *cum* Steph. : cf. ii. 21; iii. 18).
υμων (*pro* ημων : C *cum* Steph.). — εν. (*fin.* αμαρτιαισ C). 2. αν-
θρωπον (*pro* -ων : C *cum* Steph.)√. ανθρωπου (*errore pro* θῡ : C
cum Steph.)√. 3. υμιν (*pro* ημιν : *improbat omninò* C). παρεληλ-
λυθοσ (-θωσ C)√. — του βιου. βουλημα (*pro* θελημα). κατιργασθε.
πορευομενουσ. ασελγιαισ√. οινοφρυγιαισ (-φλ- C *cum* Steph.).
ειδωλολατριαισ√. 4. και βλασφημουσιν (C *cum* Steph.). 5. — οι
αποδωσουσι λογον (*habet* C : -σιν√). οτ⁰⁰ (*o eras. et ω p.m.: forsan
οι pro τω p.m. primò*)√. 6. [κριθωσι]. [ζωσι : *at* ζησωσι C]. 7.
ηγγικεν√. — και (*habet* C). — τασ. 8. — δε. [οτι αγαπη καλυψει].
9. γογγυσμου. 10. ελαβεν√. 11. πασιν√. δοξαζητε√. 12. πι-
ρασμον√. 13. [καθο]. παθημασιν√. 14. ονιδιζεσθαι√. — εν (*habet*
C). + και τησ δυναμεωσ αυτου (*post* δοξησ : αυτου *improbat* C).
(επαναπεπαυται C *apud* Tisch., *at* επαναπαυεται *teste* Tregellesio :
p.m. cum Steph.). — κατα μεν αυτουσ κ.τ.λ. ad *fin. vers.* (ὁμοιστ.?).
15. αλλοτριεπισκοπος. 16. χρηστιανοσ (χριστ. *s.m.*) cf. Act. xi.
26; xxvi. 28. εσχυνεσθω (αισχ. C)√. ονοματι (*pro* μερει). 17.
— ο. υμων (ημων C *cum* Steph.). απιθουντων√. τω 'λογω' του θῡ
ευαγγ. (' ' *p.m.*)√. 18. [ο ασ.]. + ο (*ante* αμαρτωλοσ). φανειτε√.
19. — ωσ. αυτων (*pro* εαυτων). [-ποια].

V. 1. + ουν (*ante* τουσ : ο *in* ουν *p.m. super* τ *primò*). συνπρ.

2. ποιμανατωι√. υμνιον (*pro* υμιν ποιμνιον: *corrigit* C)√. — επι-
σκοπουντεσ (*habet* C). αλλα. +κατα ὅν (*post* εκουσιωσ). [μηδε]. 4.
αρχιποιμαινοσ√. κομιεισθαι√. 5. +δε (*post* ομοιωσ : *improbat* C).
+τοισ (*ante* πρεσβυτεροισ). — υποτασσομενοι. ταπινοφροσυνην√.
ενκομβωσασθαι√. ταπινοισ√. διδωσιν√. 6. ταπινωθητε√. χειραν.
κερω [*nihil additum*]. 7. επιριψαντεσ. *fin.* ημων (υμων C *cum*
Steph.). 8. — οτι (*habet* C). περιπατι√. καταπιν· (C καταπιειν).
9. πιστι√. την (*pro* τη *secund.* : · *p.m.* Tisch., *at s.m.* Tregelles.)√.
+τω (*ante* κοσμω). επιτελεισθε√. 10. υμασ (*pro* ημασ). — ιυ.
καταρτισει. — υμασ. στηριξει. σθενωσι. θεμελιωσει. 11. [*cum*
Steph.]. 12. [του *prim.*]. +και (*ante* ταυτην: *improbat* C). *fin.*
στητε. 13. ασπαζετε√. +εκκλησια (*ante* συνεκλεκτη). 14. ει-
ρηνησ (σ *eras.*)√. πασιν√. [ιυ αμην].

Subscr. πετρου α.

πετρου β.

CAP. I. 1. [συμεων]. λαχουσιν√. εισ δικαιοσυνην του κυ ημων
και σωτηροσ ιυ χυ (— θυ). 2. πληθυνθιη√. επιγνωσι√. +χυ (*post*
ιυ). 3. +τα (*ante* παντα). θιασ√. +τον θν και (*post* προσ : *im-
probat* C). ευσεβιαν√. ιδια δοξη και αρετη (—δια). 4. τα τιμια ημιν
και μεγιστα. φυσεωσ κοινωνοι. την εν τω κοσμω επιθυμιαν. 5. και
αυτο δε τουτο. επιχορηγησατε (επι *p.m. et* C). πιστι√. 6. γνωσι√.
εγκρατιαν√. εγκρατια√. 7. την ευσεβια (*sic*)√. 8. [υπαρχοντα].
'ουδ' καθιστησιν ('' *p.m. et* C). 9. παρεστι√. εστιν√. *fin.*
αμαρτηματων. 10. +ινα δια των καλων εργων (*ante* βεβαιαν).
[ποιεισθαι]. πτεσητε√. 11. οντωσ√. — η. βασιλιαν√. 12.
μελλησω (*pro* ουκ αμ.). αει περι τουτων υπομιμνησκιν υμασ.
— καιπερ *usque ad* υμασ v. 13 (ομοιοτελ. *Habet* C: *at* ιδοτασ . .
αληθια . . διεγιριν√). 13. +τη (*ante* υπομνησει). 14. ταχεινην√.
— καθωσ και ο κσ ημων. εδηλωσεν√. 15. σπουδαζω. 17. +του
(*ante* θυ). ενεχθισησ (*non* v. 18)√. [*caetera cum* Steph.]. 18. εκ
του ουρανου. ουν (*pro* συν *p.m.*: σ C)√. ορι τω αγ. 19. ποιειται√.
+η (*ante* ημερα). ανατιλη√. 20. προφητια (*non* v. 21)√. 21.
[τοτε προφ.]. αλλα. — οι. [αγιοι θυ].

II. 1. (— εν τω λαω C). παρισαξουσιν√. απωλιασ√. απωλιαν
(*non* v. 3)√. 2. ασελγιαισ (*pro* απωλειαισ). (δοξα *pro* οδοσ C).

αληθιασ√. 3. εκπορευσονται (ενπ. C). 4. init. ει p.m., at η primð√. εφισατο (sic v. 5)√. σιροισ. ζοφοισ (pro ζοφου: C cum Steph.). κολαζομενουσ τηριν (pro τετηρημενουσ). 5. αλλα. εφυλαξεν√. κοσμον (κοσμω C cum Steph.). 6. πολισ√. ὑποδιγμαν√. τεθικωσ√. 7. ασελγια√. [ρρ]. 8. [ο δικ.]. ενκατ. 9. οιδεν√. πιρασμων (-μου C). + πεφυλακισμενουσ Tisch., at περιφυλακισμενουσ Tregelles. (ante εισ ηραν sic: improbat C). τηριν√. 10. εν επιθυμιασ (-μια C)√. αυθαδισ√. τρεμουσιν√. 11. ἰσχυει√. δυναμι μιζονεσ√. φερουσιν√. [παρα κω]. 12. αυτοι (pro ουτοι). γεγενημενα φυσικα. αγνοουντεσ βλασφημουσιν. και φθαρησονται (pro καταφθ.: C cum Steph.). 13. αδικουμενοι (pro κομιουμενοι: C cum Steph.). [απαταισ]. 14. μοιχαλιασ. [ακαταπαυστουσ]. αμαρτιαισ. πλεονεξιασ. 15. καταλειποντεσ.—την. βεωορσορ (—οσ : βοσορ οσ C). [lectio mixta; Proleg. p. xxiii. edit. min. : Tit. iii. 2 ; 1 Pet. ii. 12 ; 1 Jo. iv. 17 ?; Apoc. iv. 11]. 16. ελεγξειν√. — εν (habet C). εκωλυσεν√. 17. εισιν√. και ομιχλαι (pro νεφελαι). λελαποσ√.—εισ αιωνα. 18. μαθηταιωτητοσ (·· p.m. et C)√. ασελγιαισ [sine εν]√. του οντωσ (τουσ ολιγωσ C)√. αποφευγοντασ. 18, 19. ελευθεριαν ελευθεριαν (prius improbat C). 19. — και (habet C). 20. + ημων (post κυ). 21. κρισσον√. εισ τα σπισω ανακαμψαι απο (pro επιστρεψαι εκ). παραδοθισησ√. 22. συμβεβηκεν√. — δε (habet C). [κυλισμα].

III. 1. υπομνησιν√. 2. ὑμων (pro ημων). 3. εσχατων. + εν εμπεγμονη (ante εμπεκται√). [αυτ. επιθ.]. 4. ουτωσ διαμενι√. 5. δια. συνεστωτα (-ωσα C cum Steph.). 7. τω αυτου λογω. εισιν√ 8. κυ (pro κω).—και χιλια ετη (δμοιοτ.). 9. — ο. μακροθυμιν. δι ὑμασ (pro εισ ημασ). παντεσ√. 10. [η ημ. Tisch., at— η Tregelles.]. — εν νυκτι. — οι. + μεν (ante ρυζηδον√). λυθησεται. — και prim. (ante γη). ευρεθησεται (pro κατακαησεται). 11. [ουν]. ημασ (pro υμασ: C cum Steph.). 12. — και σπευδοντασ (habet C: δμοιοτ.). στοιχιαν√. [τηκεται]. 13. κενην γην. κατα τα επαγγελματα. 15. αγεισθαι (C ηγεισθ.)√. δοθειαν αυτω (σ p.m. et C). 16. [ταισ]. αισ (pro οισ). εστιν√. 17. φυλασσεσθαιν√. 18. γνωσιν√. [αμην].

Subscr. πετρου β.

ιωαννου επιστολη α.

CAP. I. 1. [εωρ. : sic v. 2]. 3. ο ακηκοαμεν και εωρακαμεν. και
απαγγελλομεν 'ι' και ϋμιν ινα και ('' p.m. : al απαγγελομεν Tre-
gelles.). υμισ√. εχηται√. + ϋμων (post ημετερα : improbat C).
γατη τησ ε
4. ημεισ (pro υμιν). [ημων]. 5. εστιν αυτη. η απαγγελιασ (sic
p.m. : C η αγγελια tantum). εστιν secund.√. 6. σκοτι√. αληθιαν
(non v. 8)√. 7. — χυ̅. [8. cum Steph.]. 9. — εστι (εστιν√
habet C). + ημων (post αμαρτιασ secund.). 10. ουκ ημαρ.

II. 2. ϊλασμοσ εστιν. 3. φυλαξωμεν (pro τηρωμεν : C cum
Steph.). 4. + οτι (post λεγων). εστιν prim.√. — εν τουτω. + τον
θυ̅ (post αληθιαν√). 6. μενιν οφιλει√. περιεπατησεν√. ουτωσ√.
7. αγαπητοι (pro αδελφοι). ην p.m., at η̅ (deleto ν) C√. — απ αρχησ
secund. 8. + και (post αληθεσ). τον αληθ. (το C)√. 9. μεισων
(non v. 11)√. + ψευστησ εστιν και (post μεισων). 10. ουκ εστιν
εν αυτω. 11. εστιν√. οιδεν√. ετυφλωσεν√. 12. αφεονται (C cum
Steph.). 13. το πονηρον (pro τον π. : non v. 14). εγραψα (pro
γραφω tert.). 16. αλαζονια√. [αλλ]. fin. εστιν√. 18. εστιν√.
— ο (habet C). 19. [-θον]. [ησαν εξ ημων bis in versu]. μεμε-
νηκισαν√. εισιν√. 20. ϋμισ√. οιδαται√. ταυτεσ (pro παυτα).
21. αληθιαν√. οιδαταιν√. αληθιασ√. εστιν√. 22. + και (ante τον
πρα̅ : ' p.m., et και ερασ.). 23. fin. + ο ομολογων τον υν̅ και τον
πατερα εχει. 24. — ουν. ακηκοατε prim. — εν secund. (habet C).
μινη√. [Inscriptio paginae πετρου β̅]√. ακηκοατε απ αρχησ
secund. εν τω πατρι και εν τω υιω. 25. επηγγιλατο√. 26. + δε
(post ταυτα). 27. ϋμισ√. μενει εν υμιν. χριαν√. το αυτου ϊνα
(pro το αντο χρισμα : C το αυτου χρ.). αληθησ εστιν√. εστιν
secund.√. μενετε. 28. — και νυν τεκνια μενετε εν αυτω (ομοιοτ.).
εαν (pro οταν). [εχωμεν, at C σχωμεν]. fin. + απ αυτου. 29.
εστιν√. + και (post οτι).

III. 1. ειδετε√. + και εσμεν (post κληθωμεν). ϋμασ (pro ημασ :
C cum Steph.). 2. — δε. εστιν (sic v. 3)√. 3. αγνιζι√. εκινοσ
(non v. 5)√. 4. [η αμαρ.]. + και (post εστιν : improbat forsan
p.m.). 5. οιδαμεν. [ημων]. ουκ εστιν εν αυτω. 6. αμαρτανι (sic
v. 8)√. [εωρ.]. 7. — την (habet C). εστιν bis in versu√. 9.
αμαρτανιν√. 10. εστιν bis in versu√. ποιων δικεοσυνην. 11.

επαγγελια. ηκουσαται√. 12. εσφαξεν *prim.*√. εσσφαξεν *secund.*√. 13. *init.* + και. — μου. μισι√. 14. μεταβεβηκεν√. + ημων (*post* αδελφουσ). — τον αδελφον. 15. εστιν√. εαυτω. 16. εθηκεν√. ημισ√. *fin.* θειναι. 17. χριαν√. κλιση√. 18. — μου. και γλωσση (— μηδε). αλλα εν εργω. αληθιαν√. 19. [*init.* και]. γνωσομεθα. εκπροσθεν (*sic*)√. 20. καταγιγνωσκη. [οτι *bis in vers.*]. γινωσκιν√. 21. αδελφοι (*pro* αγαπητοι). [ημων *prim.*]. καταγινωσκω Tisch., *at* -σκιν Tregelles. (-σκη C)√. 22. αιτωμεθα. απ (*pro* παρ). τηρωμεν. [ποιουμεν]. 23. πιστευωμεν. *fin.* [ημιν]. 24. — και *tert.* (*habet* C). εδωκεν ημιν.

IV. 1. γευδοπροφηται (C ψευδ.)√. 2. γινωσκομεν (C -σκετε, *cum* Steph.). *fin.* εστιν√. 3. — τον. κ̄ν̄ (*pro* χ̄ν̄). [εν σ. ελ.]. εστιν *ter in versu*√. οτι (*pro o secund.*). ακηκοαμεν. 5. εισιν√. 6. ημισ√. 7. εστιν√. 8. — ο μη αγ. *usque ad* τον ο̄ν̄ (*ὁμοιοτ.*). *Habet* C ο μη αγαπων ουκ εγνωκεν (*sic*). 9. ζωμεν (ζησωμεν C *cum* Steph.). 10. + του θ̄ῡ (*post* αγαπη). ημισ ηγαπησε̄ (-πησαμεν C *cum* Steph.)√. απεσταλκεν. 11. ημισ οφιλομεν. 12. τετελειωμενη εν ημιν εστιν. 14. απεσταλκεν√. 15. μενι (*sic* v. 16 *bis*)√. 16. ημισ√. εστιν√. — ο *quart. fin.* + μενι. 17. + εν ημιν (*ante* ινα: *lect. mixt.*). εχομεν√. αγαπη (*pro* ημερα)√. εστιν√. εσομεθα (*pro* εσμεν). 19.

ημισ αγαπ. τον θ̄ν̄ (*pro* αυτον). [αυτοσ]. 20. τισ αγαπω (— οτι: ειπη Δ *potius quam p.m.*). μειση (*s.m.* μεισι)√. εωρακεν√ *bis in versu.* ου (*pro* πωσ). δυνατε√.

V. 1. και το (τον Tregelles.) γεγεννημενον. 2. γεινωσκομεν√. [τηρωμεν]. 4. αυτησ (αυτη C *cum* Steph.). 5. + δε (*post* τισ). νεικων (*non* v. 4)√. 6. δια. + και π̄ν̄σ̄ (*post* αιματοσ). — ο *secund.* [και τω αιμ.]. εστιν *bis in versu*√. 7. + οι (*ante* τρεισ: *refert ad* v. 6). 7, 8. — εν τω ουρανω *usque ad* εν τη γη. 9. του θ̄ῡ (*pro* των ανθρωπων: C *cum* Steph.)√. οτι (*pro* ην). μεμαρτυρηκεν√. 10. [-ριαν εν εαυτω]. [θ̄ω̄]. ουκ επιστευκεν√. εμαρτυρηκεν√. 13. — τοισ πιστευουσιν εισ το ονομα του υιου του θ̄ῡ. αιωνιον εχετε. τοισ πιστευουσιν (*pro* και ινα πιστευητε: *at* οι πιστευοντεσ C). 14. [οτι εαν τι]. 15. — και εαν οιδαμεν οτι ακουει ημων (*ὁμοιοτ. Supplet* C και εαν ιδωμεν οτι ακ. η.). εαν (*pro* αν). εαν εχωμεν (*pro* εχομεν: *improbat* εαν C). απ (*pro* παρ). 16. [ιδη]. αιτησισ *et* δωσεισ (σ *fin.* in utroque eras.). αμαρτανουσιν√. *fin.* (C ερωτησησ). 17. εστιν *bis in versu*√. 18. αμαρτανιν√. [αλλ]. τηριν√. [εαυτον]. 20. [οιδαμεν δε]. γινωσκομεν.

145   L

το αληθινον (τον αλ. C cum Steph.). χ̅υ̅ (χ̅ω̅ C cum Steph.). — ϥ.
21. εαυτα (-τουσ C cum Steph.). — αμην.

Subscr. ιωαννου α.

ιωαννου β.

1. αληθια (non vv. 2. 3. 4)√. 2. μεν ουσαν Tischend. (aliquantum spatii post μεν in facsimili, Tab. XIV.). 3. [ημων]. απο (pro παρα prim.: C cum Steph.). — παρα secund. (habet C). [κυ]. + αυτου (ante του πατροσ: improbat C). 4. ελαβον. 5. [ουχ ωσ: errat Scrivener.]. καινην γραφων σοι. + εντολην (post αλλα). ειχαμεν. 6. + ' ἱνα καθωσ ' (ante αυτη εστιν η εντο [sic]: ' ' p.m.: εντο non correctum)√. + αυτου ι̅να (ante καθωσ). [ἱνα repetitum]. περιπατησητε. 7. εξηλθον (pro εισηλθον). — ο secund. 8. απωλησθε (C απολεσητε). ειργασασθαι√. απολαβητε. 9. προαγων (pro παραβαινων). και μη μενων ' και μη ' (' ' p.m.)√. — του χ̅υ̅ secund. [τον τ. και τον υ.]. 10. την ε̅διδαχην (' p.m. ?)√. φερι√. 11. ο λεγων γαρ αυτω. κοινωνι√. 12. εχω (εχων C cum Steph.). εβουληθην. [αλλα ελπιζω]. γενεσθαι (pro ελθειν). στοματι (pro στομα prim.: C cum Steph.): non 3 Jo. 14. [ημων]. τεπληρωμενη ην (C ᾳ̅ [sic]: ν eraso). 13. ασπαζετε√. — αμην.

Subscr. ιωαννου β.

ιωαννου γ.

1. αληθια (non v. 4)√. 2. ευχομεν√. ευοδουσθεν√. 3. — γαρ. 4. μιζοτεραν√. [εν αλ.]. 5. [εργαση]. τουτο (pro εισ τουσ secund.). 7. γαρ γαρν√. ονοματοσ εξηλθαν. fin. εθνικων. 8. οφιλομεν√. υπολαμβανιν. fin. εκκλησια (pro αληθεια: C αληθιαν√). 9. + τι (post εγραψα: C legit εγραψα αν sine τι: αν p.m. Tregelles.). 10. φλοιαρων√. επιδεχετεν√. — εκ. 11. — δε. εωρακεν√. 12. ὑπο (pro υπ). αληθιασ√. οιδασ. fin. εστιν√. 13. γραψαι σοι (pro γραφειν). fin. σοι γραφειν. 14. [ἰδειν σε]. λαλησαμεν (ο p.m. ?)√. 15. ασπασαι (pro ασπαζου).

Subscr. ἰωαννου γ.

146

ιουδα.

1. [ιυ χυ]. ηγαπημενοισ (*pro* ηγιασμενοισ). 2. πληθυνθι|η αγαπητοι· || (*sic divis.*). 3. +του (*ante* γραφειν). + ημων (*ante* σωτηριασ). + και ζωησ (*post* σωτηριασ). γραφιν (*pro* γραψαι). πιστι√. 4. + και (*ante* παλαι). [χαριν]. ασελγιαν√. — θν. 5. [υμασ *bis in versu*]. παντα (*pro* απαξ τουτο). — ο. + απαξ (*post* κσ). 7. τροπον τουτοισ. προκινται√. + δε (*ante* διγμαν). ουκ εχουσιν (*pro* υπεχουσαι : C υπεχουσιν). 8. μιαινουσιν√. κυριοτητασ. αθετουσιν√. 9. [ο δε]. [οτε]. μωυσεωσ. ετολμησεν√. [αλλ]. *fin.* επιτιμησε σοι ο θσ (κσ *pro* θσ C *cum* Steph.). 10. οιδασιν√. 12. *Post* ουτοι εισιν *ob idem initium habet e* τ. 16. γογγυσται μεμψιμυροι κατασεπιθυμιασ (*sic*) αυτων πορευομενοι (*improbat* C, *at legit* κατα τασ *pro* κατασ)√. *Sequuntur* εν ταισ αγ. ϋμ. (*at* C *ante* εν *legit* οι). [-μενοι αφοβ-]. παντι ανεμω (— υπο). παραφερομεναι. φθινοπωρικα (-ρινα C *cum* Steph.). 13. αγρια κυματα. — τον. 14. προεπροφητευσεν (*sic*)√ Tisch., *at* Tregelles. προεφητευσεν. ηλθεν ο κσ. αγιων αγγελων (*pro* αγιαισ αυτου). 15. ελεγξαι. πασαν ψυχην (*pro* παντασ τουσ ασεβεισ αυτων). — ασεβειασ αυτων. + λογων (*post* σκληρων). 16. εισιν√. μεμψιμυροι *iterum*√. 17. [ρημ. των προειρ.]. 18. — οτι *secund.* επ εσχατου του χρονου. (ελευσονται C *pro* εσονται). εμπεκται√. επιθυμιασ αυτων (-μιασ εαυτων C). 19. αποδιοριζοντεσ ψυχ. (··· C, *sed rursus eras.*). 20. εποικοδομ̇ουντεσ εαυτουσ τη αγιωτατη ϋμων πιστι. 22. ελεατε διακρινομενουσ. 23. — εν φοβω. — του. αρπαζοντεσ (ον *p.m.*, *at* ε *primò*). + ουσ δε ελεατε εν φοβω (*ante* μισουντεσ). 24. ϋμασ (*pro* αυτουσ). απτεστουσ√. αγαλλιασιν√. 25. — σοφω. + δια ιυ χυ του κυ ημων ω (*ante* δοξα : C *delet* ω). — και *prim.* + προ παντοσ του αιωνοσ (*post* εξουσια). — παντασ. [αμην·].

Subscr. ιουδα.

> αποκαλυψισ > ιωανου >.

Cap. I. 1. αγιοισ (*pro* δουλοισ : C^a *cum* Steph.). Ίωανει (C^a *cum* Steph.). 2. εμαρτυρησεν√. οσα ιδεν (— τε). 3. τον λογον τησ προφητιασ. 4. ιωανησ. — του. των (*pro* α εστιν). 5. — εκ. βασειλειων (*i notat. p.m.*) — τω *prim.* (*habet* C^a). αγαπωντι. λυσαυτι.—ημασ *secund.* (*habet* C^a). εκ (*pro* απο *secund.*). 6. [εποιησεν ημασ]. βασιλειαν. — και *secund.* (*habet* C^a). τον αιωνα (C^a *cum* Steph.). [των αιωνων]. 7. οψονται. παρ (πασ C^a)√. — αυτον *secund.* (*habet* C^a). — επ (*habet* C^a). 8. το αλφα και εγω και το ω (και εγω *improbat* C). [αρχη και τελοσ: C^a *expunxit et ipse forsan rursus restituit*]. — ο (*ante* κ̅σ̅). + ο θ̅σ̅ (*post* κ̅σ̅). 9. ιαη̅σ̅ (ω *p.m., at* -αννη̅σ̅ C^a).— και *prim.* συνκοιν. θλιψι√.— εν τη *secund.* + εν (*ante* ι̅ι̅υ̅ *prim. : priore* ερασο). — χ̅υ̅ *prim.* (C^c ι̅υ̅ χ̅ω̅). [δια *bis in versu*]. *fin.* — χ̅υ̅ (*habet* C^c). 10. [ο. μ. φ.]. 11. (C^c λεγουσαν). — εγω ειμι το α *usque ad* εσχατοσ και. — ο βλεπεισ (C^a *habet* ο βλεπισ√). + το (*ante* βιβλιον).— και (*ante* πεμψον: *habet* C^a). + επτα (*ante* εκκλησιαισ). — ταισ εν ασια. και εισ περγαμον και εισ θυατειρα και εισ ζμυρναν. — και εισ σαρδεισ. φιλαδελφιαν. λαοδικιαν (+ και εισ σαρδισ C^a). 12. [*deest* εκει]. βλεπιν (C^c *cum* Steph. -πειν). ελαλει. (C^a ιδον). 13. μεσον (*pro* εν μεσω). [επτα]. υ̅ν̅. [ποδηρη]. μασθοισ. χρυσαν (C^a *cum* Steph. -σην). 14. ωσ (*pro* ωσει). 15. πεπυρωμενω. 16. ειχεν (*pro* εχων: C^a *cum* Steph.). χειρι αυτου. φαινει ωσ ο ηλιοσ. 17. [ειδον]. [επεσα]. εισ (*pro* προσ). ωσι (C^a ωσει: *pro* ωσ). επεθηκεν. — χειρα (*habet* C^c).— μοι.— μη φοβου (*habet* C^a). 18. *init.*— και (*post* εσχατοσ: *habet* C^a).— αμην (*habet* C^a). [κλεισ]. θανατου και του αδου. 19. + ουν (*post* γραψον). [ειδεσ]. εισιν√. δει μελλειν (*pro* μελλει: C^a *cum* Steph.). γενεσθαι (C^a γειν.). 20. ουσ (*pro* ων). [επι τησ δ.].— εισι *prim.* (εισιν√ C^a).— αι (*habet* C^a). [επτα λ.].— ασ ειδεσ. *fin.* εισιν√.

II. 1. τησ εν εφεσω (*pro* τησ εφεσινησ). + χειρι (*ante* ο περιπ.: *improbat* C^a). [εν μεσω *et* χρυσων]. 2. [σου *secund.*]. [και οτι]. επιρασασ. λεγοντασ εαυτουσ αποστολουσ (*pro* φασκ. ειν. αποστ.). (+ ειναι C^c *post* αποστολουσ). εισιν√. 3. και υπομονην εχισ και θλιψισ πασασ και εβαστασασ (*pro* και εβαστασασ και υπομονην εχεισ και: C^a *improbat* και θλιψ. πασ.). *fin.* και ουκ εκοπιασασ (*pro* κεκοπ. και ου κεκμηκασ). 4. αλλα. αφηκεσ (-κασ C^c *cum* Steph.). 5. πεπτωκεσ. — ταχει. 6. -λαιτων (-λαϊτων C^a: *sic p.m.* v. 15). 7. [ταισ εκ-]. νεικωντι (ε ερασ.)√. — αυτω. τω παραδισω (*pro* μεσω του παραδεισου: *at* μεσω τω π. C^c). [*fin.* θ̅υ̅ *tantum*]. 8. τησ εν ζμυρνη εκκλησιασ (ν *p.m.*). 9. [τα εργα και]. πτωχιαν√. αλλα πλουσιοσ (— δε). + την εκ (*post* βλασφημιαν). ιουδαιων (-ουσ C^a *cum* Steph.). (*fin.* + εισιν C^c). 10. *init.* [μηδεν]. [πασχειν]. [ιδου μελλ-]. βαλλειν βαλιν (*sic: βαλιν im-*

ΑΠΟΚΑΛΥΨΙΣ ΙΩΑΝΟΥ. Κεφ. III.

probat C^a) √. [εξ υμ. ο δια.]. πιρασθηται√. εξεται√. [ημερων].
— γινου (*habet* C^a). 13. — τα εργα σου και. σου (*pro* μου *prim.*:
C^c *cum* Steph.).— και *quart.* εν ταισ (εν αισ C^a *cum* Steph.). (αντ-
ειπασ C^c). [-τοσ οσ]. ο σατανασ κατοικει. 14. [αλλ]. — κατα
σου (*habet* C^a). [οτι εχεισ]. βαλααμ'√. [εδιδασκεν]. — εν τω
βαλακ (αι C^a τον βαλακ). (βαλλειν C^a). [ισλ' φαγ.]. 15. [των
νικο.]. ομοιωσ (*pro* ο μισω). 16. [-ησον ει]. συ (*pro* σοι: C^a
cum Steph.)√. 17. λεγι√. [νικωντι].— αυτω φαγειν. εκ (*pro* απο).
— δωσω αυτω *secund.*— ο (*ante* ουδεισ: *habet* C^a). οιδεν (*pro* εγνω).
18. [τησ εν θυατειροισ]. [αυτου *prim.*]. φλοξ (*pro* φλογα). 19.
— και την διακονιαν (C^a *habet* και διακονιαν, C^c και την δια.,
sed uterque post πιστιν). [την υπομ.]. — σου *secund.* — και *ult.*
(C^a εσσχατα√). 20. [αλλ]. πολυ (*pro* ολιγα). αφεισ (*pro* εασ:
C^a αφηκασ). γυναικα ιαζαβελ (ιεζαβελ' C^a). η λεγουσα (την λε-
γουσα[ν C^c] C^a). αυτην προφητειαν ειναι (προφητιν C^{ac}). και
διδασκει και πλανα. + τουσ (*ante* εμουσ). φαγειν ειδωλοθυτα. 21.
(*post* μετανοηση C^a *habet* και ου θελι μετανοησαι). εκ τησ πορνιασ
ταυτησ (— αυτησ και ου μετενοησεν). 22. — εγω. καλω (*pro*
βαλλω: C^a βαλω). μετανοησουσιν. αυτησ (*pro* αυτων). 23. [ερευ-
νων]. *fin.* — υμων (*habet* C^a). 24. τοισ εν (*pro* και *prim.*: *im-
probat* εν C^a). — ουκ (θυατειρη οι ουκ C^a: + ουκ *tantum* C^c).
εχουσιν√. — και *secund.* [βαθη]. [βαλω]. 25. εχεται κρατη-
σαται√. αχρι ου. 26. — επι (*habet* C^a). 27. ποιμανι√. 28. [πρω-
ινον]. 29. λεγι√.

III. 1. + επτα (*ante* πνατα). — το. [οτι ζησ]. 2. εγρηγορων
(ε *not. et ras.*)√. [στηριξον]. εμελλον αποθανιν. [τα εργ.]. *fin.*
+ μου. 3. — ουν *prim.* [και ηκ. και τηρ.]. μετανοησησ (*pro* γρη-
γορησησ: C^{ac} *cum* Steph.). [επι σε *prim.*]. γνωση οιαν (*pro* γνωσ
τοιαν). 4. αλλα εχισ ολιγα. — και *prim.* [α]. περιπατησουσιν√.
5. ουτωσ (C^a *cum* Steph. ουτοσ). εξαλιψω√. ομολογησω. εμπροσθεν
(*pro* ενωπιον *prim.*). 7. φιλαδελφια√. εκκλησιαισ (*alterum* ι
eras.). ο αληθινοσ ο αγιοσ. — την (*habet* C^a). κλιν (*pro* κλειδα).
[του]. δαδ. και αννγων (*pro* ο ανοιγων). και ουδισ κλισει και
κλειων και ουδισ ανυξει (και κλειων *cum punctis, at iterum rasis*).
8. τα εργα σου. ηνεωγμενην. ην (*pro* και *prim.*). — αυτην. 9. δε-
δωκα (*pro* διδωμι). ηξουσιν. προσκυνησουσιν. γνωση (*pro* γνωσιν).
10. *init.* [οτι]. — τηρησω. πιρασμου√. ερχεσθε√. πιρασαιν√. 11.
— ιδου. κρατι√. εχισ√. μηδισ√. 12. αυτω (*pro* αυτον *prim.*: C^a
cum Steph.). — εν (C^a *habet*). — ετι. [επ αυτον]. κενησ ιηλμ'√,
(C^a τησ καταβαινουσησ). (*Es* ου *priore in* ουρανου C^a ου *fecerat*,
149

sed ου *ipse restituit*)√. [μου το καινον]. 13. ° εχων (ο *p.m.?*).
λεγιν√. 14. εν λαοδικια εκκλησιασ. + και (*post* αμην : *improbat*
Cᵃ). + ο *ante*, + και *post* αληθινοσ. εκκλησιασ (*pro* κτισεωσ : Cᵃ
cum Steph.). 15. — ει (*habet* Cᵃ). ησ (*pro* ειησ). 16. οτι ουτωσ.
χλιεροσ *p.m.* (χλιαροσ Cᵃ *cum* Steph.). ζεστροσ ουτε ψυχροσ ει
(ρ *eras.* Cᵃ *vel* Cᶜ *transfert* ει *post* ψυχροσ, *ubi legitur p.m.*, *in*
locum post ζεστροσ). παυσε του στοματοσ σου (*pro* μελλω σε
εμεσαι ad *fin. vers.* Cᵃ *habet* μελλω σε εμιν εκ του στοματοσ μου).
17. — οτι *secund.* [ουδενοσ]. χριαν√. οτι ταλαιπωροσ ει (— συ
et ο : Cᵃ *cum* Steph.). [και ελεεινοσ]. 18. [παρ εμου χρ.]. κολ-
λυριον. ενχρισαι. 19. αν (*pro* εαν). [ζηλωσον]. 20. ανοιξω. + και
(*ante* εισελευσομαι). διπνησων√.

IV. 1. ιδον. [ηνεωγμενη]. + ιδου (*ante* η φωνη). λαλουσαν. λεγων
(Cᵃ *cum* Steph. λεγουσα). [αναβα]. διξω√. [α] δι√. 2. *init.* — και
(ευθεωσ δε Cᵃ). + ο (*ante* επι τον θρονου καθ.: ο *eras.*). 3. [και ο
καθημενοσ]. — ην. σαρδιω. ιερεισ (ε *priore raso, pro* ιρισ). 3, 4.
— ομοι. ορασ. σμαραγ. και κυκλ. του θρον. (ομοιστ.: *supplet* Cᵃ,
legens ομοιωσ ορασι κ.τ.λ.). 4. θρονουσ (*pro* θρονοι). εικοσιτεσ-
σαρεσ (*primo loco*)√. — [*habet* και] επι τουσ θρ. ειδον τουσ εικ. και
τεσσ. (ομοιστ.: *non suppletum*). εν λευκοισ (— ιματιοισ). — εσχον.
χρυσεουσ. 5. και φωναι και βρονται. — αι εισι ad θρονου *prim.*
v. 6 (ομοιστ.: *supplet* Cᵃ α εισιν τα επτα πνευματα του θϋ και
ενωπιον του θρονου). 6. + ωσ (*ante* θαλασσα). [Θαλυη]. [εν
μεσω]. [τεσσαρα]. ενπροσθεν. 7. ωσ ομοιον ανθρωπω (*pro* ωσ αν-
θρωποσ). πετομενω. 8. και τα τεσσερα ζωα εν εκαστον αυτων
ειχον. εσωθεν (Cᵃ εσωθεν)√. γεμουσιν. ουχ εξοσαν (*pro* ουκ εχουσιν :
Cᵃ *cum* Steph.). λεγοντεσ. αγιοσ *octies* (*improbat* Cᵃ *post ter-*
tium). κσ θσ παντοκρατωρ (*at* + ο *ante* θσ Cᵃ). 9. δωσωσιν.
— δοξαν (*habet* Cᵃ). τω θρονω. *fin.* + αμην (cf. v. 10). 10. *init.*
+ και. εικοσιτεσσαρεσ. προσκυνησουσιν. + αμην (*post* αιωνων).
βαλλουσιν (*alterum* λ *eras.*)√. *fin.* εντεσ (*pro* λεγοντεσ : Cᵃ *cum*
Steph.). 11. + ο κσ και θσ ημων (*post* κε). — την *secund.* [*habet*
tert.]. ησαν (*pro* εισι).

V. 1. (ειτι? *pro* επι *prim. vetus instaurator, errore*)√. [ειδον :
sic vv. 2. 6. 11]. — βιβλιον γεγραμμενον (*habet* Cᵃ). εμπροσθεν
(*pro* εσωθεν). (+ και *ante* κατεσφ. Cᵃ). επτα (ε *p.m.*)√. 2. κη-
ρυσσοντα ισχυρον εν φ. μ. — εστιν. ανοιξε (*sic* v. 3 ; *non* vv. 4. 9)√.
3. εδυνατο. ουτε (*pro* ουδε *prim. et tert.*). — ουδε υποκατω τησ
γησ (ομοιστ.). 4. — εγω. εκλααν πολυ (*at* εκλεον π. Cᵃ). ευρεθη-

σεται (C^a cum Steph. ευρεθη). — και ανεγνωναι (ὁμοιοτ.). 5. — ο
ων. δαδ. [λυσαι]. 6. — και ιδου. [εν μεσω bis in versu]. εστηκως.
εχων. εισιν√. τα επτα πνατα του θυ απεσταλμενα (— τα secund.).
7. ηλθεν√. ειληφεν√. — το βιβλιον. τησ καθημ. (του κ. C^a cum
Steph.)√. 8. ελαβεν√. τεσσερα√. [εικοσιτεσσαρεσ]. επεσαν.
εκαστοσ εχοντεσ_ κιθαραν. χρυσεασ. a (pro αἱ). — αι (ante προσ-
ευχαι: C^a habet). 9. λαβιν√. [ημασ sic]. 10. αυτουσ (pro ημασ).
[τω θω ημων]. βασιλιαν (pro βασιλεισ). ἱερατειαν (pro ἱερεισ).
βασιλευσουσιν. 11. + ωσ (ante φωνην). κυκλω. + και ην ο αριθμοσ
αυτων μυριαδεσ μυριαδω (ante και χιλ.). 12. εστιν√. λαβιν√.
13. το (pro ο εστιν). επι τησ γησ. — και υποκατω τησ γησ
(ὁμοιοτ.). και τα εν τη θαλασση (— a εστι). + και (post παντα).
[λεγοντασ]. (και post του θρονου improbat C^a). παντοκρατοροσ
(pro και το κρατοσ: C^a cum Steph.). 14. [τεσσαρα]. [ελεγον].
— εικοσιτεσσαρεσ. [επεσαν]. — ζωντι ad fin. vers.

VI. 1. ἰδον. [οτε]. ηνυξεν (sic vv. 3. 7)√. μιαν εκ των επτα
(— σφραγιδων: supplet C^a). ενοσ ^{εκ} (εκ p.m.). λεγοντων. φωνην.
ἰδε (pro βλεπε: sic vv. 3. 5. 7). 2. [και ειδον: sic v. 5]. επ
αυτον (littera o vel ε sequens eras.). εξηλθεν√. ενικησεν (pro ινα
νικηση). 3. την σφραγιδα την δευτεραν. 4. + ἰδον και ιδου (ante
εξηλθεν). [πυρροσ]. επ αυτον. (αυτω post εδοθη prim. improbat C^a).
εκ (pro απο: improbat εκ τησ γησ C^a). εινα. σφαξωσιν√. 5. ηνυξε√.
την σφραγιδα την τριτην. επ αυτον. χιρι√. 6. + ωσ (ante φωνην).
[εν μεσω]. (σιτου improbatum sed rursus restitutum). τρισ√.
κριθων. 7. [φωνην]. λεγοντοσ. 8. init. και ἰδον. — o secund.
ηκολουθι αυτω (— μετ). [αυτοισ]. επι το τεταρτον τησ γησ απο-
κτειναι. — εν secund. et tert. 9. ηνοιξεν√. την σφραγιδαν την ειδον
(sic p.m., at in exemplari suo procul dubio pro ειδον erat ε ιδον: C^a
habet ε σφραγιδα). + των ανθρωπων (post ψυχασ). και δια την μαρ-
τυριαν bis script. (secund. notavit C^a). εσχον (ειχον C^a cum Steph.).
10. εκραξαν. — o tert. εκδικησεισ. εκ (pro απο). 11. εδοθη αυτοισ
εκαστω στολη λευκη. ερεθη. [αναπαυσωνται]. επι χρονον μικρον
(— ετι). εωσ πληρωσωσιν (— ου). αποκτεννεσθαι. + ὑπο αυτω
(ante ωσ και αυτοι: improbat C^a). 12. [ειδον]. εννξεν (ηνυξεν
C^a)√. — ιδου. σισμοσ√. [μεγ. εγ.]. μελασ εγενετο. + ολη (post
σεληνη). 13. [επεσαν]. επι (pro εισ). βαλλουσα. απο (pro ὑπο).
· · ·
ανεμου μεμειγαλου (· · · p.m.?). σιομενη√. 14. + o (ante ουνοσ).
ελισσομενοσ. βουνοσ (pro νησοσ). — αυτων. εκινησαν (C^a cum
Steph.). 15. και οι χιλιαρχοι και οι πλουσιοι. ἰσχυροι (pro οι δυ-

ΑΠΟΚΑΛΥΨΙΣ ΙΩΑΝΟΥ. Κεφ. VII. VIII.

νατοι). — και πασ ελευθεροσ (habet Cᵃ: ὁμοιοτ.?). σπηλεα√. 16.
λεγουσιν√. ορεσιν√. πεσεται√. κρυψεται. τω θρονω. ετι (pro απο
secund.: Cᵃ cum Steph.). 17. αυτων.

VII. 1. και μετα τουτο ἰδον δ̄ αγγ. [τεσσαρασ γων.]. [τεσσαρασ
αν.]. πνευση. [ετι τησ γησ]. [παν δεν.]. 2. [ειδον]. αναβαινοντα.
[ανατολησ]. σφαγιδα (Cᵃ σφρα.)√. εκραξεν√. τοισ τεσσαρεσ αγ-
γελοισ (Cᵃ cum Steph. τεσσαρσιν). 3. αδικησεται. μηδε (pro
μητε) bis in versu. αχρισ σφραγισωμεν (—ου). 4. ηκουσαν. εκατο̄
τεσσερακοντα χιλιαδεσ (—τεσσαρεσ). ισλ̄√. 5—8. δωδεκα decies.
εσφραγισμενοι prim. et duodecimum retinentur: deest εσφρ. decies.
5. — εκ φυλησ γαδ ῑβ̄ χιλ. εσφ. (ὁμοιοτ.). 6. νεφθαλι. 7. — εκ
φυλησ συμεων ῑβ̄ χιλ. εσφ. (ὁμοιοτ.). λευει. δωδεκα χειλιαδεσ
(post λευει: item post βενιαμιν et ἰωσηφ v. 8). ἰσσαχαρ. 8. βε-
νιαμιν ante ἰωσηφ. 9. ἰδον. [και ἰδου οχλοσ πολυσ]. οσ (pro ον:
Cᵃ cum Steph.). [αυτον]. ουδισ εδυνατο. περιβεβλημενουσ (-νοι
Cᵃ cum Steph.). φοινικασ (-κεσ Cᵃ cum Steph.). 10. κραζουσιν.
η σωτηρια τω θ̄ω̄ ημων (—τω καθημενω: habet Cᵃ post ημων) επι
τω θρονω (Cᵃ του θρονου). (Cᵃ του αρνιου, at p.m. τω αρνιω).
fin. + εισ τουσ αιωνασ των αιωνων αμην (improbat Cᵃ). 11. — οι
(habet Cᵃ). ἱστηκισαν. επεσαν. τα προσωπα. 12. [και η σοφια].
— η quart. (habet Cᵃ). fin. [αμην: sic]. 13. — εκ. εισ των πρεσ.
λεγ. μοι bis script. (secundum delet Cᵃ)√. ˢτ̓ολασ (ˢ p.m.? silet
Tischend.). εισιν√. 14. + μου (post κ̄ε̄). ειπεν (—μοι). [εκ τ.
θλ. τ. μ.]. αυτασ (pro στολασ αυτων secund.). 15. [του θρονου].
γινωσκει (pro σκηνωσει επ: ex inserit Cᵃ, σκηνωσει Cᶜ marg.).
16. τιναςουσιν√. — ετι prim. ουδε διψασουσιν. [ουδε μη π.]. + ετι
(post ηλιοσ: ··· p.m.). 17. [ποιμανει]. [οδηγησει]. ζωησ (pro
ζωσασ). εξαλιψειν√. δρακυον, cf. xxi. 4 (Cᵃ δακρ.)√. [απο τ. οφ.].

VIII. 1. [οτε]. ηνοιξεν√. ειμιωριον√. 2. ἰδον√. εστηκασιν√. 3.
ηλθεν√. του θυσιαστηριου. δωσει (pro δωση). — το (ante ενωπιον).
4. αναβη καπνοσ (ανεβη ο καπ. Cᵃ cum Steph.). χιροσ√. 5. τον (pro
το). αυτον (pro αυτο). βρονται και φωναι και αστ. 6. [αγγελοι
εχοντεσ]. αυτουσ (pro εαυτουσ: Cᵃ cum Steph.). σαλπισωσιν√.
7. — αγγελοσ. εσαλπισεν√. μεμιγμενον εν αιμ. + και το τριτον
τησ γησ κατεκαη (post γην). 8. — αγγελοσ (non vv. 10. 12).
εσαλπισεν (sic vv. 10. 12). εγενηθη (pro εγενετο). 9. [απεθανε].
+ μεροσ (post τριτον prim.). ψυχην. διεφθαρησαν. 10. + των
(ante ὑδατων). 11. αψινθιον (Cᵃ αψινθοσ cum Steph.) sine articulo.

152

λεγεται και εγενετο (*pro* γινεται : Cᵃ *improbat* και λεγεται).
+ των ὐδατων (*post* τριτον). αψινθιον *secund.* + των (*ante* ᾱῶν).
12. φανη. 13. [ειδον].— ενοσ. αετου (*pro* αγγελου). πετομενου.
— εν. τουσ κατοικουντασ.

IX. 1. [αγγελοσ: *sic* v. 13]. εσαλπισεν (*sic* v. 13)√. [ειδον].
αστερασ (-ρα Cᵃ *cum* Steph.). πεπτωκοτασ (-τα Cᵃ *cum* Steph.).
κλισ√. 2. — και ηνοιξε το φρεαρ τησ αβυσσου (ὁμοιοτ.). επι
(*pro* εκ *prim.: habet* εκ Cᵃ). καμινοσ *primò, at* καπνοσ *p.m.*
(*pro* καπνοσ *secund.*)√. [εσκοτισθη]. vv. 2, 3. — του φρεατοσ
και εκ του καπνου (Cᵃ του φρεατοσ και εκ το[υ *partim absciss.*]
καπνου) ὁμοιοτ.√. 3. αυτοισ (*pro* -αισ): *sic* vv. 4. 5. ˢκορπιοι
(σ *p.m.*). 4. αυτοισ (*pro* -αισ). αδικησωσιν√. — ουδε παν χλωρον
(ὁμοιοτ.). ουδε̄ *i. e.* ουδεν *ante* παν δενδρον *in facsimili* Tab. XV.,
sed ουδε *in editione utrâque.* (*Super* δενδ Cᵃ χλω, *rursusque*
abstersit). — μονονσ. εχουσιν√. σφραγιδαν (ν Cᵃ *instauravit*).
fin. — αυτων. 5. αυτοισ (*pro* -αισ). αποκτινωσιν√. βασανισ-
θησονται. πεση√. 6. ου μη ευρησουσιν. αποθανιν√. φυγη. 7.
ομοιοι. 8. ειχαν (*non* v. 9). 10. ομοιοισ. και (*pro* ην).— και (*ante*
η εξουσια). 11. *init.* — και. εχουσιν εαυτων τον βασιλεα τον αγγ.
(— εφ). + ω (*ante* ονομα αυτω). [αβαδδων]. και εν τη ελληνιδι
εχι ονομα απολλυων. 12. — η *bis* (η μια Cᵃ). ερχεται (Cᵃ *cum*
Steph.). 13. *init.* — και. (φωνησ Cᵃ). — μιαν εκ των τεσσαρων
κερατων (Cᵃ μιασ εκ των κερατων). 14. λεγοντα (Cᵃ λεγουσησ).
ο εχων (*pro* οσ ειχε). τεσσαρεσ (*sic* vii. 2). 15. — οι *secund.*
— και ημεραν (ὁμοιοτ.). ινα μη αποκτινωσιν. 16. + των (*ante*
στρατευματων). δυο μυριαδων μυριαδασ.— και *secund.* 17. [ειδον].
επανω (*pro* επ). θυωδεισ (*levi rasura s.m.* ? θιωδεισ). *fin.* θιον (*non*
v. 18)√. 18. απο (*pro* υπο). πληγων (*pro* τριων).— εκ *secund. et*
tert. των στομ. (ου Cᵃ, *at rursus abstersit*)√. 19. *init.* η γαρ εξουσια
των ιππων εν τω στοματι αυτων εστιν και εν ταισ ουραισ αυτων αι
γαρ ουρ. κ.τ.λ. [οφεσιν]. εχουσαν (εχουσαισ Cᵃ). αδικουσιν√.
20. + αυτων (*ante* ταυταισ). ουδε (*pro* ουτε). χιρων√. προσ-
κυνησουσιν. + τα (*ante* ιδωλαν). χρυσαια. χαλκεα. και τα ξυλινα
και τα λιθινα. δυναυνται. 21. φωνων (ο *minutâ formâ: p.m. an*
s.m. ?)√. φαρμακων. πονηριασ (Cᵃ *vel* Cᶜ *cum* Steph., *at* πορνιασ√).

X. 1. [ειδον: *sic* v. 5]. [αλλ. αγγ. ισχ.]. η θριξ (*pro* ιρισ: Cᵃ
ιρισ). + αυτου (*post* κεφαλησ). 2. εχων (*pro* ειχεν). βιβλαριδιον
(λι Cᵃ, *sed abstersit*). ηνεωγμενον. εθηκεν√. τησ θαλασσησ. τησ

153

γησ. 3. εκραξεν√. μυκατε√. + ωσ (ante ελαλησαν: C⁴ *im-probat*).— αι. φωναι (*pro* βρονται: *ai* C⁴ αι ε. βρονται *cum* Steph.). *fin.* ταισ εαυτων φωναισ. 4. οσα (*pro* οτε). — τασ φωνασ εαυτων. [εμελλον]. — μοι. οσα (*pro* α). [επτα *secund.*]. αυτα (*pro* ταυτα). 5. ηρεν√. +την δεξιαν (ante εισ τον ουρανον). 6. ωμοσεν τω ζ. (— εν: *habet* Cᶜ). εκτισεν√. — και την θαλασσαν και τα εν αυτη (*habet* C⁴). *fin.* ουκετι εστιν (ουκετι εσται C⁴). 7. αλλ. του αγγελου του εβδομου. ετελεσθη. ευηγγελισεν√. τουσ εαυτου δουλουσ και τουσ προφητασ. 8. λαλουσαν. λεγουσαν. [βιβλαριδιον]. + του (ante αγγελου).— επι τησ θαλασσησ και (*habet* C⁴). 9. [απηλθον]. δουναι. βιβλιον (*pro* βιβλαριδιον): *sic* v. 10. λαβε αυτο και καταφαγε και πικρανι (*post* καταφαγε C⁴ *addit* αυτο). αλλα. 10. ωσ μελει γλυκυ. εγεμισθη (*pro* επικρανθη). *fin.* (+ πικριασ C⁴). 11. λεγουσιν (*pro* λεγει). δι√. και εθνεσιν. βασιλευσιν√.

ΧΙ. 1. λεγει (C⁴ Cᶜ⁴ λεγων: + και εστηκει ο αγγελοσ ante λεγων Cᶜ⁴). εγειρε. 2. *init.* και τησ αυλησ τησ εσωθεν του ναου και εκβαλε εσω (*corrigit* C⁴ την αυλην την: *pro* ναου *primò* λαου *p.m.*, *corrigit* C⁴, *qui etiam* και ante εκβαλε *improbat*: *pro* εσω C⁴ *legit* εξωθεν). + και (ante τοισ εθνεσιν√: *improbat* C⁴). πατησουσιν√. τεσσερακοντα δυο. 3. δυσιν μαρτυσιν√. (+ πεντε *post* εξηκοντα Cᶜ⁴). περιβεβλημενουσ (C⁴ *cum* Steph. -νοι). 4. οι δυο ελαιαι (C⁴ αι, *qui etiam legit* και αι δυο λυχνιαι).— αι (ante ενωπιον). του κ̄ῡ (*pro* του θ̄ῡ). εστωτεσ (Cᶜ *cum* Steph.). 5. θελει αυτουσ *prim.* ητισ (*pro* ει τισ *secund.*: C⁴ *cum* Steph.). θελ ηση αδικησαι αυτουσ ουτωσ. δι√. 6. [-σιν εξου. κλ. τον ουρ.]. υετοσ βρεχη τασ ημερασ τησ προφητιασ αυτων.— και (ante παταξαι: *habet* C⁴). + εν (ante ταση). [εαν θελησωσι]. 7. τελεσωσιν√. τοτε (*pro* το *secund.*: C⁴ το). μετ αυτων πολεμον. 8. [τα πτωματα]. (+εσται Cᶜ⁴ ante επι). πλατιασ√. + τησ (ante πολεως). (+ και εγγυσ ο ποταμοσ *post* σοδομα C⁴). και ο κ̄σ̄ (— ημων: *at improbat* και C⁴, *post* κ̄σ̄ *addens* αυτων). 9. βλεπουσιν. των φυλων και λαων γλ. (^κ̄ᾱῑ *p.m.*). το πτωμα *prim.* [τρεισ και]. αφιουσιν (αφησουσιν C⁴ *correcturus*, *non absolvit*). μνημα (C⁴ *cum* Steph.). 10. χαιρουσιν. ευφραινονται. πεμπουσιν (C⁴ *cum* Steph.). οι προφηται οι δυο. 11. — τασ. τρισ√. ημισου (ο εταιο)√. εισ (*pro* επ). [επεσεν]. θεορουντασ (C⁴ θεωρ.)√. 12. [ηκουσαν, ν *erasum*]. φωνησ μεγαλησ. λεγουσησ. αναβατε. 13. *init.* [και]. εκινη√. [ωρα]. σισμοσ (*non* v. 19)√. επεσεν√. σισμω√. εν φοβω (*pro* εμφοβοι). 14. (— η *prim.* C⁴). παρηλθεν. ιδου ερχεται η ουαι η τριτη τ. 15. εσαλπισεν√. εγενετο

(*pro* εγενοντο *prim.*: C^a *cum* Steph.). [λεγουσαι]. εγενετο η βα-
σιλια. *fin.* +αμην. 16. — οι *prim.* (*habet* C^a). εικοσιτεσσαρεσ.
[οι ενωπ.]. οι καθηνται (*pro* καθημενοι: *improbat* οι C^a). +και
(*ante* επεσαν). 17. κσ (*pro* κε).—ο (*ante* παντοκρατωρ: *habet* C^a).
— ο ερχομενοσ (και *praecedens improbat* C^a). [ειληφασ]. 18.
ωργισθη (C^a *cum* Steph.).—τοισ (*ante* φοβουμενοισ). τουσ μικρουσ
και τουσ μεγαλουσ (C^c *cum* Steph.). [-ρον-τασ]. 19. ηνυγη. [θυ εν].
+ανω (*post* ουρανω: *improbat* C^a). του θυ (*pro* αυτου *prim.*).
εγενετο (C^a *cum* Steph.). [και σεισμ.].

XII. 1. σημιον (*sic* v. 3)√. την σεληνην (C^a *cum* Steph.). 2.
+ και (*ante* κραζει). 3. πυρροσ μεγασ. επτα διαδηματα. 4. συρι√.
+ το τριτον (*etiam post* των αστερων: C^a *notavit*)√. 5. [αρρενα].
ποιμενιν√. ηρπαγη. +προσ (*ante* τον θρονον). 6. + εκει (*post*
εχι√). [απο]. τρεφουσιν. αυτον (*pro* αυτην: C^a *cum* Steph.). (*fin.*
+πεντε C^{c*}: cf. xi. 3). 7. [ο μιχ.]. πολεμησαι μετα (*pro* επολε-
μησαν κατα). επολεμησεν√. 8. +προσ αυτον (*post* ισχυσαν). ουδε
(*pro* ουτε). τοτε (*pro* τοποσ: C^c *cum* Steph.).—αυτων (αυτοισ *sine*
ετι C^c). 9. — ο *tert.*— και (*post* διαβολοσ). [ο σατ.]. 10. εν τω
ουνω λεγουσαν. βασιλια√. [χριστου *plene*] √. εβληθη. [κατηγο-
ροσ]. [αυτων]. 11. ουτοι (*pro* αυτοι). [ουκ ηγ.]. (εαυτων C^a *pro*
αυτων *secund.*). 12. ευφρενεσθε √. — οι *prim.* κατοικουντεσ εν
αυτοισ (*pro* εν αυτοισ σκηνουντεσ). εισ (*loco* τοισ κατοικουσι).
— μεγαν. 13. [ειδεν]. (οτι εβληθη ο δρακων εισ C^a). εδωκεν (*pro*
εδιωξε: *at* C^a εξεδιωξεν). ετεκεν τον αρσενα. 14. (C^a εδοθη). [-κι
δυο].—του *prim.* — τον. [οπου τρεφεται]. — καιρον (και καιρον C^a).
κερουσ√. ημισου (-συ C^a: cf. xi. 11). 15. εκ του στομα-οσ αυτου
οπισω τησ γυναικοσ. αυτην (*pro* ταυτην). 16. κατεπιε]. 17.
[επι]. απηλθεν πολεμον ποιησαι. επιλοιπων. *fin.* -ου θυ (*pro* του
ιυ χυ: *at* ιυ *tantum* C^a). 18. εσταθη (*sic*).

XIII. 1. [ειδον: *sic* vv. 2. 11]. κερατα δεκα και κεφαλασ επτα.
αυτων (*pro* αυτου *prim.*: C^a *cum* Steph.). διαδηματα δεκα.
[ονομα]. 2. παρδαλι√. αρκου. λεοντων. — ο (*ante* δρακων: *habet*
C^a). 3. — ειδον. + εκ (*post* μιαν). [ωσ]. θανατου θανατου (··· ν
p.m.) εθερ.√. εθαυμασεν ολη η γη (— εν). 4. τω δρακοντι. οτι (*pro*
οσ). εδωκεν την εξου. τω θηριω (*pro* το θηριον). + και (*ante* τισ
secund.). [δυναται]. 5. [βλασφημιασ]. αυτω ποιησαι (— εξουσια:
habet C^a). + ο θελει (*ante* μηνασ). τεσσερακοντα δυο. 6. [ηνοιξε].
βλασφημιασ. αυτον (*pro* το ονομα αυτου: C^a *cum* Steph.). — και

ult. (*habet* C^a). σκηνουντεσ√. 7. ποιησαι πολεμον [*nihil omissum*]. εξουσιαν (· C^a)√. + και λαον (*post* φυλην). 8. [αυτω]. ων γεγραπται (— ου: *habet* C^a). + αυτων (*post* ονοματα: *improbat* C^a). εν βιβλω (— τη: *at* εν τω βιβλω C^a). + του (*ante* εσφαγμενου). 10. — αιχμαλωσιαν συναγει. [-ρα: *bis in versu*]. αποκτεινει. ὑ η πιστισ (· *p.m.*)√. 11. ειχεν√. 12. [ποιει *bis in versu*]. εν αυτη κατοικουντασ. προσκυνιν (— ινα). 13. σημια (*sic* v. 14)√. [ινα και πυρ ποιη καταβ. εκ τ. ουρ. εισ (*pro* οι *p.m. scripsit* υ *primò*)]. 14. + και (*ante* ποιησαι *secund.*). [εικονα]. [ο εχει]. πληγησ (*pro* την πληγην). μαχαιρησ και εζησεν. 15. [αυτω δου. πν.]. ποιησει οσοι αν [*deest* ινα *post* ποιησει]. προσκυνησουσιν τη εικονι. — ινα (*ante* αποκτανθωσιν√). 16. (C^a ποιησει). — τουσ *secund.* τουσ πτωχουσ και τουσ πλουσιουσ. ῒνα δωσιν αυτω (*at* ῒνα δωσι αυτοισ C^a). [χαραγμα]. το μετωπον. 17. *init.* — και (*habet* C^a). [δυνηται]. το χαραγμα του θηριου η το ονομα αυτου η. 18. ουσ (*pro* τον νουν: C^c νουν *tantum*). εστιν *secund.* — και ο αριθμοσ αυτου. εξακοσιαι (*sic*) εξηκοντα εξ'.

XIV. 1. [ειδον: *sic* v. 6]. το αρνιον εστοσ. τεσσερακοντα τεσσαρεσ. + ^{αυ}του και το ονομα (*post* ονομα: αυ *p.m.*). *fin.* αυτω (C^a *cum* Steph. αυτων). 2. — μεγαλησ (*habet* C^a). η φωνη ην ηκουσα ωσ κ. (*pro* φωνην ηκουσα κ.) κιθ^{α}ραισ (α *p.m.*)√. 3. — ωσ. + και ^{ην} *sic* (*post* καινην: ^{ην} *p.m.*). $\overline{\tau\omega}$ των τεσσαρων (*sic*)√. + ενωπιον (*ante* των πρεσβ.). εδυνατο. (αι *improbat* C^a). εκατον τεσσερακοντα μιαν (τεσσαρεσ *pro* μιαν C^a). 4. — εισιν *tert.* — οι (*ante* ακολου.). [α ὑπαγη]. [ουτοι ηγορ.]. απ αρχησ (*pro* απαρχη). + εν (*ante* τω αρνιω *secund.*: *improbat* εν C^a). 5. [ουχ ευρ. ψευδ.]. ψευδοσ (*pro* δολοσ). [γαρ]. — ενωπιον του θρονου του $\overline{\theta\upsilon}$. 6. — αλλον (*habet* C^c). πεταμενον. μεσωουρανηματι (ω *delet* C^a). ευαγγελισασθε επι. καθημενουσ (*pro* κατοικουντασ). + επι (*ante* παν). 7. — λεγοντα. [εν φ. μ.]. [$\overline{\theta\nu}$]. π^{ο}ριησαντι ($\overline{\pi\rho\iota}$ *primò, at* ποι *p.m.*)√. + την (*ante* θαλασσαν). 8. — αγγελοσ (*habet* C^c). + δευτεροσ (*ante* ηκολουθησεν√). — λεγων επεσεν *usque ad* v. 9 ηκολουθησεν (ὁμοιοτ.: C^a *supplet, sic varians*: — επεσε: — η πολισ: — οτι: πορνιασ√: πεπτωκαν: + τα *ante* εθνη: και αλλοσ αγγελοσ ηκολουθησεν τριτοσ). 9. προσκυνι το θηριον. λαμβανι√. τω μετωπω. 10. [εκ του οινου του θ. του $\overline{\theta\upsilon}$]. αγγελων αγιων (— των). 11. εισ εωνασ των αιωνων αναβαινει (C^a αιωνασ). 12. + η (*ante* ὑπομονη). — ωδε *secund.* των τηρουντων. [-τιν $\overline{\iota\upsilon}$]. 13. λεγουσησ εκ του ουρανου.

ΑΠΟΚΑΛΥΨΙΣ ΙΩΑΝΟΥ. Κεφ. XV. XVI.

— μοι. [εν κω]. — ναι (habet Cᵃ). αναπαησονται. γαρ (pro δε). ακολουθι√. 14. — και ειδον. καθημενον ομοιον υιο. εχοντα (Cᵃ εχον). [τησ κεφαλησ]. 15. + αυτου (post ναου). φωνη μεγαλη. ηλθεν (— σοι). του θερισμου (pro του θερισαι). 16. τησ νεφελησ. 17. [cum Steph.]. 18. [εξηλθεν]. [-ριου εχ-]. εφωνησεν√. φωνη (pro κραυγη). λεγω (Cᵃ cum Steph. λεγων)√. το δρεπανον (secund.) σου το οξυ. + τησ αμπελου (post βοτρυασ). [ηκμ. αι στ. αυτ.]. 19. επι τησ γησ (pro εισ την γην). ετρυγησεν√. σου θυ την μεγαλην (ᵀ p.m.)√. 20. [εξω]. διακοσιων (pro εξακοσιων: Cᵃ cum Steph.).

XV. 1. ιδον. σημιον√. 2. [ειδον: sic v. 5]. [θαλινην bis in vers.]. [νικωντασ]. — εκ secund. — εκ του χαραγματοσ αυτου (ομοιοτ.??: habet και). αυτου ult. (υ in ras.: utrum autem?)√. fin. + κυ (ante του θυ). 3. αδοντασ (pro αδουσι). μωϋσεωσ. + του (ante δουλου). [λεγοντεσ]. βασιλευ των αιωνων (pro ο βασιλευσ των αγιων: Cᵃ βασιλευσ, forsan ο βασιλευσ, υ in σου eraso: pro αιωνων etiam Cᵃ habet εθνων, at idem forsan restituit αιωνων). 4. τισ σε ου φοβηθη (— μη). [δοξαση]. [οσιοσ]. [π. τα εθ.]. ηξουσιν√. — τα secund. + ενωπιον (post δικαιωματα). 5. — ιδου. ηνυγη√. 6. [εξηλθον]. [-γοι εχον.]. [εκ του ναου ενδεδ.]. καθαρουσ λινουσ (— και) λαμπρουσ. 7. — εν (habet Cᵃ). εδωκεν√. — επτα secund. fin. + αμην. 8. [ναοσ καπνου]. ουδισ√. [ηδυνατο]. εισ τον ναον εισελθειν.

XVI. 1. [φωνησ μεγαλησ εκ του ναου]. υπαγεται√. και εκχεεται. + επτα (ante φιαλασ). 2. — και απηλθεν usque ad την γην (ομοιοτ.: Cᵃ supplet, at εξεχεεν√ et εισ pro επι). ελκον πονηρον και κακον (Cᵃ primò ελκοσ κα i. e. κακον: at rursus delevit κα). επι (pro εισ). fin. προσκυνουντασ την εικονα αυτου. 3. εισ (loco και ο δευτεροσ αγγελοσ εξεχεεν: Cᵃ cum Steph., αγγελοσ omisso). ωσι (pro ωσ). ζωσα απεθανεν επι τησ θαλασσησ. 4. — αγγελοσ. εξεχεεν√. επι (pro εισ prim.).— εισ secund. [εγενετο]. 5. των αγγελου (ᵒᵘ p.m.)√.—κυριε. [ο ην]. ο οσιοσ (— και). 6. αιματα prim. εδωκασ αυτοισ πιειν. οπερ αξιοι εισιν (— γαρ). 7. — αλλου εκ. κρισισ√. 8. [αγγελοσ]. εξεχεεν√.— εν. 9. [-μησαν το ονομα]. (υ θυ του Cᶜ rescripsit: latent p.m. A vel Λ [unâ litterâ sequente] ΑΤ [?]√). + την (ante εξουσιαν). 10. — αγγελοσ (sic v. 12). εξεχεεν (sic v. 12)√. (εσκοτισμενη Cᶜ). εμασωντο. απο (pro εκ). 11. — και εκ των ελκων αυτων (ομοιοτ.).— εκ των εργων αυτων. 12. — τον tert. ανατολησ. 13. εδοθη (pro ειδον). — εκ
157

του στοματοσ του δρακοντοσ και εκ του στοματοσ του θηριου και
(idem initium: cf. x. 8; xvi. 14; C^a supplet). [τρια ακαθ.]. εὶωσει
(pro ομοια: ·· p.m.) βατραχουσ (-χοι C^a). 14. εισιν√. δαιμονιων.
[εκπορευεσθαι: at C^a -ρευονται sine a vel και]. εισ (pro επι).
— τησ γησ και (idem init.). + τον (ante πολεμον). — εκεινησ [ημ.
τησ μεγ.]. 15. ερχ͡εται (ομ p.m.?). ο τε γρηγορων (τε delet C^a).
βλεπωσιν√. 16. συνηγαγον.— τον prim. αρμαγεδω͞ (C^a αρμε-, et
rursus abstersit). 17. οτε (pro ο εβδομοσ αγγελοσ: C^a ο ζ αγ-
γελοσ). εξεχεεν√. επι (pro εισ). εξηλθεν√. [μεγαλη]. εκ (pro
απο prim.). του ο͞υ (pro του ουρανου απο του θρονου). γεγονεν√.
18. βρονται και αστραπαι και φωναι και βρονται (sic: improbat C^c
βρονται secund., non και). σισμοσ√ bis in versu. [εγενετο prim.].
οισ ουκ εγενοντο (pro οιοσ ουκ εγενετο: C^a cum Steph.).— οι. [αν-
θρωποι εγενοντο]. [ουτω]. 19. η πολισ (pro αι πολεισ: C^a αι
πολισ√). επεσεν (C^a επεσαν). + του (ante δουναι).— το.— του (ante
οινου). fin.— αυτου. 20. εφυγεν√. 21. ωσ ταλαντιαια (ωσ p.m.).

XVII. 1. — εκ. ελαλησεν√. — μοι. διξων√. — των tert. et quart.
2. εποιησαν πορνιαν (pro επορνευσαν). οι κατοικουντεσ την γην εκ
του οικου (οινου C^a) τησ πορνιασ αυτησ. 3. απηνεγκεν√. [ειδον].
γεμοντα ονοματα vel γεμον τα ονοματα (C^a γεμον ονοματα). εχοντα
(ergo γεμοντα). 4. ην (pro η secund.). πορφυρουν. κοκκινον. [και
κεχρ. χρυσω]. ποτηριον χρουσουν (· p.m.?). γεμων (γεμον C^a?).
fin. τα ακαθαρτα τησ πορνιασ αυτησ και τησ γησ. 6. ειδα. — εκ
prim. τω αιματι (at του αιματοσ sine εκ C^a). θαυμα μεγα ειδων
αυτην. 7. ειπεν√. [σοι ερω]. 8. init. + το. [ειδεσ]. εστιν√ bis
in vers. αναβαινιν√. απωλιαν (sic v. 11)√. [υπαγειν]. [θαυμα-
σονται]. [ου γεγ. τα ον.]. βλεποντων. [οτι ην]. και παλιν παρεστε
(pro καιπερ εστιν: C^a και παρεστιν). 9. επτα ορη εισιν. 10.
επτα βασιλεισ εσιν (· C^a, forsan etiam p.m.). [επεσαν]. — και se-
cund. ηλθεν√. μινε ζει (δει C^a). 11. ουκ εστιν ουτοσ ο ογδοοσ
εστιν (— και αυτοσ). εστιν tert.√. 12. καιρατα√. βασιλιαν√. ουτω
(pro ουπω: C^a cum Steph.). αλλα. εξουσιν (εξουσιαν C^a cum
Steph.). ωσ βασιλεισ βα͞ (·· p.m.)√. λαμβανουσιν√. 13. γνωμην
εχουσιν. την εξουσιαν αυτων (pro τ. ε. εαυτων). διδοασιν. 14.
πολεμησουσιν√. νικησιν. εστιν√. 15. [λεγει]. ταυτα (pro τα
υδατα: at C^c ταυτα τα υδατα). ειδε͞σ (σ p.m.)√.— η (habet C^a).
+ και (ante λαοι). εισιν√. 16. και (pro επι). μισησουσιν√.— εν.
17. αυτου (pro αντων prim.: C^a cum Steph.). (αυτου Steph. et

p.m.: αυτων C^a). και ποιησε μι. γν. (και ποιησε *tantum improbat* C^a). βασιλιαν (*non* v. 18)√. τελεσθησονται οι λογοι. 18. [ειδεσ]. — η *quart.* βασιλειων (*pro* βασιλεαν).

XVIII. 1. *init.* — και. [ειδον]. + αλλον (*ante* αγγελον). 2. ισχυρα φωνη (— εν ισχυι *et* μεγαλη). — επεσε. δαιμονιων. [ακαθαρτου και φυλακη]. [ορνεου]. 3. [του οινου]. πορνιασ√. πεπτωκασιν. *Post* τησ γησ *secund.* 'με' 'τ αυτησ επορνευσα' (*v p.m.*, *etiam* ' ' ' ' *p.m.*: ομοιοτ.)√. [στρηνουσ]. 4. [αλλην φωνην]. εξελθαται. ο λαοσ μου εξ αυτησ. συνκοινωνησηται. *fin.* εκ των πληγων αυτησ ινα μη λαβηται. 5. εκολληθησαν (*pro* ηκολ.). 6. — υμιν και. — αυτη. + τα (*ante* διπλα). + αυτησ (*post* ποτηριω). εκερασεν√. κερασαται√. [αυτη]. 7. αυτην (εαυτην C° *cum* Steph.). εστρηνιασεν√. + οτι (*ante* καθημεν βασιλισσα). *fin.* ειδω. 8. ο θσ ο κσ ο κρινασ (C^a *cum* Steph.). 9. [κλαυσονται]. — αυτην *prim.* επ αυτην. — και στρηνιασαντεσ (ομοιοτ.: *habet* C^a, *praetereaque* C^c *adjecit* και στεναξωσιν). ιδωσιν (*pro* βλεπωσι). πτωσεωσ (*pro* πυρωσεωσ: C^a *cum* Steph.). 10. — εν. 11. + σου (*ante* κλαιουσιν√). επ αυτην. 12. μαργαριτων. βυσσινων. [πορφυρασ]. σιρικου. [ξυλον]. — και μαρμαρου (ομοιοτ.). 13. κιναμωμου· (*i. e.* κινν.) + και αμωμον (*ante* και θυμιαματα: *improbat* C^a). [κ. κτ. κ. προβ.]. (ιππον C^a, *sed rursus abstersit*). [ρεδων]. 14. [η]. σου τησ επιθυμιασ τησ ψυχησ. ριπαρα (C^a *cum* Steph. λιπαρα).√ — τα *secund.* απωλοντο (*pro* απηλθεν *secund.*). ου μη αυτα ευρησουσιν. 16. *init.* — και. — η μεγαλη η περιβεβλη (*deest unus* στιχοσ, *ut videtur, in exemplari, cf.* xix. 12 ; xxii. 2: *supplet* C^a). [β. και π. και κ.]. κεχρυσωμενον [εν χρυσω]. μαργαριτη. 17. ο επι τον τοπον πλεων (*pro* επι των πλοιων ο ομιλοσ). 18. [εκραζον]. βλεποντεσ (*sic p.m.*, *at primò* λεγοντεσ, *pro* ορωντεσ). πολι τη μ. 19. [εβαλον]. τησ κεφαλησ. [εκραζον κλ. και πενθ. λεγ.]. — ουαι *semel.* + τα (*ante* πλοια). 20. ευφρενου√. επ αυτη. ουρανοι√. + ·και οι (*ante* αποστολοι). 21. λιθον ισχυρον (C° ισχυροσ *pro* λιθον *primò, deinde* λιθον ισχυροσ *legit*). λιθον (*pro* μυλον: *i. e.* λιθον *bis in versu*). + οτι (*ante* ουτωσ). 21, 22. ετι εν αυτη φωνη κιθαρωδων· (— και). 22. σαλπιγγων. — πασησ τεχνησ. — και φωνη μυλου *ad fin. vers.* (ομοιοτ.). 23. [εν *prim.*]. φωνην νυμφιου (C^a *cum* Steph. φωνη). [οι *prim.*]. φαρμακιαν√. 24. [αιμα].

XIX. 1. *init.* — και. ωσ φωνην μεγαλην οχλου πολλου. λεγοντων. — και η δοξα και η τιμη (C^a *habet* και η δοξα *tantum*). του θυ (*pro* κω τω θω). 2. εκρινεν√. πορνην (η *p.m.*?)√. εφθιρεν. πορνιαν√.

εξεδικησεν√. δουλων αυτησ εκ χιροσ αντησ (*pro* αυτησ *post* δουλων Cᵃ *cum* Steph. αυτου). 3. [ειρηκαν]. 4. [επεσαν οι πρ. οι] εικοσιτεσσαρεσ. τεσσερα.—ζωα (*habet* Cᵃ). τω θρονω. 5. και φωναι εξηλθον εκ του θρονου λεγουσαι (Cᵃ φωνη εξηλθεν *et* λεγουσα). αινειται τω θω.—και *secund. et tert.* 6. [ωσ *ter in versu*]. λεγουσων. εβασιλευσεν ο θσ ο κσ ημων (Cᵃ κσ ο θσ ημων). 7. αγαλλιωμεν. (δωσομεν Cᵃ *pro* δωμεν). αυτων (*pro* αυτω: Cᵃ *cum* Steph.). (νυμφη Cᶜ *pro* γυνη). 8. λαμπρον καθαρον (— και *secund.*). των αγιων εστιν. 9. λεγεᵗ *prim.* (ι *p.m.*? *et* Cᵃ). διπνον√.—του γαμου (*habet* Cᵃ). —και λεγει μοι *secund.* (Cᵃ και λεγι μοι *habet*). +μου (*post* λογοι: Cᵃ *cum* Steph.). εισιν√. (Cᵃ *habet* του θυ αλ. εισιν). 10. επεσα.—σου *secund.* (*habet* Cᵃ). — του *bis in versu.* εστιν√. προφητιασ√. 11. [ειδον]. ηνεωγμενον. πιστοσ καλουμενοσ. πολεμιν√. 12. *init.* οι δε οι οφθ. (δε *errore punctatum, sed rursus restitutum*).—ωσ. [εχων ονομα]. — γεγραμμενον ο ουδεισ (*deest unus* στιχοσ *in exemplari*, cf. xviii. 16; xxii. 2: *pro* ονομα Cᵃ *habet* ονοματα γεγραμμενα α ουδισ)√. η μη (*pro* ει μη: Cᵃ *cum* Steph.)√. 13. περιρεραμμενον (*pro* βεβαμμενον: *al* Cᶜ περιρεραντισμενον). κεκλητο (*pro* καλειται το: Cᵃ κεκληται το). 14. [-ματα εν τω]. ηκολουθιν√. [εφ]. ενδεδυμενοισ (σ *eras.*). [και καθ.]. 15. παταξει. τησ οργησ του θυμου (— και *quart.*: τησ οργησ *punctat. sed rursus restitut.*). 16. — επι *secund.*—το *secund.* 17. [ειδον]. αλλον (*pro* ενα). +εν (*post* εκραξεν). πασιν√. πετομενοισ.—και *tert.* συναχθητε. διπνον√. το μεγα (*pro* του μεγαλου). +του (*ante* θυ). 18. φαγηταιν√. εκ αυτοισ. +τε (*post* ελευθερων). *fin.* και μικρων και των μεγαλων. 19. ιδον. κατα τα στρατευματα αυτων (και τα *pro* κατα τα Cᵃ *cum* Steph.). (συ|νηγ *p.m.*; συν|ηγ Cᵃ: *et sic* C *haud raro*). +τον (*ante* πολεμον). 20. μετ αυτου ο (*pro* μετα τουτου ο). σημιαν√. επλανησεν√. την εικονα (Cᵃ *cum* Steph. τη εικονι). τησ κεομενησ εν θιω (— τω). 21. εξελθουση (*pro* εκπορευομενη).

XX. 1. και ειδον αγγε καταβαινοντα (*al* αλλον αγγελον Cᵃ)√. — εκ του ουρανου (*habet* Cᵃ). κλιν√. αλυσεσιν (Cᵃ *cum* Steph. αλυσιν)√. εν τη χειρι (*pro* επι την χ.). 2. εκρατησεν√. [τον οφ. τον αρ.]. ο εστιν ο διαβολοσ (ο *pro* οσ). + ο (*ante* σατανασ). 3. — χιλια ετη και εβαλεν αυτον (ομοιοτ.). εκλισεν (— αυτον *sequens*). πλανησει ετι τα εθνη.—και *ultim.* δι (Cᵃ δει)√. [αυτον λυθηναι]. 4. [ειδον: *sic* vv. 11. 12].— και (*post* θυ). ει τινεσ (*pro* οιτινεσ). ουνᵒᵘ (*pro* ου: ᵒᵘ *p.m.*). το θηριον. ουδε (*pro* ουτε). [την εικονα]. — αυτων *prim.* +του (*ante* χῡ). —τα (*ante* χιλια). 5. — οι δε λοιποι *usque ad* χιλια ετη (ὁμοιοτ.). 6. αναστασιν√. ο δευτεροσ θανατοσ. αλλα. + και (*post* ἱερεισ). βασιλευσουσιν√. +τα (*ante* χιλια). 7. σε τα χιλ. (·· *p.m.*)√. 8. + ταυτα (*post* πλανησαι).—τα *secund.* τετρασι. — τησ γησ (*habet* Cᵃ).—τον *bis in versu* (*habet* Cᵃ). των᾽ *primò*?√. γων᾽ *p.m.* : μαγωγ. +και (*ante* συναγαγειν). +τον (*ante* πολεμον). + αυτων (*post* αριθμοσ). 9. [εκυκλωσαν]. 9, 10. — πυρ v. 9 *usque ad* λιμνην v. 10 (*supplet* Cᵃ πυρ απο του θῡ κ.τ.λ. *cum* Steph.). 10. + του (*ante* θιουν√). [οπου το]. + οπου (*ante* ο ψευδοπ.). 11. μεγαν λευκον. επανω (*pro* επ). [αυτου]. +του (*ante* προσωπου). 12. +και (*ante* μεγαλουσ : *ai* τουσ *pro* και Cᵃ). μεγαλουσ και τουσ μικρουσ. επι (*pro* ενωπιον : Cᵃ ενωπιον επι). θρονου (*pro* θῡ). ηνεωχθη.—και βιβλιον αλλο ηνεωχθη (*habet* Cᵃ, *at* αλλο βιβλιον : ὁμοιοτ.). εστιν√. ταισ βιβλοισ (*pro* τοισ βιβλιοισ). 13. τουσ νεκρουσ τουσ εν αυτη. τα θανατοσ (·· *p.m.*)√. [εδωκαν]. τουσ νεκρουσ τουσ εν αυτοισ. κατεκριθησαν. *fin.* και ουτοσ ο δευτεροσ θανατοσ εστιν η λιμνη του πυροσ. 15. ευρεθησεται (Cᵃ *cum* Steph.).

XXI. 1. [ειδον]. κενον√. κενην√. απηλθαν (*pro* παρηλθε). 2. — εγω ιωαννησ. ειδον *transfertur in locum ante* καταβαινουσαν. ῑηλμ᾽ κενην√. εκ του ουνου απο του θῡ. 3. — ηκουσα (*habet* Cᵃ). φωνη μεγαλη (φωνησ μεγαλησ Cᵃ *cum* Steph.). θρονου (*pro* ουρανου). λεγουσα (Cᵃ *cum* Steph. -σησ). εσκηνωσεν (Cᵃ *cum* Steph. σκηνωσει). [λαοι]. — και *ultim.* [εσται μετ αυτων]. — θεοσ αυτων (ὁμοιοτ.). 4. εξαλιψειν√. — ο θσ. δρακυ (Cᵃ δακρυον)√ cf. vii. 17. εκ (*pro* απο). — ο (*ante* θανατοσ). ουτε κραυγη ουτε πενθοσ. — ουτε πονοσ (ὁμοιοτ.). οτι (*pro* ετι *secund. p.m.*, *ai* ετι *primò*). τα προβατα (*pro* οτι τα πρωτα : Cᵃ τα πρωτα *sine* οτι *repetit.*). απηλθεν. 5. τω θρονω. κενα ποιω παντα. [μοι]. πιστοι και αληθινοι εισιν. 6. λεγει (*pro* ειπε). γεγονα (γεγοναν Cᵃ *primò, sed rursus totum verbum improbavit*). — ειμι. αλφα [*ai* ω̄]. [δωσω εκ]. δωρεασ (Cᵃ *cum* Steph. -εαν). 7. κληρονομησιν√. ταυτα (*pro* παντα). — ο (*ante* ῡσ). 8. *init.* τοισ δε ωσ διλοισ (·· *p.m.*). τ φονευσει (· *p.m.*)√. φαρμακοισ. ιδωλολατραισ√. πασιν√. ψευδεσιν. θιων√. εστιν ο θανατοσ ο δευτεροσ. 9. ηλθεν√. — προσ με. + εκ (*post* εισ). των γεμοντων των (Cᵃ των γεμουσων των). ελαλησεν√. διξων√. την γυναικα του αρνιου. 10. απηνεγκεν√. επι. εδιξεν√. — την μεγαλην. [ιηλμ] √. [απο του θῡ]. 11. + απο (*post* δοξαν).

— και. 12. εχοντι (pro εχουσαν τε). τιχοσ√. εχοντασ (pro εχουσαν secund.: C^a εχουσασ). δωδεκα και επι τουσ πυλωνασ αγγελουσ ιβ̄. + αυτων (post ονοματα). γεγραμμενα. εστιν√. [ιβ̄ φυλ.].—των ultim. [ισλ]. 13. init. απο. [ανατολησ]. και απο βορρα πυλωνεσ γ̄. bis script. + και (ante απο νοτου). — απο δυσμων πυλωνεσ τρεισ (ομοιοτ.: C^a pro βορρα secund. νοτου habet, pro νοτου sequente δυσμων legit). [τρεισ prim. et quart.: γ̄ secund. et tert.]. 14. τιχοσ (non v. 15)√.—εχον (habet C^a). [ιβ̄ prim. et tert.]. εκ αυτων. + δωδεκα (ante ονοματα). 15. + μετρον (post ειχεν√). (C^a καλαμου). 16. + αυτησ (ante τετραγωνοσ).—αυτησ τοσουτον εστιν.—και tert. εμετρησεν (sic v. 17)√. [σταδιων δωδεκα: C^a σταδιου (pro -ιουσ)]. fin. εισα εστιν√. 17. χιλοσ (pro τειχοσ). εκατον μδ̄ πηχεων. 18. [ην].— η prim. εν δωμασι του τιχουσ (C^a η ενδωμησισ sine ην). ειασπισ (non v. 19)√. ομοιον. [θαλω: sic passim]. 19. init. (και improbat C^a). τιχουσ√. εισ (pro πρωτοσ). + και (ante ο δευτεροσ). + και (ante ο γ̄). [δ]. 20. ο ε̄ σαρδονυξ̄. ο ς̄ σαρδιον· [ζ̄ et η̄]. ο εθ̄ τοπαδιον (e eras.: -ζιον C^a). [ῑ et ια et ιβ̄]. [χρυσοπρασοσ, αἱ -σιοσ C^a]. αμεθυστινοσ (C^a αμεθυσοσ). 21. [ιβ̄ prim.].—δωδεκα secund. (C^a habet ιβ̄). μαργαρειται√. + ων (ante ην: improbat C^a). πλατια√. fin. διαυγησ (-τησ primò, levi rasurâ mutat. in Γ). 22. [ειδον]. οτι ο κσ̄ ο θσ̄ (pro ο γαρ κσ̄ ο θσ̄: C^a ο γαρ ο κσ̄ θσ̄). [-ωρ να-]. εστιν√. 23. χριαν√.—εν (habet C^a). 24. περιπατησουσιν ο̄ τα εθνη δια του φωτοσ αυτησ (— των σωζομενων: ο̄ notat. p.m. et C^a). φερουσιν√.—και την τιμην. 25. ημερα (C^a cum Steph. -ρασ). [νυξ̄]√. εστε√. 26. οισουσιν√. 27. εισελθωσιν. κοινον. ο ποιωσει (pro ποιουν: C^a ποιων, ωσει improbato). ουνου (pro αρνιου).

XXII. 1. εδιξεν√.—καθαρον.—του prim. 2. [εν μεσω]. πλατιασ√. ενθεν (pro εντευθεν prim.: habet και sequens).—εντευθεν ξυλον ζωησ, und lineâ forsan omissâ: cf. xviii. 16; xix. 12 (C^a ενθεν και ενθεν και, sine ξυλ. ζω.). [ποιουν]. [ιβ̄]. κατα μηνα εκαστον αποδιδουσ (— ενα). τουσ καρπουσ (pro τον καρπον). των ξυλων. — των (ante εθνων). 3. καταγμα (pro κατ· αναθεμα: C^a καταθεμα).—ετι (habet C^a).—ο. 4. + και (ante επι). 5. ετι (pro εκει). ουκ εχουσιν χρειαν. + φωτοσ (ante λυχνου). [ηλιου]. φωτιει ετ (pro φωτιζει). 6. ειπεν√. + ο (ante κσ̄). πνατων των (pro αγιων). απεστιλεν√. + με (ante τον αγγελον:

improbat C³). διξαι√. δι√. 7. *init.* + και. (ερχονται C³ *pro* ερ-
χομαι). προφητασ (ι *p.m.*?)√. 8. καγω. [Ιωαννησ]. ο βλεπων και
ακουων ταυτα. [εβλεψα ετεσα]. δικνυντοσ. 9. — γαρ. 10. + του-
τουσ (*post* λογουσ: *improbatur jam ante* C³). ο καιροσ γαρ εγγυσ
(— οτι). 11. ρυπαροσ ρυπανθητω. δικαιοσυνην ποιησατω (*pro* δι-
καιωθητω). 12. *init.* — και. αποδοθηναι (C³ *cum* Steph.). *fin.* εστιν
αυτον. 13. — ειμι. αλφα. [ω̄]. ο πρωτοσ και ο εσχατοσ η αρχη
και το τελοσ. 14. πλυνοντεσ τασ στολασ αυτων (*pro* ποι. τασ
εντ. αυτ.). + ωσ δε η εξουσια (*ante* επι: *improbat* C³). 15. — δε.
ιδωλολατραι√. — ο. ποιων και φιλων. 16. [επι]. δαδ (— τον). ο
πρωϊνοσ (*pro* και ορθινοσ). 17. — το. π̄ π̄ν̄ᾱ (· *p.m.*)√. — η. ερχου
(*pro* ελθε) *bis in vers.* ερχεσθω (*pro* ελθετω). — και *ultim.* λα-
βετω υδωρ (— το). 18. η μαρτυρω εγω (*pro* συμμαρτυρουμαι γαρ)
+ τω (*post* παντι). επιθησει εκ αυτον (*pro* επιτιθη προσ ταυτα).
— επιθησει *sequens.* — εκ αυτον *sequens.* (*inter* εαν τισ επιθησει *et*
εκ αυτον C³ *habet* επ αυτα επιθησι: *p.m.* ομοιοτ.). + τω (*ante*
βιβλιω). 19. αν (*pro* εαν). αφελη (*pro* αφαιρη). + τουτων (*post*
λογων). τον βιβλιου (*pro* βιβλου *prim.*). προφητιασ √. αφελι (*pro*
αφαιρησει). του ξυλου (*pro* βιβλου *secund.*). [εκ τησ πολ.]. — και
ultim. + τω (*ante* βιβλιω). 20. λεγιν√. + ειναι (*ante* ναι *prim.*:
improbat C³). — αμην. — ναι *secund.* (*fin.* + χε̄ *post* ῑη̄ῡ C³). 21.
— ημων. — χ̄ῡ. των αγιων (*pro* παντων υμων). [αμην: *sic*].

Subscr. αποκαλυψεισ ιωαννου.

ERRATA

IN TISCHENDORF'S EDITION OF THE CODEX SINAITICUS.

See Introduction, p. xii.

The text of the larger edition can be corrected only by comparison with the original MS., as by the aid of Tregelles we have been enabled to do in the Catholic Epistles : he now reads αναρετανεται *p.m.* 1 Pet. iv. 15; κατα τασ *p.m.* Jude 12. We note besides in Mark i. 23 the second εν is found in both editions, but is wanting in the *Notitia Cod. Sin.* p. 31.

John v. 37 ειδοσ in the *facsimile*, ειδοσ in both editions. *Ibid.* xi. 9 του should be placed for τουτου in both, since the note assigns τουτου to C. Apoc. ix. 4, ουδε (*i. e.* -εν *pro* ουδε *secund.*) in the *facsimile*, ουδε in both editions.

The text of the smaller edition should thus be corrected from the larger :

Cancel the dot over και *secund.* Matt. i. 25, over αφανιζουσι *ibid.* vi. 16, and over οικιαν Luke x. 5.

Matt. xiii. 32 *for* τετιτα *read* τετινα. *Ibid.* xxi. 28 *for* ε *read* ε (*i. e.* εν). Luke xv. 27 *for* σιτευτο *read* σιτευτο (*i. e.* -ον). Rom. vi. 8 *for* συνζησομε *read* συνζησομε (*i. e.* -εν). Phil. iv. 3 *for* συζηγε *read* συζυγε (so even notes of smaller). 1 Tim. vi. 20 *for* φυλαζον *read* φυλαξον. Acts x. 3 *read* ωεδεν. *Ibid.* xxvi. 18 *for* τηο *read* τησ. *Ibid.* xxviii. 15 *for* αρχι *read* αχρι. Apoc. v. 11 *for* χιλιαδω *read* χιλιαδω (*i. e.* -ων). *Ibid.* v. 12 *for* δυναμι *read* δυναμι (*i. e.* -ιν). *Ibid.* xviii. 3 *place a point over* τ *in the second* μετ.

In John ix. 26 the larger has εποιησαν, the smaller εποιησαν, and there is no note on the word in either edition: also in John

iii. 25 Fol. XXXXIX, the figures 16, 17 are placed one line too high in both editions: in John xxi. 25 the stop before and aspirate over the first *a* in the *facsimile* Tab. XIX, being dropped in both editions, must be deemed *s.m.*

ERRATA

IN THE ANNOTATIONS TO BOTH EDITIONS (UNLESS THE
CONTRARY BE EXPRESSED).

FoL I, note 18, *read* μνησστευθισησ. FoL II, *notes* 19, 20
refer to Tab. XVIII. FoL II*, notes 1, 2 *not found in* Tab. XIX.
FoL IV, notes 7, 8, *transpose* ουν *and* εαν *in smaller edit. and
refer to* Tab. XVIII. *Ibid.* note 10 *refer to* Tab. XVIII. FoL
VI. Matt. xi. 4. o ισ* text., *at deest annotatio.* FoL VI*, note 10,
read text βηδσαιδαν. FoL VII, note 9, *read text* δεμονιων. FoL
XVI, note 1, *read text* γυνεκι. FoL XVI*, note 11, *read text* λε-
γιωνων. FoL XVII*, note 9, *refer to* Tab. XIX. FoL XVIII,
note 2, *refer to* Tab. XIX. FoL XX, note 15, *read text* ακουωσι.
FoL XXII*, Mark vii. 29 δεμονιον[13] *text, at deest annotatio.*
FoL XXXI*, note 1, "θ medium" *in* μαθθαθ *ambiguè dictum.*
FoL XXXVIII*, note 10, *read text* τοισαι. FoL XXXVIIII*,
note 3, "inter ε et ι" *ambiguè. Ibid.* note 27, *read* το prim. in
smaller edit. FoL XXXXIIII*, note 1, *add from larger edit. to
smaller* "ι prima manus vel A supplevit." FoL XXXXV*, note 4,
read των *for* αυτ. FoL XXXXVI*, note 3, *read* βεβλημενοσ *in
smaller edition.* FoL XXXXVIII*, note 14—18, line 5, *for*
συνετε *read* συνετ: see Tab. XVIII. FoL LI, note 6, *read text*
πιστευσετε. *Ibid.* note 14, *read* C[b] *for* C[a] *secund.* FoL LIII.
John viii. 41. τα[22] text, *at deest annotatio.* FoL LVII*, note 7
occurs twice. FoL LXIIII*, Rom. viii. 3, εαυ[τ] text, *at deest an-
notatio.* FoL LXX*, 1 Cor. vi. 14 δυμεωσ text., *at deest anno-
tatio.* FoL LXXX, note 4, *refer to* Tab. XVIII. FoL LXXXII,
note 8, *refer to* Tab. XVIII. FoL LXXXIX, note 5, *erase* C?
FoL C, note 8, *read* ομοθυμαδον *in smaller edit.* FoL CV, note 12,

. 166

read s.m. *after* a? Fol. CVI, note 7, *for* 129 *read* 130. Fol.
CVII, note 9, *read* "o secund." *in the smaller edit.* Fol. CX,
note 5, *for* C ετ. *read* C εβ. *in the smaller edit.* Fol. CXVI,
note 8, *insert* C *before* κατελαβομην *in the smaller edit.* *Ibid.*
note 14, *read* "του prim." *in the smaller edit.* Fol. CXVIIII,
note 3, "ειτει (ει primae manus est)" *ambiguè dictum.* Fol.
CXXVI*, note 4, *read* βασειλειων. Fol. CXXVIII*, note 3, 4
insert και *before* δια. Fol. CXXVIIII, Apoc. vii. 13 ^ετολασ τασ*
text., *at deest annotatio.* Fol. CXXX, note 10, *refer to* Tab.
XVIII. Fol. CXXXI*, note 8, "αυτου: υ in rasuram incidit"
ambiguè dictum. Fol. CXXXIII*, note 18, 19, *for* αγγελον *read*
αγγε. Tab. XVIII, column 3, ll. 14—16 *larger edit., for* 129
read 130.

In the Prolegomena to both editions (Section V) Tischendorf
(apparently in error) cites several readings otherwise than his text
represents : such are Matt. x. 15 γομορρασ *for* -ων; *ibid.* xxvi. 65
ιδου *for* και λεγει ιδε *p.m.*; Mark iv. 28 ειτεν σταχυν, *but*
—σταχυν *p.m.*; *ibid.* iv. 36 πλοιαρια *for* πλοια; Luke xix. 38 εν
ουραν. ειρην. *for* εν ουρανω εν ϊρηνη *p.m.*; John i. 6 ην αυτω ονομα
for ην ονομα αυτω *p.m.*; *ibid.* vii. 22 θαυμαζετε μωυσησ *for* θαυ-
μαζετε ο μωϋσησ; Apoc. xix. 13 ρεραμμενον *for* περιρεραμμενον;
ibid. xxii. 5 ουχ εξουσιν *for* ουκ εχουσιν. There occur also several
false references which the student will easily rectify, except ειδα
Apoc. xvii. 3 *for* xvii. 6.

In the following passages the words are susceptible of a different
division from that adopted by Tischendorf in his smaller edition :
Acts ix. 6, Apoc. xvii. 8 οτι T. or ο τι; Acts xv. 28 ετ αναγκαισ
or εταναγκαισ (*itacism for* -εσ) T.; *ibid.* xvi. 32 συμ πασι T. or
συμπασι; *ibid.* xxiii. 20 μελλοντι or μελλον τι T.; Col. iv. 8 γνω
τε T., *rather* γνωτε; Apoc. xiv. 6 μεσω ουρανηματι *p.m.*, *rather*
than μεσωουρανηματι T. ; *ibid.* xvii. 3 γεμοντα or γεμον τα; *ibid.*
xi. 4 ειτινεσ T., *rather* ει τινεσ; *ibid.* xxi. 18 ενδωμασι T., *rather*
εν δωμασι.

TῼI ΘῩI ΔΟΞΑ

LONDON :
GILBERT AND RIVINGTON, PRINTERS,
ST. JOHN'S SQUARE.

November, 1863.

PUBLISHED BY

DEIGHTON, BELL, AND CO.

Cambridge,

AGENTS TO THE UNIVERSITY.

NOW IN COURSE OF PUBLICATION.
Uniformly printed in Foolscap 8vo.

Cambridge School and College Text Books,

A Series of Elementary Treatises adapted for the Use of Students in the Universities, Schools, and Candidates for the Public Examinations.

In order to secure a general harmony in the treatment, these works will be edited by Members of the University of Cambridge, and the methods and processes employed in University teaching will be followed.

Principles will be carefully explained, clearness and simplicity will be aimed at, and an endeavour will be made to avoid the extreme brevity which has so frequently made the Cambridge treatises too difficult to be used by those who have not the advantage of a private Tutor. Copious examples will be added.

Now Ready.

ARITHMETIC for the use of Schools and Colleges. By A. WRIGLEY, M.A. Professor of Mathematics in the late Royal Military College, Addiscombe. 3s. 6d. cl.

ELEMENTARY TRIGONOMETRY. By T. P. HUDSON, M.A., Fellow of Trinity College. 3s. 6d. cl.

ELEMENTARY STATICS. By the Very REV. H. GOODWIN, D.D. DEAN OF ELY. 3s. cl.

ELEMENTARY DYNAMICS. By the Very REV. H. GOODWIN, D.D. DEAN OF ELY. 3s. cl.

[*Continued*]

ELEMENTARY HYDROSTATICS. By W. H. BESANT,
M.A., Late Fellow of St John's College. 4s. 6d.

MENSURATION, An Elementary Treatise on. By
B. T. MOORE, M.A., Fellow of Pembroke College,
Professor of Mathematics, Royal Staff College, Sand-
hurst. With numerous Examples. 5s.

ELEMENTARY GEOMETRICAL CONIC SECTIONS. By
W. H. BESANT, M.A., Late Fellow of St John's College.
Preparing.

ELEMENTARY CHEMISTRY. By G. D. LIVEING, M.A.,
Late Fellow of St John's College. *Preparing.*

Now in course of Publication,

Cambridge Greek and Latin Texts,

CAREFULLY REPRINTED FROM THE BEST EDITIONS.

THIS series is intended to supply for the use of Schools
and Students cheap and accurate editions of the Classics,
which shall be superior in mechanical execution to the
small German editions now current in this country, and
more convenient in form.

The texts of the "*Bibliotheca Classica*" and "*Grammar-
School Classics,*" so far as they have been published, will be
adopted. These editions have taken their place amongst
scholars as valuable contributions to the Classical Literature
of this country, and are admitted to be good examples of the
judicious and practical nature of English scholarship ; and
as the editors have formed their texts from a careful examina-
tion of the best editions extant, it is believed that no texts
better for general use can be found.

The volumes are well printed at the Cambridge
University Press, in a 16mo. size, and are issued at short
intervals.

The following are now ready.

NOVUM TESTAMENTUM Graecum, Textus Stephanici, 1550. Accedunt variae lectiones editionum Bezae, Elzeviri, Lachmanni, Tischendorfii, Tregellesii. Curante F. H. SCRIVENER, A.M. 4*s*. 6*d*.
An Edition on writing paper, for Notes. 4to. half-bound. 12s.

AESCHYLUS, ex novissima recensione F. A. PALEY, A.M. Price 3*s*.

CAESAR DE BELLO GALLICO, recensuit G. LONG, A.M. 2*s*.

CICERO DE SENECTUTE ET DE AMICITIA ET EPISTOLAE SELECTAE, recensuit G. LONG, A.M. 1*s*. 6*d*.

EURIPIDES, ex recensione F. A. PALEY, A.M. Vol. I. 3*s*. 6*d*. Vol. II. 3*s*. 6*d*. Vol. III. 3*s*. 6*d*.

HERODOTUS, recensuit J. W. BLAKESLEY, S.T.B. 2 Vols. 7*s*.

HORATIUS, ex recensione A. J. MACLEANE, A.M. Price 2*s*. 6*d*.

LUCRETIUS, recognovit H. A. J. MUNRO, A.M. 2*s*. 6*d*.

SALLUSTI CATILINA ET JUGURTHA, ex recensione G. LONG, A.M. 1*s*. 6*d*.

THUCYDIDES, recensuit J. G. DONALDSON, S.T.P. 2 Vols. 7*s*.

VERGILIUS, ex recensione J. CONINGTON, A.M. 3*s*. 6*d*.

XENOPHONTIS EXPEDITIO CYRI, recensuit J. F. MACMICHAEL, A.B. 2*s*. 6*d*.

OTHERS IN PREPARATION.

ARITHMETIC AND ALGEBRA.

Arithmetic for the use of Schools and Colleges.
By A. WRIGLEY, M.A., Professor of Mathematics in the late Royal Military College, Addiscombe. 8s. 6d.

Principles and Practice of Arithmetic. By the Rev.
J. HIND. Ninth Edition, with Questions, 4s. 6d.
₀ KEY, with Questions for Examination. Second Edition. 5s.

A Progressive Course of Examples in Arithmetic.
With Answers. By the Rev. JAMES WATSON, M.A., of Corpus Christi College, Cambridge, and formerly Senior Mathematical Master of the Ordnance School, Carshalton. Second Edition, revised and corrected. Fcp. 8vo. 2s. 6d.

Principles and Practice of Arithmetical Algebra,
with Examples. By the Rev. J. HIND. Third Edition. 12mo. 5s.

Elements of Algebra. By the Rev. J. HIND. Sixth
Edition, revised. 540 pp. 8vo. 10s. 6d.

Treatise on the Theory of Algebraical Equations.
By the Rev. J. HYMERS, D.D. Third Edition. 8vo. 10s. 6d.

TRIGONOMETRY.

Elementary Trigonometry. By T. P. HUDSON,
M.A., Fellow of Trinity College. 3s. 6d.

Elements of Plane and Spherical Trigonometry.
By the Rev. J. HIND. Fifth Edition. 12mo. 6s.

Syllabus of a Course of Lectures upon Trigono-
metry and the Application of Algebra to Geometry. 8vo. 7s. 6d.

MECHANICS AND HYDROSTATICS.

Elementary Hydrostatics. By W. H. BESANT,
M.A., Late Fellow of St John's College. Fcp. 8vo. 4s.

Elementary Hydrostatics for Junior Students. By
R. POTTER, M.A. late Fellow of Queens' College, Cambridge, Professor
of Natural Philosophy and Astronomy in University College, London.
7s. 6d.

The Propositions in Mechanics and Hydrostatics
which are required for those who are not Candidates for Honours. By
A. C. BARRETT, M.A. Third Edition. Crown 8vo. 6s.

Mechanical Euclid. Containing the Elements of
Mechanics and Hydrostatics. By W. WHEWELL, D.D. Fifth Edi-
tion. 5s.

Elementary Statics. By the Very Rev. H. GOODWIN,
D.D. Dean of Ely. Fcp. 8vo, cloth, 8s.

Elementary Dynamics. By the Very Rev. H.
GOODWIN, D.D. Dean of Ely. Fcp. 8vo, cloth, 8s.

A Treatise on Statics. By the Rev. S. EARNSHAW,
M.A. Fourth Edition. 8vo. 10s.

Dynamics, or, a Treatise on Motion. By the Rev.
S. EARNSHAW. Third Edition. 8vo. 14s.

A Treatise on the Dynamics of a Rigid Body. By
the Rev. W. N. GRIFFIN. 8vo. 6s. 6d.

    *** SOLUTIONS OF THE EXAMPLES. 8vo. 6s.

Problems in illustration of the Principles of Theo-
retical Mechanics. By W. WALTON, M.A. Second Edition. 8vo. 18s.

Treatise on the Motion of a Single Particle and
of two Particles acting on one another. By A. SANDEMAN. 8vo. 8s. 6d.

Of Motion. An Elementary Treatise. By the Rev.
J. R. LUNN, M.A. Fellow and Lady Sadleir's Lecturer of St John's
College. 8vo. 7s. 6d.

> Chapter I. General principles of velocity and acceleration. Chapter II.
> Of the motion of a point in general. Analytical expressions for velo-
> cities and accelerations in certain directions. Chapter III. Of the
> motion of a point affected by a constant acceleration, the direction
> of which is always the same. Chapter IV. Of the motion of a point
> affected by an acceleration, the direction of which always passes
> through a fixed point. Chapter V. Of matter and force. Chapter VI.
> Of the dynamical laws of force, commonly called the laws of motion.
> Chapter VII. Of certain cases of free motion in nature. Chapter VIII.
> Of constrained motion of particles. Chapter IX. Of impulses and
> collision of particles. Appendix. Of the Cycloid.

Treatise on Hydrostatics and Hydrodynamics. By
W. H. BESANT, M.A. 8vo. 9s.

The Principles of Hydrostatics. By T. WEBSTER,
M.A. 8vo. 7s. 6d.

Problems in illustration of the Principles of Theo-
retical Hydrostatics and Hydrodynamics. By W. WALTON, M.A.
8vo. 10s. 6d.

Collection of Elementary Problems in Statics and
Dynamics. Designed for Candidates for Honours, first three days. By
W. WALTON, M.A. 8vo. 10s. 6d.

CONIC SECTIONS AND ANALYTICAL GEOMETRY.

Elementary Geometrical Conic Sections. By W. H.
BESANT, M.A., Late Fellow of St John's College   [Preparing.

Conic Sections. Their principal Properties proved
Geometrically. By W. WHEWELL, D.D. Master of Trinity. Third
Edition. 8vo. 2s. 6d.

The Geometrical Construction of a Conic Section.
By the Rev. T. GASKIN. 8vo. 3s.

Treatise on Conic Sections. By the Rev. J. HYMERS,
D.D. Third Edition. 8vo. 9s.

A Treatise on the Application of Analysis to Solid
Geometry. By D. F. GREGORY, M.A. and W. WALTON, M.A.
Second Edition. 8vo. 12s.

The Elements of Conic Sections. By J. D.
HUSTLER, B.D. Fourth Edition. 8vo. 4s. 6d.

A Treatise on Plane Co-ordinate Geometry. By
the Rev. M. O'BRIEN. 8vo. 9s.

A Treatise on Analytical Geometry of Three
Dimensions. By J. HYMERS, D.D. Third Edition. 8vo. 10s. 6d.

Problems in illustration of the Principles of Plane
Co-ordinate Geometry. By W. WALTON, M.A. 8vo. 16s.

DIFFERENTIAL AND INTEGRAL CALCULUS.

An Elementary Treatise on the Differential Calcu-
lus. By W. H. MILLER, M.A. Third Edition. 8vo. 6s.

Treatise on the Differential Calculus. By W.
WALTON, M.A. 8vo. 10s. 6d.

A Treatise on the Integral Calculus. By the Rev.
J. HYMERS, D.D. 8vo. 10s. 6d.

Geometrical Illustrations of the Differential Calcu-
lus. By M. B. PELL. 8vo. 2s. 6d.

Examples of the Principles of the Differential and
Integral Calculus. Collected by D. F. GREGORY. Second Edition.
Edited by W. WALTON, M.A. 8vo. 18s.

ASTRONOMY.

Practical and Spherical Astronomy for the use
chiefly of Students in the Universities. By the Rev. R. MAIN, M.A.,
Radcliffe Observer, Oxford. 8vo. 14s.

Brünnow's Spherical Astronomy. Translated by
the Rev. R. MAIN, M.A. F.R.S. Radcliffe Observer. Part I. In-
cluding the Chapters on Parallax, Refraction, Aberration, Precession,
and Nutation. 8vo. 8s. 6d.

Elementary Chapters on Astronomy from the
"Astronomie Physique" of Biot. By the Very Rev. HARVEY
GOODWIN, D.D. Dean of Ely. 8vo. 8s. 6d.

> "They were translated with a different intention, but the admirable
> precision and clearness of description which characterise them led
> me to think that the publication of them would make a useful addi-
> tion to our present list of elementary books."—*Translator's Preface.*

Elements of the Theory of Astronomy. By the
Rev. J. HYMERS, D.D. 8vo. 14s.

Lectures on Practical Astronomy. By the Rev. J.
CHALLIS, M.A., F.R.S., F.R.A.S., Plumian Professor of the Univer-
sity. [*Preparing.*

Exercises on Euclid and in Modern Geometry,
containing Applications of the Principles and Processes of Modern
Pure Geometry. By J. McDOWELL, B.A., F.R.A.S., Pembroke College.
pp. xxxi, 300. Crown 8vo. 8s. 6d.

Elementary Course of Mathematics. By HARVEY
GOODWIN, D.D. Dean of Ely. Fifth Edition. 8vo. 16s.

Problems and Examples, adapted to the "Elemen-
tary Course of Mathematics." By HARVEY GOODWIN, D.D. Dean
of Ely. Third Edition, revised, with Additional Examples in Conic Sec-
tions and Newton. By THOMAS G. VYVYAN, M.A. Fellow of Gon-
ville and Caius College. 8vo. 5s.

Solutions of Goodwin's Collection of Problems and
Examples. By W. W. HUTT, M.A. late Fellow of Gonville and Caius
College. Third Edition, revised and enlarged. By the Rev. T. G.
VYVYAN, M.A. 8vo. 9s.

Collection of Examples and Problems in Arith-
metic, Algebra, Geometry, Logarithms, Trigonometry, Conic Sections
Mechanics, &c. with Answers and Occasional Hints. By the Rev.
A. WRIGLEY. Sixth Edition. 8vo. 8s. 6d.

A Companion to Wrigley's Collection of Examples
and Problems, being Illustrations of Mathematical Processes and
Methods of Solution. By J. PLATTS, Esq., and the Rev. A. WRIGLEY.
M.A. 8vo. 15s.

Newton's Principia. First Three Sections, with
Appendix, and the Ninth and Eleventh Sections. By the Rev. J. H.
EVANS, M.A. Fourth Edition. 8vo. 6s.

Series of Figures Illustrative of Geometrical Optics.
From SCHELLBACH. By the Rev. W. B. HOPKINS. Plates.
Folio. 10s. 6d.

A Treatise on Crystallography. By W. H. MILLER,
M.A. 8vo. 7s. 6d.

A Tract on Crystallography, designed for Students in the University. By W. H. MILLER, M.A. Professor of Mineralogy in the University of Cambridge. 8vo. 6s.

Physical Optics, Part II. The Corpuscular Theory of Light discussed Mathematically. By RICHARD POTTER, M.A. Late Fellow of Queens' College, Cambridge, Professor of Natural Philosophy and Astronomy in University College, London. 7s. 6d.

The Greek Testament: with a critically revised Text; a Digest of Various Readings; Marginal References to Verbal and Idiomatic Usage; Prolegomena; and a Critical and Exegetical Commentary. For the use of Theological Students and Ministers. By HENRY ALFORD, D.D. Dean of Canterbury.

> Vol. I. Fifth Edition, containing the Four Gospels. 1l. 8s.

> Vol. II. Fourth Edition, containing the Acts of the Apostles, the Epistles to the Romans and Corinthians. 1l. 4s.

> Vol. III. Third Edition, containing the Epistles to the Galatians, Ephesians, Philippians, Colossians, Thessalonians,—to Timotheus, Titus and Philemon. 18s.

> Vol. IV. Part I. Second Edition, containing the Epistle to the Hebrews, and the Catholic Epistle of St James and St Peter. 18s.

> Vol. IV. Part II. Second Edition, containing the Epistles of St John and St Jude, and the Revelation. 14s.

Codex Bezæ Cantabrigiensis. Edited with Prolegomena, Notes, and Facsimiles. By F. H. SCRIVENER, M.A.
[In the Press.

Wieseler's Chronological Synopsis of the Four Gospels. Translated by the Rev. E. VENABLES, M.A. [Preparing.

Bentleii Critica Sacra.

> Notes on the Greek and Latin Text of the New Testament, extracted from the Bentley MSS. in Trinity College Library. With the Abbé Rulotta's Collation of the Vatican MS., a specimen of Bentley's intended Edition, and an account of all his Collations. Edited, with the permission of the Master and Seniors, by the Rev. A. A. ELLIS M.A., late Fellow of Trinity College, Cambridge. 8vo. 8s. 6d.

A Companion to the New Testament. Designed
for the use of Theological Students and the Upper Forms in Schools.
By A. C. BARRETT, M.A. Caius College. Fcap. 8vo. 5s.

A general Introduction to the Apostolic Epistles,
With a Table of St Paul's Travels, and an Essay on the State after
Death. *Second Edition, enlarged.* To which are added a Few Words
on the Athanasian Creed, on Justification by Faith, and on the Ninth
and Seventeenth Articles of the Church of England. By A BISHOP'S
CHAPLAIN. 8vo. 8s. 6d.

Butler's Three Sermons on Human Nature, and
Dissertation on Virtue. Edited by W. WHEWELL, D.D. With a
Preface and a Syllabus of the Work. Third Edition. Fcp. 8vo. 3s. 6d.

An Historical and Explanatory Treatise on the
Book of Common Prayer. By W. G. HUMPHRY, B.D. Second
Edition, enlarged and revised. Post 8vo. 7s. 6d.

Annotations on the Acts of the Apostles. Ori-
ginal and selected. Designed principally for the use of Candidates
for the Ordinary B.A. Degree, Students for Holy Orders, &c., with
College and Senate-House Examination Papers. By the Rev. T. R.
MASKEW, M.A. Second Edition, enlarged. 12mo. 5s.

An Analysis of the Exposition of the Creed, writ-
ten by the Right Reverend Father in God, J. PEARSON, D.D. late
Lord Bishop of Chester. Compiled, with some additional matter occa-
sionally interspersed, for the use of Students of Bishop's College, Cal-
cutta. By W. H. MILL, D.D. Third Edition, revised and corrected.
8vo. 5s.

Hints for some Improvements in the Authorised
Version of the New Testament. By the late J. SCHOLEFIELD, M.A.
Fourth Edition. Fcap. 8vo. 4s.

A Plain Introduction to the Criticism of the New
Testament. With 40 facsimiles from Ancient Manuscripts. For the use
of Biblical Students. By F. H. SCRIVENER, M.A. Trinity College,
Cambridge. 8vo. 15s.

The Apology of Tertullian. With English Notes
and a Preface, intended as an Introduction to the Study of Patristical
and Ecclesiastical Latinity. By H. A. WOODHAM, LL.D. Second
Edition. 8vo. 8s. 6d.

Aristophanis Comœdiæ Undecim, cum Notis et
Onomastico, by the Rev. H. A. HOLDEN, LL.D., Head-Master of
Ipswich School, late Fellow and Assistant Tutor of Trinity College,
Cambridge. Second Edition. 8vo. 15s.

The Plays separately, 1s. and 1s. 6d. each.

NOTES, 4s.

Passages in Prose and Verse from English Authors
for translation into Greek and Latin; together with selected Passages
from Greek and Latin Authors for Translation into English; forming
a regular course of Exercises in Classical Composition. By H.
ALFORD, D.D. 8vo. 6s.

Arundines Cami : sive Musarum Cantabrigiensium
Lusus Canori. Collegit atque ed. H. DRURY, A.M. Editio quinta.
Cr. 8vo. 7s. 6d.

Demosthenes de Falsa Legatione. Second Edition,
carefully revised. By R. SHILLETO, A.M. 8vo. 8s. 6d.

Select Private Orations of Demosthenes. After the
text of DINDORF, with the Various Readings of REISKE and
BEKKER. With English Notes. For the use of Schools. By C. T.
PENROSE, A.M. Second Edition. Revised and corrected. 12mo. 4s.

A Complete Greek Grammar. For the use of
Students. By the late J. W. DONALDSON, D.D. Third Edition,
considerably enlarged. 8vo. 16s.

Without being formally based on any German Work, it has been writ-
ten with constant reference to the latest and most esteemed of Greek
Grammars used on the Continent.

A Complete Latin Grammar. For the use of

Students. By the late J. W. DONALDSON, D.D. Second Edition, considerably enlarged. 8vo. 14s.

The enlarged Edition of the Latin Grammar has been prepared with the same object as the corresponding work on the Greek language. It is, however, especially designed to serve as a convenient handbook for those students who wish to acquire the habit of writing Latin; and with this view it is furnished with an Antibarbarus, with a full discussion of the most important synonyms, and with a variety of information not generally contained in works of this description.

Varronianus. A Critical and Historical Introduc-

tion to the Ethnography of Ancient Italy, and to the Philological Study of the Latin Language. By the late J. W. DONALDSON, D.D. Third Edition, revised and considerably enlarged. 8vo. 16s.

The Theatre of the Greeks. A Treatise on the

History and Exhibition of the Greek Drama; with various Supplements. By the late J. W. DONALDSON, D D. *Seventh Edition*, revised, enlarged, and in part remodelled, with numerous illustrations from the best ancient authorities. 8vo. 14s.

Classical Scholarship and Classical Learning con-

sidered with especial reference to Competitive Tests and University Teaching. A Practical Essay on Liberal Education. By the late J. W. DONALDSON, D.D. Crown 8vo. 5s.

Euripides. Fabulæ Quatuor, scilicet, Hippolytus

Coronifer, Alcestis, Iphigenia in Aulide, Iphigenia in Tauris. Ad fidem Manuscriptorum ac veterum Editionum emendavit et Annotationibus instruxit J. H. MONK, S.T.P. Editio nova. 8vo. 12s.

Separately—Hippolytus, 8vo, cloth, 5s.; Alcestis, 8vo, sewed, 4s. 6d.

Foliorum Silvula. Part the first. Being Passages

for Translation into Latin Elegiac and Heroic Verse. Edited with Notes by the Rev. H. A. HOLDEN, LL.D. Third Edition. Post 8vo, 7s. 6d.

Foliorum Silvula. Part II. Being Select Passages
for Translation into Latin Lyric and Greek Verse. Arranged and
edited by the Rev. H. A. HOLDEN, LL.D. Second Edition. Post
8vo. 7s. 6d.

Foliorum Centuriæ. Being Select Passages for
Translation into Latin and Greek Prose. Arranged and edited by
the Rev. H. A. HOLDEN, LL.D. Second Edition. Post 8vo, 8s.

Kennedy (Rev. Dr). Progressive Exercises in Greek
Tragic Senarii, followed by a Selection from the Greek Verses of
Shrewsbury School, and prefaced by a short Account of the Iambic
Metre and Style of Greek Tragedy. For the use of Schools and Private
Students. Second Edition, altered and revised. 8vo. 8s.

Plato, The Protagoras. The Greek Text, with
English Notes. By W. WAYTE, M.A. 8vo. 5s. 6d.

M. A. Plauti Aulularia. Ad fidem Codicum qui
in Bibliotheca Musei Britannici exstant aliorumque nonnullorum re-
censuit, Notisque et Glossario locuplete instruxit J. HILDYARD, A.M.
Editio altera. 8vo. 7s. 6d.

M. A. Plauti Menæchmei. Ad fidem Codicum
qui in Bibliotheca Musei Britannici exstant aliorumque nonnullorum
recensuit, Notisque et Glossario locuplete instruxit J. HILDYARD,
A.M. Editio altera. 7s. 6d.

The Elegies of Propertius. With English Notes,
and a Preface on the State of Latin Scholarship. By F. A. PALEY,
M.A. With copious Indices. 10s. 6d.

The Œdipus Coloneus of Sophocles, with Notes,
intended principally to explain and defend the Text of the manu-
scripts as opposed to conjectural emendations. By the Rev. C. E.
PALMER, M.A. 9s.

Tacitus (C.). Opera, ad Codices antiquissimos
exacta et emendata, Commentario critico et exegetico illustrata. 4 vols.
8vo. Edidit F. RITTER, Prof. Bonnensis. 1l. 8s.

Theocritus, recensuit brevi commentario instruxit
F. A. PALEY, M.A. Crown 8vo. 4s. 6d.

Cambridge Examination Papers. Being a Supplement to the Cambridge University Calendar, 1859. 12mo. 5s.

Containing those set for the Tyrwhitt's Hebrew Scholarships.—Theological Examinations.—Carus Prize.—Crosse Scholarships.—Mathematical Tripos.—The Ordinary B.A. Degree.—Smith's Prize.—University Scholarships.—Classical Tripos.—Moral Sciences Tripos.—Chancellor's Legal Medals.—Chancellor's Medals.—Bell's Scholarships.—Natural Sciences Tripos.—Previous Examination.—Theological Examination. With Lists of Ordinary Degrees, and of those who have passed the Previous and Theological Examinations.

The Examination Papers of 1856, price 2s. 6d., 1857 and 8, 8s. 6d. each, may still be had.

A Manual of the Roman Civil Law, arranged according to the Syllabus of Dr HALLIFAX. By G. LEAPINGWELL, LL.D. Designed for the use of Students in the Universities and Inns of Court. 8vo. 12s.

The Mathematical and other Writings of ROBERT LESLIE ELLIS, M.A., late Fellow of Trinity College, Cambridge. Edited by WILLIAM WALTON, M.A. Trinity College, with a Biographical Memoir by the Very Reverend HARVEY GOODWIN, D.D. Dean of Ely. [*In the Press.*

Lectures on the History of Moral Philosophy in England. By the Rev. W. WHEWELL, D.D. Master of Trinity College, Cambridge. New and Improved Edition, with Additional Lectures. Crown 8vo. 8s.

The Additional Lectures are printed separately in Octavo for the convenience of those who have purchased the former Edition. Price 3s. 6d.

The Historical and Descriptive Geography of the Holy Land. With an Alphabetical List of Places, and Maps. By the Rev. GEORGE WILLIAMS, B.D. Fellow of King's College, Cambridge. [*Preparing.*

A Concise Grammar of the Arabic Language. Revised by SHEIKH ALI NADY EL BARRANY. By W. J. BEAMONT, M.A. Fellow of Trinity College, Cambridge, and Incumbent of St Michael's, Cambridge, sometime Principal of the English College, Jerusalem. Price 7s.

Now ready, fcap. 8vo. price 5s. 6d.

The Student's Guide to the University of Cambridge.

Contents.

"Partly with the view of assisting parents, guardians, schoolmasters, and students intending to enter their names at the University—partly also for the benefit of undergraduates themselves—a very complete, though concise, volume has just been issued, which leaves little or nothing to be desired. For lucid arrangement, and a rigid adherence to what is positively useful, we know of few manuals that could compete with this Student's Guide. It reflects no little credit on the University to which it supplies an unpretending, but complete, introduction."—SATURDAY REVIEW.

CAMBRIDGE: PRINTED AT THE UNIVERSITY PRESS.

CPSIA information can be obtained
at www.ICGtesting.com
Printed in the USA
LVHW031007100223
739195LV00003B/143

9 783741 167867